AF557313

Bibliografische Information der Deutschen Bibliothek
Die Deutsche Bibliothek verzeichnet diese Publikation
in der Deutschen Nationalbibliografie; detaillierte
bibliografische Daten sind im Internet über
https://www.dnb.de/ abrufbar.

Lutz Hachmeister / Christian Wagener / Till Wäscher
Wer beherrscht die Medien?
Die 50 größten Medien- und Wissenskonzerne der Welt
Köln: Halem, 2022

2., völlig aktualisierte Auflage

ISBN (Print) 978-3-86962-582-9
ISBN (PDF) 978-3-86962-583-6

Herbert von Halem Verlagsges. mbH & Co. KG
Boisseréestr. 9-11, 50674 Köln
http://www.halem-verlag.de
info@halem-verlag.de

Dieses Buch wurde auf FSC®-zertifiziertem Papier gedruckt.

SATZ: Herbert von Halem Verlag
LEKTORAT: Rabea Wolf
DRUCK: docupoint GmbH, Magdeburg
GESTALTUNG: Claudia Ott, Düsseldorf

Lutz Hachmeister / Christian Wagener / Till Wäscher

Wer beherrscht die Medien?

Die 50 größten Medien- und Wissenskonzerne der Welt

2., völlig aktualisierte Auflage

HERBERT VON HALEM VERLAG

ÜBER DIE AUTOREN

LUTZ HACHMEISTER, Dr. habil., ist Gründungsdirektor des Instituts für Medien- und Kommunikationspolitik (Berlin/Köln). Promotion 1986 an der Universität Münster mit einer Arbeit zur Geschichte der Kommunikationswissenschaft in Deutschland, Habilitation 1999 an der Universität Dortmund. Er war unter anderem Medienredakteur des *Tagesspiegel* in Berlin, Direktor des Grimme-Instituts (Marl) und Leiter des Fernseh- und Filmfests Köln (Cologne Conference). Zahlreiche Dokumentarfilme und Publikationen zur Zeit- und Mediengeschichte.

CHRISTIAN WAGENER, Studium der Germanistik und Romanistik in Berlin und Paris. 2001 Gründungsgesellschafter der HMR Produktion GmbH (Köln/Berlin), seitdem dort tätig in den Bereichen Produktionsleitung und Projektentwicklung, als Redakteur, Co-Autor und Regieassistent. Wissenschaftlicher Mitarbeiter am Institut für Medien- und Kommunikationspolitik (IfM) seit März 2019.

TILL WÄSCHER, Dr. phil., arbeitet als Kommunikationsberater, Pressereferent und Autor. Promotion 2018 an der Universität Duisburg-Essen mit einer Arbeit zu politischen Kommunikationsstrategien von internationalen Digital Rights-NGOs. 2016 Gastwissenschaftler an der Annenberg School for Communication, University of Pennsylvania. Studium der Politikwissenschaft (Diplom, Universität Potsdam) und North American Studies (MA, Freie Universität Berlin). Forschungsschwerpunkte: Politische Kommunikation, Medienökonomie, Soziale Bewegungen.

INHALT

GLOSSAR

Internationale Positions- und Firmenbezeichnungen*

Internationale Bezeichnung	*Erklärung*
Board of Directors	Aufsichtsrat, Geschäftsführung/Vorstand
CAD	Kanadischer Dollar
CEO (Chief Executive Officer)	Hauptgeschäftsführer, Generaldirektor
CCO (Chief Content Officer)	Leiter der Produktion digitaler Medieninhalte insbesondere bei Online-Konzernen
CFO (Chief Financial Officer)	Leiter der Finanzabteilung in der Regel mit Sitz im Vorstand
Chairman of the Board	Vorsitzender des Aufsichtsrats
CNY	Chinesischer Yuan
COO (Chief Operating Officer)	Weiterer führender Executive Director, vor allem bei Firmen, die die Position des Chairman und CEO in einer Person vereinen
Corp. (Corporation)	Unternehmen, Gesellschaft
CSO (Chief Strategic Officer)	Leiter der Planungs- und Strategieabteilung
CTO (Chief Technology Officer)	Leiter der technischen Entwicklungsabteilung
Editor-in-Chief	Chefredakteur
EUR	Euro
Executive Director	Mitglied des Aufsichtsrates
FCC (Federal Communications Commission)	US-amerikanische Aufsichtsbehörde für Telekommunikation und Medien
GBP	Britisches Pfund

Human Resources	Personalwesen
Inc. (Incorporated)	In den USA eingetragene, bzw. Aktiengesellschaft nach US-Recht
IPO (Initial Public Offering)	Börseneinführung
JPY	Japanischer Yen
L.P. (Limited Partnership)	Kommanditgesellschaft
Ltd. (Limited Company)	In Großbritannien, bzw. Commonwealth-Ländern übliche Form der GmbH
Managing Director	Geschäftsführer
MXN	Mexikanischer Peso
Non-Executive Director	Mitglied des Aufsichtsrates
N.V. (Naamloze Vennootschap)	In den Niederlanden übliche Form der Aktiengesellschaft
plc (public limited company)	In Großbritannien, bzw. Commonwealth-Ländern übliche Form der GmbH
President	USA: Oberster Executive Director; Großbritannien: Ehrentitel für ehemaligen Vorstandsvorsitzenden
Private Company	Personengesellschaft
RMB	Renminbi, chinesische Währung im Allgemeinen
S.A. (Société Anonyme)	In Frankreich übliche Form der Aktiengesellschaft
S.C.A. (Société en Commandite par Actions)	In Frankreich übliche Form der Kommanditgesellschaft
SE (Societas Europaea)	Europäische Gesellschaft
SE & Co KgaA	Kommanditgesellschaft auf Aktien (KGaA), deren Komplementär eine Europäische Gesellschaft (SE) ist.
S.p.a. (Società per azioni)	In Italien übliche Form der Aktiengesellschaft
SVP (Senior Vice President), auch SEVP (Senior Executive Vice President)	Leitender Executive Director mit Verantwortung für einen bestimmten Unternehmensbereich
USD	US-Dollar
VC (Vice Chairman)	Stellvertretender Vorsitzender des Aufsichtsrates
VP (Vice President), auch EVP (Executive Vice President)	Executive Director mit Verantwortung für einen bestimmten Unternehmensbereich

*Bei den Positionsbezeichnungen gibt es keine eindeutigen Entsprechungen, da die Unternehmen in den jeweiligen Ländern unterschiedliche Führungsstrukturen aufweisen.

HINWEIS

Wer beherrscht die Medien? enthält eine Vielzahl von Daten und Fakten, die nach bestem Wissen und Gewissen recherchiert und überprüft worden sind. In der Regel wurden dazu die Geschäftsberichte und sonstige Angaben der Unternehmen herangezogen. Quellen waren außerdem anerkannte internationale Fachpublikationen. Auskünfte Dritter oder Artikel aus der aktuellen Fachpresse wurden vor ihrer eventuellen Verwendung mit größter Sorgfalt untersucht und bewertet. Dennoch können die Daten nur ohne jede Gewähr weitergegeben werden; insbesondere schließen Verlag, Herausgeber und Autoren jede Haftung für Geschäftsentscheidungen aus, die mit Informationen aus dieser Publikation begründet werden.

DANKSAGUNG

An den folgenden Porträts der größten Medienkonzerne hat in den vergangenen 15 Jahren eine Vielzahl von Personen mitgearbeitet; sie wurden regelmäßig aktualisiert und für diese Ausgabe noch einmal vollständig überarbeitet. Unser besonderer Dank gilt daher den Autoren und Journalisten, ohne deren Engagement und Recherche dieses Buch in seiner jetzigen Form nicht möglich gewesen wäre. Dazu zählen insbesondere die ehemaligen Projektleiterinnen und Projektleiter der Medienkonzerndatenbank am Institut für Medien- und Kommunikationspolitik (IfM), Gisela Schmalz, Thomas Schnedler und Daniel Bouhs, sowie der Mitherausgeber vergangener Ausgaben, Günter Rager. Ebenfalls danken möchten wir Christopher Albrodt, Dieter Anschlag, Christian Bartels, Nadine Barthel, Marlen Bartsch, Kai Burkhardt, Björn Buß, Thomas Clark, Mirko Derpmann, Alexander Goda, Andreas Gräbel, Fabian Granzeuer, Steffen Grimberg, Ramona Heeke, Gebhard Hielscher, Claudia Huber, Edda Humprecht, Hans-Jürgen Jakobs, Jürgen Krönig, Svenja Lahrmann, Jennifer Langner, Laura Leithold, Jan Lingemann, Lars-Marten Nagel, Alexander Matschke, Lisa Merten, Ulrich Mikulsky von Schweinitz, Ute Müller, Leonard Novy, Oliver Passek, Markus Pließnig, Stefanie Pursche, Daniela Rechenberger, Diemuth Roether, Sabina Rolle, Andrea Roth, Ulrike Sauer, Thomas Schuler, Andrej Sosedow, Nina Mareen Spranz, Orkan Torun, Elke Wittich, Christian Zabel und Alexander Zimmermann. Ein besonderer Dank geht auch an David Badurski und Miriam Rohde, deren exzellente Kenntnisse des chinesischen, bzw. japanischen Medienmarktes in die entsprechenden Porträts eingeflossen sind. Last but not least dankt das IfM der Rudolf Augstein Stiftung, der Stadt Köln (Medienstabsstelle), der Open Societies Foundation und der Bundeszentrale für politische Bildung, die eine kontinuierliche Arbeit an der Online-Datenbank mediadb.eu ermöglicht haben.

DIE GRÖSSTEN MEDIENKONZERNE DER WELT 2020, PLÄTZE 1-50

Rang	Medienkonzern	Land	Jahresumsatz 2020 in Mrd. EUR
1	Alphabet Inc. (Mountain View)	US	159,8
2	Comcast (Philadelphia)	US	90,67
3	Meta Platforms, Inc. (Palo Alto)	US	75,03
4	Tencent Holdings Ltd. (Shenzen)	CN	61,22
5	The Walt Disney Company (Burbank)	US	57,25
6	Apple Inc. (Cupertino)	US	47,07
7	Charter Comm. Inc. (St. Louis)	US	42,11
8	Sony Entertainment (Tokyo)	JP	35,74
9	ByteDance (Beijing)	CN	32,39
10	WarnerMedia (New York)	US	29,41
11	Shanghai Media Group (Shanghai)	CN	28,05
12	Microsoft Corporation (Redmond)	US	23,98
13	Altice Europe N.V. (Amsterdam), AlticeUS, Inc. (New York)	NL/US	23,74
14	ViacomCBS Inc. (New York)	US	22,14
15	Amazon.com, Inc. (Seattle)	US	22,07
16	Netflix (Los Gatos)	US	21,89
17	Liberty/Qurate Retail, Inc. (Englewood)	US	20,61
18	News Corp./New Fox (New York)	US	18,66
19	Bertelsmann SE & Co. KGaA (Gütersloh)	DE	17,29
20	Vivendi S.A. (Paris)	FR	16,09
21	Nintendo Company Ltd. (Kyoto)	JP	14,435
22	Baidu Inc. (Beijing)	CN	14,37
23	Dish Network Corporation (Englewood)	US	13,56
24	The Hearst Corporation (New York)	US	10,18
25	NetEase (Guangzhou)	CN	9,88
26	Discovery Inc. (Silver Spring)	US	9,34
27	Bloomberg L.P. (New York)	US	9,19
28	Rogers Comm. (Toronto)	CA	9,1
29	beIN Media Group (Doha)	QA	8,67
30	RELX Group (London)	GB	7,99
31	Spotify Technology S.A. (Stockholm)	SE	7,88
32	BBC (London)	GB	7,25
33	Activision Blizzard Inc. (Santa Monica)	US	7,08
34	ARD (Berlin, München)	DE	6,978
35	S&P Global (New York)	US	6,52
36	Verizon Media (New York)	US	6,13

Rang	Medienkonzern	Land	Jahresumsatz 2020 in Mrd. EUR
37	Bandai Namco Holdings, Inc. (Tokyo)	JP	6,08
38	Yomiuri Shimbun Group, Nippon TV (Tokyo)	JP	5,94
39	Nippon Hoso Kyokai (Tokyo)	JP	5,88
40	Asahi Shimbun Group, TV Asahi (Tokyo)	JP	5,67
41	Nielsen Holdings plc (New York)	US	5,5
42	Sinclair Broadcast Group (Hunt Valley)	US	5,2
43	Access Industries (Warner Music, DAZN, Deezer) (New York)	US	5,06
44	Electronic Arts (Redwood City)	US	4,92
45	Wolters Kluwer nv (Amsterdam)	NL	4,6
46	Lagardère Media (Paris)	FR	4,4
47	Fuji Media Holdings, Inc., Sankei Shimbun (Tokyo)	JP	4,27
48	ProSiebenSat.1 Media SE (Unterföhring)	DE	4,04
49	Grupo Televisa (Mexico City)	MX	3,97
50	Nexstar Media Group (Irving)	US	3,94

DIE GRÖSSTEN MEDIENKONZERNE DER WELT 2020, PLÄTZE 51-100

Rang	Medienkonzern	Land	Jahresumsatz 2020 in Mrd. EUR
51	Pearson plc (London)	GB	3,82
52	ITV plc (London)	GB	3,72
53	Alibaba Group (Hangzhou)	CN	3,42
54	Lionsgate Entertainment Corporation (Santa Monica)	US	3,4
55	China Central Television (Beijing)	CN	3,3
56	Twitter (San Francisco)	US	3,26
57	Georg von Holtzbrinck GmbH (Stuttgart)	DE	3,2
58	Epic Games (Cary)	US	3,15
59	Axel Springer SE (Berlin)	DE	3,11
60	Sega Sammy Holdings (Tokio)	JP	3,01
61	Banijay Group	FR	3
62	Gannett Co. Inc. (McLean)	US	2,99
63	France Télévisions S.A. (Paris)	FR	2,938
64	Quebecor Inc. (Montreal)	CA	2,82
65	Hubert Burda Media Holding Gmbh & Co. (Offenburg)	DE	2,8
66	Take-Two Interactive, Inc. (New York)	US	2,7
67	Tokyo Broadcasting System Holdings, Inc. (Tokio)	JP	2,672
68	IAC/InterActiveCorp. (New York)	US	2,67

Rang	Medienkonzern	Land	Jahresumsatz 2020 in Mrd. EUR
69	Mediaset SpA (Milan)	IT	2,64
70	iHeart Media (San Antonio)	US	2,58
71	TEGNA (Tysons)	US	2,54
72	RAI Radiotelevisione Italiana Holding S.p.A. (Rom)	IT	2,508
73	Meredith Corporation (Des Moines)	US	2,49
74	AMC Networks (New York)	US	2,47
75	Nexon (Südkorea) (Tokio)	JP	2,4
76	Bauer Media Group (Hamburg)	DE	2,3
77	Univision Communications (New York)	US	2,22
78	ZDF (Mainz)	DE	2,21
79	Snap Inc. (Santa Monica)	US	2,19
80	Square Enix (Tokio)	JP	2,14
81	TF1 S.A. (Boulogne)	FR	2,08
82	Bonnier AB (Stockholm)	SE	2,07
83	Grupo Globo (Rio de Janeiro)	BR	1,96
84	Sina Corporation (Beijing)	CN	1,93
85	Informa (London)	GB	1,87
86	Netmarble (Seoul)	KR	1,85
87	Bell Media (Toronto)	CA	1,8
88	Grupo Planeta (Barcelona)	ES	1,78
89	De Persgroep (Asse)	BE	1,77
90	Advance Publications (New York)	US	1,75
91	Kadokawa (Tokio)	JP	1,68
92	John Wiley & Sons, Inc. (Hoboken)	US	1,6
93	Phoenix Publishing & Media Group (Nanjing)	CN	1,541
94	Egmont Group (Copenhagen)	DN	1,54
95	New York Times Company (New York)	US	1,54
96	Ubisoft Entertainment (Montreuil)	FR	1,53
97	Medien Union GmbH (Ludwigshafen)	DE	ca. 1,5
98	Nikkei (Nihon Keizai Shimbun) (Tokio)	JP	1,45
99	Ströer SE & Co. KG (Köln)	DE	1,44
100	McGraw-Hill Education (New York)	US	1,38

Einleitung: Die neue Wissensökonomie und die alten Medienkonzerne

Von Lutz Hachmeister, Christian Wagener und Till Wäscher

Bei den Ermittlungen gegen den pädophilen US-Finanzjongleur Jeffrey Epstein, der 2019 tot in seiner Gefängniszelle aufgefunden wurde, geriet auch eine Frau namens Ghislaine Maxwell, Jahrgang 1961, ins Visier der Staatsanwaltschaft, der vorgeworfen wird, kontinuierlich als »Beschafferin« der jungen Mädchen für Epstein gewirkt zu haben. Ghislaine Maxwell, deren Beruf im angloamerikanischen Sprachgebrauch allgemein mit *socialite* (Gesellschaftslöwin) angegeben wird, ist das neunte Kind des einstigen britischen-tschechoslowakischen Zeitungszaren und Verlegers Robert Maxwell, dem einmal Blätter wie der *Daily Mirror* (GB) oder die *Daily News* (USA) und die Verlage Pergamon Press und Macmillan gehörten. Maxwell (1923-1991), geboren als Jan Ludvik Hoch, in jungen Jahren britischer Besatzungsoffizier im Nachkriegs-Berlin, später Verleger der Memoiren von Erich Honecker und Nicolae Ceaucescu, ein Mann mit zweifelsfrei guten Kontakten zum israelischen Geheimdienst Mossad, war umgekommen, als er vor Teneriffa splitternackt von seiner Yacht verschwand – Unfall, Suizid oder Mord, das konnte nie wirklich aufgeklärt werden, und der Tod von Maxwell ist von mindestens ebenso vielen Verschwörungstheorien umwoben wie der von Epstein.

Die Yacht hieß jedenfalls »Lady Ghislaine«, und in keinem der zahlreichen Essays über die bevorzugte Maxwell-Tochter in den gehobenen Glamour-Blättern fehlte der Verweis auf den gnadenlosen und von zahlreichen Rechtsstreitigkeiten geprägten Kampf, den sich Maxwell mit seinem australischen Konkurrenten Rupert Murdoch auf dem britischen Pressemarkt geliefert hatte. Immerhin hatte auch Maxwell schon »diversifiziert«, wie man in der ökonomischen Fachsprache gern sagt, und etwa seine Tochter zur Managerin des ihm damals gehörenden Fußballclubs Oxford United gemacht. In Sachen globaler Expansion war ihm aber immer Rupert Murdoch weit voraus, dessen unheilvoller Einfluss auf die britischen, australischen und US-amerikanischen Medienmärkte Gegenstand zahlreicher Studien und parlamentarischer Untersuchungsausschüsse war. Während Murdoch als einer der letzten »Medienmogule« älterer Prägung auch als 90-Jähriger immer noch aktiv ist, starb Maxwell in Unehren – er hatte sich am Pensionsfonds seiner Unternehmen vergriffen und Bilanzen fälschen lassen –, erhielt aber als Freund Israels dann doch eine Grabstätte in Jerusalem.

Wäre dieses Buch in den 1980er-Jahren erschienen, hätten die Rivalitäten zwischen Maxwell und Murdoch darin breiten Raum eingenommen (wie etwa in Baron Archers eher verspätetem Roman *Imperium*, 1998), ebenso wie die Biografien von »Medienzaren« wie Silvio Berlusconi, Jean-Luc Lagadère, Sumner Redstone (Viacom) oder dem etwas unauffälligeren Westfalen Reinhard Mohn, der immerhin mit seinen Managern seinen Bertelsmann-Konzern eine Zeitlang zum weltweit umsatzstärksten Medienkonglomerat entwickeln konnte (aktuell im Ranking auf Platz 19, hinter Netflix und Lichtjahre entfernt von Spitzenreiter Alphabet). In der Erstauflage von *Wer beherrscht die Medien?*, 1997 bei C.H. Beck erschienen, ist diese Szenerie noch auffällig präsent. Und es ist auch nicht so, dass die Familien und Nachkommen dieser »Mogule« plötzlich verarmt wären – aber sie spielen macht- und technologiepolitisch kaum noch eine Rolle (von Murdoch mit Fox News in den USA einmal abgesehen), allenfalls noch auf den nationalen Medienmärkten, die im globalen Tech-Wettbewerb enorm an Bedeutung verloren haben.

Die Stratifikation der neuen oligopolistischen Tech-Landschaft

Mit der Massen-Durchsetzung des Internets und des Smartphones als zentralem Alltagsmedium begann ein enormer Siegeszug der Distribution (Plattformen, Portale, Suchmaschinen, Streaming-Services) über die journalistische und audiovisuelle Produktion, auch wenn publizistische Inhalte und »Talent« nach wie vor gebraucht werden – man kann schließlich bislang, auch unter Verwendungen der ausgefeiltesten *artificial intelligence*, immer noch nicht die reine Technologie ›senden‹. Aber im Grunde läuft es, auch wenn sich ›Entscheider‹ im Mediensystem immer noch an den Kontrollhebeln wähnen und auf ihre unverzichtbare kreative Kompetenz pochen, auf neue selbstregulierende kybernetische Systeme hinaus, jedenfalls tendenziell solange, bis sich bei den verbleibenden *human beings* neue Resistenzen herausbilden könnten.

Nun haben solche Vektoren technokratischer Verrechnung ihre historischen Vorläufer, wahrscheinlich bis hin zur neuen Informationsökonomie der 16. Jahrhunderts und dann fortlaufend mit allen Statistiken von Auflagen, Marktanteilen, Werbevolumina, Umsätzen, dem »war for eyeballs« –aber im 21. Jahrhundert geht es doch um etwas fundamental Neues, also dem Einebnen der Grenzen zwischen lange gepflegten Mediengattungen, Berufsrollen und Verteilmethoden, unter dem Regime instantaner digitalisierter Kommunikation, die von McLuhan schon visioniert wurde und die einstweilen von nationalen oder gar föderalen »Medienpolitiken« gar nicht mehr begriffen oder gar reguliert werden kann. So haben Facebook oder Twitter durch Echtzeit-Effekte etwa die Sphäre der traditionellen Nachrichtenagenturen marginalisiert, »Journalismus« ist ein zwar demokratiepolitisches immer wieder hoch gehaltenes, aber doch lästiges Kosten-Artefakt, das sich am ehesten noch Tech-Millärdäre wie Jeff Bezos (*Washington Post*) leisten können, und das ganze Hollywood-Kinofilmwesen erscheint zunehmend in mehr oder weniger mondänen Festival-Auftritten musealisiert. Die gegenwärtigen und zukünftigen Veränderungen der Tech- und Medienszenerie (einschließlich der publizistischen Wirkungen auf »öffentliche Meinung«) werden wahrscheinlich weniger in einer Analyse von »Medien«, sondern in einer tiefer gehenden Betrachtung von gesellschaftlichen und technologischen »Infrastrukturen« (vor allem von Speicher- und Distributionssystemen an und für sich) analysiert werden müssen.

Paradoxer- oder konsequenterweise gelten weiterhin für die personale und institutionelle Stratifikation der neuen oligopolistischen Tech-Landschaft im Grunde die Max Weber'schen Kapitalismus-Kategorien wie Charisma und Arbeitsethik oder auch Thorstein Veblens Analysen zur *Theorie der feinen Leute* (1899). Die Statussymbole der neuen, immer noch zumeist männlichen Herrscher der Tech-Infrastrukturen, Portale und Plattformen haben sich im Vergleich mit denen der »Medienmogule« älterer Sorte nicht grundsätzlich verändert (Giga-Yachten, luxuriöse, gut gesicherte Anwesen, *trophy women*), aber haben sich technologisch ins Extraterrestrische verwandelt. Kennzeichnend dafür war zuletzt der viel kritisierte Wettbewerb um publicity-trächtige private Raketentrips von Elon Musk (Tesla), Richard Branson (Virgin) und Jeff Bezos (Amazon). Weitere Tech-Barone dürften mit ähnlich gelagerten Space-Projekten folgen.

Durchaus bedrohlich für alle traditionelleren Industrie- und Medienunternehmen (auch wenn sich dieser natürlich nolens volens mit der ›digitalen Disruption‹ auseinandersetzen), dürften vor allem die tektonischen Verschiebungen im Gesamtmarketing der kapitalistischen Ökonomie sein. Dieses Produkt- und Dienstleistungsmarketing wurde im 19. und 20. Jahrhundert zwischen Produzenten und speziellen Agenturen der »Absatzwerbung« zwecks Stimulierung der Konsumentenbedürfnisse verhandelt. Die neuen Wissenskonzerne wie Google/Alphabet oder Amazon können inzwischen fast alles selbst erledigen. Der Einfluss von Industrieunternehmen auf die Werbewirtschaft hat spürbar nachgelassen – mit einsprechenden Wirkungen auch für Lobby-Aktivitäten – und auch innerhalb der traditionellen Werbe-, Marketing- und Mediaplanungsagenturen haben sich Zukunftsängste ausgebreitet.

Medienunternehmen und Wissenskonzerne

Wir definieren in dieser von Grund auf aktualisierten Ausgabe »Medien- und Wissenskonzerne« weiterhin als Unternehmen, die publizistische Inhalte in Massenmedien verantwortlich erstellen und/oder verbreiten sowie maßgebliche Teile ihres Umsatzes mit Erlösen aus Rechten/Lizenzen und/oder Werbung erzielen und nicht als reine Telekommunikations- oder Technikprovider auftreten. Ferner berücksichtigen wir Konzerne, die durch Produktion und/oder Distribution maßgeblichen Einfluss auf die kommunikative Umwelt eines breiten Publikums haben.

Die Geschäftsfelder und Branchen, in denen diese Konzerne im Wesentlichen aktiv sind, umfassen Film- und TV-Produktion und -distribution, Streaming- und Social-Media-Dienste, Printverlage, Radiostationen und Musiklabels sowie Games Publisher und Fachinformationsdienste. Es gibt keine mathematisch trennscharfe Definition von ›Medienkonzernen‹, auch die Abgrenzung zur Telekommunikationsindustrie ist mitunter schwierig, aber unser Kategoriensystem hat sich über die Jahre doch als recht brauchbar erwiesen.

Dabei werden im Ranking die großen traditionellen, vertikal integrierten Medienkonzerne, die üblicherweise TV-Sender, Radiostationen, ein Hollywoodstudio, Themenparks und ggf. einen Games Publisher verbinden (wie etwa Walt Disney oder Sony) zunehmend von neuen Wissens- und Datenkonzernen verdrängt. Das geschieht parallell zur atemberaubenden Konsolidierung des US-Medienmarktes, auf dem im Zuge von sogenannten ›*mega mergers*‹ eine immer kleinere Anzahl von Playern das Geschehen bestimmt.

Anhand der Zerspaltung des einst größten Medienkonzerns der Welt, Time Warner, lässt sich diese Entwicklung gut nachzeichnen: Nach einer katastrophalen, 112 Milliarden Dollar schweren Fusion mit AOL verkaufte Time Warner zunächst für 87 Millarden Dollar sein Kabelgeschäft an Charter Communications, gliederte seinen defizitären Zeitschriftenverlag aus und wurde anschließend für 101 Milliarden Dollar vom Telekommunikationsriesen AT&T geschluckt. AT&T aber wurde dann klar, dass es mit dem klassischen Mediengeschäft doch nichts zu tun haben wollte und stieß Warner bald an Discovery Communcations ab (für 43 Milliarden) – für Discovery wohl der einzig effektive Weg, um noch mit Walt Disney konkurrieren zu können. Dem Konzern, der wiederum nach einer 85 Milliarden Dollar schweren Übernahme von Murdochs Fox mit den Simpsons-, Star Wars- und Marvel-Universen fast alle relevanten populärkulturellen Inhalte unter einem Dach bündelt. Das namensgebende, einst berühmteste Magazin der Welt, *Time*, gehört inzwischen übrigens dem Cloud-Milliardär und Salesforce-Gründer Marc Benioff. Und der einstige Online-Gigant AOL wurde vom Telco Verizon jüngst zusammen mit Yahoo für vergleichsweise lächerliche fünf Milliarden Dollar an die Investmentfirma Apollo Global Management verramscht.

Derweil machen die »Big Six« der Online-Industrie, also GAFA (Google, Apple, Facebook und Amazon) plus Netflix und mit Abstrichen auch Microsoft, den traditionellen Medienunternehmen durch das Sammeln von Nutzerdaten Werbemarktanteile streitig. Und sie investieren weiter massiv in die Produktion eigener Inhalte. Apple heizt die Streaming-Wars an mit einem Investment von sechs Milliarden Dollar in den eigenen Video-on-demand-Dienst Apple TV+ und ist nun auch im Gaming-Sektor mit Apple Arcade aktiv. Facebook expandiert im Non-Fiction Sektor mit Online-Shows auf Facebook Watch und wettet mit Oculus auf den Durchbruch von Virtual Reality. Im Vorwort zur letzten Ausgabe von *Wer beherrscht die Medien?* prognostizierten wir, Apple würde ein Hollywood-Studio übernehmen. Tatsächlich war es aber jüngst Amazon, das für acht Milliarden Dollar das traditionsreiche James-Bond-Studio MGM kaufte. Google hingegen hat sich zwar erst kürzlich von der Entwicklung eigener Serien und Games verabschiedet, erwirtschaftet aber auch ohne sie mehr als 80 Prozent seiner Umsätze mit Werbung.

Dem wachsenden medienpolitischen Druck, den die Online-Konzerne zu Hause und international verspüren, begegnen sie mit dem verspäteten Eingeständnis, dass sie, wie klassische Medienkonzerne, eben doch dafür verantwortlich sind, welche Inhalte in ihren sozialen Netzwerken publiziert werden. Facebook etwa engagiert mittlerweile Redakteure, die den Diskurs auf der Plattform moderieren, überwachen – und zunehmend auch zensieren: Donald Trump wurde durch seine Verbannung von Facebook und Twitter de facto mundtot gemacht; das Teilen kritischer Artikel der *New York Post* über Joe Bidens Sohn Hunter wurde mitten in der heißen Wahlkampfphase blockiert und auch in der Debatte über den Ursprung des Corona-Virus entscheiden mittlerweile Silicon-Valley-Vertreter auf Basis von undurchsichtigen Kriterien, was *fact* und was *misinformation* ist.

Neue Konkurrenz aus dem Reich der Mitte

»Hallo China, ich bin's, John Cena. Ich habe einen Fehler gemacht. Und ich muss jetzt etwas sagen. Es ist sehr, sehr, sehr, sehr wichtig. Ich liebe China und respektiere das chinesische Volk. Es tut mir sehr, sehr leid, dass ich einen Fehler gemacht habe. Es tut mir leid. Es tut mir leid. Ich entschuldige mich aufrichtig. Bitte versteht, dass ich China liebe und das chinesische Volk wirklich respektiere. Es tut mir leid.« Das auf Mandarin vorgetragene und im chinesischen Twitter-Klon Weibo gepostete *mea culpa* von All American Boy John Cena verdeutlichte im Sommer 2021 erneut, wie es um die Machtverhältnisse im globalen Mediensektor wirklich bestellt ist.

Der Wrestler und Schauspieler Cena hatte zuvor während eines PR-Termins für den neunten Teil der *Fast and Furious*-Reihe Taiwan zum Entsetzen der Produzenten als unabhängiges Land bezeichnet. Vermutlich auf Druck des Studios Universal (Comcast) nahm Cena dann das schockierende, an Geständnisse in sowjetischen Schauprozessen erinnernde Videostatement auf – und sorgte so für ein Happy End auf dem mittlerweile wichtigsten Filmmarkt der Welt. Die amerikanisch-chinesische Koproduktion spielte 200 Millionen Dollar an den chinesischen Kinokassen ein und machte *F9* zu einem der ersten globalen Post-Covid-Kinohits.

Mittlerweile sind im Ranking der größten Medienkonzerne fünf Unternehmen aus China vertreten – Tendenz steigend. Tencent ist nach einer beispiellosen internationalen Einkaufstour innerhalb kürzester Zeit zum größten Games Publisher der Welt aufgestiegen und erwirtschaftet damit mehr Umsatz als Walt Disney. Bytedance hat es als erstes chinesisches Unternehmen geschafft, mit TikTok eine App zu entwicklen, die zu einem globalen Megahit geworden ist. Und Baidu betreibt schon jetzt die zweitgrößte Suchmaschine hinter Google, das auf Druck der kommunistischen Partei schon längst das Land verlassen hat.

Shanghai und Peking sind zu den neuen Zentren der Medienkonzernwelt geworden – und kontrollieren so mittelbar den Inhalt vermeintlich »westlicher« Filme und Games, die längst auch auf den chinesischen Massengeschmack abgestimmt sind. Um die potenziell 1,4 Milliarden Rezipienten nicht vor den Kopf zu stoßen, werden LGBT-Narrative aus Filmen wie *Star Trek: Beyond* entfernt, chinesische Charaktere dürfen in *Skyfall* oder *Mission: Impossible III* nicht sterben und eine tibetanische Figur aus *Doctor Strange* wird kurzerhand zu einem keltischen Mönch umgeschrieben.

Schauspieler oder Sportler hingegen, die es wagen, Kritik an der KP zu äußern, werden in China aus dem öffentlichen Bewusstsein gelöscht. Das musste beispielsweise der deutsche Ex-Nationalspieler Mesut Özil erfahren, als sein Avatar aus der chinesischen Version der Fußball-Simulation *PES* entfernt wurde, nachdem er die Menschenrechtslage der Uiguren kritisiert hatte. Die Basketballliga NBA erlaubt ihren Athleten zu Recht, sich öffentlich gegen Rassismus und Polizeigewalt in den USA zu positionieren. Was jedoch absolut nicht geht sind chinakritische Kommentare, wie ein Manager der Houston Rockets erfahren musste: Nach einem Pro-Hongkong-Tweet im Jahr 2019, weigern sich Tencent und das chinesischen Staatsfernsehen bis heute die Spiele der Rockets zu übertragen.

Die noch in China zugelassenen Unternehmen erkaufen sich deshalb den Zugang zum wichtigsten Medienmarkt der Welt mit vorauseilendem Gehorsam und Selbstzensur. Dabei schrecken US-Konzerne auch nicht vor zweifelhaften Kooperationen mit dem Regime zurück: Disneys Blockbuster *Mulan* wurde mit Unterstützung der örtlichen Polizei in der Region Xinjian gedreht, in der laut Presseberichten zwei Millionen Uiguren in Konzentrationslagern interniert sind.

The Great Streaming Wars

Obwohl vor allem in den USA immer mehr Kunden ihre Kabelverträge kündigen, haben sich Kabel- und Satellitenkonzerne wie Comcast, Charter, Liberty, Dish und Rogers seit Jahren im Ranking festgesetzt. Daran wird sich aus demografischen Gründen auch in naher Zukunft nichts ändern – inzwischen nutzt der durchschnittliche Amerikaner immerhin 26 Prozent seiner vor dem TV verbrachten Zeit mit Streaming, den Rest aber weiterhin mit klassischem Kabel-TV. Doch langfristig werden die veränderten Nutzergewohnheiten für die Kabelunternehmen zu einem Problem. Um auf die als *cord-cutting* bekannte Migration zu Streaming-Plattformen zu reagieren, haben die großen Networks ihre Programmpakete entbündelt und bieten sie jetzt à la carte an.

Mittlerweile gibt es mit Netflix, Amazon Prime Video, Tencent Video, iQIYI (Baidu) und Disney+ fünf Portale, die jeweils weltweit mehr als 100 Millionen Abonnenten haben sowie u. a. mit Apple+, Peacock (Comcast), HBO Max (Warner/AT&T) und Paramount+ (ViacomCBS) weitere Anbieter mit mehr als 25 Millionen Abonnenten. Wer nichts verpassen will und mehrere Dienste abonniert, zahlt monatlich fast wieder so viel wie für eine Kabelrechnung. Doch insgesamt hat der Konkurrenzdruck und Markteintritt externer Wettbewerber wie Netflix, Apple und Amazon den Nutzern die Golden Era of TV beschert, während das lineare Fernsehen teilweise dramatische Quotenrückgänge hinnehmen muss.

Die Nachrichtenmedien und der Trump-Kater

»It may not be good for America, but it's damn good for CBS«: Der inzwischen von einer MeToo-Welle aus dem Amt gespülte ehemalige CBS-Manager Les Moonves hatte Recht gehabt. Donald Trump bescherte den großen News Networks vier goldene Jahre. Doch nach der Erstürmung des Kapitols setzten die Quoten zu einem beispiellosen Sinkflug an: CNN, MSNBC und auch Fox News haben seit dem widerwilligen Auszug des ehemaligen Reality-Stars aus dem Weißen Haus rund die Hälfte ihrer werberelevanten 25- bis 54-jährigen Zuschauer verloren. CNN schalteten im zweiten Quartal 2021 durchschnittlich nur noch 675.000 Menschen ein und das bekannteste Gesicht des Senders, Jake Tapper, verlor sogar 75 Prozent seines Publikums.

Die Gründe für den Absturz sind vielfältig. Der Höhepunkt der Corona-Pandemie scheint überwunden, die Menschen sitzen nicht mehr verängstigt vor dem Fernseher und genießen alte neue Freiheiten. Und mit Trump haben die Networks je nach ideologischer Ausrichtung einen quotenträchtigen Supervillain oder Superhero verloren, der die amerikanische Demokratie abschaffen bzw. retten wollte – eine Rolle, die der greise Joe Biden unmöglich ausfüllen kann. Vor allem aber haben die als »News« getarnten Unterhaltungsformate in der Trump-Ära weiter massiv an Glaubwürdigkeit verloren – insbesondere, nachdem sich täglich wiederholte Fakten als Fiktion herausgestellt haben.

MSNBC-Anchor Rachel Maddow etwa bläute ihren Zuschauern über Jahre hinweg Abend für Abend zur Primetime ein, der Präsident sei eine von Moskau gesteuerte Marionette und ließ sich zu immer wilderen Verschwörungstheorien hinreißen, nachdem der Mueller-Report nach einer monatelangen Untersuchung keinerlei Anzeichen von *collusion* finden konnte. Russia Gate zeigte so erneut auf, dass die Nachrichtenproduktion der großen Medienkonzerne trotz *claims* wie ›*fair and balanced*‹ sich innerlich längst von einem Anspruch auf Objektivität verabschiedet haben: Anstatt sie zu informieren, werden die Anhänger der beiden politischen Lager jeden Tag aufs Neue in ihren Positionen bestätigt und, befeuert durch Diskussionen auf Social Media, in einem permanenten Zustand der Empörung gehalten. Wie der US-Journalist Matt Taibbi in seinem Buch *Hate Inc.* beschreibt, produzieren die Medien so nicht mehr kritiklosen Konsens, wie einst beschrieben von Noam Chomsky in *Manufacturing Consent*, sondern – für sie noch viel profitabler – gesellschaftliche Spaltung.

Lokale Nachrichten könnten ein potentes Mittel gegen die Polarisierung sein. Doch die Konsolidierung des regionalen TV-Markts macht auch hier einen Strich durch die Rechnung. Mit Sinclair und Nexstar ist ein Duopol entstanden, dass hunderte TV-Stationen kontrolliert und, zumindest im Fall von Sinclair, sie zentralistisch mit rechtskonservativer

Propaganda füttert. Die Folge: Die Zuschauer wenden sich von den *partisan media* und damit auch von der journalistischen Klasse ab. Von den zunehmend als Alternativen fungierenden, reichweitenstärksten politischen Podcasts auf Apple wird mehr als die Hälfte von Hosts betrieben, die noch nie für die Mainstream-Medien tätig waren.

Öffentlich-rechtliche Rundfunkanstalten unter Druck

Eine Sonderstellung im Ranking nehmen öffentlich-rechtliche Rundfunkanstalten ein. BBC, ARD und der japanische NHK-Konzern liegen mit ihren Etats von knapp sechs bis gut sieben Milliarden Euro mittlerweile im unteren Mittelfeld. Man weiß nicht, wie lange sie sich mit ihren Gebühreneinnahmen noch unter den Top 50 halten können. Die BBC etwa steht seit Jahren enorm unter Druck, ihre aufgeblähte Organisationsstruktur zu verschlanken und nicht wenige Tories fordern mittlerweile unverhohlen ihre Auflösung, um die Gebührenzahler zu entlasten. Doch während die BBC weiterhin Serienformate von internationalem Renommee produziert, gelingen ARD und ZDF trotz ihrer enormen Ressourcen (zusammengerechnet verfügt Deutschland über das größte öffentlich-rechtliche System der Welt) nur selten globale Hits wie das mit SKY co-produzierte *Babylon Berlin*. Ob Christine Strobl, die ehemalige Chefin der ARD-Produktionstochter Degeto, das inhaltliche Profil der Anstalt als neue Programmdirektorin schärfen kann, bleibt abzuwarten – einer ihrer ersten Amtshandlungen, die Verlegung des traditionsreichen Auslandsmagazin *Weltspiegel* vom Sonntagabend in das auch als »Todeszone« bekannte Nachtprogramm am Montag, hat für massive interne Proteste gesorgt.

Probleme wie fehlende Transparenz und die Überalterung des Publikums bleiben aber bestehen. Es ist weiterhin unklar, wie viel der deutschen Rundfunkbeitragsgelder ins Programm fließen und wie viel in Verwaltung und Pensionsrückstellungen, wie viele Millionen Euro die Experten bei Sportübertragungen für wenige Stunden Arbeit erhalten und warum rechercheintensive Dokumentationen nicht ins Schaufenster der Primetime gestellt werden. Während ältere Generationen den öffentlich-rechtlichen Sendern weiterhin treu bleiben werden, ist es nur schwer möglich, ein jüngeres, zunehmend der englischen Sprache mächtiges Publikum dauerhaft zu binden – trotz Versuchen, digitale »Jugendkanäle« ins Leben zu rufen. Ein Szenario für die kommenden Dekaden könnte ein auf politische Berichterstattung und Regionalsendungen beschränkter öffentlich-rechtlicher Rundfunksektor sein, der akzeptiert hat, dass er es mit den Produktionskapazitäten von Netflix, Apple und Amazon nicht mehr aufnehmen kann.

Bildung und Fachinformationen als lukratives Geschäft

Während das traditionelle Printgeschäft nur noch eine Nebenrolle spielt und das lineare Fernsehen Krisensymptome zeigt, setzen immer mehr Konzerne auf das Geschäft mit Bildungsmedien und Fachinformation. Unternehmen wie die RELX Group, S&P Global, Nielsen, Bloomberg und Wolters Kluwer erwirtschaften Milliarden mit dem Verkauf von Schulbüchern und dem Erstellen von standardisierten Tests, dem Ermitteln von TV- und neuerdings auch Streaming-Einschaltquoten oder der Bereitstellung von Informationen für Juristen und Versicherungen, der Vermietung von Terminal-Computern für Broker und dem Rating von börsennotierten Unternehmen und Volkswirtschaften.

Die Marktmacht solcher auf Informationsdienste spezialisierten Datenkonzerne ist dabei noch problematischer als die von traditionellen Medienunternehmen: Reed Elsevier, der zur RELX Group gehörende Verlag für wissenschaftliche Zeitschriften, macht auf dem Rücken von Universitäten und Bibliotheken mit der Publikation von überwiegend durch öffentliche Mittel finanzierter Forschung enorme Gewinne. Und S&P (ehemals McGraw-Hill), ein eng mit der Bush-Dynastie verbundener Konzern, trug mit optimistischen Bewertungen von Finanzprodukten erheblich zur weltweiten Rezession 2008 bei. Da der Schwerpunkt dieser Konzerne auf dem Sammeln und der Auswertung persönlicher Daten liegt, stellt sich jedoch die Frage, wie lange sie noch neben den neuen Daten- und Wissenskonzernen bestehen können. Google, Facebook, Amazon und Netflix wissen schon jetzt mehr über ihre User, als es Nielsen & Co. jemals können.

Wachsende Bedeutung des Games-Marktes

Corona-bedingt ist die weltweite Nachfrage nach Videospielen noch einmal angestiegen – 2020 setzten Videospiele weltweit mehr um, als die Film- und Sportindustrie zusammen. Auch weil der Lebenszyklus und die Verwertungskette von Game-Franchises die von Filmen deutlich übersteigt, sind die Produktion und der Vertrieb von Games zu einem lukrativen Hauptpfeiler der Medienindustrie geworden. Das erfolgreichste Entertainmentprodukt aller Zeiten, der fünfte Teil der *Grand Theft Auto*-Serie, wurde bereits 2013 veröffentlicht. 140 Millionen Exemplare wurden seitdem verkauft, 20 Millionen davon im Jahr 2020.

Sony setzt mittlerweile jährlich 25 Milliarden Dollar allein mit seiner PlayStation-Sparte um und hat rund 125 Millionen Konsolenbesitzer an seinen kostenpflichtigen Playstation Plus-Dienst gebunden. Microsoft, dessen Xbox-Sparte in der Vergangenheit immer den Kürzeren gegenüber Sony gezogen hat, fährt als Antwort eine hyperaggressive Expansionspolitik: Auf einer beispielslosen Shoppingtour hat Microsoft immer mehr hochkarätige Entwicklerstudios gekauft, um seinen als »Netflix für Games«-artigen »Game Pass«-Service mit neuen Exklusivtiteln zu füttern – zuletzt griff man im ersten Mega-Merger der Games-Industrie für knapp 70 Milliarden Dollar bei Activision zu und kontrolliert nun extrem lukrative Franchises wie *Call of Duty*, *World of Warcraft* oder *Candy Crush*. Games sind für Tech-Unternehmen in den aufkommenden Zeiten des Metaverses Schlüsselanreize ihre Nutzer möglichst lange in ihren sozialen und immer virtuelleren Netzwerken zu halten.

Überholt im Ranking wurden beide jedoch von chinesischen Konkurrenten Tencent, der auch einen Anteil am amerikanischen Entwickler von Fortnite hält, dem wohl populärsten Spiel der Welt, das längst mehr ist als ein Battle-Royal-Shooter. Mittlerweile debütieren dort auch Musiker wie Travis Scott, Diplo oder Kaskade mit ihren Songs vor Millionen von Spielern. Desweiteren sind drei weitere GamesKonzerne in unserem Ranking vertreten, die mit überwiegend digitalen Spieleverkäufen und kostenpflichtigen Zusatzinhalten vor allem auf mobilen Geräten Milliardengewinne erwirtschaften. Da ist es keinesfalls überraschend, wenn nun auch Netflix angekündigt hat, ab 2022 selbstproduzierte Spiele in sein Streaming-Angebot aufzunehmen.

Mogule und Nerds

Wer trifft die Entscheidungen an der Spitze der größten Medienkonzerne? Der durchschnittliche Medienmanager ist über 50 Jahre alt, weiß und extrem wohlhabend. Von den 50 im Ranking vertretenen Unternehmen werden gegenwärtig nur zwei von einer Frau (Shanghai Media Group und Wolters Kluwer) bzw. von einem nicht-weißen Mann (Alphabet-CEO

Sundar Pichai und Microsoft CEO Satya Nadella) geleitet. Medienmanager gehören branchenübergreifend zu den Bestverdienern. Wie der Branchenblog *Deadline* vorrechnete, erhielten die CEOs der zehn größten US-Medienkonzerne im Pandemiejahr 2020 insgesamt mehr als 350 Millionen Dollar an Gehalt und Boni ausgezahlt – während deren Unternehmen rund acht Prozent ihrer Belegschaft entließen und das Bruttoinlandsprodukt um 3,5 Prozent sank. Zu den Topverdienern gehörten dabei Jason Kilar, CEO von Warner Media, der inklusive Boni 52 Millionen Dollar mit nach Hause nahm, Comcast-CEO Brian Roberts (33 Millionen) und Lachlan Murdoch (29 Millionen).

Die Szenerie der Eigentümer und des Managements hat sich jedoch in den letzten zehn Jahren vor allem durch den Aufstieg der Online-Konzerne deutlich verändert. Mit Pichai oder Facebooks Mark Zuckerberg sind mittlerweile Programmierer und Computer-Ingenieure an die Spitze der Medienkonzerne gelangt, deren Aufgabe es nicht mehr primär ist, ein Unternehmen unter Anwendung bestimmter Management-Techniken zu führen, sondern in erster Linie die technische Grundlage der Produkte zu verstehen und visionäre Prognosen über deren Realisierung abzugeben.

Bedeutend sind auch Investoren und Private-Equity-Gruppen, die in den vergangenen Jahren ihre Aktivitäten auf die Medienbranche ausgeweitet haben. Neben Warren Buffett, dessen Holding Berkshire Hathaway 2013 überraschend in US-Regionalzeitungen investierte, und Carlos Slim, der unter anderem fast den gesamten lateinamerikanischen Telekommunikationssektor kontrolliert und nebenbei zum größten Anteilseigner der New York Times Company wurde, ist der momentan wohl einflussreichste Investor John Malone. Der Kabelbaron herrscht nicht nur über sein Liberty-Media-Imperium und hält Anteile an Discovery Communications, sondern leistet sich auch einen Mehrheitsanteil an der Formel-1-Rennserie.

Neben der Kommunistischen Partei Chinas, der de facto wohl größten Medienholding der Welt, sind seit längerem die Scheichs aus dem mittleren Osten in die internationale Medienindustrie eingestiegen. Al-Waleed bin Talal, einst größter individueller Anteilseigner am Murdoch-Imperium, ist inzwischen von Hamad bin Chalifa Al Thani als prominentester Investor abgelöst worden. Al Thanis Qatar Investment Authority hält dank exzellenter Beziehungen zum französischen Staat Anteile an Lagardère, Vivendi und France Télécom (Orange S.A.); ein weiteres katarisches Konglomerat, beIN Media, kontrolliert neben lukrativen Sportübertragungsrechten auch das Filmstudio Miramax.

Doch während nationale Gesetze in der Regel verhindern, dass ausländische Investoren die Kontrolle über Medienkonzerne übernehmen, konnten Private-Equity-Gruppen sich in der letzten Dekade weiter ausbreiten. Ihre Vertreter sitzen inzwischen in den meisten Aufsichtsräten, wo sie mittelbar die Geschicke der Unternehmen beeinflussen können. In manchen Fällen, wie etwa im Fall von iHeartMedia, der größten Radiosenderkette der USA, übernehmen sie komplett die Kontrolle. In einem hochgradig konzentrierten Medienmarkt wie den USA schaffen solche Konstellationen weitere Probleme: Thomas H. Lee Partners (bekannt durch ihre Beteiligung an der Übernahme von ProSiebenSat.1 Media SE durch Haim Saban) und Bain Capital, gegründet vom republikanischen Ex-Präsidentschaftskandidaten Mitt Romney, haben beide zeitweise auch in die Konkurrenten Cumulus und den spanischsprachigen Rundfunkbetreiber Univision sowie die drittgrößte Plattenfirma, Warner Music, investiert. Die »Heuschrecken«-Praxis, den Kaufpreis durch Schulden zu finanzieren und diese den »gekauften« Unternehmen aufzuhalsen, hat oft katastrophale Folgen. Während der ProSiebenSat.1-Konzern den Ausstieg von KKR und Permira im Jahr 2014 vergleichsweise gut überstanden hat, sind andere Medienunternehmen wie etwa EMI (nach dem Engagement von Terra Firma Capital Partners), Tribune (Equity Group Investment) und auch iHeartMedia schließlich unter ihrer Schuldenlast zusammengebrochen oder gingen bankrott.

Medienpolitische Reaktionen

Wenn sich die Administrationen der US-Präsidenten Barack Obama, Donald J. Trump und Joe Biden in einem zentralen Punkt gar nicht unterscheiden, dann ist es die starke Unterstützung (bzw. das Gewährenlassen) der US-Tech- und Wissensökonomie. Zwar hat der im November 2020 gewählte Biden einige kompetentere Köpfe und Berater in sein Team für kommunikations- und digitalpolitische Fragen geholt als sein erratisch-narzisstischer Vorgänger Trump, und mitunter werden auch dem Facebook-Management etwas deutlicher wegen des laxen Umgangs mit »Fake News« Vorhaltungen bishin zum Androhen der Zerschlagung gemacht –, aber die GAFA's erscheinen trotz milliardenschwerer Strafen in Kartellverfahren weiterhin als leuchtende Exportgaranten, vor allem im Wettbewerb mit China, zu lukrativ, um spürbar attackiert zu werden.

Ernsthafte Anstrengungen für irgendeine »Medienregulierung« sind in den USA ohnehin seit Jahrzehnten nicht mehr unternommen worden, die europäischen Nationalstaaten mit ihren ebenso ziselierten wie angesichts der globalen Marktdynamik wirkungslosen Formalregeln werden von Washington oder New York aus wohl gar nicht mehr wahr- oder gar ernst genommen. Zudem konnten sich die US-Wissenskonzerne im 21. Jahrhundert exorbitante Bataillone von spezialisierten Top-Juristen und Lobbyisten aufbauen, sodass regulatorische Belästigungen ohnehin leicht abgewehrt werden können. Einzelne EU-Kommissar/innen wie Margarete Vestager oder zuletzt Thierry Breton haben zwar immer wieder versucht, mithilfe von Wettbewerbs- und Kartellrecht angesichts der ungebremsten Vorherrschaft der US-Wissensökonomie zu intervenieren. Aber hier fehlen, realistisch betrachtet, Kontinuität, Fokussierung und vor allem technologisch-institutionelle Alternativen. »Es gibt Fürstentümer, Königreiche, Staaten, Bündnisblöcke – und es gibt amerikanische Internet-Giganten«, so kommentierte kürzlich Hans-Jürgen Jakobs, als gelernter Volkswirt intensiver Beobachter der globalen Konzern-Ökonomie, Ex-Chefredakteur des *Handelsblatts* und langjähriger Mitarbeiter dieses Kompendiums: »Die haben längst den Status von Großmächten erreicht, die überall auf der Welt Werbegeld absaugen, Kommunikation bestimmen und de facto gesellschaftliche Standards setzen. Was also ist machttechnisch, nur mal als Beispiel, der niederländische Premier Mark Rutte gegenüber Mark Zuckerberg?«

»Irgendwie konsequent« sei es also, so Jakobs, »dass die Europäische Union eine Außenvertretung, eine ›Botschaft‹, in San Francisco plant – ganz in der Nähe des Tals der digitalen Wunder, des Silicon Valley, wo Facebook, Apple und Google sitzen. Der ›Go-West‹-Plan geht aus einem Papier des Europäischen Auswärtigen Diensts hervor. [...] Die EU wolle, so heißt es, der »Geopolitik von neuen digitalen Technologien« mehr Beachtung schenken. Irgendwann nehmen wir noch diplomatische Beziehungen zu diesen Großmächten auf.«

Und so wird es weitergehen: Einstmals stolze Hollywood-Studios werden zu Unterfällen und »Inhalte-Zulieferern« der Online-Konglomerate, europäische oder nationale Medienmarken können nur noch durch Börsen-Parzellierungen und Kreuzbeteiligungen von sich reden machen; für eine gewisse Zeit bleibt für die Eigentümer/Verleger noch ein durchaus kommodes Überleben in der Nische – so geht es in Deutschland mittelständischen Medien-Rationalisierern wie Madsack (Hannover) oder

der Ippen Gruppe (nebst »Ippen-Digital«, München) gar nicht schlecht, allerdings ist ihr publizistischer Einfluss-Radius inzwischen sehr marginalisiert. Eine im realpolitischen Sinne nicht mehr existente Medien- und Kommunikationspolitik kann hier gar nichts mehr ausrichten, auch mangels konzeptioneller Ideen und mangelnder Durchsetzungsfähigkeit. Dies belegen die endlosen Debatten um ein – inzwischen angesichts der Infrastuktur-Dynamik auch gar nicht mehr praktikables oder wünschenswertes – nationales »Digitalministerium« in Berlin belegen. Als wir vor 25 Jahren mit diesem Umsatz-Ranking begonnen haben, befanden sich unter den Top 50 noch zwanzig europäische Medienkonzerne der klassischen publizistischen Sorte, darunter acht aus Deutschland (Bertelsmann, ARD, KirchGruppe, Axel Springer, WAZ, Bauer, Holtzbrinck, ZDF). Heute sind es noch 10 Konzerne mit Unternehmenssitz in Europa inklusive den beiden letzten deutschen Medien-Mohikanern, Bertelsmann und die ARD. Joseph Schumpeter (1883-1950), der bis heute intelligenteste Analytiker der kapitalistischen Psycho-Ökonomie, hätte daran mit seiner These der »kreativen Zerstörung« große Freude gehabt, konservativere Beobachter der »öffentlichen Sphäre« (Habermas) wahrscheinlich sehr viel weniger.

Einleitung: Die neuen Wissens- und Datenkonzerne in der Medienumwelt (2017)

Von Lutz Hachmeister und Till Wäscher

Beim schrillen Zirkus der Republican National Convention (RNC) in Cleveland, als im Juli 2016 gegen alle ursprünglichen Prognosen der Gaga-Rhetoriker Donald Trump als Präsidentschaftskandidat der einstigen Partei Abraham Lincolns nominiert wurde, gewannen die Republikaner, untereinander hoffnungslos zerfallen, einen ungewöhnlichen Unterstützer-Star aus den höchsten Höhen der Hightech-Welt: Peter Thiel. Der deutschstämmige Multimilliardär aus dem Silicon Valley, Paypal-Mitbegründer, erster ›outside investor‹ bei Facebook, früh engagiert bei Unternehmen wie Spotify, AirBnB, SpaceX und Palantir ist mittlerweile Ende 40 – und wie viele Frontfiguren des digitalen Evangeliums an Forschungen zur Unsterblichkeit interessiert (kürzlich kamen Storys auf den Markt, dass sich Thiel Blut jüngerer Artgenossen injizieren lasse). Den »Vampir« Thiel beschrieben die Bloomberg-Reporter Lizette Chapman und Mark Chafkin in einer aufschlussreichen, leicht erschreckten Reportage als »the Republican Party's new trade-loving, free-thinking, gay, Christian, antiwar, rich-as-hell, naturalized citizen, Silicon Valley hero.«

Thiel, der luziferische Schachspieler, ist *in politicis* ungefähr so widersprüchlich und sprunghaft wie Trump, und deshalb passen die beiden doch ganz gut zusammen. Aber Thiel, der Radikal-Libertäre, hat wie nahezu das gesamte Führungspersonal der dominierenden internetbasierten kalifornischen Unternehmen, einen klaren Fokus: eine spirituell unterfütterte, anarcho-kapitalistische technologische Weltherrschaft der USA. »Make America great again!«, der zündende Trump-Slogan, wird in dieser Perspektive als unbedingte Durchsetzung digitaler Distributions- und Berechnungstechnologien interpretiert – bis in den letzten Winkel Afrikas, aber vielleicht auch bis zum Mars und in bisher unbekannte Galaxien. Der nordamerikanische Gründungsmythos, ›Go Westward!‹ und dann immer weiter, fundiert von den okkupierenden europäischen Emigranten, medial formatiert im Hollywood der osteuropäisch-deutsch-jüdischen Einwanderer, wird im 21. Jahrhundert techno-logisch entgrenzt durch Digital-Entrepreneure aus dem Silicon Valley oder Seattle.

›Hollywood‹ und ›Silicon Valley‹ gelten im politischen Koordinatenfeld der USA allgemein als *liberal* – was allerdings, verglichen mit den deutschen Verhältnissen nur so viel heißt wie: irgendwo links von der AfD – und so waren viele Unternehmerkollegen von Peter Thiel verstört angesichts dessen Auftritt bei der Trump-Krönungsmesse. »Jedes Mal, wenn ich von Peters Unterstützung für Trump lese, checke ich meinen Kalender, um sicherzugehen, dass es nicht der 1. April ist«, so Max Levchin, einer der Mitbegründer des Bezahlsystems PayPal. Aber »The Donald« war es gelungen, vor allem mithilfe des rabiaten Nachrichten- und Talkshowsenders Fox News aus Rupert Murdochs Medienreich (und dessen Kampfblatt *New York Post*), rechtslastiger Blogs und vor allem einer Dauerkanonade in den sogenannten ›sozialen Medien‹, die demokratische Kandidatin Hillary Clinton als Symbol eines korrupten US-Establishments der älteren Sorte (mit den Bankstern von Goldman Sachs und der Wall Street allgemein) hinzustellen – »crooked Hillary«, und so ganz falsch war das ja auch nicht. Im immer noch größten Medienlaboratorium der Welt, den USA, waren die Wochen der Nominierungsparteitage der Demokraten und Republikaner jedenfalls ein gutes Beobachtungsfeld für eine politökonomische Analyse der Medienkonzerne: Michael Bloomberg, Gründer eines Finanzmedien-Imperiums und einstiger Bürgermeister von New York City, der eine Zeit lang damit geliebäugelt hatte, selbst als unabhängiger Präsidentschaftskandidat anzutreten, sprach sich auf der ›Democratic National Convention‹ im Wells Fargo Center in Philadelphia dann doch für Hillary Clinton aus, zwischendurch wurde mit Roger Ailes der mittlerweile 77-jährige Fox-News-Mastermind von den Murdochs entlassen (nach Vorwürfen sexueller Belästigung von Fox-Moderatorinnen); die feministische Ikone Laurie Penny traf sich in Cleveland nicht ganz unfreiwillig mit dem populistischen Twitter-Pöbler und Posterboy Milo Yiannopoulos (sein Account war gerade von Twitter Inc. suspendiert worden) – und Wikileaks veröffentlichte – angeblich von russischen Hackern erbeutete – Mails aus der demokratischen Parteiführung, die eine systematische Benachteiligung des parteiinternen Clinton-Gegenkandidaten Bernie Sanders indizierten. Und Pulitzer-Preisträger Glenn Greenwald (*The Intercept*) warnte die KollegInnen der älteren Medienorganisationen eindringlich davor, sich in ihren elitistischen Netzwerken und in einem simplen Anti-Trump-Modus zu verfangen.

Zur Verblüffung der ›Mainstream-Medien‹ (und zur Blamage der Umfrage-Institute) wurde am 8. November 2016 dann tatsächlich mit Donald Trump ein außerordentlich umstrittener Kandidat zum 45. Präsidenten der USA gewählt. Noch verblüffender war aber vielleicht, mit welchem Flagellantentum Journalisten und Intellektuelle auf die Wahl reagierten. Journalismus-Professor Jeff Jarvis (*What would Google do?*) beklagte sich bitter: »My profession failed to inform the public about the fascist they are electing«, Medienexperte Brian Stelter von CNN: »This is one of the biggest media failures of our lifetime«, und selbst Judith Butler, die Marie Antoinette des akademischen Feminismus, sorgte sich: »Schirmt uns unsere weltentrückte Art des linksliberalen Denkens von der Wahrheit ab?« Nun hatte die Wahl Trumps vielleicht weniger mit ›den Medien‹ als mit den Besonderheiten des Mehrheits-Wahlsystems (›electoral college‹), einer nicht besonders überzeugenden Gegenkandidatin und einer Reaktion der »white protestant nation« (Allan Lichtman) auf die Jahre mit einem schwarzen Präsidenten zu tun. Signifikant ist allerdings der Einfluss radikalisierter Online-Portale wie *Breitbart* oder *Infowars*, denen selbst Fox News zu zahm und etabliert erscheint. *Breitbart*-Polemiker Steve Bannon wurde (zum Dank?) von Trump zum Chefstrategen im Weißen Haus ernannt; Peter Thiel kam ins ›transition team‹ – eine seltsame und neue Melange aus Nativismus und Futurismus.

In dieser Szenerie mit kalkulierten Provokationen, Tohuwabohu und politfolkloristischem Larifari wurde klar, dass das eine ohne das andere nicht mehr geht: revolvierendes Nachrichtenfernsehen und klassische Journalistik nicht mehr ohne Facebook, Twitter, Instagram und Snapchat,

Telekommunikations-Industrie nicht mehr ohne Kabel- bzw. Pay-TV und Internet-Streaming, die gedruckte Presse nicht mehr ohne alle möglichen Online-Dienste und Newsletter, die Automobilindustrie nicht mehr ohne verfeinerte Satellitentechnologien und Entertainment-Pakete. Auf die Frage, ob die großen Automarken von morgen Apple und Tesla hießen, antwortete in einem *FAS*-Interview Audi-Chef Rupert Stadler: »Ich bin fest überzeugt, dass gerade Audi zu den Marken von morgen zählen wird. Unsere Aufgabe ist es, auch in zehn Jahren sexy Autos zu entwickeln und zu fertigen. Sie werden umfassend vernetzt sein und unseren Kunden das Leben erleichtern. Das Auto wird zum größten Mobile Device«. Das heißt aber nicht, dass die große Vernetzung der Vernetzung sich in einer unkenntlichen Konvergenzsuppe auflöst; es gelten nach wie vor die politökonomischen, warenästhetischen und dramaturgischen Regeln der »Bewußtseinsindustrie« (Enzensberger), durchaus mit erkennbaren Resistenzen auf der »Nutzerseite«, etwa, wenn sich das verwirrte und technologisch überlastete Publikum in Deutschland zu Magazinen wie *Landlust* oder das Heimatfernsehen der öffentlich-rechtlichen Dritten Programme flüchtet. Es bietet sich daher an, mit einem präziseren und dialektisch geschulten Zugriff den technologisch-publizistischen Komplex auf die einzelnen Unternehmen und Konglomerate herunterzubrechen, um Mentalitäten und Intentionen, auch die medienökonomische Faktenlage, kenntlicher zu machen. Das ist die Zielsetzung dieses Kompendiums, das nunmehr in der 5. Ausgabe (nach 1997, 2000, 2003 und 2005) erscheint und sich inzwischen auf die Online-Datenbank des Instituts für Medien- und Kommunikationspolitik (IfM, Köln) stützen kann. Und es ist signifikant, dass im Umsatz-Ranking der weltgrößten Medien-, Kommunikations- und Wissenskonzerne mit der Alphabet-Holding ein Medienkonzern neuen Typs an erster Stelle steht, den es beim Erscheinen der Erstausgabe von *Wer beherrscht die Medien?* noch gar nicht gab: Google Inc., im September 1998 von Sergey Brin und Larry Page gegründet.

Alte Medienkonzerne, neue Wissens- und Datenimperien: Beispiel Viacom und Google

Ende der 2000er-Jahre fasste Google-Gründer Larry Page den Entschluss, die internationale Werbeagentur-Industrie zu zerstören. Nach der Übernahme von Online-Marketing-Marktführer DoubleClick im Jahr 2007 war Google zum erfolgreichsten Werbeimperium aufgestiegen und für

Page waren Agenturen hochgradig ineffiziente Überbleibsel aus der analogen Vergangenheit. Google mit seiner technischen Expertise und seinem gigantischen Reservoir an persönlichen Nutzerdaten wäre dagegen weitaus besser in der Lage, zielgruppenorientierte Werbekampagnen (›Targeting‹) zu realisieren. Doch Pages Idee wurde in einer Sitzung des Operating Committee des Suchgiganten systematisch ignoriert. CEO Eric Schmidt und seine damaligen Werbechefs Sheryl Sandberg (heute Facebook) und Tim Armstrong (AOL) waren entsetzt über den Plan. Wie *Business Insider*-Journalist Nicholas Carson in seinem Porträt über Page schreibt, veranlasste Schmidt im Anschluss an die Sitzung, dass Werbepartner und Medienkonzerne zumindest niemals Wind von der Idee bekommen würden. Der Aufstieg von Google sollte leise und sanft vonstatten gehen, nach dem putzigen Motto: »Don't be evil«. Und so gibt es weiterhin den nur Brancheninsidern bekannten britischen Media- und Werbetrust WPP Group, mit über 160.000 Mitarbeitern in 108 Ländern, die größte Werbeholding der Welt. Allerdings warnen Fachleute seit geraumer Zeit vor der unkontrollierten Drift von Werbegeldern in Richtung Facebook und Google: »Madison Avenue fell asleep, direct response marketing ate its brain, and it woke up as an alien replica of itself«, so der Harvard-Ökonom Doc Searls.

Die Google-Anekdote beschreibt nicht nur, wie verzahnt die traditionelle Medienindustrie mit den Wissens- und Datenkonzernen wie Google ist. Sie ist auch ein Schnappschuss aus einer Zeit, als Google noch mehr Rücksicht auf seine Medienpartner nehmen musste und ein Bruchteil seiner heutigen Größe hatte. Googles Umsatz hat sich zwischen 2006, dem Jahr der Übernahme der Videoplattform YouTube, und 2015 von 10,6 auf 74,9 Mrd. US-Dollar mehr als versiebenfacht. Der als kauzig und emotionslos geltende Page hat inzwischen wieder die Leitung des Mutterkonzerns Alphabet übernommen, das mittlerweile auch im Gesundheitsbereich aktiv ist (Life Sciences) und vorrübergehend in Robotertechnologie investierte. Doch Google ist noch immer vor allem ein Medienunternehmen. Das Institut für Medien- und Kommunikationspolitik nahm Google 2012 in sein Ranking der größten Medienkonzerne auf, weil das Unternehmen 96 Prozent seiner Umsätze mit Werbung generierte. Obwohl Google inzwischen auch selbstfahrende Autos und intelligente Thermostate produziert, ist dieser Anteil mittlerweile auf 98 Prozent angestiegen. Google hat 2016 damit den langjährigen Spitzenreiter Comcast erstmals von der Spitzenposition des Medienkonzern-Rankings abgelöst. Googles Medien- und Meinungsmacht ist enorm: YouTube, das zunehmend auf kostenpflichtige, selbstproduzierte Inhalte setzt, ist die mit Abstand größte Videoplattform der Welt; Diskussionen, welche Inhalte in welcher Reihenfolge auf der ersten Seite der Google-Suchergebnisse zu sehen sind, stehen vergangenen Kontroversen über die Meinungsmacht von Zeitungen und Nachrichtensendungen in nichts nach; und mit seiner Kampagne, das weltweite Glasfasernetz auszubauen (Google Fiber) plant der Konzern, die über Jahrzehnte etablierten Kabelkonzerne und Internet Service Provider herauszufordern.

Einer der erbittertsten ehemaligen Rivalen von Google ist derweil in eine wirtschaftliche und personelle Krise gestürzt. Der Aktienkurs von Viacom, dem TV- und Filmgiganten, der sich vor knapp zehn Jahren als erster traditioneller Medienkonzern dazu entschied, juristisch gegen massive Urheberrechtsverletzungen seiner Inhalte auf YouTube vorzugehen, ist allein 2015 um 50 Prozent gefallen. Der Erfolg von Online-Konzernen wie Google hat damit unmittelbar zu tun: Die Zuschauer der Jugend- und Kindersender von Viacom (MTV, VH1, NICKELODEON) wandern zunehmend ins Netz ab. Hinzu kommen lähmende Querelen an der Führungsspitze des Konzerns, die jegliche Innovation blockieren. Ex-Viacom-CEO Philippe P. Dauman, dessen Vergütung sich 2015 trotz der katastrophalen Bilanz inklusive Boni auf mehr als 54 Mio. US-Dollar belief, konnte sich zunächst auf die Unterstützung des greisen und dementen (im August 2020 verstorbenen) Mehrheitsaktionärs Sumner Redstone verlassen. Der 93-Jährige kontrollierte über seine Holding National Amusements außerdem auch die TV-Senderkette CBS. Doch der seit Jahren schwelende Streit um Redstones Erbe glich zwischenzeitlich den Seifenopern wie *The Young and Restless* oder *The Bold and Beautiful*, die im Vormittagsprogramm von CBS laufen: ein greiser Patriarch, der sich Frauen in sein Anwesen bestellt, um mit ihnen Sex zu simulieren, Jahrzehnte jüngere Partnerinnen, die mit Millionenbeträgen ruhiggestellt werden, eine entfremdete Tochter, die auf einmal Ansprüche auf das Erbe stellt, ein Krankenpfleger, der Redstones unverständliches Gemurmel in Direktiven übersetzt und ein Rechtsstreit über die Frage, ob Redstone noch Herr seiner Sinne ist. Es ist ein Kontrast zu den Wissenskonzernen aus Silicon Valley, wie er größer nicht sein kann.

Medienunternehmen und ›Wissenskonzerne‹

Wir definieren ›Medienkonzerne‹ als Unternehmen, die publizistische Inhalte in Massenmedien verantwortlich erstellen und/oder verbreiten sowie maßgebliche Teile ihres Umsatzes mit Erlösen aus Rechten/Lizenzen und/oder Werbung erzielen und nicht als reine Telekom- oder Technikprovider auftreten. Ferner werden Konzerne berücksichtigt, die durch Produktion und/oder Distribution maßgeblichen Einfluss auf die kommunikative Umwelt eines breiten Publikums haben. Die Geschäftsfelder und Branchen, in denen diese Konzerne im Wesentlichen aktiv sind, umfassen Film- und Fernsehproduktion und -distribution, Streaming- und Social-Media-Dienste, Bücher-, Zeitungs- und Magazinverlage, Radiostationen und Musiklabels sowie Games Publishing und Fachinformationsdienste. Es gibt keine mathematisch trennscharfe Definition von ›Medienkonzernen‹, auch die Abgrenzung zur Telekommunikationsindustrie ist mitunter schwierig, aber unser Kategoriensystem hat sich über die Jahre doch als recht brauchbar erwiesen.

Zu den großen traditionellen, vertikal integrierten Medienkonzernen, die üblicherweise TV-Sender, Radiostationen, ein Hollywood-Studio, Themenparks und ein Games Publisher verbinden (zum Beispiel Walt Disney, Time Warner oder Viacom/CBS) sind in den vergangenen Jahren neue Wissens- und Datenkonzerne hinzugekommen. Die ›Big Four‹ der Online-Industrie, heute gern als GAFA bezeichnet (Google, Apple, Facebook und Amazon) machen den *legacy media* nicht nur durch das Sammeln von Nutzerdaten Marktanteile auf dem Werbemarkt streitig, sondern haben massiv in die Produktion von eigenen Inhalten investiert. Es ist zu einem Revival der in der Vergangenheit überstrapazierten Phrase ›Content is King‹ gekommen, die bezeichnenderweise auch in einem Artikel von Bill Gates im Jahr 1996 auftaucht, in dem dieser prognostizierte, das Internet werde sich langfristig zu einer neuen Form von kommerziellem Rundfunk entwickeln. Facebook kontrolliert nun nicht nur ein übergeordnetes Ökosystem, in dem Zeitungsartikel und Online-News konsumiert werden; das Unternehmen hat bereits eine aggressive Video-Streaming-Offensive gestartet. Facebook Live könnte sich auch dank der Hilfe von Celebritys und professionell hergestelltem Content mittel- bis langfristig zum wichtigsten Nachrichten- und Sportsender entwickeln. Apple, wie in regelmäßigen Abständen spekuliert wird, könnte seine enormen Cash-Reserven dazu benutzen, ein Hollywood-Studio zu übernehmen, um den iTunes Store oder sein Streaming-Angebot Apple TV mit Exklusivinhalten anzureichern. Denn ›Hollywood‹ ist noch immer ein Sehnsuchtsort für Glamour und Drehbuch-Talent. Selbst ein Unternehmen wie Amazon ist zum Medienkonzern geworden und produziert

Content, um die Premiumversion seines E-Commerce-Dienstes zu promoten. Amazon dominiert den E-Book-Markt sowohl durch den wachsenden Einfluss seiner Eigenverlage als auch eine Preispolitik, die von vielen als erpresserisch empfunden wird, und hat in den letzten Jahren Milliarden in die Entwicklung von hochwertigen TV-Serien und Kinofilmen investiert. Mit Netflix ist zudem ein neuer Player auf der Bildfläche erschienen, der mit einer aggressiven, globalen Content-Offensive das seit Jahrzehnten etablierte Kabel- und Pay-TV-Geschäftsmodell bedroht.

Hinzu kommt, dass diese Online-Medienkonzerne inzwischen enge Kontakte zur politischen Elite in Washington pflegen. Dank den Snowden-Leaks wissen wir, dass Google, Facebook und Microsoft – willentlich oder nicht – unverzichtbare Komplizen in der Massenüberwachung sämtlicher Internetuser sind. Googles Ex-CEO Schmidt und Jigsaw-(ehemals Google Ideas)Chef Jared Cohen waren Hillary-Clinton-Unterstützer mit engen Verbindungen zur Demokratischen Partei. Apple hat dem FBI in der Affäre um gehackte iPhones zwar jüngst die Stirn geboten, schafft es jedoch durch eine Kombination von geschicktem Lobbying und Bilanztricks ungestraft, so gut wie keine Steuern auf seine enormen Gewinne zu zahlen. Facebook ist durch seine Free-Basics-Initiative zu einem geostrategischen Player geworden und von der Mission beseelt, ein von US-Konzernen dominiertes Web zu promoten. Und die letzten großen medienpolitischen Entscheidungen, vom überraschend starken Bekenntnis der Obama-Administration zum Netzneutralitäts-Prinzip bis hin zum untersagten Übernahmeversuch von Time Warner Cable durch Comcast, sind auch von Lobbying-Anstrengungen im Sinne von Netflix ausgegangen, das in einer quasi-monopolisierten, im internationalen Vergleich technisch zurückgebliebenen Internet-Infrastruktur nicht weiter wachsen könnte. Diese Daten- und Wissenskonzerne sind neben Hollywoodfilmen zum wichtigsten Exportprodukt der USA geworden, und auch zukünftige Regierungen (selbst mit Trump) werden alles daran setzen, ihre herausragende Stellung in der internationalen Medien- und Online-Landschaft aufrechtzuerhalten.

Neue Konkurrenz aus China

In der letzten Dekade lässt sich auch der Aufstieg von Medienkonzernen aus der BRIC-Region beobachten. Parallel zum wirtschaftlichen Aufschwung sind in Indien (Essel Group), Russland (Gazprom Media) und

Brasilien (wo Globo bereits seit 1965 den Mediensektor dominiert) Konzerne in Erscheinung getreten, die den wachsenden Hunger der neuen Mittelschicht nach TV- und Filmentertainment stillen wollen. Chinesische Medien- und Online-Konzerne nehmen hierbei eine Sonderstellung ein. Auch durch Zukäufe und Partnerschaften mit westlichen Firmen sind Unternehmen wie Tencent, Baidu und die Shanghai Media Group zu globalen Playern geworden. Das Social-Media- und Gaming-Imperium Tencent und der häufig als Google-Klon bezeichnete Wissenskonzern Baidu haben es dank enger Beziehungen zur Kommunistischen Partei geschafft, Google und Co. aus China fernzuhalten. Das Land wird in Kürze die USA als wichtigsten Kinomarkt ablösen und die Shanghai Media Group oder Investoren wie China Media Capital haben längst Partnerschaften mit Hollywood-Studios eingefädelt, um auf den chinesischen Massengeschmack abgestimmte Blockbuster zu produzieren. Ob ein Film an den US-Kinokassen floppt, wird zunehmend unwichtiger, wenn ein von westlichen Zuschauern weitgehend ignorierter Film wie *World of Warcraft* in China am ersten Tag 46 Millionen US-Dollar einspielen kann. Shanghai ist neben Silicon Valley, New York und London zum neuen Epizentrum der Medienkonzernwelt geworden.

Cord cutters und cord nevers

Obwohl vor allem in den USA immer mehr Kunden ihre Kabelverträge kündigen, haben sich Kabel- und Satellitenkonzerne bzw. Internet Service Provider wie Comcast, Cox, Dish, Rogers, Shaw und Carter seit Jahren im Ranking festgesetzt. Daran wird sich wohl auch in den nächsten Dekaden wenig ändern: Ältere TV-Zuschauer werden wohl kaum auf Netflix umsteigen und weiterhin ihre horrenden Kabelgebühren bezahlen (das Basic-Paket an Kabelsendern plus Internetzugang kostet bei Comcast in etwa 130 US-Dollar pro Monat). Hinzu kommt, dass auf dem nordamerikanischen Kabelmarkt so gut wie keine Konkurrenz herrscht. Comcast, Cox, DirecTV, Verizon und Charter haben den Markt unter sich aufgeteilt. Während man in Europa oder Lateinamerika häufig die Wahl zwischen 25-50 Anbietern hat, läuft es beispielsweise im Großraum Philadelphia darauf hinaus, dass man sich nur zwischen Comcast oder gar keinem W-Lan in seinem Apartment entscheiden kann. Die US-Medienpolitik hat nichts getan, um diese kartellrechtlich bedenkliche Situation zu entschärfen. Im Gegenteil: Comcast durfte 2011 nach einer höchst umstrittenen FCC-Entscheidung

NBCUniversal übernehmen und kontrolliert seitdem nicht nur die Übertragungswege, sondern auch eine der größten Senderketten und eines der vier großen Filmstudios. Zwar blockierte die Obama-Administration danach Comcasts Versuch, durch die Übernahme von Time Warner Cable weiter zu wachsen. Die FCC erlaubte es jedoch im selben Jahr, dass Konkurrent Charter Communication den Zuschlag für Time Warner Cable erhielt und genehmigte den Kauf von DirecTV durch Telekommunikationsriese AT&T. Den vorerst letzten Beitrag zur Merger-Manie leistete wiederum AT&T mit einem 85 Milliarden Dollar schweren Übernahmeangebot für Time Warner, das im Oktober 2016 abgegeben wurde.

Langfristig werden die veränderten Nutzergewohnheiten für die Kabelunternehmen jedoch zu einem Problem. Ihre Beziehungen zu den großen TV-Sendern haben sich in den vergangenen Jahren verschlechtert. Regelmäßig entstehen sogenannte *carriage disputes* über die Frage, wie viel Geld die Kabelkonzerne an die Sender entrichten sollen. Aufgrund sinkender Einschaltquoten sind die Kabelanbieter zunehmend nicht mehr bereit, hohe Summen zu bezahlen. Die TV-Sender sind jedoch wegen sinkender Werbeerlöse auf die Übertragungsgebühren angewiesen. Um die auch als *cord cutting* bekannte Migration zu Streaming-Plattformen zu stoppen (jüngere Rezipienten, die keine Absicht haben, jemals lineares Fernsehen zu empfangen, gelten im Kabeljargon mittlerweile als *cord nevers*) haben Comcast und Co. damit begonnen, die Programmpakete zu entbündeln und mehr *à la carte*-Optionen anzubieten. Über Jahrzehnte mussten Kabelkunden für Sender aus ihrem Programmpaket bezahlen, die sie so gut wie nie gesehen haben. Nun können sie teilweise bestimmen, welche Sender sie empfangen wollen und welche nicht. Doch selbst die Kunden, die komplett auf Kabel-TV verzichten, bleiben in der Regel Internetkunden, was vor allem kleinere Unternehmen dazu gebracht hat, ganz auf Kabelübertragung zu verzichten.

Sollten die großen Unternehmen, die aufgrund ihrer Marktmacht die Lizenzkosten bisher klein halten konnten, nachziehen, würde das dramatische Folgen für TV-Landschaft und die großen Medienkonzerne haben. Die Aktie von Walt Disney, das aufgrund seiner enorm erfolgreichen *Marvel-* und *Star Wars*-Filmserien eigentlich exzellent dasteht, wurde im vergangenen Jahr enorm von der ungewissen Entwicklung seiner Sportsender-Kette ESPN belastet. Selbst Live-Sportübertragungen, von denen Experten davon ausgingen, dass sie der letzte heilige Gral des TV-Business seien, halten Zuschauer nicht mehr davon ab, ihre Kabel zu kappen.

Journalistische ›failed states‹

Medienkonzerne könnten mittelfristig damit beginnen, ihr Kabelgeschäft vom restlichen Kerngeschäft abzuspalten. Eine strukturell vergleichbare Entwickung lässt sich bei den Zeitungs- und Magazinverlagen beobachten. News Corp., Time Warner und Pearson haben ihre Printsparten längst ausgegliedert oder verkauft. Von den in den Top 50 vertretenen Konzernen haben nur noch Bertelsmann, Lagardère und Advance Publications nennenswerte Printhäuser in ihrem Portfolio. Einst große Zeitungshäuser wie die New York Times Company, Gannett, Tribune Publishing, Graham Holdings (ehemals Washington Post Company), Daily Mail & General Trust oder Bonnier sind längst nicht mehr Teil der Rangliste. Zwar ist es gelungen, einige der Magazintitel erfolgreich in Online-Marken zu überführen. Doch mit Ausweitung der publizistischen Zone sind neue Player wie *Gawker*, *TMZ*, *Buzzfeed* und *Huffington Post* auf der Bildfläche erschienen, die schon jetzt in Bezug auf Klickzahlen und Breaking News neue Maßstäbe setzen.

Traditionelle Verlagshäuser wie etwa Time Inc., das in Insiderkreisen bereits als journalistischer ›failed state‹ gilt, haben es nach Jahren des Missmanagements nicht geschafft, ihre Inhalte online nennenswert zu monetarisieren. Die über Jahrzehnte zumindest öffentlich verkündete strikte Trennung zwischen Redaktionen und Anzeigenabteilung gehört längst der Vergangenheit an. Die bereits vor zehn Jahren getätigte Prognose, Zeitungen werden zu Trophäen der Superreichen, hat sich zumindest in den USA bewahrheitet. Mit der *Washington Post* (Jeff Bezos), dem *Boston Globe* (John Henry) und der *New York Daily News* (Mortimer Zuckerman) befinden sich drei der auflagenstärksten Blätter in den Händen von Multimilliardären. Wie *Forbes* jüngst vorrechnete, werden die größten Nachrichtenmedien Nordamerikas im Prinzip von 15 Milliardären kontrolliert.

Es deutet einiges darauf hin, dass *legacy media*, aber auch Blogseiten nur noch Zulieferer für ein von Social-Media-Firmen dominiertes Online-Ökosystem werden. Journalismus wird so zum Unterfall der Konvergenzökonomie. Droht Online-Magazinen und News-Seiten das gleiche Schicksal wie Zeitungen zur Jahrtausendwende? Jüngste Berichte über Umsatzrückgänge und Entlassungen bei zwei der populärsten Nachrichtenplattformen, *Buzzfeed* und *Mashable*, deuten darauf hin. Dank des wachsenden Einflusses von Facebooks News Feed werden Artikel mehrheitlich über Smartphones und vor allem nicht mehr auf den eigenen Webseiten der jeweiligen Anbieter gelesen. An der Vergrößerung der Leserschaft durch *instant articles* profitieren in erster Linie Facebook und Co. Für die jeweiligen Homepages der Publikation gehen in der Konsequenz der Traffic und damit auch die Werbeeinnahmen zurück. Die Bereitschaft der News-Seiten mit Plattformen wie Facebook zu kooperieren, könnte langfristig gravierende Konsequenzen haben. Facebook könnte zunächst hochwertige Inhalte Dritter, wie zuletzt Videoreportagen der *New York Times,* dazu benutzen, weitere Nutzer anzulocken, ehe das Unternehmen beginnt, selber Filme und Serien zu produzieren. Die jüngst gestarteten Facebook-Livestreams, die unternehmensintern höchste Priorität haben und der Einstieg in das VR-Gamesgeschäft deuten darauf hin, dass Facebook in Zukunft mehr *broadcaster* als bloßes *social network* sein will.

Öffentlich-rechtliche Rundfunkanstalten unter Druck

Eine Sonderstellung im Ranking nehmen öffentlich-rechtliche Rundfunkanstalten ein. BBC und ARD liegen mit ihren Etats von jährlich rund 6,5 Milliarden noch vor Herausforderern wie Netflix oder etablierten internationalen Medienkonzernen wie Discovery. Man fragt sich nur, wie lange noch. Die britische BBC steht seit geraumer Zeit enorm unter Druck, ihre aufgeblähte Organisationsstruktur zu verschlanken, ihre Aufsichtsmethoden zu reformieren und die Gebührenzahler zu entlasten. In Japan steht die Anstalt NHK wegen enger Verbindungen zur Regierungspartei spätestens seit der Reaktorkatastrophe von Fukushima enorm in der Kritik. Während die BBC immerhin noch Serienformate von internationalem Renommee produziert, haben sich ARD und ZDF trotz ihrer enormen Ressourcen (rechnet man ARD und ZDF zusammen, so verfügt Deutschland über das größte öffentlich-rechtliche System der Welt) von dieser Prestige-Sphäre weitgehend abgekoppelt – für das teuerste Serien-Projekt, Tom Tykwers *Babylon Berlin,* musste die ARD mit Sky kooperieren.

Es ist weiterhin unklar, wie viel der deutschen Gebührengelder ins Programm fließen und wie viel in Verwaltung und Pensionsrückstellungen, wie viele Millionen Euro die Experten bei Sportübertragungen für wenige Stunden Arbeit erhalten und warum rechercheintensive Dokumentationen nicht ins Schaufenster der Primetime gestellt werden. Während ältere Generationen den öffentlich-rechtlichen weiterhin treu bleiben werden, ist es nur schwer möglich, ein jüngeres, zunehmend der englischen Sprache mächtiges Publikum dauerhaft zu binden – trotz der Versuche digitale ›Jugendkanäle‹ ins Leben zu rufen. Ein Szenario für die die kommenden Dekaden könnte ein auf politische Berichterstattung und Regionalsendungen beschränkter öffentlich-rechtlicher Rundfunksektor sein, der akzeptiert hat, dass er es mit den Produktionskapazitäten von Netflix, YouTube und Amazon nicht mehr aufnehmen kann.

Bildung und Fachinformationen als lukratives Geschäft

Während Print und TV Krisensymptome zeigen, setzen immer mehr Konzerne auf das Geschäft mit Bildungsmedien und Fachinformationen. Unternehmen wie RELX, Pearson, Nielsen, Bloomberg, Wolters Kluwer und S&P erwirtschaften Milliarden mit dem Verkauf von Schulbüchern und dem Erstellen von standardisierten Tests, dem Ermitteln von TV-Einschaltquoten oder der Bereitstellung von Informationen für Juristen und Versicherungen; der Vermietung von Terminal-Computern für Broker und dem Rating von börsennotierten Unternehmen. Selbst klassische Medienunternehmen wie News Corp., Bertelsmann oder Discovery Communications sind mittlerweile auf dem erweiterten ›Bildungsmarkt‹ aktiv, stets verbunden mit dem Sammeln von Nutzerdaten. Der FAZ-Redakteur Thomas Thiel hat hier in einer bemerkenswerten Analyse von Schülern und Studenten als »Bildungshamstern« gesprochen, die im Netz großer Medien- und Wissenskonzerne Creditpoints und Module ansammeln, unter dem formalen Deckmantel von Universitäten und Fachhochschulen.

Die Marktmacht solcher auf Informationsdienste spezialisierter Datenkonzerne ist dabei noch problematischer als die von traditionellen Medienunternehmen: Reed Elsevier, RELXs Verlag für wissenschaftliche Zeitschriften macht auf dem Rücken von Universitäten und Bibliotheken mit der Publikation von durch überwiegend mit öffentlichen Mitteln finanzierter Forschung enorme Gewinne. Pearson kontrolliert durch seine dominierende Stellung auf dem Markt für Tests, was und wie in Klassenräumen unterrichtet wird. Und S&P (ehemals McGraw-Hill), ein eng mit der Bush-Dynastie verbundener Konzern, trug mit optimistischen Bewertungen von Finanzprodukten erheblich zur weltweiten Rezession 2008 bei. Da der Schwerpunkt dieser Konzerne auf dem Sammeln und der Auswertung persönlicher Daten liegt, stellt sich jedoch die Frage, wie lange sie noch neben den neuen Daten- und Wissenskonzernen bestehen können. Google, Facebook, Amazon und Netflix wissen schon jetzt mehr über ihre User, als Nielsen und Co. es jemals können.

Wachsende Bedeutung des Games-Marktes

Einen wachsenden Markt stellen schließlich die Produktion und der Vertrieb von Videospielen dar. Sony, Time Warner, Facebook, Vivendi, Tencent, Microsoft und Amazon haben mittlerweile erfolgreiche Games-Geschäftsbereiche etabliert. Mit Activision, Electronic Arts und Nintendo sind zudem drei reine Games Publisher im Ranking vertreten. Sonys wichtigstes Produkt ist – nach der schrittweise erfolgten Abspaltung seines TV- und Mobil-Hardware-Segments – die Playstation 4. Die Konsole, die durch die Verzahnung mit YouTube, Netflix, Amazon Video und Sonys eigenen Streaming-Plattformen Crackle und Vue mehr Multimedia-Set-Top-Box als reine Spielkonsole ist, hat sich weltweit mehr als 40 Millionen verkauft; Microsofts Pendant Xbox One 20 Millionen Mal. Der erfolgreichste Entertainment-Launch 2015 war nicht etwa ein Kino-Blockbuster, sondern das Videospiel *Fallout 4*, das innerhalb von 24 Stunden 750 Millionen US-Dollar umsetzen konnte. Während Zeitungshäuser nach wie vor nicht wissen, wie sie ihre Online-Leser zum Bezahlen bringen können, machen Games Publisher mit kostenpflichtigen Zusatzinhalten vor allem auf mobilen Geräten Milliardengewinne. Zudem werden Gamesfirmen, deren weltweiter Umsatz bis 2017 auf über hundert Milliarden US-Dollar ansteigen wird, zunehmend zu Filmstudios: Activision, Nintendo und Ubisoft sind mittlerweile in die Filmproduktion eingestiegen, um die Popularität ihrer Titel und Charaktere für Kinofilme und Serien zu nutzen.

Mogule und Nerds

Wer trifft die Entscheidungen an der Spitze der größten Medienkonzerne? Der durchschnittliche Medienmanager ist über 50, weiß und extrem wohlhabend. Von den 50 im Ranking vertretenen Unternehmen werden gegenwärtig nur vier von einer Frau geleitet (ARD, Shanghai Media Group, Yahoo und Wolters Kluwer). Medienmanager gehören branchenübergreifend zu den Bestverdienern. Wie der Branchenblog *Deadline* vorrechnete, erhielten die CEOs der sieben größten *US*-Medienkonzerne 2015 insgesamt mehr als 280 Millionen US-Dollar an Gehalt und Boni ausgezahlt. In Zeiten, in denen seit den Occupy-Protesten eine gesamtgesellschaftliche Debatte über die Folgen sozialer Ungleichheit entbrannt ist, genehmigen vom Rest der Gesellschaft offenbar entfremdete Aufsichtsräte Jahr für Jahr solche Summen, die oftmals in keiner direkten Relation zur wirtschaftlichen Performance stehen. Neben dem inzwischen entlassenen Viacom-Chef Dauman gehören Leslie Moonves (CBS), Robert Iger (Walt Disney) und David Zaslav zu den Top-Verdienern.

Die Szenerie der Eigentümer und des Managements hat sich jedoch in den letzten zehn Jahren vor allem durch den Aufstieg der Online-Konzerne deutlich verändert. Mit Googles Sundar Pichai, Facebooks Mark Zuckerberg oder Yahoos Marissa Mayer sind inzwischen ausgebildete Programmierer und Computer Ingenieure an die Spitze der Medienkonzernwelt gelangt, deren Aufgabe es nicht mehr primär ist, ein Unternehmen unter Anwendung bestimmter Managementtechniken zu führen, sondern in erster Linie die technische Grundlage der *products* zu verstehen und visionäre Prognosen über deren Realisierung abzugeben. Dynastien wie die Roberts-Familie (Comcast), die Newhouse-Brüder (Advance Publications) oder der Kennedy-Klan (Cox) sind inzwischen eher die Ausnahme. Rupert Murdoch, in der Tradition von Hearst, Bennett und Kirch, neben Sumner Redstone der letzte echte in der Rangliste vertretene Medienmogul, scheint nach jahrelangen familieninternen Grabenkämpfen bereit, sein Zepter an seine Söhne abzugeben; die restlichen traditionellen Medienunternehmen sehen sich jedoch schon längst bei Internetfirmen nach neuen Führungspersonal um – nicht umsonst wird etwa Facebooks COO Sheryl Sandberg als heißeste Anwärterin auf die Chefposition von Walt Disney gehandelt, sobald dort Robert Iger abtritt.

Bedeutender sind jedoch Investoren und Private-Equity-Gruppen, die in den letzten Jahren ihre Aktivitäten auf die Medienbranche ausgeweitet haben. Neben Warren Buffett, dessen Holding Berkshire Hathaway 2013 überraschend in US-Regionalzeitungen investierte und Carlos Slim, der unter anderem fast den gesamten lateinamerikanischen Telekommunikationssektor kontrolliert und nebenbei zum größten Anteilseigner der New York Times Company wurde, ist der momentan wohl einflussreichste Investor John Malone. Der Kabelbaron herrscht nicht nur über sein Liberty-Media-Imperium und hält Anteile an Discovery Communications, sondern fädelte durch weitere Beteiligungen die besagte Übernahme von Time Warner Cable durch Konkurrent Charter und die jüngste Fusion zwischen Pay-TV-Sender Starz und Hollywood-Studio Lionsgate ein.

Neben der kommunistischen Partei Chinas, der de facto wohl größten Medienholding der Welt, sind seit längerem die Scheichs aus dem Mittleren Osten in die internationale Medienindustrie eingestiegen. Al-Waleed bin Talal, einst größter individueller Anteilseigner am Murdoch-Imperium, ist inzwischen von Hamad bin Chalifa Al Thani als prominentester Investor abgelöst worden. Al Thanis Qatar Investment Authority hält dank exzellenter Beziehungen zum französischen Staat Anteile an Lagardère, Vivendi und France Telecom; ein weiteres qatarisches Konglomerat, beIn Media, kaufte jüngst das Independent-Hollywood-Studio Miramax. Doch während nationale Gesetze in der Regel verhindern, dass ausländische Investoren die Kontrolle über Medienkonzerne übernehmen, konnten Private-Equity-Gruppen sich in der letzten Dekade weiter ausbreiten. Ihre Vertreter sitzen inzwischen in den meisten Aufsichtsräten, wo sie mittelbar die Geschicke der Unternehmen beeinflussen können. In manchen Fällen, wie etwa im Fall von iHeartMedia, der größten Radiosenderkette der USA, übernehmen sie komplett die Kontrolle. In einem hochgradig konzentrierten Medienmarkt wie den USA schaffen solche Konstellationen weitere Probleme: Thomas H. Lee Partners (bekannt durch ihre Beteiligung an der Übernahme von ProSiebenSat.1 Media durch Haim Saban) und Bain Capital, gegründet vom republikanischen Ex-Präsidentschaftskandidaten Mitt Romney, haben beide zeitweise auch in die Konkurrenten Cumulus und den spanischen Rundfunkbetreiber Unvision sowie die drittgrößte Plattenfirma, Warner Music investiert. Die ›Heuschrecken‹-Praxis, den Kaufpreis durch Schulden zu finanzieren und diese dem ›gekauften‹ Unternehmen aufzuhalsen, hat für iHeart katastrophale Folgen. Während ProSiebenSat.1 den Ausstieg von KKR und Permira im Jahr 2014 vergleichsweise gut überstanden hat, sind andere Medienunternehmen wie etwa EMI (nach dem Engagement von Terra Firma Capital) oder Tribune (Equity Group Investment) unter ihrer Schuldenlast zusammengebrochen. Beispiele wie diese sowie die aktuelle Krise bei iHeart Media scheinen vorerst das Ende von weiteren *leveraged buyouts* in der Medienindustrie eingeläutet zu haben.

Lobbyisten und Think Tanks

»Super PACs mögen zwar schlecht sein für Amerika, aber sie sind sehr gut für CBS.« Mit diesem Satz brachte Leslie Moonves, CEO des Nachrichtensenders, einst die Bedeutung des politisch-medialen Komplexes auf den

Punkt. Dank der *Citizens United*-Entscheidung des Obersten Gerichtshof fließen Milliarden von Parteien, Kandidaten und deren Unterstützern an die TV-Sender. Im Gegenzug versuchen die Lobbyisten der Medienkonzerne, in diesem Fall in Form der National Association of Broadcasters, hinter den Kulissen sämtliche Gesetzesvorhaben zu torpedieren, die den Werbezeitenverkauf an Super PACs limitieren wollen. Lobbyisten von Comast und Time Warner gehörten zu den größten Geldbeschaffern für die Clinton-Kampagne. Dies hatte selbstverständlich Folgen für die Berichterstattung in den Mainstream-Medien. Comcasts liberal geltender Nachrichtensender MSNBC sowie Time Warners bereits als »Clinton News Network« kritisierter Kanal CNN entwickelten sich während der Vorwahlen im Frühjahr 2016 zu Sprachrohren von ›Hillary‹, Munition wiederum für die vorgebliche Anti-Establishment-Kampagne von Donald Trump.

Neben der TV-Lobby versuchen die Medienkonzerne über die Verbände Motion Picture Association of America, American Cable Association und der Entertainment Software Association den politischen Prozess zu ihren Gunsten zu beeinflussen. Laut Angaben der Monitoring-Webseite *Open Secrets* wurden allein 2015 371 Lobbyisten der Film- und Musikindustrie im Capitol gesichtet, die insgesamt mehr als 62 Mio. US-Dollar an Abgeordnete ausschütteten. Die Telekommunikations- und Internetbranche war mit 90 Millionen US-Dollar noch großzügiger, wobei 15 Mio. US-Dollar allein auf Comcast entfielen. Die Online-Konzerne gaben im Vergleich dazu rund 56 Mio. US-Dollar aus, mehr als die Hälfte entfielen dabei auf Alphabet, Facebook und Amazon. Eines der wichtigsten Ziele ist dabei, Gesetzesinitiativen zum Schutz persönlicher Daten – wie etwa zuletzt im Bereich biometrischer Gesichtserkennungssoftware – zu verhindern.

Subtiler erfolgt die Interessenvertretung durch Stiftungen, Lehrstühle und Think Tanks. Die größten Konferenzen zu den Themen ›Digital Rights‹ und ›Internet Freedom‹ werden von Konzernen wie Google und Facebook gesponsert, deren Vertreter in der Vergangenheit öffentlich ihre Abneigung für Konzepte wie ›Privatsphäre‹ bekundet haben. Mit seinem weltweiten Policy-Fellowship-Programm oder etwa dem Aufbau des Alexander von Humboldt Institut für Internet und Gesellschaft in Deutschland versucht sich Google den gleichen Stellenwert in Berlin und Brüssel zu erarbeiten wie die viel stärker kritisierte Bertelsmann-Stiftung. Dass Lobbying von Google insbesondere in Europa nicht automatisch zum Ziel führt, zeigte sich allerdings in der Verabschiedung diverser nationaler ›Leistungsschutzrechte‹ der Zeitungsverlage und im laufenden Verfahren EU vs. Google. Die Europäische Kommission unter Federführung von Wettbewerbskommissarin Margrethe Vestager – hier unterstützt durch Lobbyisten der Google-Konkurrenten Microsoft und Nokia – hat der Vormachtstellung von Google in Bezug auf mobile Betriebssysteme und Internetsuche den Krieg erklärt. Das vom EU-Parlament beschlossene ›Recht auf Vergessenwerden‹ war eine weitere Niederlage für das Unternehmen und seine Präsenz in Europa. Dennoch ist davon auszugehen, dass sich der Einfluss von Google in Europa langfristig erhöhen wird. Die politischen Drehtüreffekte zwischen Google und der US-Regierung bekommen etwa EU-Parlamentarier schon jetzt zu spüren: Wie der *Guardian* Ende 2015 enthüllte, üben die 128 von Google finanzierten Kongressabgeordneten enormen Druck auf ihre EU-Pendants aus, die Kartellverfahren zu beenden.

Medienpolitische Reaktionen

Möglichkeiten der Regulierung dieser komplexen, erweiterten Medienkonzern-Strukturen und insbesondere der großen Online-Konzerne stoßen zunehmend an ihre Grenzen. In letzter Konsequenz könnte eine drastische medienpolitische Reaktion darin bestehen, Google und Facebook zu zerschlagen, wie es das EU-Parlament im November 2014 bereits in einer nicht bindenden Resolution entschieden hat. Schon jetzt hat Google eine kritische Größe erreicht, die an AT&T erinnert, bevor es 1984 von US-Kartellbehörden entflochten wurde. Aufgrund der geostrategischen Bedeutung der Konzerne für die US-Wirtschaft und der wachsenden Konkurrenz aus Asien erscheint das jedoch illusorisch. Ein realistischeres Szenario ist eher eine kontinentale Fragmentierung des Internets mit einem von Google und Facebook dominierten Nord- und Lateinamerika; einem stärker regulierten Europa, in dem womöglich öffentlich-rechtliche Suchmaschinen mit privaten Anbietern konkurrieren, wie vom deutschen Wirtschaftsminister Sigmar Gabriel bereits mehrfach ins Spiel gebracht wurde; einem von chinesischen, quasi staatlichen Internetunternehmen dominierten Asien; und dem als letztem Wachstumsmarkt sowohl von den USA sowie China digital kolonialisierten afrikanischen Kontinent.

In der Einleitung zu *Wer beherrscht die Medien?* im Jahr 2005 (zum Vergleich erneut abgedruckt in diesem Band, siehe Seite 69) hieß es:

> »Medienkonzerne agieren heute im Grunde ohne jede politische Opposition, sie können sich nur gegenseitig im Weg stehen oder werden von Konjunk-

turkrisen durchgeschüttelt. Eine vernünftige Medienpolitik außerhalb der Konzernsphäre, die sich konsequent um die Sicherung der publizistischen Vielfalt, die Rechte der Autoren und unabhängigen Produzenten, die Pflege des Mittelstandes im publizistisch-technologischen Komplex kümmerte, wäre in Deutschland und Europa erst aufzubauen.«

Der Abstand zwischen der normativen, politökonomischen Kraft der globalkapitalistischen Medienindustrie und den hilflosen alteuropäischen Regulierungsversuchen ist seitdem allerdings noch größer geworden. Die wenig übrig gebliebenen Medienpolitiker in Deutschland versuchen es mit netten Appellen wie »Digitale Mittler tragen gesellschaftliche Verantwortung«, so die SPD-Politiker Marc Eumann (NRW) und Carsten Brosda (Hamburg) im Sommer 2016 in der FAZ. Wie stark sich das *playing field* der Konzerne verändert hat, zeigt sich, wenn man das aktuelle Ranking mit dem aus den Jahren 1995 und 2005 vergleicht.

20 Konzerne, die noch vor zehn Jahren Teil der Top 50 waren, sind in der aktuellen Rangliste nicht mehr vertreten, darunter auch die fünf deutschen Vertreter Axel Springer, ProSiebenSat.1, Holtzbrinck, Burda und die Funke Mediengruppe. US-Konzerne wie der langjährige Spitzenreiter Time Warner (1995-2009), Walt Disney und News Corp. können ihre Stellung noch halten. 30 der 50 größten Medienkonzerne kommen aus Nordamerika, zehn aus Europa und sechs aus Asien. Mit dem Einzug von Google und Apple in die Top Ten mussten europäische Konzerne wie Vivendi, Lagardère, die ARD und Bertelsmann den Medien- und Datenkonzernen in den oberen Plätzen weichen. Insbesondere Bertelsmann, 1995 noch auf dem besten Weg zum weltgrößten Medienkonzern (Rang 2) und 2005 immerhin noch auf Rang 5, hat es irgendwann aufgegeben, seine internationale Vormachtstellung auszubauen. Unter anderem durch Rekordgewinne seiner RTL-Gruppe im Jahr 2015, dem internationalen Musikrechtehandel und der Beteiligung am Buchverlag Random House Penguin hält sich das Unternehmen gerade noch in der Nähe zur Top Ten; Facebook erwirtschaftet jedoch jetzt bereits fast genauso viel Umsatz und chinesische Konzerne wie Tencent oder Baidu werden den Konzern aus Gütersloh wohl in absehbarer Zeit überholen. Die deutsche Medienindustrie, so kann man empirisch feststellen, löst sich langsam, aber sicher auf – jedenfalls was ihr internationales Standing anbelangt. Als Bertelsmann 2013 mit schwachem Umsatzwachstum zu kämpfen hatte, war es dem Erfolg eines einzigen Buchtitels, *50 Shades of Grey*, zu verdanken, dass die Bilanz noch halbwegs erträglich ausfiel.

Man sieht, dass mitunter auch totgesagte Medien wie das gedruckte Buch eine Renaissance erleben können. Mit den Digitaltechnologien sind neue Nischenmärkte eröffnet worden, auch Chancen für neuen unabhängigen Journalismus, insgesamt aber haben die vertikalen und horizontalen Medienkonzentrations-Bewegungen an Dynamik zugelegt. Fast schon nostalgisch blickt man auf die alten ›Medienzaren‹ des 19. und 20. Jahrhunderts, von Hearst bis Berlusconi, von Leo Kirch bis zu Axel Springer. Heute dominiert der Typus des futurologischen Investors à la Peter Thiel, des Zukunftstechnologie-Managers wie Elon Musk oder des digitalen Chefevangelisten wie Ray Kurzweil bei Google. Hightech-Unternehmen können sich alte Medien als Propaganda-Instrumente oder Glamour-Spielzeuge leisten, *tech journalism* erscheint atttraktiver als ›Medienjournalismus‹ – die warenästhetische Präsentation des jeweils neuen iPhone oder der rätselhafte Erfolg von Snapchat erscheinen, auch mit Blick auf eine jüngeres Publikum, attraktiver als mühselige medienökonomische Anlaysen. Und zukünftig werden sich gesellschaftskritische Debatten noch mehr um Fragen der *artificial intelligence* und Robotik fokussieren. In einem geschlossenen kybernetisch-algorithmischen System könnte sich ein Buch wie dies (und die dazugehörige Datenbank) in geraumer Zeit posthumanistisch selbst schreiben – abgesehen davon, ob es dann noch ein Buch oder eine Datenbank sein würde und wie dann die ›Rezipienten‹ aussehen. Bis dahin bleibt noch ein wenig Reflexionszeit.

PORTRÄTS DER 50 GRÖSSTEN MEDIEN- UND WISSENSKONZERNE 2020

1.

Alphabet Inc.

Umsatz 2020: 182,527 Mrd. USD (159,8 EUR)

ÜBERBLICK

Sergey Brin und Larry Page entwickelten als Studenten die schnellste Suchmaschine der Welt. Dank kontextbezogener Internet-Werbung konnte Google (2015 umbenannt in Alphabet Inc.) zum umsatzstärksten Konzern der Branchen Medien und Online-Technologie aufsteigen. Auch die Videoplattform YouTube gehört seit 2006 zu Alphabet. Mit seinem riesigen Pool an User-Informationen wandelt der Konzern auf einem schmalen Grat zwischen Benutzerfreundlichkeit und Ausspähung/Verarbeitung privater Daten. 2020 generierte Alphabet 80,5 Prozent seines Umsatzes mit Werbung.

BASISDATEN

Hauptsitz:
1600 Amphitheatre Parkway
Mountain View, CA 94043
USA
Telefon: 001 650 253 0000
Website: abc.xyz

Branche: Suchmaschine, Internet-Dienstleistungen, Softwareentwicklung, Cloud Computing
Rechtsform: Aktiengesellschaft
Geschäftsjahr: 01.01.-31.12.
Gründungsjahr: 1998

ÖKONOMISCHE BASISDATEN

	2020	2019	2018	2017
Umsatz (in Mrd. USD)	182,527	161,857	136,819	110,885
Nettogewinn (in Mrd. USD)	40,269	34,343	30,736	12,662
Aktienkurs (in USD, Jahresende)	1.751,88	1.360,66	1.070,71	1.046,40
Beschäftigte	135.301	118.899	98.771	80.110

UMSATZ NACH SPARTEN (IN MRD. USD)

	2020	2019	2018	2017
Google advertising	146,924	134,811	116,461	95,577
Google Cloud	13,059	8,918	5,838	4,056
Google other	21,711	17,014	14,063	10,914

MANAGEMENT

Sundar Pichai	Chief Executive Officer, Alphabet and Google
Ruth M. Porat	Senior Vice President and Chief Financial Officer, Alphabet and Google
Prabhakar Raghavan	Senior Vice President, Google
Philipp Schindler	Senior Vice President and Chief Business Officer, Google
Kent Walker	Senior Vice President, Global Affairs and Chief Legal Officer, Google, and Corporate Secretary, Alphabet

AUFSICHTSRAT/BOARD OF DIRECTORS:

Larry Page	Google
Sergey Brin	Google
Sundar Pichai	Alphabet
John L. Hennessy	
Frances H. Arnold	California Institute of Technology
L. John Doerr	Kleiner Perkins
Roger W. Ferguson Jr.	TIAA
Ann Mather	Pixar
Alan R. Mulally	
K. Ram Shriram	Sherpalo Ventures
Robin L. Washington	

GESCHICHTE

Konzerngründer Larry Page und Sergey Brin waren sich 1995 bei ihrer ersten Begegnung als Studenten der Computerwissenschaften auf dem Campus der Stanford Universität nicht besonders sympathisch. Page war ein 24-jähriger Absolvent der Universität von Michigan, der nur über das Wochenende in Stanford war. Brin, ein Jahr jünger, war einer der Studenten, die Page das Universitätsgelände zeigen sollten. Schnell zeigte sich, dass beide zu keiner einzigen der Fragen, die in ihren Diskussionen aufkamen, eine gemeinsame Meinung hatten. Ihre unterschiedlichen Standpunkte und Sichtweisen fanden nur einen gemeinsamen Resonanzboden hinsichtlich einer der größten Herausforderungen der Computerwelt: die Auslese relevanter Informationen aus einem exponentiell wachsenden Online-Datenschatz.

Anfang 1996 begannen Brin und Page zusammenzuarbeiten. Sie entwickelten die Suchmaschine »BackRub«, die ihren Namen aufgrund der einzigartigen Fähigkeit erhielt, Rückverweise (»back links«) einer beliebigen Website zu analysieren. Technikgenie Page, der vorher einen Drucker aus Lego gebastelt hatte, entwickelte daraufhin ein neues Serverumfeld aus veralteten Computern. Die chronische Geldknappheit veranlasste sie dazu, die Online-Umgebung ihrer Fakultät nach weiteren Rechnern zu durchforsten, die sie an ihr Netzwerk anschließen konnten, um die Serverkapazitäten zu erhöhen. Ein Jahr später bescherte die Technik der Link-Analyse Page und Brin ein wachsendes Maß an Ansehen innerhalb der jungen Web-Community.

Die beiden perfektionierten ihre Suchmaschine und fanden einen Weg, der später einer der Schlüssel für beste Suchergebnisse sein würde. Sie kauften ein Terabyte Festplatten und legten in Pages Zimmer des Studentenwohnheims ein Computerlager an, das zu Googles erstem Datencenter wurde. Währenddessen eröffnete Brin ein Geschäftsbüro und fragte bei potenziellen Partnern an, ob sie nicht eine Suchmaschine lizenzieren wollten, die überdurchschnittliche Ergebnisse lieferte. Besser als alles, was es bis dahin gab. Trotzdem hatten Brin und Page zunächst wenig Interesse daran, ein Unternehmen zu gründen.

Viele CEOs von Webportalen erkannten das große Potenzial nicht und unterschätzten Google. Brin und Page entschieden sich deshalb, es auf eigene Faust zu probieren und machten sich auf die Suche nach einem Investor. Andy Bechtolsheim, einer der Gründer von Sun Microsystems, war bekannt für sein langfristiges Denken. Ein Blick auf die Demoversion genügte ihm, um das enorme Potenzial von Google zu erkennen. Sofort stieg er mit einem 100.000-Dollar-Scheck ein. Mithilfe von Familienmitgliedern, Freunden und Bekannten kam man schließlich auf ein Startkapital von einer Million Dollar und Mitte 1998 öffnete Google, Inc. seine Pforten in Menlo Park Nord, Kalifornien. Die Tür wurde per Fernbedienung geöffnet, da sie Teil einer Garage war, die ein Freund dem inzwischen dreiköpfigen Konzern untervermietet hatte. Craig Silverstein, Geschäftsführer der technischen Abteilung, hieß der erste Google-Angestellte.

Schon zu dem Zeitpunkt bearbeitete *Google.com*, noch immer in der Beta-Version, bis zu 10.000 Suchanfragen pro Tag. Schnell begann die internationale Presse, auf die Suchmaschine aufmerksam zu werden, und Artikel über Google erschienen in *USA Today* und *Le Monde*. Die Fachzeitschrift *PC Magazine* nahm Google in seine Rangfolge »Top 100 Websites and Search Engines« auf. Und Google eroberte die Welt im Sturm. Open-Source-Riese Red Hat war das erste Unternehmen, das als kommerzieller Kunde die Suchdienste von Google in Anspruch nahm.

Am 7. Juni 1999 verkündete Google, dass Sequoia Capital und Kleiner Perkins Caufield & Byers, die führenden Risikokapital-Firmen in Silicon Valley, eine Finanzierung in Höhe von 25 Millionen Dollar zugesichert hätten. Beide Firmen, normalerweise Konkurrenten, investierten zu gleichen Teilen in Google und erhielten die gleiche Anzahl von Sitzen im Aufsichtsrat. Mike Moritz von Sequoia und John Doerr von Kleiner Perkins setzten sich mit einem dritten Investor, Ram Shriram, CEO von Junglee, an die Tischtennisplatte, die als Konferenztisch des Google-Quartiers fungierte, und planten ihre Kooperation. Danach wurden Schlüsselpositionen bei Google zunehmend mit hochkarätigen Fachkräften aus anderen Unternehmen besetzt. So wurde Omid Kordestani von Netscape zum Vizepräsidenten der Geschäftsführung ernannt. Urs Hölzle, Computerwissenschaftler von der University of California, übernahm den Posten des Vizepräsidenten der technischen Abteilung. Mit dem Umzug in das ›Googleplex‹ in Mountain View, bis heute die Google-Zentrale, wurde man Raumprobleme dann ein für alle Mal los.

Im Googleplex entstand eine besondere Unternehmenskultur. Um die Flexibilität im Arbeitsbereich zu erhöhen, wurden große Gymnastikbälle zu mobilen Bürostühlen umfunktioniert. Die Büros blieben frei von Trennwänden. Während die Mitarbeiter über modernste Rechner verfügten, bestanden die Schreibtische teilweise aus alten Holztüren auf Sägeböcken. Als Chefkoch für die Kantine engagierte man Charlie Ayers, der eine gesundheitsbewusste Speisekarte mit Gerichten kreierte, die er schon als Tourkoch der Band »Grateful Dead« serviert hatte.

Im Juni 2000 wurde Google mit einem Verzeichnis von einer Milliarde Seiten auch offiziell die größte Internet-Suchmaschine. Bedarf für weiteres Fremdkapital bestand nicht. Die Gründe für die finanzielle Beständigkeit waren steigende Nutzerzahlen, darunter viele Klienten, die die Google-Suchmaschine auf ihre Homepages integrierten, und die Entwicklung eines Stichwort-basierten Anzeigenprogramms. Mit den Einnahmen durch Bannerverkäufe begann der Konzern, schwarze Zahlen zu schreiben. Mitte 2000 gaben Google und der Hauptkonkurrent Yahoo eine strategische Partnerschaft bekannt, die die Reputation von Google stärkte – nicht nur in technologischer, sondern vor allem in wirtschaftlicher Hinsicht, da jetzt täglich achtzehn Millionen Suchanfragen eingingen. Der weltweite Siegeszug wurde fortgesetzt, als der chinesische Portal-Marktführer NetEase sowie der japanische Dienst Bigglobe Google ihren Seiten hinzufügten. Ende 2000 bearbeitete Google um die 100 Millionen Suchanfragen pro Tag. Anfang 2004 standen fünfeinhalb Milliarden Seiten zur Recherche bereit. Dazu lancierte man Google Local (später Google Maps), das den Usern den schnellsten Weg zu Anbietern in ihrer unmittelbaren Nähe aufzeigte.

2004 machte der Börsengang Brin und Page über Nacht zu Milliardären. Google kündigte dann an, einen kostenlosen Web-basierten Mail-Dienst auf den Markt zu bringen. Gmail bot den Nutzern gratis drei Gigabyte an Speicherplatz für den E-Mail-Verkehr und integrierte das Anzeigensystem in die Mails. Seither wird Gmail von Datenschützern heftig kritisiert, da die Inhalte jeder E-Mail automatisiert nach Stichwörtern durchsucht werden, um sie mit Werbebotschaften zu koppeln. Dazu wurde weiter expandiert. In Dublin wurde die neue Europazentrale errichtet, Büros in Sao Paolo und Mexiko-City eröffnet. 2005 wurde Google China mit Kai Fu-Lee an der Spitze gegründet, und fünf Jahre später wieder geschlossen. Offiziell, weil man die Zensur der kommunistischen Partei nicht mehr duldete.

Die wohl bedeutendste Expansion Googles, neben der Übernahme von Handy-Hersteller Motorola, war der Kauf der Videoplattform YouTube. Der weltweit populäre Entertainmentdienst, der Zuschauer vom Fernseher ins Internet führte, wurde im November 2006 für 1,65 Milliarden Dollar gekauft. Das eigene Portal Google Video war zuvor mit einem Marktanteil von nur sieben Prozent gefloppt. Mit YouTube verfügte Google über ein riesiges Online-Medienimperium, das *user generated content* mit zunehmend professionell produzierten Online-Formaten vereint. YouTube, das zuerst ausschließlich aus Amateurfilmen bestand, ist zu einem globalen Kanal geworden, der professionell produzierte Inhalte Dritter nach Themen sortiert anbietet. Exklusive Sport-Clips, hochwertige Nachrichtenangebote und komplette Filme sind längst gratis oder gegen Bezahlung erhältlich. Damit bewegt sich Google auf dem Betätigungsfeld traditioneller Medienkonzerne: eine Bereitstellung von Inhalten für Nutzer, die durch Verkauf von Werbung monetarisiert wird.

Anfang 2013 konnte Google nach jahrelangem Rechtsstreit vor der Federal Trade Commission einen historischen Sieg erringen. Die Behörde kam in einem Urteil zu dem Entschluss, dass Google seine eigenen Dienste und Produkte bei der Google-Suche nicht gegenüber anderen Anbietern bevorzuge. Was sicherlich auch großen Lobbyanstrengungen geschuldet war (2015 kam heraus, dass die FTC-Kommissare sich gegen die Empfehlungen der zuständigen Sachbearbeiter durchgesetzt hatten, die ein eindeutig wettbewerbschädigendes Verhalten von Google festgestellt hatten). Passend dazu war Google 2017 die Firma, die mit rund 14,6 Millionen Euro mehr als alle anderen für Lobbyarbeit in den USA gezahlt hat (2016 lag man noch auf dem zweiten Platz, nach Comcast).

In Europa bekam Google es hingegen in den letzten Jahren mit EU-Wettbewerbskommissarin Margrethe Vestager zu tun, in gleich drei großen Verfahren. Mit hohen Strafen: 2017 waren es 2,4 Milliarden Euro für Googles Missbrauch seiner marktbeherrschenden Stellung bei Google Shopping. 2018 dann 4,3 Milliarden wegen illegaler Praktiken beim Android-Handybetriebssystem. Und 2019 folgten noch einmal 1,5 Milliarden wegen fauler Taktiken Googles bei Online-Werbung. Angesichts von zuletzt 40 Milliarden Dollar Nettogewinn waren die Strafen nur Peanuts für Google. Deutlich härter traf das Unternehmen Irlands Entscheidung, auf Druck der Europäischen Union Steuerschlupflöcher zu schließen. Zuvor hatte Google mit der, legalen, »Double Irish, Dutch Sandwich« genannten Praxis viele Milliarden Euro über eine niederländische Tochter an eine in Irland registrierte Holding mit Steuersitz auf den Bermudas transferiert, wo es keine Einkommensteuer gibt.

MANAGEMENT

Larry Page und Sergey Brin zogen sich 2019 aus dem operativen Geschäft zurück und traten von ihren Ämtern als Vorstandschef und Präsident von Alphabet zurück. Eine große Überraschung war das nicht, hatten sich die beiden Gründer doch schon seit geraumer Zeit immer seltener in der Zentrale sehen lassen und an Konferenzen mit Investoren kaum noch beteiligt. Sundar Pichai, bislang CEO von Google, wurde CEO von Google und Alphabet. In ihrem Abschiedsbrief an die Belegschaft verabschiedeten sich Page, der manchmal eigenwillig wirkende ›Steve Jobs von Google‹, und Brin, Sohn russisch-jüdischer Emigranten und der Stillere der beiden, von der Konzernspitze und fühlten sich geehrt, dass »sich ein kleines Forschungsprojekt zu einer Quelle des Wissens für Milliarden Menschen entwickelt hat«. Vielleicht waren sie aber auch zermürbt angesichts der massiven internen Proteste gegen zweifelhafte Geschäftspraktiken, diversen Streiks und der Versuche der Mitarbeiter sich endlich gewerkschaftlich zu organisieren.

Ihr Nachfolger Pichai, geboren 1972 in der südindischen Stadt Madurai und seit 2004 bei Google, hat eine bemerkenswerte Laufbahn absolviert. Aus ärmlichen Verhältnissen im indischen Chennai stammend, hielt er erst mit zwölf Jahren sein erstes Telefon in der Hand – und wurde als Chef von Googles Android-Sparte zu einem der reichsten Mobile-Manager der Welt. Er setzte sich gegen den Willen des damaligen Google-CEO dafür ein, mit Chrome einen eigenen Webbrowser zu entwickeln und zeichnete sich für einige von Googles beliebtesten Applikationen und Produkten verantwortlich, u.a. für Chromebooks, Gmail, Docs und Maps. Als Chef von Android sorgte er dafür, dass die lange Zeit geltende strikte Trennung zwischen Android und den übrigen Search-Bereichen aufgehoben wurde. Unter Google-Mitarbeitern gilt Pichai als beliebt und zugänglich; für Page und Brin gab den Ausschlag für seine Beförderung, dass er Fachwissen, diplomatisches Geschick und Geschäftssinn vereint. Dazu kommen visionäre Ideen, mit denen er allerdings auch mal scheiterte. Mit dem »Project Loon« z.B. wollte Pichai mit riesigen Heliumballons in der Stratosphäre schnelles Internet in den entlegensten Regionen der Welt ermöglichen. Im Januar 2021 aber wurde Loon geschlossen. Zwar hatte man technologisch große Fortschritte gemacht, doch es zeichnete sich ab, dass ein nachhaltiges Geschäft unmöglich war.

GESCHÄFTSBEREICHE

Alphabet/Google ist zunächst die gleichnamige, im Internet meistgenutzte Suchmaschine mit täglich dreieinhalb Milliarden Suchanfragen (mehr als die Hälfte kommen von mobilen Geräten) und einem weltweiten Marktanteil von rund 92 Prozent (Dezember 2020). Das Kerngeschäft besteht in dem Verkauf von Werbung. Mithilfe von Anzeigenprogrammen wie Adwords (für Google-Seiten), AdSense und DoubleClick (für das Google Network aus Partnerseiten von Drittanbietern) und in Kombination mit Google Analytics, einem statistischen Tool zur Messung der Häufigkeit von Suchanfragen, werden Suchanfragen mit Textanzeigen bzw. Content mit interaktiven Anzeigen verknüpft.

Zu den wichtigsten Web- und Mobilanwendungen gehören außerdem mit YouTube die größte Video-Community der Welt (seit 2018 auch mit dem angeschlossenen Musik-Streamingdienst YouTube Music), auf der im Mai 2019 beispielsweise pro Minute 500 Stunden Videomaterial hochgeladen wurde. Dazu der 2008 gestartete Webbrowser Chrome, Karten- und Navigations-Apps (Google Maps, Google Earth, Street View), Instant (Video-)Messengers (Duo, Hangouts, Chat, Meet) und der E-Mail-Dienst Gmail. Oder Google Books, die größte Sammlung »retrodigitalisierter Bücher« (im Oktober 2019 waren es mehr als 40 Millionen gescannte Bücher in über 400 Sprachen) und der Android-App-Store Google Play.

Unter dem Punkt »Google other« mit einem Umsatz 2020 in Höhe von rund 21,7 Milliarden US-Dollar werden im Jahresbericht u. a. die Bereiche Google Play (App Store) und Hardware zusammengefasst (inkl. Verkäufen von Google Nest (Smarthome-Geräte), Pixelbook-Laptops und Pixel-Smartphones).

Rund ein Dutzend Tochterunternehmen führt Google schließlich in dem Geschäftsbereich »Other Bets« auf (die 2020 0,36 Prozent des Gesamtumsatzes ausmachen). Filialen, unter denen sich durchaus »the next big thing« verbergen kann – z. B. schnelles Glasfaser-Internet (Google Fiber), die Biotech-Unternehmen Verily und Calico, die unter anderem Mittel gegen menschliche Alterung erforschen, ein Investment-Arm (CapitalG), Smart-Home-Technologie (Nest) und die Entwicklung autonomer Fahrzeugtechnologie (Waymo).

AKTUELLE ENTWICKLUNGEN

Der regulatorische Druck, dem Google ausgesetzt ist, lässt nicht nach. Allein im vergangenen Jahr musste sich Alphabet in den USA mit insgesamt vier neuen Wettbewerbsklagen auseinandersetzen. Unter anderem ist der PlayStore in den Fokus der Regulierer gerückt. Laut einer Klage, der sich 36 Bundesstaaten angeschlossen haben, nutzt Google sein Quasi-Monopol auf den Vertrieb von Android-Apps, um von Käufern im Play-Store eine 30-prozentige Provision zu erzwingen.

Dennoch wird Alphabet gestärkt aus der Corona-Pandemie hervorgehen – auch weil der Konzern einen erheblichen Teil der weltweiten Home-Office-Infrastruktur bereitstellt. 2020 hostete das Unternehmen über eine Billion Minuten Videomeetings und inzwischen fast drei Milliarden Nutzer verwendeten Arbeits- und Produktivitätsapps wie Gmail, Calendar, Docs, Sheets, Slides und Meet.

Doch der Konzern übertraf zuletzt auch die Erwartungen der Analysten (im zweiten Quartal 2021 stieg der Gesamtumsatz im Vergleich zum Vorjahr von 38 auf 62 Milliarden Dollar und ist 2021 auf dem Weg, die Schallmauer von 200 Milliarden Werbeumsatz zu brechen), weil YouTube glänzend da steht – sowohl in seiner kostenlosen, anzeigenfinanzierten Version als auch die kostenpflichtige Premium sowie die Streamingplattform YouTube TV, die Sport und Content der vier großen Networks (ABC, CBS, NBC, Fox) überträgt. Ob Googles Siegeszug als Medienunternehmen in dieser Größenordnung weitergeht, hängt jedoch auch von der Entwicklung und der Nachfrage von Smart TVs ab. Obwohl das Unternehmen mitverantwortlich dafür ist, dass sich immer mehr Nutzer gegen die Anschaffung eines TV-Geräts entscheiden, hat Google laut Aussage von CEO Pichai großes Interesse daran, dass Smart TVs zu rechenstarken Computern werden, die mit allen Google- und YouTube-Diensten ausgestattet sind.

2.

Comcast Corporation

Umsatz 2020: 103,56 Mrd. USD (90,67 Mrd. EUR)

ÜBERBLICK

Seit der Gründung 1963 ist aus der kleinen Kabelfernseh-Firma ein kolossaler Medienkonzern geworden, zeitweise (2011-2015) der größte der Welt. Heute ist Comcast vor Charter und AT&T (Warner Media) der US-weit größte Anbieter von Kabel-TV. Weiter gehören zum Portfolio: Vier Hollywood-Studios, zwei TV-Senderketten, News- und Entertainment-Sender, Themenparks, eine Mehrzweckarena und das Eishockey-Team der Philadelphia Flyers.

BASISDATEN

Hauptsitze:
Comcast Corporation
One Comcast Center
Philadelphia, PA 19103-2838
USA
Telefon: 001 215 286 1700
Internet: corporate.comcast.com

NBCUniversal Media, LLC
30 Rockefeller Plaza
New York, NY 10112-0015
USA
Telefon: 001 212 664 4444

Internet: www.nbcuniversal.com/about
Branche: Film- und TV-Produktion, Pay-TV, Spartenkanäle, Kabelnetze, Telekommunikation, Internet-Services, Freizeitparks, Hotels
Rechtsform: Aktiengesellschaft (seit 1972)
Geschäftsjahr: 01.01.-31.12.
Gründungsjahr: 1969

ÖKONOMISCHE BASISDATEN

	2020	2019	2018	2017	2016	2015	2014	2013
Umsatz (Mrd. USD)	103,564	108,942	94,507	85,029	80,736	74,510	68,775	64,657
Nettogewinn (Mrd. USD)	10,534	13,057	11,731	22,735	8,678	8,163	8,380	7,135
Aktienkurs (in USD, Jahresende)	52,40	45,01	35,81	40,05	34,53	28,22	28,67	25,53
Beschäftigte	168.000	190.000	184.000	164.000	159.000	153.000	139.000	136.000

MANAGEMENT

Brian L. Roberts	Chairman und CEO
Jason S. Armstrong	Executive Vice President & Treasurer
Lisa Bonnell	Executive Vice President, Comcast Global Audit & General Auditor
Karen Dougherty Buchholz	Executive Vice President, Administration
Steve Burke	Senior Advisor
Michael J. Cavanagh	Chief Financial Officer
David L. Cohen	Senior Advisor

Jennifer Khoury	Executive Vice President & Chief Communications Officer
Adam Miller	Chief Administration Officer, Comcast Corporation and Executive Vice President NBCUniversal
Daniel C. Murdock	Executive Vice President, Chief Accounting Officer & Controller
Thomas J. Reid	Chief Legal Officer and Secretary
Jeffrey Shell	Chief Executive Officer, NBCUniversal
Dana Strong	Group Chief Executive Officer, Sky
David N. Watson	President and CEO, Comcast Cable
Dalila Wilson-Scott	Executive Vice President and Chief Diversity Officer, Comcast Corporation & President, Comcast NBCUniversal Foundation

AUFSICHTSRAT

Kenneth J. Bacon	RailField Partners
Edward D. Breen	DuPont de Nemours
Maritza G. Montiel	
Brian L. Roberts	Comcast
Madeline S. Bell	The Children's Hospital of Philadelphia
Gerald L. Hassell	
Asuka Nakahara	Triton Atlantic Partners
Naomi M. Bergman	Advance
Jeffrey A. Honickman	Pepsi Co
David C. Novak	David Novak Leadership

GESCHICHTE

1963 kaufte Ralph J. Roberts mit zwei Kompagnons für 500.000 Dollar den TV-Kabelnetzanbieter American Cable Systems, mit 1.200 Kunden im Raum Tupelo/Mississippi. 1969 benannte Roberts sein Unternehmen in Comcast um (»COMmunication«/»broadCAST«). Mit dem Kauf regionaler Kabelnetze (1986 Group W Cable, 1988 Storer Communications) erhöhte sich die Zahl der Abonnenten auf über zwei Millionen. 1981 war Ralph J. Roberts Sohn Brian (geb. 1959) als Kabelinstallateur ins Unternehmen eingestiegen, 1990 dann der Anfang vom Generationswechsel: Brian Roberts kam als Comcast-Präsident ans Ruder. 1995 sicherte sich Comcast durch ein 1,4-Milliarden-Geschäft gemeinsam mit TCI 57 Prozent der Anteile am Teleshopping-Sender QVC (den man 2003 an Liberty Media weiterverkaufte), 1997 erfolgte, als Joint Venture mit Disney, die Übernahme einer Kontrollmehrheit am Showbiz-Kanal E! Entertainment: Die Diversifizierung in Richtung Programmproduktion wurde forciert.

Firmengründer Ralph Roberts erschien zu der Zeit noch täglich am Firmensitz, was von der Branche skeptisch beäugt wurde. Mit dem Übertrag der Stimmrechtsaktien Ende 1997 galt der Wachwechsel an der Firmenspitze jedoch als vollzogen. Beobachter sprachen von einem reibungslosen Generationentransfer – trotz des enormen innerfamiliären Konfliktpotenzials, das Transaktionen dieser Größe bergen.

Weiter kam es 1999 zum Wettstreit um den Kabelrivalen MediaOne, der damaligen Nummer vier im Geschäft. Ende März verkündete Comcast schon die Fusion mit MediaOne, als AT&T mit einer 58-Milliarden-Gegenofferte auftauchte. Schließlich musste Comcast den Plan aufgeben, konnte aber im Gegenzug zwei Millionen Kabelhaushalte von AT&T für rund neun Milliarden US-Dollar übernehmen. Weitere Kabel-Zukäufe (Auswahl): Maclean Hunter (mit 550.000 Kunden) 1994, E.W. Scripps (800.000) 1995, Jones Intercable (1 Mio.) 1998, Prime Communications (430.000) 1998, Greater Philadelphia Cablevision (79.999) 1999, Lenfest Communications (1,3 Mio.) 2000.

2001 bot sich Comcast die Gelegenheit zur Revanche für den gescheiterten MediaOne-Deal, als AT&T den Verkauf seines Kabelgeschäfts ankündigte – ein Geschäftsbereich, der erst 1999 mit dem Kauf von Tele-Communications Inc. entstanden war, dem zu der Zeit (nach Time Warner) US-weit zweitgrößen Kabelfernseh-Anbieter. AT&T-Chef Michael Armstrong investierte 100 Milliarden in die Kabelnetze, bis die Investoren die Geduld verloren und der Aktienkurs unter Druck geriet. 2001 gab der überschuldete Telefonriese bekannt, seine Kabelsparte abstoßen zu wollen: Ein hitziges Bietergefecht begann. Neben Comcast bewarben sich AOL Time Warner und Cox Communications um AT&T Broadband und seine damals über 13 Millionen Kunden. Am Ende gewann Comcast, mit einem mächtigen Verbündeten. Microsoft half mit einem Milliardenbetrag aus, vor allem um einen Sieg von Time Warner zu verhindern, dem Erzrivalen im Breitband-Business. Für 47 Milliarden Dollar (und der Übernahme von 25 Milliarden Schulden) erhielt Comcast kurz vor Weihnachten 2001 den Zuschlag. Und wurde mit insgesamt 21,4 Millionen Kabelkunden zum größten Anbieter der USA. 2004 dann fasste Brian Roberts den riskanten Plan einer feindlichen Übernahme des Disney-Konzerns. Die 66 Milliarden-Offerte wurde aber weder von den Disney-Eignern noch den Comcast-Aktionären gebilligt, im April musste Roberts kapitulieren. Ein Jahr danach konnte er doch eine Großfusion unter Dach und Fach bringen. Gemeinsam mit Time Warner kaufte Comcast im April 2005 Adelphia, die bankrotte Nummer fünf der US-amerikanischen Kabelbranche. Und gewann weitere 1,8 Millionen Kunden dazu.

Der große Coup gelang Brian Roberts aber mit der Übernahme von NBCUniversal. 2009 verkündeten Comcast und der NBCUniversal-Mutterkonzern General Electric den Plan, im Januar 2011 gab die Regulierungsbehörde FCC grünes Licht für den 13,8 Milliarden-Deal und Comcast gewann 13 Kabelsender, drei Nachrichtenkanäle, fünf Sportsender, vier Themenparks (Hollywood, Florida, Japan, Singapur) und ein Hollywood-Studio dazu. Und nicht irgendeins. Universal Pictures, gegründet vom Württemberger Immigranten Carl Laemmle (1867-1939), ist das weltweit fünftälteste Filmstudio, und das älteste der Hollywood-»Big Five«: Universal, Columbia (Teil von Sony Pictures), Walt Disney, Warner (AT&T), Paramount (ViacomCBS). Geschichten aus der Pionierzeit des Films: Laemmle erfand um 1910 das Star-System und entwickelte mit der Universal Film Manufacturing Company ein vertikal integriertes Major-Studio. Filmproduktion, Vertrieb und Vorführung in eigenen Kinos aus einer Hand: zentrales Element des Studio-Systems im »goldenen Hollywood-Zeitalter«. Universal spezialisierte sich anfangs auf Horrorfilme und drehte mit *Frankenstein*, *Dracula*, *Die Mumie* und *Das Phantom der Oper* Klassiker der Filmgeschichte.

Noch ein Blick zurück: Eine Reihe von Mediengruppen (MCA, Matsushita, Seagram, Vivendi) kauften und verkauften die Universal Studios und Themenparks, bis sie am Ende 2004 beim Mischkonzern General Electric landeten. GE gehörte auch die National Broadcasting Company (NBC), einer der großen drei kommerziellen, US-weiten TV-Networks neben ABC (heute Teil von Disney) und CBS (heute ViacomCBS) aus der Anfangszeit des Fernsehens in den 1940ern. Unter dem Dach von GE entstand so das Super-Konglomerat mit dem Namen NBCUniversal, mit der Zentrale im 70-stöckigen GE Building (ehem. RCA Building) in der Mitte des Rockefeller Center-Komplexes an der New Yorker 5th Avenue. 2011 dann kam Brian Roberts, kaufte NBCUniversal und aus dem GE Building wurde das Comcast Building.

In der Folge scheiterte Comcast 2015 mit dem Versuch, die zweitgrößte US-Kabelfirma Time Warner Cable für 45,2 Milliarden Dollar zu übernehmen. Das Justizministerium legte Widerspruch ein, kündigte im April 2015 einen Antitrust-Prozess an, der Deal wurde abgesagt. Dafür hatte Charter Communications einen Monat später für 78,7 Milliarden Dollar Erfolg. Auch die im November 2017 angekündigte Übernahme von 21st Century Fox ließ Comcast bald fallen. Hier konnte stattdessen Disney für 71,3 Milliarden Dollar zuschlagen. Im Gegenzug war Brian Roberts erfolgreich beim Kauf von DreamWorks Animation im April 2016 (für 3,8 Mrd.) und bei den Ankäufen des britischen Pay-TV-Konzerns Sky im September 2018 (wo er sich in der letzten Auktionsrunde gegen 21st Century Fox durchsetzen konnte, für 30 Milliarden britische Pfund) sowie des amerikanischen Over-the-Top-Internet-Fernsehens Xumo im Februar 2020.

MANAGEMENT

Comcast-CEO Brian Roberts (geb. 1959) ist wie der Vater, der 2015 im Alter von 95 Jahren verstorbene Firmengründer Ralph Roberts, ein »old-fashioned cable guy«. In erster Ehe verheiratet, drei Kinder, gilt er als weniger exaltiert als die meisten anderen superreichen Kabelbarone und agiert eher im Hintergrund – das Technologie-Magazin *Wired* bezeichnete ihn deshalb auch als »Dark Lord of Broadband«.

Brian Roberts hält heute 33% der stimmberechtigten ›Class B‹-Aktien und ist sozusagen CEO auf Lebenszeit. In der Comcast-Unternehmensverfassung findet sich die Bestimmung: »Mr. Brian L. Roberts soll zum Vorstandsvorsitzenden ernannt werden, falls er es möchte und solange er dazu in der Lage ist.« Keine Rede von der im Normalfall üblichen Entlastung von Top-Managern auf Hauptversammlungen.

David L. Cohen, Senior Advisor, ist eine weitere zentrale Personalie auf der Comcast-Führungsebene. Er ist ein einflussreicher Mann: Die *Washington Post* bezeichnete ihn als »Comcast's secret weapon« und »chief dealmaker«. Wie der Chef den Demokraten nahestehend, kommandiert der Comcast-Cheflobbyist und selbsternannte Consigliere von Roberts ein 20-köpfiges Lobbying-Team und verteilt jährlich rund acht Millionen US-Dollar an Kongressabgeordnete, an republikanische und demokratische Delegierte aus Senat und Repräsentantenhaus.

Comcast gilt als eines der arbeitnehmerfeindlichsten Unternehmen der USA. Auf der einen Seite kämpft der Konzern gegen eine gewerkschaftliche Organisation seiner Mitarbeiter, gleichzeitig verdiente der Chef Brian Roberts 2017 beispielsweise mit 36 Millionen US-Dollar etwa eintausendmal so viel wie ein durchschnittlicher Comcast-Angestellter.

GESCHÄFTSFELDER

Comcast teilt seine Aktivitäten in drei »primary businesses«:

Unter *Comcast Cable* bzw. der Xfinity-Marke für Privatkunden in den Vereinigten Staaten, dem mit einem Anteil von 56 Prozent 2020 mit Abstand profitabelsten Comcast-Geschäftssegment, finden sich sämtliche Aktivitäten des US-weit größten Kabelfernsehanbieters.

NBCUniversal ist in vier Segmente aufgeteilt. Cable Networks vereint die News-Kanäle (CNBC, MSNBC), Entertainment- (darunter USA NETWORK, E!, SYFY, BRAVO, OXYGEN, UNIVERSAL KIDS) und Sport-Sender (NBC SPORTS, THE OLYMPIC CHANNEL, GOLF CHANNEL).Bei der Sparte Broadcast Television handelt es sich im Wesentlichen um die landesweit empfangbaren Networks von NBC und dem spanischsprachigen TELEMUNDO (Miami, Florida). Zur Filmed Entertainment-Sparte gehört das Hollywood-Studio Universal Pictures mit den dazugehörigen Tochter-Studios Illumination, DreamWorks Animation und Focus Features. Zudem betreibt der Konzern in Orlando, Hollywood und Osaka (Japan) die Universal Studios-Themenparks. Ein Resort in Singapur wurde an örtliche Betreiber lizenziert, ein weiteres in Peking wird zusammen mit chinesischen Unternehmen entwickelt.

Die *Sky Group* umfasst die internationalen Geschäfte (Deutschland, Großbritannien, Italien, Irland) des ursprünglich 1989 von Rupert Murdoch gegründeten Satelliten-Pay-TV-Senders, die Comcast im September 2018 übernommen hat.

›Other business interests‹ schließlich sind die unter ComcastSpectacor zusammengefassten Vermögenswerte der »Philadelphia Flyers« (NHL-Eishockeyteam), der »Wells Fargo Center«-Multifunktionsarena in Philadelphia sowie Peacock, die Streaming-Plattform mit NBC-Content die seit Mitte 2020 zunächst nur US-weit verfügbar ist.

AKTUELLE ENTWICKLUNGEN

Die »Cord-Cutting Revolution« hat Comcast besonders schwer erwischt. Im Gesamtjahr 2019 etwa kündigten 733.000 Abonnenten von Comcast ihren ›Xfinity‹-Kabelanschluss – also 2.131,5 pro Tag. So blieb Comcast nichts anderes übrig, als einen eigenen Streaming-Dienst aufzubauen. ›Peacock‹ (der ›Pfau‹, der auf das Logo von NBC verweist) ging am 15. Juli 2020 auf Sendung, bis auf Weiteres nur in den USA. Mit großem Erfolg: Ende Januar 2021 konnte Peacock schon mit einem umfangreichen Katalog von aktuellen und älteren Produktionen (Filme und Serien wie *The Blacklist, Suits, Mr. Robot, Brooklyn Nine-Nine, Mr. Griffin, Dr. House, Psych, Monk*) und einer Reihe neuer Serien, darunter ein *Battlestar Galactica*-Reboot bereits 33 Millionen Abonnenten gewinnen.

Die Lizenzierung der eigenen Produktionen an Dritte (Netflix, Amazon und Co.) wird man natürlich einstellen. Insofern werden alle sehen müssen, wo die Inhalte herkommen, auch für die konzerneigenen, europäischen Pay-TV-Kanäle von SKY. Hier droht mittelfristig der Verlust von HBO-Material (*Game of Thrones, Die Sopranos*), das HBO-Eigner AT&T mit HBO Max selbst vermarkten wird, auch die SHOWTIME-Serien (*Californication, Dexter, Homeland, Masters of Sex, The Affair*) werden nicht mehr verfügbar sein, denn SHOWTIME ist Teil von CBS, und die In-house-Produktionen werden über kurz oder lang bei dem Viacom/CBS-eigenen Streamer unterkommen. Ein zunehmend fragmentierter Markt.

3.

Meta Platforms, Inc.

Umsatz 2020: 85,695 Mrd. USD (75,03 Mrd. EUR)

ÜBERBLICK

Mit 2,85 Milliarden monatlich aktiven Nutzern (Stand: 31. März 2021) haben mehr Menschen einen Facebook-Account als die kombinierten Gesamtbevölkerungen von China und Indien. 2004 von Harvard-Student Mark Zuckerberg gegründet ist Facebook längst mehr als ein Tool, um Fotos hochzuladen, Status-Updates zu versenden oder mit Freunden zu chatten. Der Konzern kontrolliert nach einer rasanten Expansion zahlreiche weitere Kommunikationskanäle, hat massiv in Virtual-Reality-Technologie investiert und die Art und Weise revolutioniert, wie Medieninhalte über das Internet konsumiert werden.

Ende Oktober 2021 meldet die FAZ: »Mark Zuckerberg geht zu sich selbst auf Distanz.« Er »benennt sein Unternehmen um und wählt das weniger belastete ›Meta‹ als neuen Namen.«

BASISDATEN

Hauptsitz:
1 Hacker Way
Menlo Park, California 94025 USA
Telefon: 001 650 543 4800
Website: investor.fb.com
Branche: Social Media, Messenger-Dienste, VR
Rechtsform: Aktiengesellschaft
Geschäftsjahr: 01.01. – 31.12.
Gründungsjahr: 2004 (Facebook, Inc.; seit 2021 Meta Platforms, Inc.)

ÖKONOMISCHE BASISDATEN

	2020	2019	2018	2017	2016	2015	2014
Umsatz (in Mio. USD)	85.695	70.697	55.838	40.653	27.638	17.928	12.466
Nettogewinn (in Mio. USD)	29.146	18.485	22.112	15.934	10.217	3.688	2.940
Aktienkurs (in USD, Jahresende)	273,16	208,67	137,95	176,46	115,04	104,66	78,02
Mitarbeiter	58.604	44.942	35.587	25.105	17.048	12.691	9.199

MANAGEMENT

Mark Zuckerberg	Founder, Chairman & Chief Executive Officer
Sheryl K. Sandberg	Chief Operating Officer
Dave Wehner	Chief Financial Officer
Mike Schroepfer	Chief Technology Officer
Chris Cox	Chief Product Officer
David Fischer	Chief Revenue Officer
Jennifer Newstead	General Counsel

BOARD OF DIRECTORS

Marc Zuckerberg	Facebook
Sheryl K. Sandberg	Facebook
Peggy Alford	PayPal Holdings
Marc L. Andreessen	Andreessen Horowitz
Drew Houston	Dropbox, Inc.
Nancy Killefer	McKinsey & Co.

Robert M. Kimmitt	Wilmer Cutler Pickering Hale and Dorr LLP
Peter A. Thiel	Founders Fund
Tracey T. Travis	The Estée Lauder Companies, Inc.

GESCHICHTE

Im Oktober 2003 verschaffte sich Harvard-Student Mark Zuckerberg Zugriff auf den Uni-Server und konnte Tausende von Studierenden-Fotos auf einer Homepage mit dem Namen »Facemash« posten. Es ging darum, die Personen auf den Bildern (über 20.000) nach ihrer »Attraktivität« zu bewerten. Schon nach wenigen Stunden hatte die Seite rund 500 Besucher. Zwar flog der Datendiebstahl auf und Zuckerberg musste sich bei seinen Kommilitonen entschuldigen, doch das Experiment zeigte, wie viel Potenzial in einem solchen Online-Verzeichnis steckte. Im Februar 2004 ging der Prototyp namens *Thefacebook.com* exklusiv für Harvard-Studierende online. Es dauerte weniger als zwei Wochen, bis zwei Drittel der Studentenschaft registriert waren. Zuckerberg engagierte seine Kommilitonen Dustin Moskovitz, Chris Hughes und Eduardo Saverin, die ihm halfen, weitere Anwendungen und Funktionen für die Seite zu entwickeln. Nach und nach erhielten weitere Hochschulen ihr eigenes Facebook-Netzwerk. Zunächst ging es nach Stanford und Yale; drei Monate danach verfügten bereits 30 Universitäten über eine Facebook-Community.

Sean Parker, Mitbegründer der Musiktauschbörse Napster, vermittelte den Kontakt zu Peter Thiel, dem Präsident von Clarium Capital, der als erster Investor 500.000 US-Dollar an Risikokapital investierte. Das Facebook-Team beschloss, sich wie Vorbild Bill Gates von der Uni zu verabschieden, um sich auf die Entwicklung von Facebook zu konzentrieren. Von da an ging es Schlag auf Schlag: Im November 2004 registrierte sich der millionste User und im Mai 2005 erhielt das junge Unternehmen eine weitere Finanzspritze in Höhe von 13 Millionen US-Dollar von der Risikokapitalfirma Accel Partners. Zuckerberg stellte weitere Internet-Ingenieure ein (darunter Steve Chen, der später mit dem Videoportal YouTube für Furore sorgen sollte). Ende 2005 hatte Facebook fünf Millionen Nutzer. Die Zahl stieg weiter, als die Seite auch für Highschool-Schüler geöffnet wurde und eine Foto-Funktion integriert wurde.

Im September 2006 fielen sämtliche Zugangsbarrieren. Was zu einem Mitgliederanstieg führte, der von den ursprünglichen, studentischen Nutzern mit Skepsis aufgenommen wurde. Zu einem ersten Aufstand in der Community kam es, als neue Features namens »News Feed« und »Mini Feed« den Profilen der Facebook-User hinzugefügt wurden. Auf einmal erschienen auf jedem Benutzerprofil in Form kurzer News alle Facebook-internen Aktivitäten und Änderungen von Freunden und Bekannten. Der Ärger der Nutzer war derart groß, dass sich 700.000 Leute der Gruppe »Students Against Facebook News Feed« anschlossen. Zuckerberg räumte Fehler ein und versprach, die Privatsphäre künftig besser zu schützen. Auch kritische Stimmen von Datenschützern wurden laut. Den Facebook-Betreibern wurde ein verantwortungsloser Umgang mit persönlichen Informationen vorgeworfen. Medienberichte über Strafverfolgungen und Verhaftungen amerikanischer Teenager, die auf Facebook mit Alkohol und Drogen posierten, häuften sich. Hochschulen und Firmen verboten die Nutzung von Facebook, z. B. weil Lehrer oder Vorgesetzte diffamiert würden.

Im November 2007 testete Zuckerberg die Grenzen der User-Toleranz weiter aus, als er ein neues Feature namens »Beacon« vorstellte: Ein Marketingtool, das die Freunde eines Nutzers informierte, sobald dieser über Facebook ein Produkt eines Herstellers kaufte, der eine Partnerschaft mit Facebook abgeschlossen hatte. Die Anti-Beacon-Bewegung aus Facebook-Nutzern und Datenschützern kritisierte, dass das Anzeigenprogramm ohne Zustimmung der Benutzer gestartet worden war. Zwei Wochen nach dem Start erschien eine modifizierte Version. Grund dafür waren weniger die Proteste von Nichtregierungsorganisationen, sondern die Unruhe, die durch die negative Publicity aufseiten der Beacon-Partnerfirmen entstanden war.

Ende 2008 hatte Facebook 145 Millionen Mitglieder. 2010 kam der Film David Finchers *The Social Network* raus, ein Hollywood-Porträt des Unternehmensgründers Zuckerberg, das den wachsenden Stellenwert Facebooks in der Gesellschaft deutlich machte. Ende 2010 waren es 500 Millionen Facebook-Mitglieder. 2012 der Börsengang. Besonders, weil Facebook keinen effektiven Weg fand, die wachsende mobile Nutzung seiner Dienste zu monetarisieren, schwankte der Aktienkurs zunächst bedenklich. Der Ausgabekurs am 18. Mai 2012 betrug 38 US-Dollar; vier Monate später hatte die Aktie fast 50 Prozent an Wert verloren. Zwar hatte man schon im September 2012 das konkurrierende soziale Netzwerk

Instagram für 737 Millionen Dollar gekauft und im September 2012 wurden eine Milliarde Nutzer gemeldet, doch erst mit der Entwicklung des Android-Interface Facebook Home und vor allem nach der spektakulären Übernahme des Messaging-Dienstes WhatsApp (für 19 Milliarden Dollar im Februar 2014) konnte Facebook den Einfluss auf die Smartphone-Bildschirme ausweiten. Was für einen stetigen Kursanstieg sorgte. Dazu stieg Facebook mit dem Kauf des Virtual-Reality-Unternehmens Oculus (auch 2014) in den Markt für Unterhaltungselektronik ein. Die Oculus-Rift-VR-Brille, die 2016 auf den Markt kam, richtete sich in erster Linie an PC-Gamer.

Bei seinem Vorhaben, die nächste Milliarde Facebook-User in Schwellen- und Entwicklungsländern zu rekrutieren, musste der Konzern allerdings 2016 eine Niederlage einstecken. Die indische Regierung lehnte es ab, Facebooks Free-Basics-Dienst (zuvor *Internet.org*) zu genehmigen. Das offizielle Ziel war, die verbliebenen zwei Drittel der Weltbevölkerung ohne Internetanschluss mit dem Internet zu verbinden. Kritiker warfen der Kampagne vor, nur ein als Charity getarnter, neokolonialer, gegen Netzneutralitätsprinzipien verstoßender Plan zu sein, um an die lukrativen persönlichen Daten von Millionen Nutzern zu kommen.

Die Kritik an Facebook wegen lückenhaftem Datenschutz, Missbrauch der Marktstellung, Falschnachrichten und Propaganda wurde ein Dauerthema. Nach der US-Wahl 2016 wurde Facebook vorgeworfen, den Wahlkampf im Sinne von Trump beeinflusst zu haben. Schon 2015 wurde Facebooks zunehmende Bedeutung als Nachrichtenkanal durch das Reuters Institute in Oxford belegt. Demnach bezogen 23 Prozent von 1.969 deutschlandweit Befragten aller Altersgruppen ihre Nachrichten über ihre Facebook-Timeline. In den USA lag der entsprechende Wert bei 41 Prozent von 23.557 Befragten. Im Mai 2016 war die wachsende Meinungsmacht von Facebook erstmals im US-Kongress ein Thema. Grund dafür war ein Bericht im Technologie-Blog *Gizmodo*, demzufolge der Konzern systematisch Nachrichten und Meinungsartikel mit einer »konservativen Haltung« zensiert und aus dem News Feed entfernt haben soll. Nicht auf Popularität basierende Algorithmen bestimmten, was auf die »Titelseite« der User gelangte, sondern – wie in einer traditionellen Zeitungsredaktion – politische Präferenzen der zuständigen Facebook-Mitarbeiter. Bestimmte Themen wurden aus politischen Gründen angeblich aktiv in den News Feed eingebracht.

Eine andere, dunkle Seite von Social Media kam 2018 mit dem Dokumentarfilm *The Cleaners* ans Licht: Es ging um sogenannte ›Cleaners‹, die in Manila Fotos und Videos auf Facebook bewerteten, die Facebook von »Ausgeburten menschlicher Abgründe« reinigen sollten. Der Historiker Timothy Garton Ash bezeichnete Facebook in der Folge als »größte Kloake der Menschheitsgeschichte« und *Forbes* titelte: »Facebook Is Terrible Not Because It's Evil, But Because It's Terrible«. Hinzu kam der Skandal um die britische Datenanalysefirma Cambridge Analytica. Der kanadische Whistleblower Christopher Wylie, damals bei Cambridge Analytica tätig, deckte im März 2018 die illegale Nutzung der Daten von bis zu 87 Millionen Facebook-Usern auf. Daten, mit denen dann über sogenanntes ›Microtargeting‹ im US-Wahlkampf 2016 potenzielle Wähler beeinflusst werden sollten – zugunsten von Donald Trump. Allerdings dürften die Datensammler die Wahl wohl nicht entschieden haben, so sagte etwa die Chefin der britischen Datenschutzbehörde ICO Elizabeth Denham Ende 2020. In der Story von Cambridge Analytica steckte auch viel heiße Luft. Facebook musste trotzdem zahlen: 500.000 Pfund Strafe in Großbritannien und fünf Milliarden Dollar Strafe in den USA. Im Sommer 2018 kam der Absturz der Facebook-Aktie, von rund 210 US-Dollar am 16. Juli auf 125 Dollar am 17. Dezember.

Ab Herbst 2019 stellte Facebook daraufhin Redakteure für eine kuratierte News-Rubrik ein. Statt automatisierter Nachrichten-Selektion wählten echte Journalisten die Artikel für Facebook aus. In kontroversen Fällen bestimmt seitdem Mark Zuckerberg mit, welche Nachrichten über zwei Milliarden Menschen täglich lesen.

MANAGEMENT

Facebook-Gründer und Vorstandsvorsitzender Mark Zuckerberg (geb. 1984 in White Plains, New York) begann im Alter von elf Jahren, sich mit Codes und Programmiersprachen zu beschäftigen. Sein erstes Projekt war eine Computerversion des Brettspiels *Risiko*, das der Studienabbrecher mit Latein- und Altgriechischkenntnissen zur Zeit des Römischen Reiches ansiedelte. 2004 gründete er Facebook, 2010 wurde er vom *Time Magazine* zur »Person of the Year« ernannt. Der wegen der Kombination aus Erfolg und Nerd-Image oft als »the next Bill Gates« titulierte

Zuckerberg verfügte im September 2020 über ein Gesamtvermögen in Höhe von 111 Milliarden Dollar.

Die frühere Google-Managerin Sheryl Sandberg (geb. 1969 in Washington, D.C.) leitet seit 2008 das operative Tagesgeschäft (COO) und ist für die Werbestrategie, Personalentscheidungen und Lobbying zuständig. Während Zuckerberg sich um die technische Seite und die Außendarstellung des Unternehmens kümmert, war es Sheryl Sandberg, die aus einem 56 Millionen-Dollar-Verlustgeschäft (2008) eine 18,5 Milliarden schwere Profitmaschine machte (2019), u. a. durch die Positionierung von Facebook als Plattform für *small business advertising*. 2020 war Sandberg mit einem Vermögen von 1,8 Milliarden Dollar auf dem 13. Platz unter ›America's Richest Self-Made Women‹ (*Forbes*) und gilt als (umstrittene) Vertreterin einer neuen amerikanischen Frauenbewegung. 2015 erschien ihr Buch *Lean In: Frauen und der Wille zum Erfolg* auch auf Deutsch.

GESCHÄFTSBEREICHE

Facebook: Die Mutter aller Social Networks erreichte im ersten Quartal 2021 rund 2,85 Milliarden User, die sich monatlich auf Handys und PCs einloggten. Ein Kernbereich ist hier, bislang nur in den USA, der News Feed, der den Nutzern individualisierte und auf Algorithmen basierte Artikel und Werbung präsentiert. In den USA kooperieren beispielsweise die *Washington Post*, der Finanzdienst Bloomberg, die *Los Angeles Times*, das *Wall Street Journal* und CBS News mit Facebook. Auch in Deutschland (wie auch in Großbritannien, Frankreich, Indien und Brasilien) soll Facebook News im Laufe des Jahres 2021 eingeführt werden. Die Facebook-Anzeigenabteilung heißt Facebook Ads, ein System, das es Unternehmen ermöglicht, die passende Zielgruppe auf Facebook anzusprechen.

Instagram: Auch dank Instagram wählte das Oxford English Dictionary ›Selfie‹ 2013 zum Wort des Jahres. Das von Kevin Systrom und Mike Krieger entwickelte soziale Netzwerk, das seit 2012 zu Facebook gehört (Kaufpreis: ca. 737 Millionen Dollar) und vor allem für das Teilen von Fotos und kurzen Videos genutzt wird, hat mittlerweile rund eine Milliarde aktiver Nutzer weltweit, und über 21 Millionen in Deutschland (Stand: 2020). Täglich werden rund 60 Millionen Fotos und Videos hochgeladen.

WhatsApp: Der Instant-Messaging-Dienst für Text-, Bild-, Video- und Tonnachrichten, wurde 2009 in Santa Clara, Kalifornien, von Jan Koum und Brian Acton gegründet. 2014 übernahm Facebook den Dienst für 19 Milliarden Dollar, den rund zwei Milliarden User benutzen (Stand: 2020).

Messenger: Facebook Messenger ist eine Messaging-Anwendung, um Texte, Bilder, Musik und Videos zu versenden, auch Sprach- und Videotelefonie sind möglich. Ursprünglich 2008 als Facebook Chat veröffentlicht, war der Facebook Messenger zwischen 2011 und 2019 die am zweithäufigsten geladene *mobile app* mit 1,3 Milliarden Usern (Stand: 2020).

Außerdem: Die im Bereich Virtual Reality aktive Facebook-Tochter Oculus wurde 2014 für 2,3 Milliarden US-Dollar gekauft und entwickelt VR-Headsets, Apps und Spiele. Außerdem gehört Facebook die B2B-Plattform Workplace für betriebsinterne Kommunikation.

AKTUELLE ENTWICKLUNGEN

Facebook hat inzwischen weltweit mehr Anhänger als das Christentum oder der Islam. Der Religions- bzw. Sektenvergleich liegt auf der Hand – etwa, wenn Facebook mit dem Slogan für »eine offene und vernetzte Welt« ein Heilsversprechen für das 21. Jahrhundert gibt. Angesichts der ungeheuren Größe wird deshalb zunehmend eine Zerschlagung des Tech-Giganten gefordert. Roger McNamee, langjähriger Zuckerberg-Förderer, war im März 2019 der erste, Facebook-Mitgründer Chris Hughes zog im Mai nach und forderte die Abspaltung von Instagram und WhatsApp; auch die demokratische Präsidentschaftskandidatin Elizabeth Warren sprach sich für eine Entflechtung aus. Anfang Oktober 2020 dann veröffentlichten die Abgeordneten des Unterausschusses für Wettbewerb im US-Repräsentantenhaus einen 449 Seiten langen Bericht. Über ein Jahr hatten sie die vier großen Tech-Konzerne Google, Amazon, Facebook und Apple untersucht und stellten fest: Man habe es wieder mit Monopolisten wie zur Zeit der Ölbarone und Eisenbahnmagnaten zu tun, mit übermächtigen Plattformen mit einer Gatekeeper-Stellung, denen man in letzter Konsequenz mit Zerschlagung drohen müsse.

Kritiker werfen Facebook vor, seine Nutzer durch die Diversifizierung seines Angebots Schritt für Schritt komplett zu vereinnahmen, ob neuerdings mit dem im Oktober 2020 gestarteten Flirtportal »Facebook

Dating« oder bald mit der dollarbasierten Kryptowährung namens »Diem«, zunächst wohl nur in den USA. Der wichtigste Baustein der Expansionsstrategie ist jedoch die Virtual-Reality-Sparte. Im Rahmen eines 2021 vorgestellten 10-Jahresplans will man die Oculus-Technologie letztendlich für nichts weniger als »Teleportation« benutzen: Die momentan noch fast ausschließlich für Games benutzten Headsets sollen irgendwann mal, über das direkte Tracking des zentralen Nervensystems gesteuert und durch künstliche Intelligenz gepowert, Besuche in den virtuellen Wohnzimmern aller Facebook-Nutzer erlauben. Ein solches VR-Netzwerk würde Reisen obsolet werden lassen und wäre laut Facebook-Gründer Zuckerberg ein Segen für die Gesellschaft und die Umwelt.

Ende Oktober 2021 gibt Mark Zuckerberg seinem Unternehmen einen neuen Namen. ›Meta‹ heißt nun der Dach-Konzern, unter dem sich Plattformen wie Facebook, WhatsApp und Instagram versammeln.

›Meta‹ bzw. das sogenannte ›Metaverse‹: eine virtuelle Welt, auf die Menschen über verschiedene Geräte zugreifen können. »Viel davon wird in fünf bis zehn Jahren Mainstream sein«, so Zuckerberg, der auf die Möglichkeiten verwies, was Arbeitsalltag, Spiele und Fitness betrifft. Die Notwendigkeit zum Arbeitsplatz zu pendeln, könne dann entfallen.

4.

Tencent Holdings Ltd.

Umsatz 2020: 482,1 Mrd. RMB (61,22 Mrd. EUR)

ÜBERBLICK

Tencent ist einer der drei chinesischen ›BAT‹-Giganten im Techsektor (›BAT‹: Baidu, Alibaba, Tencent). Der Erfolg des von der Marktkapitalisierung drittwertvollsten Konzerns Asiens hinter Saudi Aramco und Alibaba) beruht auf der Universal-App WeChat, ohne die es de facto unmöglich ist, in China noch zurechtzukommen. Darüber hinaus ist Tencent das weltgrößte Unternehmen für Video- und Online-Games und betreibt diverse TV- und Filmstudios.

BASISDATEN

Hauptsitz:
Tencent Binhai Towers No. 33
Haitian 2nd Road
Nanshan District
Shenzhen, 518054
China
Telefon: 0086 755 8601 3388
Website: www.tencent.com/en-us/investors.html

Branche: Online-Games, Film- und TV-Produktion, soziale Netzwerke, E-Commerce
Rechtsform: Holdinggesellschaft
Geschäftsjahr: 01.01 - 31.12.
Gründungsjahr: 1998

ÖKONOMISCHE BASISDATEN

	2020	2019	2018	2017	2016
Umsatz (in Mio. RMB)	482.064	377.289	312.694	237.760	151.938
Gewinn (in Mio. RMB)	281.173	119.901	67.760	79.061	48.617
Aktienkurs (in HKD, Jahresende)	566	383	310,6	433,2	189,7
Mitarbeiter	85.858	62.885	54.309	44.796	38.775

MANAGEMENT (AUSWAHL)

Ma Huateng	Co-Founder, Executive Director, Chairman of the Board und Chief Executive Officer
Lau Chi Ping Martin	Executive Director und President
Xu Chenye (Daniel Xu)	Co-Founder, Chief Information Officer
Ren Yuxin (Mark Ren)	Chief Operating Officer
Zhang Xiaolong (Allen Zhang)	Senior Executive Vice President, President of Weixin Group
James Gordon Mitchell	Chief Strategy Officer, Senior Executive Vice President
Tong Tao Sang (Dowson Tong)	Senior Executive Vice President, President of Cloud and Smart Industries Group, Chairman of Tencent Music Entertainment Group

Lu Shan	Senior Executive Vice President, President of Technology and Engineering Group
David Wallerstein	Chief Exploration Officer, Senior Executive Vice President
Ma Xiaoyi (Steven Ma)	Senior Vice President
Lin Ching-Hua (Davis Lin)	Senior Vice President
John Shek Hon Lo	Chief Financial Officer, Senior Vice President
Guo Kaitian (Leon Guo)	Senior Vice President
Xi Dan	Senior Vice President
Yeung Kwok On (Arthur Yeung)	Senior Management Adviser

GESCHICHTE

Tencent und Gründer Ma Huateng (Pony Ma) sind heute quasi ein Synonym für Chinas Erneuerungskraft im Internetsektor. Im November 1998, als das Unternehmen in Shenzhen gegründet wurde, waren Tencents Internet-Dienstleistungen eher Plagiate und nichts Besonderes in dem dichtgedrängten Feld großer »Internet-Service-Portale«, die zwischen 1996 und 1998 entstanden waren (darunter Sina, Sohu und Netease). Diese Portale wurden nicht als »Medien« betrachtet, sondern als Entertainment-Sites. Über zusätzliche Inhaltsangebote aber konnte man wachsende Nutzerzahlen und höhere Werbeumsätze generieren.

Der Desktop-basierte Instant-Messenger von Tencent, OICQ, wurde im Februar 1999 eingeführt und war eine virtuelle Kopie von ICQ – ein zwei Jahre zuvor von der israelischen Firma Mirabilis geschaffener Dienst. Ein vom ICQ-Eigentümer AOL im selben Jahr angestrengter Fall von Markenverletzung zwang Tencent dazu, seinen Dienst in »QQ« umzubenennen. Und der QQ-Messaging-Dienst sorgte bald dafür, dass Tencent sich von der Konkurrenz klar unterschied. Die Nutzung war kostenlos, die Beliebtheit des Dienstes wuchs schnell bei jungen Internetnutzern, besonders bei Studenten.

2001, zu einer Zeit, als Tencent noch unrentabel und kaum bekannt war, erwarb die südafrikanische Verlagsgruppe Naspers über die Tochtergesellschaft MIH Holdings eine 46,5-prozentige Beteiligung an dem Unternehmen, für 34 Millionen Dollar. Besonders vielversprechend schienen Tencents wachsende Nutzerbasis und der beliebte Nachrichtendienst.

Zwar hatte Naspers Erfahrung mit unrentablen Medieninvestitionen in China und sogar den Ausstieg aus dem Markt in Erwägung gezogen. Die Investition in Tencent aber würde sich definitiv auszahlen. Die von Naspers 2019 gegründete, in Amsterdam gelistete Beteiligungsgesellschaft Prosus (Naspers-Anteil: 72,5 %) besitzt heute noch knapp 31 Prozent an Tencent.

Ende 2001 hatte QQ bereits mehr als 90 Millionen registrierte Benutzer, 2003 war Tencent klarer Marktführer im Bereich Instant Messaging, gefolgt von Netease. Die Nutzer von QQ gehörten überwiegend der Altersgruppe der 15- bis 29-Jährigen an und bezeichneten sich online oft als »Q-Generation«. Das Maskottchen des Dienstes, ein eiförmiger Pinguin, wurde in China zu einer Ikone. In einem Tencent-Profil von Bloomberg (2011) hieß es, der QQ-Nachrichtendienst habe »doppelt so viele Nutzer wie die USA Einwohner«.

Am 16. Juni 2004 ging Tencent an die Hongkonger Börse. Der Dienst dominierte noch immer das Geschäft, laut einer Umfrage von iResearch (Schanghai) beispielsweise verwendeten fast drei Viertel der Chinesen Tencents QQ. Und die nächste Expansion war bereits in Arbeit. 2003 hatte man die Tochtergesellschaft »Tencent Games« gegründet, die 2004 eine erste Reihe von Online-Spielen (*QQ Tang*) auf den Markt brachte, mit kostenlosen Downloads von QQ-Software, aber mit kostenpflichtigem Spielzubehör und gebührenpflichtigen Abonnements. Dazu begann Tencent mit der Lizenzierung von sogenannten *massive multiplayer online games* (MMOG) wie z. B. *Sephiroth* des südkoreanischen Entwicklers Imazic. Danach setzte Tencent den Vorstoß in das Online-Gaming 2007 und 2008 fort, lizenzierte Spiele wie *Dungeon & Fighter* (auch aus Südkorea) und profitierte von seiner Community-Basis von 300 Millionen aktiven Nutzern. Gleichzeitig begann man mit der Entwicklung eigener Spiele und der Übernahme wichtiger Entwicklungsfirmen.

2011 kaufte Tencent für 400 Millionen US-Dollar eine 93-prozentige Beteiligung an Riot Games, dem Entwickler des Erfolgsspiels *League of Legends*. 2015, als Tencent den restlichen Anteil an Riot übernahm, »explodierte League of Legends als E-Sport weltweit«. 2012 investierte Tencent 330 Millionen US-Dollar in Epic Games, Entwickler von Spielehits wie *Fortnite* und *Paragon*. Die Fusion von Tencent und Epic Games bedeutete: Ein großer Games-Entwickler konnte jetzt von Konsolen- zu Live-Service-Spielen wechseln und von Tencents riesigem Nutzerpool und der entsprechenden Reichweite profitieren. 2018 gehörte Tencent zu einer

Gruppe von Investoren, die dem französischen Spieleentwickler Ubisoft halfen, eine feindliche Übernahme durch Vivendi abzuwehren. Danach konnte Tencent Ubisoft-Spiele auf dem chinesischen Markt veröffentlichen. Mit dieser Strategie wurde Tencent zum heute weltweit größten Videospielunternehmen. Das Spielgeschäft war 2019 mit einem Umsatz von 18 Milliarden der lukrativste Geschäftsbereich (und machte etwa 40 Prozent des Gesamtumsatzes aus).

Der Boom der Online-Spiele hat aber auch Herausforderungen und Kontroversen mit sich gebracht. Videospielinhalte wurden in den letzten Jahren in China von offiziellen Stellen stärker unter die Lupe genommen, wobei die Regulierungsbehörden Einschränkungen bei der Lizenzierung neuer Spiele eingeführt haben. Die Tatsache, dass weltweit verfügbare Spiele aus innenpolitischen Gründen zensiert werden, hat international scharfe Kritik ausgelöst. So kündigte Ubisoft im November 2018 an, blutige Szenen und Anspielungen auf Sex und Glücksspiel aus seinem beliebten Spiel *Rainbow Six Siege* zu streichen, um sich an den chinesischen Markt anzupassen. Dies löste eine Gegenreaktion von Fans des Spiels in der ganzen Welt aus, die das Unternehmen beschuldigten, sich der chinesischen Zensur zu unterwerfen. Angesichts des enormen Umsatzpotenzials der Spiele haben auch andere chinesische Unternehmen, darunter traditionelle Rivalen wie Netease und Emporkömmlinge wie ByteDance, den Wettbewerbsdruck auf Tencent erhöht.

Im Januar 2011 startete Tencent eine neue Messaging-App namens Weixin, auf Deutsch »Mikrobriefe«, die innerhalb weniger Jahre die Kommunikationslandschaft in China revolutionieren würde. Zum Zeitpunkt der Markteinführung wurde das kostenlose Weixin (zunächst für das iPhone) mit dem kanadischen Kik und anderen Diensten verglichen – die breite Palette an Funktionen und Plattformen aber, die man unter dem Dach der App finden konnte, würde Weixin bald von anderen globalen Social-Media-Plattformen wie Facebook unterscheiden. Im April 2012, kurz nach der Einführung der Android-Version, wurde Weixin im Ausland in WeChat umbenannt und um eine Reihe von Funktionen erweitert. Im August 2012 hatte der Dienst 100 Millionen Nutzer. Auf der Grundlage dieser immensen Nutzerbasis begannen große internationale Marken wie Nike auf die Plattform zu strömen. Bald gab es in China mehr mobile als Desktop-Nutzer.

Während Analysten 2012/2013 WeChat noch mit Plattformen wie WhatsApp (das es seit 2009 gab) verglichen, wurde deutlich, dass sich

WeChat zu einem eigenen Benutzeruniversum entwickelte. Was einige als »Super-App« oder »Super-Plattform« bezeichneten. »Das Phänomenale an der App ist«, so Ben Lamb, Spezialist für digitales Marketing aus Schanghai, »dass man sie für so viele Dienste nutzen kann, so dass man ständig mit ihr zu tun hat.« Bald ging nichts mehr ohne WeChat. Ende 2012 hatte die Plattform mehr als 200 Millionen Nutzer.

Zwar nahm die Bedeutung von WeChat als kommerzielles Instrument zu. Doch konnte man diesen Erfolg nicht losgelöst betrachten von den wachsenden politischen Problemen, mit denen Chinas äußerst populäre Social-Media-Plattform Weibo konfrontiert war (ähnlich wie Twitter, betrieben von der Sina Corporation, auf Platz 84 im aktuellen IfM-Ranking). Weibo war nur ein Jahr nach dem Start 2009 zu einer sozialen und politischen Kraft geworden, zu einer offenen Plattform, über die viele Millionen Chinesen über aktuelle Nachrichten und andere Themen diskutieren konnten. Journalisten und Intellektuelle mit Millionen Followern bekamen mehr Einfluss als die großen Zeitungen.

2012 war der chinesischen Führung klar, dass Weibo selbst mit automatisierten und anderen Kontrollen für die Kommunistische Partei ein Problem wurde. 2013 und 2014 ging die Führung dann aggressiv vor, um insbesondere die »Großen V's« zum Schweigen zu bringen: *Verified members*, bekannte Weibo-User, die die öffentliche Meinung beeinflussen konnten. Nach den staatlichen Interventionen wurde Weibo für viele langweilig. Man wechselte zu WeChat, das eine vielfältigere Nutzererfahrung bot – mit Moments-Timelines (ähnlich wie bei Facebook), so genannten »öffentlichen Konten«, die wie Blogs wirkten, und privaten Chatgruppen (ähnlich wie bei WhatsApp). Wenn Weibo wie ein riesiger Bankettsaal war, in dem jeder gesehen und gehört werden konnte, war WeChat weniger öffentlich.

Zumindest anfangs befürworteten Medienkontrolleure den stärker abgeschotteten Charakter von WeChat. Hier war es für Diskussionen über *breaking news* viel schwieriger, massenhaft Aufmerksamkeit zu erregen. Doch die immense Popularität von WeChat machte eine »Informationskontrolle« doch notwendig. Seit 2013 wird die Plattform häufig kritisiert, weil sie die Aktivitäten von Nutzern außerhalb Chinas durch die Blockierung sensibler Schlüsselwörter zensiert hat.

Mit der Implementierung von Zahlungsdiensten wurde WeChat 2013 zu einer echten Super-Plattform. Konkurrenten wie Alibaba hatten zwar auch Erfolg mit *mobile* E-Commerce. Doch die Allgegenwärtigkeit von

WeChat erwies sich als klarer Vorteil. WeChat hatte Ende 2019 monatlich mehr als eine Milliarde aktiver Nutzer, und WeChat Payments kann für den Kauf sowohl online als auch im Geschäft genutzt werden. Tencents WeChat-Plattform bleibt »in das Leben des chinesischen Volkes eingenäht«, wie die *Financial Times* bemerkte. Aber wie bei allen großen chinesischen Technologie- und Medienunternehmen geht sein Erfolg auf Kosten einer immer größeren Wachsamkeit der Regierung – Tencent muss weiterhin enge Beziehungen zum Staat aufrechterhalten. Die man, von außen betrachtet, durchaus als problematisch sehen kann. Im Inland haben die chinesischen Behörden WeChat und eine Reihe anderer Produkte von Tencent, insbesondere Spiele, stark zensiert. Seit 2018 wurden einige beliebte Spiele – darunter *Honor of Kings*, eines der erfolgreichsten Spiele von Tencent – mit der Begründung ausgesetzt oder gänzlich verboten, dass sie die Online-Spielsucht der Jugend fördern. Die Zusammenarbeit mit Regulierungsbehörden ist sowohl eine Belastung für die Geschäftsentwicklung als auch eine Voraussetzung dafür, überhaupt weitermachen zu können. Die Haltung der Regierung ist einfach: »Wenn wir den Geldhahn zudrehen wollen, drehen wir den Geldhahn zu.« Die Zensur von WeChat ist unübersehbar, selbst neutrale Hinweise auf die Regierung, die aus den staatlichen Medien stammen, werden entfernt. Was an die Art von Zensur erinnert, die Sinas Weibo in den Jahren 2013-2014 erlebte und die zum Anstieg der Popularität von WeChat beitrug.

Die Sorge vor Datenspionage war immer ein Problem für chinesische, international expandierende Technologiefirmen wie Tencent. Im Mai 2019, nachdem die Trump-Administration eine *trade blacklist order* für Huawei und den Telekommunikationsausrüster ZTE veröffentlicht hatte, warnte Tencents CEO Pony Ma davor, dass so ein »verlängerter Tech-Krieg« zwischen den USA und China entstehen könne. Angesichts dieser Spannungen drückte Ma auch die Sorge aus, dass China, dessen Internet-Entwicklung weitgehend auf der Entwicklung anwendungsbasierter Produkte im Gegensatz zur Entwicklung von High-End-Produkten beruht, möglicherweise nicht auf so einen Wettbewerb vorbereitet sei. Die Ära des »Borrowing« (›Ausleihen‹), wie Ma es bezeichnete, sei für chinesische Firmen ohnehin vorbei. »Wenn wir uns nicht um die Entwicklung unserer eigenen Infrastruktur und Kerntechnologie bemühen, ist die digitale Wirtschaft in China nur schwer aufrechtzuerhalten.«

Das Werbegeschäft von Tencent wurde unlängst an zwei Fronten herausgefordert: durch die allgemeine Verlangsamung der chinesischen

Wirtschaft seit 2018 und durch die harte Konkurrenz im Inland, sowohl durch aufstrebende Unternehmen wie ByteDance als auch durch Rivalen wie Baidu und Alibaba.

MANAGEMENT

Im Februar 2021 war Ma Huateng (bekannt als Pony Ma), 1971 geborener Mitgründer von Tencent, laut Forbes mit 73,4 Milliarden US-Dollar Vermögen der reichste Mann Chinas, vor Alibaba-Gründer Jack Ma (62,3 Milliarden US-Dollar). Huateng ist eine respektierte Figur in der chinesischen und globalen Tech-Szene, und gleichzeitig von besonderer Bedeutung für die chinesische KP bzw. für das offizielle Narrativ über chinesische Innovationskraft. Ma ist ein gutes Beispiel für die enge Beziehung zwischen den Führungskräften chinesischer Spitzenunternehmen und der politischen Führung und ist auch Delegierter des Nationalen Volkskongresses.

Offen ist weiterhin die Frage, wer ihm einmal nachfolgen wird. Im Januar 2020 verkaufte er »aus persönlichen finanziellen Gründen« Tencent-Aktien im Wert von 260 Millionen Dollar. Dieser Schritt, der mit Mas Rücktritt als Vorsitzender der Fintech-Division Tenpay Micro Loan zusammenfiel und auf seinen Rücktritt von Tencent Credit im September 2019 folgte, löste Spekulationen aus, dass er sich bald auch aus Beteiligungen an ›Nicht-Kerngeschäften‹ zurückziehen könnte.

Lau Chi Ping (Martin Lau), geboren 1973, ist der derzeitige Executive Director und Präsident von Tencent Holdings, die Nummer zwei im Konzern mit einem geschätzten Vermögen von umgerechnet zwei Milliarden Euro. Vorher war er bei Goldman Sachs als »Chief Strategy and Investment Officer« tätig, 2005 kam er zu Tencent. Der in Peking geborene Lau ist in Hongkong aufgewachsen und hat in den USA studiert. Er leitete eine Reihe von großen Übernahmen von Tencent, darunter die des finnischen Mobilfunkgeräte-Entwicklers Supercell im Jahr 2016, für 10,2 Milliarden Dollar.

GESCHÄFTSBEREICHE

Kommunikation und Social Media: Weixin (gegründet 2011, außerhalb Chinas bekannt unter dem Namen ›WeChat‹) bleibt das Herzstück von

Tencents Social-Media-Geschäft, mit monatlich 1,2 Milliarden aktiven Nutzern (MAU), die für März 2020 gemeldet wurden. Im umfassenden WeChat-Kosmos chatten die User, shoppen, bezahlen und bestellen ihr Essen. Die App ist sogar zum beliebtesten Mittel für den Austausch persönlicher und geschäftlicher Kontakte bei Face-to-Face-Meetings geworden. Tencents QQ-Messaging-Plattform für Mobiltelefone (seit Februar 1999) verzeichnete im erstem Quartal 2021 1,24 Milliarden *monthly active users* (MAU). 2005 gründete Tencent den in QQ integrierten *networking/blogging service* Qzone, mittlerweile eines der führenden sozialen Netzwerke weltweit mit mehr als 800 Millionen MAU. Das Unternehmen hält außerdem einen Minderheitsanteil am sozialen Netzwerk Snapchat.

Digitale Inhalte: Tencent Games, also das Online-Spielegeschäft, bleibt der wichtigste Umsatzträger des Konzerns und stützt sich auf die riesige Social-Media-Nutzerbasis. Der Konzernbereich Tencent Esports entwickelt und vertreibt einige der wichtigsten Spiele und organisiert Esports-Ligen und Turniere. Zu den internationalen Entwicklerstudios, Publishern und Esports-Unternehmen von Tencent gehören Riot Games (*League of Legends*), Funcom (*Conan Exiles*), Leyou, Sharkmob und Fatshark (diverse *Warhammer*-Titel). Hinzu kommen 30 weitere internationale Unternehmen, an denen Tencent Anteile hält, insbesondere Epic Games (*Fortnite*), Supercell (*Clash of Clans*) aber auch große Publisher wie Ubisoft und Activision Blizzard.

Der Tencent Music Entertainment Group gehören nicht nur Chinas größte Musik-Apps (QQ Music, Kugou, Kuwo, WeSing) mit zusammengerechnet über 800 Millionen MAU. Der Anteil von Tencent Music an der weltweit größten Musikfirma Universal Music (Teil von Vivendi), beträgt 20 Prozent, dazu kommen neun Prozent an Spotify und zwei Prozent an der Warner Music Group (drittgrößte Musikfirma weltweit, Teil von Access Industries). Auch Vertriebsvereinbarungen mit internationalen Playern hat Tencent Music in den vergangenen Jahren abgeschlossen, darunter mit Warner, YG Entertainment und Sony.

Tencent Video wurde 2011 gegründet und bietet Streaming- und Video-on-Demand-Dienste für Mobiltelefone an. Bis Juni 2019 hatte Tencent Video 96,9 Millionen Abonnements. Die internationale Version des Dienstes nennt sich WeTV.

Die konzerneigene, 2015 gegründete *film production unit* heißt Tencent Pictures, besitzt sechs Studios und produziert, vertreibt und vermarktet für Kino und TV. In China, dem bald weltweit größten Markt für

Kinofilme. Am chinesischen Blockbuster *The Eight Hundred*, der weltweit erfolgreichsten Produktion 2020, war Tencent Pictures beteiligt.

Tencent Animation and Comics ist die größte Anime-Plattform in China mit 120 Millionen MAU und 30.000 Online-Anime-Comics. Seit März 2019 gibt es auch mit WeComics eine internationale Version auf Englisch und Indonesisch.

China Literature Limited betreibt die führende chinesische Literaturplattform mit, Stand Juni 2020, 8,9 Millionen Autoren und 13,4 Millionen *online literary works* in 200 Genres. Tencent-Anteil: rund 57 Prozent.

Tencent Sports (»China's leading internet sports media platform«) besitzt Internet-Senderechte für *headline global* Sportereignisse wie Fußball-Weltmeisterschaften, Olympische Spiele, die French Open, Formel Eins, NBA, MLB, NHL, NFL.

FinTech und Business Services: Tencent besitzt ein expandierendes »Fintech«-Geschäft, das 2019 zusammen mit »Business Services« 27 Prozent des Umsatzes ausmachte. Auch den Ausbau des Cloud-Computing-Geschäfts für Firmenkunden hat Tencent vorangetrieben.

AKTUELLE ENTWICKLUNGEN

Während in den Vereinigten Staaten einige Kartellwächter nach monatelangen Untersuchungen mittlerweile eine Zerschlagung der großen Tech-Konzerne Google, Amazon, Facebook und Apple fordern, nimmt jetzt auch Peking die chinesische Tech-Branche strenger unter die Lupe, die jahrelang ja nicht zuletzt davon profitierte, dass man die Konkurrenten aus den USA durch die »Great Firewall« ausgesperrt hatte.

Insbesondere das zeitweise, mysteriöse Verschwinden von Jack Ma, Gründer von Tencent-Konkurrent Alibaba, nachdem er in einer Rede in Schanghai die Regierung kritisiert hatte, versetzte die chinesische Tech- und Medienelite in Alarmbereitschaft. Vor allem im ausufernden Fintech-Sektor, in dem auch Tencent aktiv ist, grätscht die Kommunistische Partei nach Jahren des Laissez-Faire-Politik nun dazwischen. Sie fürchtet, dass unbegrenztes Wachstum und monopolistische Mega-Konzerne die Stabilität der Wirtschaft und des Regimes gefährden.

Zudem geht es um Daten: Die KP hat rund 90 Millionen Mitglieder, Tencent 1,2 Milliarden aktive User, über die das Unternehmen theoretisch viel mehr weiß als die Regierung. Schließlich spielt der Celebrity-Faktor eine Rolle. Mehr oder weniger charismatische Selfmade-Millionäre wie Pony Ma werden von vielen chinesischen Bürgern wie Pop-Stars verehrt – und sind deshalb dem extrem auf Personenkult bedachten Präsident Xi Jinping ein Dorn im Auge.

5.

The Walt Disney Company

Umsatz 2020: 65,388 Mrd. USD (57,25 Mrd. EUR)

ÜBERBLICK

Zum traditionell vertikal integrierten Medien- und Unterhaltungskonzern gehören unter anderem die Walt Disney Filmstudios, mit ABC (American Broadcasting Company) eines der drei großen US-amerikanischen Fernseh-Networks, zahlreiche Spartenkanäle wie DISNEY CHANNEL, DISNEY XD, DISNEY JUNIOR, FX und NATIONAL GEOGRAPHIC, der Sportkanal ESPN, das Comic-Imperium Marvel Entertainment und die Disney-Themenparks. Dazu übernahm Disney 2019 im Rahmen einer spektakulären Übernahme die Filmsparte des Konkurrenten 21st Century Fox (jetzt: 20th Century Studios).

BASISDATEN

Hauptsitz:
500 South Buena Vista Street
Burbank, CA 91521
USA
Telefon: 001 818 560 1000
Website: corporate.disney.go.com
Branche: Film, Streaming, Free-TV/Pay-TV-Sender, TV-Produktion, Rechtehandel, TV-Sendestationen, Radio, Multimedia, Internet-Services, Buchverlage, Zeitschriften, Merchandising, Freizeitparks, Hotels
Rechtsform: Aktiengesellschaft
Geschäftsjahr: 01.10.-30.09.
Gründungsjahr: 1923 (Disney Brothers Cartoon Studio), 1986 (Walt Disney Company)

ÖKONOMISCHE BASISDATEN

	2020	2019	2018	2017	2016	2015	2014
Umsatz (in Mio. USD)	65,388	69.607	59.434	55.137	55.632	52.465	48.813
Gewinn (Verlust) (in Mio. USD)	(2,442)	10.897	13.066	9.366	9.790	8.852	7.501
Aktienkurs (in USD, Jahresende)	181,18	146,50	109,61	107,51	104,22	105,08	93,75
Beschäftigte	203.000	223.000	201.000	199.000	195.000	185.000	180.000

UMSATZ NACH SPARTEN (IN MIO. USD)

	Media Networks	Parks, Experiences & Products	Studio Entertainment	Direct-to-Consumer & International
2017	21.299	23.024	8.352	3.075
2018	21.922	24.701	10.065	3.414
2019	24.827	26.225	11.127	9.386
2020	28.393	16.502	9.636	16.967

MANAGEMENT

Robert A. Iger	Executive Chairman and Chairman of the Board
Bob Chapek	Chief Executive Officer
Alan Bergman	Chairman, Disney Studios Content
Alan Braverman	Senior Executive Vice President, General Counsel and Secretary

Rebecca Campbell	Chairman, International Operations and Direct-to-Consumer
Jenny Cohen	Executive Vice President, Corporate Social Responsibility
Josh D'Amaro	Chairman, Disney Parks, Experiences and Products
Kareem Daniel	Chairman, Disney Media and Entertainment Distribution
Carlos A. Gómez	Senior Vice President and Treasurer
Alan F. Horn	Chief Creative Officer, Disney Studios Content
Ronald L. Iden	Senior Vice President and Chief Security Officer
Diane Jurgens	Executive Vice President, Enterprise Technology and Chief Information Officer
Nancy Lee	Senior Vice President and Chief of Staff to the Executive Chairman
Christine M. McCarthy	Senior Executive Vice President, Chief Financial Officer
Zenia Mucha	Senior Executive Vice President, Chief Communications Officer
Latondra Newton	Senior Vice President, Chief Diversity Officer
James Pitaro	Chairman, ESPN and Sports Content
Peter Rice	Chairman, General Entertainment Content
Paul Richardson	Senior Executive Vice President and Chief Human Resources Officer
Alicia Schwarz	Senior Vice President and Chief Compliance Officer
Lowell Singer	Senior Vice President, Investor Relations
Brent Woodford	Executive Vice President, Controllership, Financial Planning and Tax

AUFSICHTSRAT

Robert A. Iger	Walt Disney Company
Bob Chapek	Walt Disney Company
Susan E. Arnold	former President, Procter & Gamble
Mary T. Barra	General Motors
Safra A. Catz	Oracle Corporation
Amy L. Chang	
Francis A. Desouza	Illumina, Inc.

Michael Froman	Mastercard
Maria Elena Lagomasino	WE Family Offices
Calvin McDonald	lululemon athletica inc.
Mark G. Parker	Nike
Derica W. Rice	CVS Health

GESCHICHTE

Alles begann 1923 in einem Hinterzimmer in Hollywood, in dem der 21-jährige Walter »Walt« Elias Disney mit seinem Bruder Roy das Disney Brothers Cartoon-Studio gründete. Drei Jahre später hatte das Unternehmen ein eigenes Studio auf der Hyperion Avenue und nannte sich das »Walt Disney Studio«. 1928 brachte Disney seinen ersten Mickey Mouse-Cartoon *Steamboat Willie* in die Kinos, gleichzeitig einer der ersten Tonfilme. Die Maus war die zentrale Figur für die Entwicklung einer der stärksten Marken im weltweiten Mediengeschäft und Ausgangspunkt für das umfassende Merchandising-Geschäft des Disney-Konzerns. Animierte Spielfilme wie *Schneewittchen* oder *Bambi* wurden Kinoerfolge und machten weitere Figuren populär, die man im Einzelhandel oder in Vergnügungsparks vermarkten konnte. Das erste Disneyland wurde 1955 in Kalifornien eröffnet. Im Fernsehen konnte sich Disney seit den 1950er-Jahren mit der wöchentlichen Show *Disneyland* auf dem landesweiten ABC-Network und mit dem *Mickey Mouse Club* etablieren.

Bereits unter Gründer Walt Disney wurde eine starke Markenphilosophie entwickelt. »Onkel Walt«, der auf einer Farm in Missouri in ärmlichen Verhältnissen aufgewachsen war, liebte die heile, puritanische Welt, die ihm nicht vergönnt gewesen war. Entsprechend schuf er die Marke Disney, die sehr auf der Reinheit der Produkte beruhte und zu einem amerikanischen Mythos wurde. Erotische Freizügigkeiten und Gewaltdarstellungen galten als Tabu in Disney-Produktionen, die als »Filme für die ganze Familie« Erfolg hatten. Bis zu seinem Tod 1966 prägte Walt Disney das Unternehmen. Später hemmte jedoch der stets präsente »Geist Walts« die Entwicklung. Eine Modernisierung wurde lange Zeit verpasst, unter Schauspielern und Autoren galt Disney als altmodisch und verstaubt. Vielversprechende Projekte wie Spielbergs *E.T.* wurden abgelehnt, stattdessen erfolglose Filme nach bekanntem Strickmuster produziert. In den 1980er-Jahren geriet Disney in eine tiefe Krise.

Der Aktienkurs fiel und eine feindliche Übernahme mit anschließendem Ausverkauf drohte. 1984 aber konnte das Disney-Management den texanischen Immobilienmogul Sid Bass für Investitionen in den maroden Konzern gewinnen. Dem »Team Disney« um Michael Eisner (zuvor Paramount) und Frank Wells (ehemals Warner Bros.) gelang die Modernisierung des Unternehmens, verbunden mit einem Wiederaufblühen des Filmstudios Ende der 1980er-Jahre. Disney expandierte. Ein entscheidender Schritt war die 19-Milliarden-Dollar-Übernahme der Capital Cities/ABC-Gruppe 1997, die dem Disney-Konzern die Kontrolle über zahlreiche TV-Sender sicherte, darunter über die landesweite Senderkette ABC und den Sport-Kabelsender ESPN.

V.a. CEO Michael Eisner prägte die Entwicklung. Mit eigenwilligen Management-Methoden konnte er Disney wieder zu einem Powerhouse der Entertainment-Industrie machen. Doch in den letzten Jahren seiner Amtszeit sank der Konzerngewinn. Hinzu kamen Management-Fehler wie etwa die fehlerhafte Planung des Prestige-Objekts Eurodisney. In die Kritik geriet Eisner zudem wegen seines selbstgefälligen Umgangs mit kreativen Produktionspartnern wie Miramax und Pixar. Das ehemals unabhängige Studio Miramax war 1993 von Disney übernommen worden und stand hinter Oscar-prämierten Erfolgen wie *Shakespeare in Love* und den Filmen von Quentin Tarantino. Das Animationsstudio Pixar (ein Teil von Apple) produzierte Kassenschlager wie *Toy Story*, deren Vertrieb Disney übernahm. Ende 2004 kam es zur Revolte unter den Aktionären, angeführt vom Disney-Neffen Roy E. Disney. Verbissen kämpfte Eisner um seinen Verbleib im Amt, musste aber nach über 20 Jahren an der Konzernspitze abtreten.

Robert Iger wurde im März 2005 als Eisners Nachfolger vorgestellt. Der ehemalige Wettermann und TV-Manager hatte sich seine Sporen bei ABC verdient und bei Disney emporgearbeitet, zuletzt als COO an der Seite von Michael Eisner. Igers Gesamtstrategie bestand vor allem in einer Stärkung der Kernmarke Walt Disney. So wurde Disneys weltweiter Filmverleih Buena Vista International im Herbst 2007 in Walt Disney Studios Motion Pictures umbenannt, um sämtliche Handelsmarken zu vereinheitlichen. Die Geschäftsbereiche wurden zu einem Vermarktungszyklus über alle Vertriebsstufen hinweg gebündelt. Igers wichtigste Amtshandlungen waren wohl die Übernahmen von Marvel Entertainment (2009) und LucasArts (2012). Neben Mickey Mouse, Donald Duck und Co. hielt der Konzern nun auch die Rechte an sämtlichen Marvel-Superhelden, an Star Wars und Indiana Jones. Nach dem Erwerb der Firmen begann Disney ein aus bislang 23 Kinofilmen und diversen TV-Serien bestehendes »Marvel Cinematic Universe« zu etablieren und Sequels, Prequels und Spin-Offs der Sternenkrieger-Saga zu produzieren. *The Force Awakens*, der Ende 2015 veröffentlichte siebte Teil der Serie (deutsch: *Das Erwachen der Macht*) ist heute der kommerziell vierterfolgreichste Film aller Zeiten, nach *Avatar – Aufbruch nach Pandora*, *Avengers: Endgame* und *Titanic* (Stand: 30.6.2021).

In der jüngeren Vergangenheit machte Disney dann Schlagzeilen mit einer Megafusion: Nach Abschluss des Kaufprozesses im März 2019 ging für 71,3 Milliarden Dollar ein Großteil von Rupert Murdochs 21st Century Fox in den Disney-Konzern ein. Was für Hollywood bedeutete, dass erstmals seit dem Ende von MGM in den 1980ern mit Fox ein Major-Studio verschwand. Und nur noch fünf übrig bleiben: die Walt Disney Motion Pictures Group, Warner Bros. (AT&T), Sony Pictures Entertainment, Paramount (Viacom) und Universal (Comcast).

MANAGEMENT

Disneys Langzeit-CEO Robert Iger, geboren 1951, im Amt seit 2005, einer der bestbezahlten Manager der Branche (2018 z. B. verdiente er inklusive Boni 66 Millionen Dollar) wurde abwechselnd als smarter, zurückhaltender Macher beschrieben, der sein Unternehmen eher team- und konsensorientiert leitet, als autokratisch zu regieren, oder – wie von Journalist James B. Stewart in seinem Buch *DisneyWar* – als charakterloser Emporkömmling, der sich 2005 trotz Inkompetenz und cholerischer Anfälle schließlich im internen Machtkampf als einziger Kandidat für die Nachfolge von Michael Eisner durchsetzte.

Im Februar 2020 trat Iger nach mehreren verschobenen Rücktritten zurück und die Disney-Aktie fiel um vier Prozent. Neuer CEO wurde Bob Chapek, 60, auch schon seit 27 Jahren bei Disney, zuletzt für die Vergnügungsparks und das Konsumgeschäft zuständig. Chapek gilt als wenig charismatisch und ist erst der siebte Vorstandschef in Disneys hundertjähriger Geschichte.

GESCHÄFTSFELDER

Disney gliedert das Geschäft in vier operative Einheiten:

Media Networks: Unter dieser Sparte vereint Disney zahlreiche TV- und Kabelsender und Radiostationen. Dazu gehört die mit 242 Regionalsendern kooperierende ABC-Senderfamilie, die Sportsenderkette ESPN, DISNEY CHANNELS (über 100 Disney branded Kanäle in 34 Sprachen in 164 Ländern), FREEFORM, FX NETWORKS, NATIONAL GEOGRAPHIC und eine 50-prozentige Beteiligung jeweils am A&E NETWORK (A&E, History, Lifetime) und Vice.

Disney Parks, Experiences and Products: Die Themenpark-Sparte hat in den vergangenen Jahren konzernintern an Bedeutung gewonnen. Disney betreibt aktuell sieben Parks und Resorts sowie eine Kreuzfahrtlinie selbst: Disneyland Resort in Anaheim, Kalifonien (1955); Walt Disney World in Florida (1971); Tokyo Disney Resort (1983); Disneyland Paris (1992); Hong Kong Disneyland Resort (2005); Aulani, a Disney Resort & Spa in Hawaii (2011), Shanghai Disney Resort (2016).

Studio Entertainment: Nach der Übernahme großer Teile von 21st Century Fox betreibt Disney insgesamt neun Hollywood-Studios (The Walt Disney Studios, Walt Disney Animation Studios, Pixar, Marvel Studios, Disney nature, Lucasfilm, 20th Century Fox, Fox 2000 Pictures, Fox Searchlight Pictures), Theater-Produktionsfirmen (Disney Theatrical Group, Blue Sky Studios) und eine Plattenfirma (Disney Music Group).

Direct-To-Consumer and International: Das DTCI-Segment besteht aus Streaming-Services wie ESPN+ (Sport), Hulu (Disney-Anteil: 67 %) und Disney+, dem neuen Over-the-top-Dienst, Disneys Antwort auf die massenhafte Abwanderung der Zuschauer zum Videostreaming. Disney+ war am 12. November 2019 mit großem Aufwand in den USA gestartet wurden und konnte im April bereits mehr als 50 Millionen Abonnenten verzeichnen. In Deutschland, Großbritannien, Italien, Spanien und anderen Euro-Ländern war Disney+ ab dem 24. März 2020 verfügbar, in Frankreich ab dem 7. April. Außerdem gehören u.a. Medienunternehmen in Übersee zu DTCI (The Walt Disney Company Europe, The Walt Disney Company Latin America, The Walt Disney Company Asia Pacific, Disney

Channels Worldwide, Fox Networks Group) und der Werbeverkäufer »Disney Advertising Sales«.

AKTUELLE ENTWICKLUNGEN

Kaum ein anderer Medienkonzern war von der Pandemie so betroffen wie Disney: Themenparks und Kreuzfahrten wurden geschlossen, Sportereignisse fielen zunächst aus und belasteten die Sportberichterstattung von ESPN und das Kinogeschäft (inklusive der vierten Phase des Marvel-Universums) kam zeitweise zum Stillstand. Die Folge: Gemeinsam mit dem neuen CEO Bob Chapek hat der jetzige Aufsichtsratsvorsitzende Robert Iger eine Strategie entwickelt, um ein neues, gestärkt aus der Corona-Krise gehendes Disney zu entwerfen: mit deutlich weniger Angestellten (auf dem Höhepunkt der Pandemie entließ der Konzern knapp 30.000 Mitarbeiter) und dem Fokus darauf, Leute vor allem in den eigenen vier Wänden zu unterhalten.

Insbesondere wegen des erfolgreichen Launches des Streamingdienstes Disney+ fielen die Verluste für das erste Corona-Jahr dann aber weniger schlimm als erwartet aus. Der Erfolg von exklusiv oder zeitgleich zum Kinostart erfolgten Online-Premieren von Disney-Blockbustern wie *Mulan*, *Raya und der letzte Drache* oder zuletzt *Black Widow* sind für CEO Chapek ein Indiz, dass die Pandemie die Sehgewohnheiten der Zuschauer langfristig verändert hat. Dass *Black Widow* allein 60 Millionen Dollar als kostenpflichtiger Disney+ einspielte, zeigt, dass sich viele Menschen während der Pandemie daran gewöhnt haben, die neuesten Filme sofort zu Hause zu gucken. Disney wird seine zweigleisige Strategie (Kino- bei gleichzeitigem Online-Release) also weiterfahren – sehr zum Leidwesen der Kinobetreiber.

6.

Apple Inc.

Umsatz 2019/20: 53,768 Mrd. USD (47,07 Mrd. EUR)

ÜBERBLICK

Apple ist einer der führenden Anbieter von Computer-Hardware und -Software. Seit 2000 konnte das Unternehmen aus Cupertino, Kalifornien erst mit dem iPod, dann mit dem iPhone, dem iPad und dem Launch des iTunes-Stores ganze Unterhaltungsbranchen revolutionieren. Heute ist dem Apple-Management klar, dass die Zeiten des schnellen Wachstums mit Hardware zu Ende gehen. Jetzt will der Konzern mehr von den rund 1,5 Milliarden Nutzern von Apple-Geräten profitieren, die schon im Umlauf sind u. a. mit dem Spiele-Abodienst »Apple Arcade« und dem Streamingportal Apple TV+.

Zur Einordnung von Apple in das IfM-Ranking beziehen wir uns auf die im Apple-Jahresbericht genannten Umsatzzahlen für »Services«, die Verkäufe der digitalen *content stores* und Streaming-Dienste beinhalten, von AppleCare, Lizenz- und anderen Dienstleistungen. Seit dem ersten Quartal 2019 berechnet Apple die Amortisierung von Maps, Siri und kostenlosen iCloud-Diensten als »Services«-Nettoumsatz. Die Umsätze der Sparte »Services« wurde daraufhin für die Jahre 2018 und 2017 neu berechnet, um mit der Darstellung für das Jahr 2019 übereinzustimmen.

BASISDATEN

Hauptsitz:
Apple Inc.
One Apple Park Way
Cupertino, CA 95014
USA
Telefon: 001 408 996 1010
Website: investor.apple.com

Branche: Abo- und Streaming-Dienste (Musik, Film), Lizenzverkäufe
Rechtsform: Aktiengesellschaft
Geschäftsjahr: 01.10. - 30.09.
Gründungsjahr: 1976

ÖKONOMISCHE BASISDATEN

	2019/20	2018/19	2017/18	2016/17	2015/16
Gesamtumsatz (in Mio. USD)	274.515	260.174	265.595	229.234	215.639
Gewinn (in Mio. USD)	57.411	55.256	59.531	48.351	45.687
Aktienkurs (in USD, Ende September)	113,02	56,75	56,44	38,53	28,26
Mitarbeiter	147.000	137.000	132.000	123.000	116.000

UMSATZ »SERVICES« NACH NEUDEFINITION

	2019/20	2018/19	2017/18	2016/17
Gesamtumsatz (in Mio. USD)	274.515	260.174	265.595	229.234
»Services« (in Mio. USD)	53.768	46.291	39.748	32.700

MANAGEMENT

Tim Cook	Chief Executive Officer
Katherine Adams	Senior Vice President and General Counsel
Eddy Cue	Senior Vice President, Internet Software and Services
Craig Federighi	Senior Vice President, Software Engineering
John Giannandrea	Senior Vice President, Machine Learning and AI Strategy
Greg Joswiak	Senior Vice President, Worldwide Marketing

Sabih Khan	Senior Vice President, Operations
Luca Maestri	Senior Vice President and Chief Financial Officer
Deirdre O'Brien	Senior Vice President, Retail and People
Johny Srouji	Senior Vice President, Hardware Technologies
John Ternus	Senior Vice President, Hardware Engineering
Jeff Williams	Chief Operating Officer

BOARD OF DIRECTORS

Arthur D. Levinson	
James A. Bell	
Tim Cook	Apple
Al Gore	
Andrea Jung	Grameen America
Monica Lozano	College Futures Foundation
Ronald D. Sugar	
Susan L. Wagner	BlackRock

GESCHICHTE

Anfang der 1970er-Jahre trafen sich Steven Paul Jobs und Stephen Gary ›Woz‹ Wozniak. Jobs hatte von dem Computer »Cream Soda« gehört, den Wozniak in Eigenregie gebaut hatte. In den Schulferien arbeiteten beide bei Hewlett-Packard, wo sie sich besser kennenlernten. Ihr erstes gemeinsames Projekt war der Bau von »Blue Boxes«, mit denen man Gratis-Ferngespräche führen konnte, da die Geräte die entsprechenden Töne der Telefongesellschaft simulierten. Hier zeigte sich erstmals die Arbeitsteilung, die das Gespann Jobs/Wozniak so erfolgreich werden ließ: Wozniak war mit seinem technischen Know-how für die Herstellung der Geräte verantwortlich, Jobs organisierte das Material und leitete den Verkauf. An jeder verkauften Blue Box verdienten die beiden Jung-Unternehmer 90 Dollar.

Jobs und Wozniak gehörten 1975 zur ersten Generation des »Homebrew Computer Club«. Dort konnten Computerfreaks ihre Projekte Gleichgesinnten vorstellen und ihr Know-how austauschen. Und dort präsentierte Stephen Wozniak einen selbst gebastelten Computer, der mit einer Tastatur versehen an einen Fernseher angeschlossen werden konnte. Jobs war von dem Prototyp begeistert und überzeugte Wozniak, eine eigene Firma für eine serienmäßige Herstellung des Rechners zu gründen.

Apple Computer, so der Name der Firma, wurde (dem Mythos nach zumindest) am 1. April 1976 in der Garage von Jobs' Elternhaus in Los Altos bei San Francisco gegründet. Jobs gab später an, den Namen »Apple« unter anderem deswegen gewählt zu haben, um vor Atari im Telefonbuch zu erscheinen. Neben Jobs und Wozniak gehörte Ronald Wayne zu den Firmengründern. Der Grafiker war ein Freund von Steve Jobs, der Wayne, der auch das erste Apple-Logo designte, mit zehn Prozent der Unternehmensanteile ausstattete. Um im Ernstfall mit ihm zusammen ein Vetorecht gegenüber Wozniak ausüben zu können, der wie Jobs 45 Prozent hielt.

Erstes Produkt wurde also der von Wozniak entwickelte Holzcomputer, der »Apple I« getauft wurde. Vom Nachfolgemodell Apple II wurden von 1977 bis 1980 etwa 50.000 Exemplare abgesetzt. Lag die Zahl der Apple-Mitarbeiter 1977 noch bei rund 50 Angestellten, so waren es 1979 bereits mehr als 1.000. Das Elternhaus von Steve Jobs war längst zu klein geworden, also zog die Belegschaft Ende 1977 in die neue Firmenzentrale in Cupertino, Kalifornien. 1980 wagte Apple den Schritt an die Börse und war damit das erste Start-Up-Unternehmen aus dem Silicon Valley, dessen Wertpapiere an der Wall Street gehandelt wurden. Steve Jobs und viele Mitarbeiter wurden über Nacht zu Multimillionären.

Die Konkurrenzsituation auf dem Computermarkt hatte sich seit Mitte der 1970er- bis zum Beginn der 1980er-Jahre sehr verändert. Inzwischen boten Unternehmen wie Commodore, Atari und IBM ähnliche und teilweise leistungsstärkere Rechner an. Eine besondere Herausforderung war für Apple, dass IBM 1981 den »IBM PC« vorstellte, während die dritte Generation der Apple-Computer gefloppt war. Der IBM PC war als reiner Business-PC konzipiert, verfügte mit dem von Microsoft hergestellten DOS über ein benutzerfreundliches Betriebssystem und erfüllte damit alle Voraussetzungen, um in großen Firmen und Verwaltungsbehörden zum Einsatz zu kommen. Als erste Reaktion schaltete Apple eine ganzseitige Anzeige im *Wall Street Journal*, die den Einstieg IBMs in den Personal-Computer-Markt, leicht arrogant, mit der Schlagzeile »Welcome IBM. Seriously.« kommentierte.

Zu dieser Zeit konnte Apple kein vergleichbares Produkt anbieten. Der Apple II lieferte zwar weiterhin gute Verkaufszahlen, jedoch nur unter technikbegeisterten Privatanwendern. Um mit IBM mithalten zu können, sollte 1982 ein würdiger Nachfolger des Apple II auf den Markt gebracht werden (nach dem Flop des Apple III). Dann kam »Apple Lisa« (wahlweise nach der Abkürzung für »Local Integrated Software Architecture« oder nach der Tochter von Steve Jobs benannt). Lisa sollte Benutzern eine neuartige Erfahrung im Umgang mit Computern ermöglichen. Wichtigster Bestandteil sollte ein mausbasiertes, grafisches Betriebssystem sein, wie es zuvor nur der Computerhersteller PARC in sein Modell »Xerox Alto« integriert hatte. Um an die technische Expertise für die Implementierung eines solchen »Graphical User Interface« (GUI) zu gelangen, ließ sich Steve Jobs von Xerox informieren und bot PARC-Managern Optionen auf Apple-Aktien an. Mehrere Programmierer wechselten zudem komplett von PARC zu Apple, um das Lisa-Entwicklungsteam zu unterstützen.

Der damalige Apple-CEO Michael Scott sah Steve Jobs' Involvierung in das Lisa-Projekt skeptisch. Jobs war schon für das gescheiterte Apple III-Modell verantwortlich, das dem Unternehmen mehrere Millionen Dollar gekostet hatte. Scott war nicht ein zweites Mal bereit, Jobs mit allen Freiheiten bei der Entwicklung eines neuen Computers auszustatten. Er zog ihn aus der Lisa-Abteilung ab und machte ihn zum Pressesprecher. Doch nach einem kurzen Intermezzo als Chef der PR-Abteilung interessierte sich Jobs für ein Apple-Projekt, das bis dahin mit nur vier verantwortlichen Programmierern ein Schattendasein gefristet hatte. Seit 1979 arbeitete das kleine Team unter der Führung von Jef Raskin an dem nach Raskins Lieblings-Apfelsorte »McIntosh« benannten Computer, der über hochwertige Grafikkapazitäten verfügen und mit einem Preis von 500 Dollar trotzdem noch für jeden erschwinglich sein sollte. Ärgerlich darüber, aus dem Lisa-Projekt verbannt worden zu sein, riss Steve Jobs die Führung des MacIntosh-Teams an sich, das er in den Jahren zuvor ironischerweise mehrfach auflösen wollte. Jef Raskin, der eigentliche Vater des MacIntosh, wurde von Jobs in eine andere Abteilung versetzt und verließ Apple kurze Zeit später. Der Name »Bicycle«, den das Projekt dann bekommen sollte, konnte sich nicht durchsetzen.

Das Betriebsklima bei Apple litt unter dem, auch von Jobs ausgelösten, Konkurrenzkampf zwischen dem Lisa-Team und den MacIntosh-Ingenieuren, die angeblich Teile von Lisa kopiert hatten. Auch die Apple II-Abteilung, die nach wie vor das profitabelste Produkt der Firma herstellte, fühlte sich benachteiligt. Als Steve Jobs auch Stephen Wozniak in die MacIntosh-Abteilung holte, verlor das Apple-II-Team seinen wichtigsten Mitarbeiter. Die negative Stimmung hatte auch personelle Konsequenzen. CEO Scott musste gehen. Es war ihm nicht gelungen, den Betriebsfrieden aufrechtzuerhalten. 1981 wurde auf Drängen von Steve Jobs John Sculley als neuer CEO verpflichtet. Sculley, der vom Getränkeriesen PepsiCo kam, hatte in den 1970er-Jahren Pepsi zu einer Getränkemarke ausgebaut, die es mit dem Marktführer Coca-Cola aufnehmen konnte. Legendär in diesem Zusammenhang wurde Steve Jobs' Frage, mit der er Sculley vom Einstieg bei Apple überzeugte: »Willst du für den Rest deines Lebens Zuckerwasser verkaufen oder willst du die Welt verändern?«

Nachdem der Lisa-Computer ein Reinfall wurde, blieb CEO Sculley nichts anderes übrig, als auf das MacIntosh-Team rund um Steve Jobs zu setzen. Die beiden verstanden sich anfangs gut, für die Presse und Mitarbeiter waren sie ein »dynamisches Duo«. Sie teilten ihre Leidenschaft für ungewöhnliche Werbekampagnen und beauftragten die Agentur Chiat/Day damit, die Einführung des MacIntosh 1984 zu vermarkten. Die Agentur engagierte Regisseur Ridley Scott, um einen Werbespot zu drehen, der nur ein Mal in der Halbzeitpause des Super Bowl ausgestrahlt wurde und in einer von Orwells *1984* inspirierten Zukunft spielte. Mit einem Hammer zerstörte eine Frau den Bildschirm von »Big Brother«, dann wurde der heute legendäre Slogan eingeblendet: »On January 24th, Apple Computer will introduce MacIntosh. And you'll see why 1984 won't be like ›1984‹.«

Zunächst verkaufte sich der MacIntosh gut, aber deutlich hinter den Erwartungen. Management und Vorstand von Apple machten Jobs dafür verantwortlich. Er hatte die Nerven von Entscheidungsträgern, Aufsichtsrat und Angestellten so strapaziert, dass er zur unerwünschten Person geworden war in dem Unternehmen, das er selbst zehn Jahre zuvor gegründet hatte.

Nach Jobs' Rauswurf ging es mit Apple bergauf. Hauptgrund dafür war die Entwicklung des technisch verbesserten MacIntosh II, den man bis 1993 zwölfeinhalb Millionen Mal verkaufen konnte. Auch der Apple II blieb bis zum Jahr seiner Einstellung relativ erfolgreich und verkaufte sich insgesamt fünf Millionen Mal. Die Sculley-Ära war außerdem durch einen der größten Urheberrechtsstreite der amerikanischen Wirtschaftsgeschichte geprägt, in dem sich Microsoft und Apple gegenseitig beschuldigten, dem anderen die Idee für grafische Betriebssysteme gestohlen zu haben. Mitte der 1990er-Jahre, nachdem Sculley und drei weitere CEOs vergeblich versucht hatten, Apple wieder in die Erfolgsspur zu bringen, kam Steve Jobs zurück. Apple benötigte dringend ein neues Betriebssystem und Jobs' in der Zwischenzeit gegründete Firma NeXT hatte gerade eines entwickelt. NeXT wurde von Apple übernommen und Jobs wieder Geschäftsführer.

Ein erster Erfolg war der iMac, der sich auch dank der »Think Different«-Werbekampagne gut verkaufte. Doch bereits 2001 befand sich die gesamte Computerbranche in einer Krise, die auch Apple schwer traf, zu einer Zeit, als der Markt für internetfähige Heimcomputer gesättigt war. Flops wie der Power Mac G4 Cube verschärften die Krise. Einige Computerhersteller sprachen bereits vom Ende des PCs. Jobs aber entgegnete den Pessimisten, der Heimcomputer müsse künftig andere Aufgaben erfüllen. Das Zauberwort, das Jobs in zahlreichen Präsentationen prägte, lautete »Digital Lifestyle«. Apple-Computer sollten künftig mit Unterhaltungselektronik kompatibel sein und mit dieser interagieren. Zu diesem Zweck entwickelte Apple die Videosoftware iMovie und das Programm iTunes (heute im deutschen Sprachraum nur noch »Musik« genannt), mit dem man MP3s auf seinem Rechner kategorisieren und brennen kann.

Das wichtigste Produkt, das Apple im Zuge der Digital Lifestyle-Offensive herausbrachte, war 2001 der iPod. Der Musikplayer verfügte mit seiner fünf Gigabyte-Festplatte über so viel Speicherplatz wie kein MP3-Gerät zuvor. Das von Jonathan Ive entwickelte Design, das weißen Kunststoff und Chrom verband, machte den iPod zu einem Prestigeobjekt. Eine kluge Werbekampagne sorgte für einen Hype, wie man ihn zuvor wohl nur bei der Einführung des Sony Walkman Ende der 1970er-Jahre gesehen hatte. Von 2001 bis 2008 verkaufte Apple mehr als 170 Millionen iPods. Ein wichtiger Bestandteil des Phänomens iPod ist der iTunes Store, der virtuelle Musikladen, in dem man legal Musiktitel gegen Bezahlung herunterladen konnte. Apple wurde so zum Vorreiter in Sachen Online-Musikvertrieb.

Im Anschluss dachte Jobs über ein Gerät nach, das die Funktionen des iPod mit denen eines BlackBerry und eines Mobiltelefons verbinden sollte. Er konnte dabei auf Erfahrungen zurückgreifen, die man mit dem Newton-PDA seit Ende der 1980er-Jahre gesammelt hatte. 2004 richtete Apple eine tausendköpfige Arbeitsgruppe für das streng vertrauliche »Project Purple« ein. Über einen Zeitraum von 30 Monaten und für geschätzte Entwicklungskosten von 150 Millionen Dollar wurde so das iPhone entwickelt. Mit dem »i« als Symbol für: »internet, individual, instruct, inform, inspire«. Dann, am 9. Januar 2007, die Vorstellung des iPhone auf der Macworld in San Francisco. In einem Facebook-Kommentar schrieb jemand: »Die Leute, die da waren, wussten nicht, dass das ein historischer Moment war.« Das iPhone kam auf den Markt und wurde schnell zum größten Erfolg der Unternehmensgeschichte. Zwischen 2005 und 2015 versechzehnfachte sich der Umsatz, bis November 2018 wurden 2,2 Milliarden iPhones verkauft.

Mit einem ähnlich revolutionären, disruptiven Produkt konnte Apple in der Folge nicht aufwarten. Mit dem iPhone und weiteren Smartphones musste sich z.B. die gesamte Werbeindustrie neu orientieren, weg von traditionellen Werbeplattformen wie dem Fernsehen hin zur Werbung im Internet. Google und Facebook waren die großen Gewinner. Das iPad, der Tabletcomputer mit berührungsempfindlichem Bildschirm (ab 2010) sowie die Apple Watch (ab 2015) und ihre jeweiligen Fortentwicklungen waren erfolgreich (mit 18 Millionen verkauften Apple Watches konnte man 2017 die gesamte Schweizer Uhrenindustrie überholen). An die alles überragenden Erfolge mit dem iPhone konnten sie jedoch nicht anknüpfen.

MANAGEMENT

Nach dem Tod von »iGod« Steve Jobs im Oktober 2011 sah sich Nachfolger Tim Cook, zu dem Zeitpunkt 50 Jahre alt, CEO schon seit August 2011, zuvor als COO zuständig fürs Tagesgeschäft, sah sich mit einer Menge Skepsis konfrontiert. In der *Huffington Post* hieß etwa es kurz nach Jobs' Tod: »Warum Apple dem Untergang geweiht ist«. Cook, Sohn eines Werftarbeiters aus Alabama, hatte Maschinenbau studiert, einen Master of Business Administration gemacht und für IBM im nordamerikanischen Vertrieb sowie bei Intelligent Electronics gearbeitet. Steve Jobs persönlich hatte ihn 1998 zu Apple geholt. Konnte der nüchterne Cook, der mit dem leiseren Führungsstil und definitiv kein »Technologieprophet«, die Überfigur des charismatischen Steve Jobs beerben?

Heute ist Cook unumstritten auf seinem Posten. Ein Blick auf die Apple-Aktie spricht für sich. Lag der Kurs Mitte 2013 noch bei 56,65 Dollar, ging es bis Ende Januar 2020 hoch bis knapp 318 Dollar. Mitte 2019 besaßen 1,4 Milliarden Menschen ein Apple-Gerät und 900 Millionen ein iPhone – die meisten davon verkauft in der Ära Cook. Im August 2018 konnte Apple als erster Konzern der Welt einen Marktwert von einer Billion Dollar erreichen. Am wichtigsten in einem Riesenkonzern sind nicht unbedingt die Produkte, sondern Lieferkette, Vertrieb, Finanzen und Marketing. Ein Business, das Tim Cook beherrscht.

Zwar hat Cook, Jahrgang 1960, in für Apple-Verhältnisse fortgeschrittenem Alter, noch keine konkreten Rücktrittsabsichten geäußert, doch der gegenwärtige COO Jeff Williams (Jahrgang 1963) jedenfalls gilt vielen Beobachtern als logischer Nachfolger für die Apple-Spitzenposition. Die zwei anderen Top-Anwärter: Craig Federighi (geboren 1969), Senior Vice President of Software Engineering, und Marketing-Chef Greg »Joz« Joswiak (geboren 1964). Wer auch immer es dann wird, der Cook-Nachfolger ist dann für *the next big thing* verantwortlich – vermutlich das erste hauseigene Elektroauto (Arbeitstitel: Titan).

GESCHÄFTSFELDER

Apple entwickelt, produziert und vermarktet Smartphones, PCs, Tablets, Wearables und Zubehör und verkauft damit verbundene Dienstleistungen. Konkret sind das Produkte wie das iPhone, Mac-Computer, iPad-Tablets, die Apple Watch und mehr (AirPods, Beats-Kopfhörer, iPod touch).

Für die Einordnung von Apple in das Medienkonzern-Ranking werden nur die Umsätze des Geschäftsbereichs »Services« beachtet: Verkäufe der digitalen Inhalte-Geschäfte, Streaming-Dienste, AppleCare, Lizenzen und andere Dienstleistungen. Verkäufe also der diversen App Stores, Einnahmen mit Abo-Diensten wie Apple Music (72 Millionen Abonnenten im Juni 2020) und Apple Arcade, und aus dem Geschäft mit der iCloud.

Und natürlich die Umsätze mit APPLE TV+, dem konzerneigenen Video-on-Demand-Dienst, verfügbar seit dem 1. November 2019, auf dem ursprünglich nur Eigenproduktionen laufen sollten. Laut einem Bloomberg-Report vom 19. Mai 2020 hat Apple jetzt aber auch damit begonnen, ältere Filme zu kaufen. Ende 2020 meldete APPLE TV+ über 40 Millionen Abonnenten.

AKTUELLE ENTWICKLUNGEN

Apple ändert sich fundamental und hat längst aufgehört, ein reines Produktunternehmen zu sein – obwohl das iPhone noch rund die Hälfte des Konzernumsatzes ausmacht. Doch immer mehr Umsatz wird zudem mit Abo-Diensten generiert. Die Strategie des Unternehmens basiert nicht mehr allein auf dem Verkauf von iPhones und iMacs (in den USA kann man inzwischen auch Apple Hardware abonnieren), sondern auf den Musik-, Nachrichten, Games-, Fitness-, Cloud- und Streaming-Services. Diese sechs Dienste, gebündelt in Form von Apple One, abonnieren inzwischen mehr als 700 Millionen Menschen weltweit.

Nicht abschrecken lassen sich die Fans und Kunden von der Rolle, die das Unternehmen in China spielt. Kaum ist die Kritik an den Foxconn-Fabriken in Shenzen verhallt, in der Zulieferer Foxcon iPhones unter menschenunwürdigen Bedingungen herstellen ließ und es in den 2010er-Jahren vermehrt zu Selbstmorden der Arbeiter kam, steht Apple erneut in der Kritik. Teile der Produktionskette von Apple-Hardware befinden sich in der Provinz Xinjiang, in der die Volksgruppe der Uiguren lebt, die laut offiziellen Einschätzungen der US-Regierung Opfer von Zwangsarbeit und Völkermord ist. Apple lobbyt deshalb in Washington laut einem Bericht von CNBC gegen ein Gesetzesvorhaben, das alle Importe aus Xinjiang verbietet, die mithilfe von Zwangsarbeit hergestellt wurden.

7.

Charter Communications Inc.

Umsatz 2020: 48,1 Mrd. USD (42,11 Mrd. EUR)

ÜBERBLICK

Charter Communications ist mit 31 Mio. Abonnenten in 41 US-Staaten der zweitgrößte Kabelnetzbetreiber der USA hinter Marktführer Comcast.

BASISDATEN

Hauptsitz:
400 Atlantic Street
Stamford, Connecticut 06901
USA
Telefon: 001 203 9057801
Website: ir.charter.com

Branche: Kabelnetze, Internet-Services, Video-on-Demand
Rechtsform: Aktiengesellschaft
Geschäftsjahr: 01.01. - 31.12.
Gründungsjahr: 1993

ÖKONOMISCHE BASISDATEN

	2020	2019	2018	2017	2016	2015	2014
Umsatz (in Mio. USD)	48,1	45.756	43.620	41.581	29.003	9.754	9.108
Nettogewinn (Verlust) (in Mio. USD)	4.165	2.251	1.632	9.895	3.522	(271)	(183)
Aktienkurs (in USD, Jahresende)	661,55	494,47	310,40	350,88	287,92	183,10	166,62
Beschäftigte	96.100	95.100	98.000	94.800	91.500	23.800	23.200

UMSATZ NACH GESCHÄFTSFELDERN (IN MIO. USD)

	Video	Internet	Voice	Advertising Sales	Commercial Revenue	Mobile
2014	4.443	2.576	575	341	993	
2015	4.587	3.003	539	309	1.127	
2016	11.955	9.270	2.005	1.235	3.923	
2017	16.621	14.101	2.542	1.510	5.920	
2018	17.348	15.181	2.114	1.785	6.193	106
2019	17.607	16.667	1.920	1.568	6.424	726
2020	17.432	18.521	1.806	1.699	6.432	1.364

MANAGEMENT

Thomas M. Rutledge	Chairman and Chief Executive Officer
John Bickham	President and Chief Operating Officer
Cameron Blanchard	Senior Vice President, Communications
Catherine C. Bohigian	Executive Vice President, Government Affairs
Rhonda Nesmith Crichlow	Senior Vice President, Chief Diversity Officer
Richard J. DiGeronimo	Chief Product and Technology Officer
Richard Dykhouse	Executive Vice President, General Counsel and Corporate Secretary
Jonathan Hargis	Executive Vice President and Chief Marketing Officer
Kevin D. Howard	Executive Vice President, Chief Accouting Officer and Controller
Paul Marchand	Executive Vice President, Chief Human Resources Officer

Stephanie Mitchko-Beale	Executive Vice President, Chief Technology Officer
Christopher L. Winfrey	Chief Financial Officer

AUFSICHTSRAT

Thomas M. Rutledge	Charter Communications
W. Lance Conn	Vulcan Capital
Kim C. Goodman	Fiserv, Inc.
Craig A. Jacobson	Hansen, Jacobson, Teller & Co.
Gregory B. Maffei	Liberty Media Corporation
John C. Malone	Liberty
John D. Markley, Jr.	Bear Creek Capital
David C. Merritt	
James E. Meyer	
Steve A. Miron	Advance/Newhouse
Balan Nair	Liberty Latin America
Michael A. Newhouse	Advance
Mauricio Ramos	Millicom International Cellular
Eric L. Zinterhofer	Searchlight Capital Partners

GESCHICHTE

Charter Communications (CC) startete 1993 als lokaler Kabelnetzbetreiber in St. Louis (Missouri), übernahm Gaylord Entertainment Co. aus Nashville (Tennessee) und stieg schnell zum zehntgrößten Kabelkonzern der USA auf. 1998 übernahm Paul G. Allen, Microsoft-Mitbegründer und zeitweise drittreichster Mann der Welt, für 4,5 Milliarden Dollar einen Mehrheitsanteil an Charter. Allen hatte sich krankheitsbedingt 1983 aus dem operativen Geschäft bei Microsoft zurückgezogen und begonnen, nach dem Teilverkauf seiner Microsoft-Anteile in verschiedene New-Media-Firmen zu investieren. Nachdem 1993 sein Versuch gescheitert war, den damaligen »Narrowband«-Branchenführer AOL zu übernehmen, richtete er Mitte der 1990er-Jahre sein Augenmerk auf das Kabelnetz, um im Breitband-Segment Marktführer zu werden. Die Vision dahinter: der Aufbau einer »verkabelten Welt« (*Wired World*), um allen Menschen über

PC und Breitbandkabel eine neue, interaktive Informations- und Unterhaltungswelt zu bieten.

Der Aufstieg von CC vollzog sich rasant. 1999 ging die Firma an die Börse, wurde 2001 in den Nasdaq-100-Index aufgenommen und galt als Aufsteiger des Jahres in der Technologiebranche. 1999 und 2000 expandierte das Unternehmen, als es weitere lokale Kabelnetzbetreiber übernahm. Mit dem Zusammenbruch der New Economy aber kamen die Probleme. Zeitweise belief sich der Charter-Schuldenstand auf knapp 20 Milliarden Dollar; 2002 und 2003 kamen erhebliche Verluste dazu. Um diese aufzufangen, bot Chairman Paul Allen aus seinem Privatvermögen 300 Millionen Dollar als Darlehen an und tauschte die komplette Führungsebene aus; auch Carl A. Vogel musste gehen, Präsident und Chief Executive von 2001-2004, in dessen Amtszeit CC geschätzte 800.000 Kunden verloren hatte.

Nur die Unterstützung von Großbanken rettete den Konzern vor dem endgültigen Bankrott. Allerdings reichten sowohl ein Kredit über acht Milliarden Dollar Anfang 2004 als auch Restrukturierungsmaßnahmen nicht aus, um Charter in die Gewinnzone zu bringen. Das Unternehmen verstärkte seine Konsolidierungsbemühungen, von einem neuen Marketingkonzept erwartete die Firmenspitze positive Akzente. Doch lediglich bei Highspeed-Internet-Anschlüssen mit hohen Zugangsgeschwindigkeiten und Datendurchgangsraten sowie Internettelefonie verzeichnete das Unternehmen Zuwächse. Die enormen Investitionen in die Verbesserung des Kabelnetzes aber brachten erst langfristig Gewinn.

Dazu kam ein Konflikt mit den großen Hollywood-Studios 2004/2005, die sich von den Netzbetreibern in Sachen Filmrechte-Vermarktung im Kabel das Heft nicht aus der Hand nehmen lassen wollten: So rollten 2004 die ersten Klagewellen der Motion Picture Association of America (MPAA) gegen die Nutzer von Filmtauschbörsen an. Die Gerichte urteilten aber, dass allein Verdachtsmomente keinen Zwang für einen Internet Provider bedeuten, die Daten von Nutzern herauszugeben. Damit konnte Charter nicht für eventuelle Copyright-Verstöße seiner Nutzer verantwortlich gemacht werden. Trotzdem: 2006 verlor die Aktie innerhalb von 11 Monaten 90 Prozent ihres Wertes.

Im März 2009 schließlich musste Charter nach »Chapter 11« des US-Insolvenzrechts (unter Gläubigerschutz) Konkurs erklären und konnte sich so reorganisieren. 21,7 Milliarden US-Dollar Schulden aber konnten aus den bestehenden Geschäften nicht mehr refinanziert werden.

Ein Restrukturierungsplan sah dann vor, Schulden in der Höhe von acht Milliarden Dollar in Aktien umzuwandeln. Damit war das Konkursverfahren beendet und CC wieder handlungsfähig. In den folgenden Jahren konnte sich Charter nach der Übernahme von Kabelnetzen in mehreren US-Staaten breiter aufstellen.

2013 bündelte CC unter dem neuen Brand »Spectrum« seine Video-, Telefonie- und Breitbandangebote, im selben Jahr übernahm Charter für 1,63 Milliarden Dollar den regionalen Kabel-TV-Anbieter Optimum West (mit 360.000 Kunden) von Cablevision. Der wohl wichtigste Faktor zur Stabilisierung der Charter-Geschäfte war der Einstieg von John Malone, genannte der »Kabelbaron«, der 27,3 Prozent der Anteile übernahm und diese später in seine Holding Liberty Broadband Corporation überführte (auf Platz 16 des aktuellen IfM-Rankings). Malone war dann die treibende Kraft hinter der 67-Milliarden-Übernahme von Time Warner Cable (TWC). Charter, viertgrößter US-Kabelkonzern, kaufte im April 2016 die Nummer zwei der Branche und mit Bright House Networks noch einen kleineren Anbieter dazu, für weitere 10,4 Milliarden Dollar. Insgesamt kam Charter so auf rund 24 Millionen Kunden in 41 US-Staaten – ein Kabelgigant war entstanden.

2018 gab es einen Konflikt mit der »New York Public Service Commission«, die gegen Charter eine Geldbuße von zwei Millionen Dollar verhängte. Der Kabelbetreiber war der Verpflichtung nicht nachgekommen, das Breitbandangebot auszuweiten, für 145.000 unterversorgte Wohneinheiten in New York. Eine Verpflichtung, die man im Zusammenhang mit dem Erwerb von Time Warner Cable hatte eingehen müssen. Die Kommission drohte mit der Möglichkeit weiterer Regulierungsmaßnahmen, einschließlich des Widerrufs ihrer Kabelkonzessionen. Aufgrund des Drucks verpflichtete sich Charter schließlich sein Netz für 145.000 Wohneinheiten bis zum 30. September 2021 auszubauen und 12 Millionen Dollar in einen Fonds für Breitbandausbauprojekte zu zahlen.

MANAGEMENT

Chairman und Chief Executive Officer Thomas M. Rutledge war schon immer der Überzeugung, dass sein Unternehmen langfristig nur bestehen kann, wenn es durch Zukäufe wächst. Als Investor und Kabelveteran John Malone bei Charter einstieg, bildeten die Zwei sofort eine Allianz mit dem Ziel, Charter zur Nummer Zwei auf dem Kabelmarkt zu machen. Rutledge, der als Quiz-Fan mit Vorliebe für Geschichtsthemen gilt, hat das Kabelgeschäft von der Pike auf gelernt und begann seine Karriere im Gegensatz zu den meisten seiner Wall-Street-Freunde als einfacher Mitarbeiter, der in Pittsburgh Kundentermine wahrnahm und Kabel verlegte. Später arbeitete er im Management unter anderem von Cablevision (das er im Streit mit der Dolan-Familie verließ) und Time Warner Cable. Hier wurde er 2001 für viele überraschend bei der Wahl zum CEO übergangen. 15 Jahre später kaufte er das Unternehmen dann einfach selbst. Unter Rutledges Führung wurden Time Warner Cable und Bright House Networks integriert – und Charters Größe verdreifachte sich.

GESCHÄFTSBEREICHE

Charter ist heute der zweitgrößte Kabelkonzern in den Vereinigten Staaten und einer der führenden Breitbandanbieter für über 31 Millionen Kunden in 41 US-Staaten (29 Mio. Broadband-Internet-Kunden, 16 Mio. Video-Abonnenten). Unter der Marke »Spectrum« bietet Charter Kabelfernsehen (über 200 HD-Sender, plus Premium Channels wie HBO und Showtime), Internet, Festnetz- und Mobiltelefonie an. Weiter im Angebot sind die »Spectrum Networks«, News- und Sportkanäle, mit regionalen Programmen in 12 US-Staaten sowie das exklusive, on-demand und werbefreie Angebot der »Spectrum Originals«-Serien. Nur einen Bruchteil des Umsatzes generiert Charter hingegen mit der Integrierung von lokaler Werbung in das Programm von Kabelsendern wie MTV, CNN oder ESPN.

AKTUELLE ENTWICKLUNGEN

Die Praxis des Cord Cutting setzt sich auch für Charter fort: Im ersten Quartal 2021 verlor das Unternehmen 156.000 Pay-TV-Abonnenten – und das trotz der Corona-Pandemie. Auffangen konnte der Konzern den Rückgang jedoch mit mehr Highspeed-Internetverträgen, die Voraussetzung für das Arbeiten von zu Hause – und den Wechsel von Kabel- zu Over-the-Top-Diensten sind. So wurde auch die Charter-Aktie zu einem Pandemie-Gewinner.

Doch die aktuelle hohe Bewertung des Unternehmens ist nur eine Momentaufnahme. Langfristig könnten Umsatz- und Gewinneinbußen drohen. Zum einen droht erhöhter Wettbewerb durch T-Mobiles kabelloses 5G-Netz und AT&Ts Glasfaser-Angebot. Auf der anderen Seite könnte die Biden-Administration auch eine härtere, regulatorische Linie fahren – insbesondere, wenn Gigi Sohn zum neuen Vorsitzenden der entsprechenden Behörde FCC ernannt werden sollte. Sohn, zur Zeit Fellow am Georgetown Law Institute for Technology Law & Policy, könnte die großen Kabelbetreiber zwingen, ihre Preise zu drosseln.

8.

Sony Group Corporation

Umsatz 2020/21: 4.354,912 Mrd. JPY (35,74 Mrd. EUR)

ÜBERBLICK

Die Sony Corporation ist einer der weltgrößten Hersteller von Unterhaltungselektronik und eine der bekanntesten internationalen Marken. Seit Ende der 1980er-Jahre ist Sony auch im Mediengeschäft aktiv, zunächst im Musik-, dann im Film- und Gamesbereich.

BASISDATEN

Hauptsitz:
1-7-1 Konan, Minato-ku
Tokyo 108-0075
Japan
Telefon: 0081 3 67482111
E-mail: ir@sony.com
Website: sony.net/SonyInfo/IR/

Branche: Audio, Video, Fernsehen, Videospiele (Hardware, Software), Film
Rechtsform: Aktiengesellschaft (seit 1958)
Geschäftsjahr: 01.04.-31.03.
Gründungsjahr: 1946

ÖKONOMISCHE BASISDATEN

	2020*	2019	2018	2017	2016	2015
Konzernumsatz (in Mrd. JPY)	8.999	8.260	8.666	8.544	7.603	8.106
Medienumsatz** (in Mrd. JPY)	4.355	3.839	4.105	3.755	3.114	3.018
Nettogewinn (Verlust) (in Mrd. JPY)	1.172	582	916	491	73	148
Aktienkurs (Jahresende, in USD)	101,10	69,08	49,21	48,70	28,03	24,61
Mitarbeiter	109.700	111.700	114.400	117.300	128.400	125.300

**In die Berechnung des Medienumsatzes gehen die Sparten »Games«, »Pictures« und »Music« ein.

UMSÄTZE NACH SPARTEN (IN MRD. JPY)

	2020	2019	2018	2017	2016	2015	2014
Games	2.656,278	1.977,551	2.310,872	1.943,812	1.581,568	1.479,775	1.292,146
Music	939,867	849,909	807,489	799,995	630,767	602,564	541,692
Pictures	758,767	1.011,854	986,873	1.011,067	901,230	935,827	876,314
Medienumsatz ges.	4.354,912	3.839,314	4.105,234	3.754,874	3.113,565	3.018,166	2.710,152

MANAGEMENT

Kenichiro Yoshida	Chairman & President
Hiroki Totoki	Executive Deputy President, Chief Financial Officer
Shigeki Ishizuka	Vice Chairman
Toru Katsumoto	Executive Deputy President and Chief Technology Officer
Terushi Shimizu	Senior Executive Vice President
Rob Stringer	Chairman, Sony Music Group, CEO, Sony Music Entertainment
Anthony Vinciquerra	Chairman and CEO, Sony Pictures Entertainment Inc.
Jim Ryan	President and CEO, Sony Interactive Entertainment
Shunsuke Muramatsu	CEO, Sony Music Entertainment (Japan) Inc.
Jon Platt	Chairman and CEO, Sony Music Publishing
Masashi Oka	President & CEO, Sony Financial Holdings Inc.
Kimio Maki	Senior Executive Vice President
Shiro Kambe	Officer in charge of Legal, Compliance, Corporate Communications, Sustainability, and External Relations

Kazushi Ambe	Officer in charge of Human Resources and General Affairs
Tsuyoshi Kodera	Executive Vice President, Digital Transformation Strategy, Information Systems, and Information Security
Toshimoto Mitomo	Senior General Manager, Startup Acceleration Division
Hiroaki Kitano	President and CEO, Sony Computer Science Laboratories
Natsuko Takei	Senior General Manager, Legal Department
Izumi Kawanishi	Senior General Manager, AI Robotics Business Group

MEMBERS OF THE BOARD

Kenichiro Yoshida	Chairman & President, Sony
Hiroki Totoki	Executive Deputy President and CFO, Sony
Shuzo Sumi	Chairman of the Board
Tim Schaaff	Director in charge of Information Security
Toshiko Oka	Chair of Audit Committee
Sakie Akiyama	Member of Compensation Committee
Wendy Becker	Chair of Compensation Committee
Yoshihiko Hatanaka	Member of Nominating Committee, Member of Compensation Committee
Adam Crozier	Member of Nominating Committee
Keiko Kishigami	Member of Audit Committee
Joseph A. Kraft Jr.	Member of Compensation Committee, Director in charge of Information Security

GESCHICHTE

1946 gründeten der 25-jährige Akio Morita, Stammhalter einer prominenten Reiswein-Dynastie, und der 13 Jahre ältere Masaru Ibuka die Tokyo Tsushin Kogyo (Tokyo Telecommunications Engineering). Mit Produkten wie dem ersten japanischen Kassettenrekorder (1950) und dem Transistorradio »TR-55« (1955) konnte sich das junge Unternehmen im neuen Markt für Konsumelektronik etablieren. Mit Blick auf eine internationale Expansion beschloss Morita 1958, die Firma in »Sony« umzutaufen (von lat. *sonus*, der Ton). Der neue Name war nicht nur weltweit verständlich und aussprechbar, er verschleierte zudem Sonys Herkunft. Japanische Produkte galten im Westen damals als minderwertig.

Ab 1960 drang Sony massiv auf den US-Markt, wo der Konzern bald die Hälfte der Gesamtproduktion absetzte. Nach der Lancierung des Trinitron-Farbfernsehgeräts 1968 folgte ein Jahrzehnt extensiven Wachstums, an dessen Ende die regelrecht traumatische Niederlage im Duell um die Videoformate stand. Der qualitativ bessere Sony-Betamax-Standard unterlag dem preisgünstigeren VHS-System der Matsushita-Tochter JVC. Sony wurde Opfer seines teuer bezahlten Entwicklungsvorsprungs. Das Betamax-Debakel zwang Sony umzudenken. Morita propagierte die Diversifizierung des mittlerweile weltweit produzierenden Konzerns und erzielte hohe Gewinne dank seiner Innovationen in der Unterhaltungselektronik, etwa mit dem legendären Walkman 1979, oder der Entwicklung der CD-Technologie (1982, zusammen mit Philips). Später stieg der Konzern in die Produktion von Software und Medieninhalten ein, zumal die Betamax-Norm nicht zuletzt daran gescheitert war, dass Sony keine attraktiven Videofilme hatte anbieten können.

1988 erwarb Sony für zwei Milliarden US-Dollar CBS Records, zu der Zeit die größte Schallplattenfirma der Welt (1887 als Columbia Records gegründet). Bald zog der Konzern als letzte Konsequenz der Strategie, sich im Markt global verwertbarer, US-geprägter Populärinhalte zu behaupten, den Kauf eines Hollywood-Studios in Betracht. Durch Vermittlung von »Superagent« Michael Ovitz, damals Geschäftsführer der Talentagentur CAA, erfolgte 1989 die erste Übernahme eines traditionsreichen Majors durch ein japanisches Unternehmen. Für rund fünf Milliarden Dollar kaufte Sony dem Besitzer Coca-Cola die Major-Filmfirma Columbia ab, 1919 gegründet von den Brüdern Jack und Harry Cohn, zusammen mit Joe Brandt. Große Erfolge waren: *It Happened One Night* (1934), *Mr. Smith Goes to Washington* (1939), *Gilda* (1946), *From Here to Eternity* (1952), *Easy Rider* (1969), *Taxi Driver* (1976). Seit dem Kauf von Columbia zählt Sony mit Sony Pictures Entertainment zu den Big Five der Filmindustrie.

Die ersten Jahre in Hollywood gerieten allerdings zum Fiasko. Peter Guber und Jon Peters, zweitrangige Produzenten, die nur einen Erfolgsfilm (*Batman*) vorzuweisen hatten, wurden zu den Studiochefs von

Columbia/TriStar ernannt. Aber Guber und Peters fielen mit verworrener Personalpolitik, Nepotismus und der Zweckentfremdung von Sony-Millionen für private Extravaganzen negativ auf. Allein die Ablösesummen und Abfindungen, hervorgerufen durch das sich stetig drehende Personalkarussell, kosteten Sony mindestens zwei Milliarden Dollar. Das Missmanagement spiegelte sich in Misserfolgen an den Kinokassen wider. Columbia und TriStar reihten teure Pleiten aneinander. 1994 machte Sony mit drei Milliarden Dollar einen der höchsten Verluste der japanischen Unternehmensgeschichte, der böse Zungen von einer »Wiedergutmachung für Pearl Harbor« sprechen ließ. Nach einem Hirnschlag zog sich der 73-jährige Sony-Gründer Morita 1994 aus dem Firmengeschäft zurück. In fast 50 Jahren hatte er einen Weltkonzern und eine der bekanntesten internationalen Marken geschaffen.

Norio Ohga wurde Moritas Nachfolger als CEO und Nobuyuki Idei neuer Sony-Präsident. Letzterer kümmerte sich vor allem um die Filmsparte. Er entließ die glücklosen Manager von Sony Pictures Entertainment und machte im November 1996 den erfahrenen John Calley zum Vorsitzenden der Sony-Studios. Bald schrieb Sony Pictures wieder schwarze Zahlen.

Im Juni 1999 rückte Nobuyuki Idei als Sony-Chef nach. Er reformierte die Konzernstruktur, um Sony für das digitale Zeitalter zu rüsten. »Ibuka war ein Transistor-Kid«, so Idei, »Morita war ein Walkman- und Ohga ein CD-Kid. Und wir werden digital dream kids sein.« Die Ernennung von Howard Stringer zum CEO der Gesamtgruppe im März 2005 kam einer Sony-internen Revolution gleich. Damit wurde der Riesenkonzern erstmals nicht von einem Japaner und Technik-Spezialisten gesteuert.

Stringer hatte Erfolg. Als Chef der Sony Corporation of America gelang es ihm, das volatile Filmsegment zum verlässlichen Gewinnbringer aufzubauen. Bei der Sanierung der Kinosparte dürften Stringer sein »low-key management style« (*Economist*) und seine Kenntnis der Entertainmentbranche sehr geholfen haben. Seinen Aufstieg verdankte Stringer auch seiner konsequenten Personalpolitik. So feuerte er den extravaganten US-Musikchef Tommy Mottola und ersetzte ihn durch den Kostensenker Andrew Lack, der die Sparte fit machte für die Fusion mit BMG.

Gegen Ende von Stringers Amtszeit aber geriet Sony wieder in eine Schieflage. Der Konzern wurde von der Konkurrenz aus den USA und seinen asiatischen Nachbarn überholt. Was etwa das Geschäft mit TV-Geräten betrifft, wurde Sony von südkoreanischen Firmen wie Samsung oder LG abgehängt. Nur mit der Playstation konnte der Erfolg des Walkmans in den 1970er- und 1980er-Jahren ins digitale Zeitalter übertragen werden.

Ursprünglich wurde die PlayStation Anfang der 1990er-Jahre zusammen mit Nintendo entwickelt (als Add-on für die Nintendo-Konsole). Dieses Projekt aber scheiterte und 1994 startete Sony unabhängig mit der ersten PlayStation – die ein Riesenerfolg wurde und bald 61 Prozent des Konsolen-Weltmarkts übernahm (und Nintendo überholte). 2000 dann erschien die PlayStation 2, 2006 die PlayStation 3. Im November 2013 dann brachte Sony die PlayStation 4 auf den Markt. Am 5. Februar 2014 wurde bekannt, dass Sony sein Computergeschäft (mit der Marke Vaio) wegen schwacher Verkäufe an den Japan Industrial Partners Fonds verkauft.

Im März 2016 erwarb Sony für 750 Mio. US-Dollar die 50 Prozent, die es noch nicht an Sony/ATV Music Publishing besaß (der Firma, die die Rechte u.a. an den Beatles, Taylor Swift und Elvis Presley verwaltet). Und im Mai 2018 kündigte Sony den Erwerb weiterer 60 Prozent an EMI für 2,3 Milliarden Dollar an, wodurch sich der Sony-Anteil von 30 auf 90 Prozent erhöhte.

Activist-Investor Daniel Loeb und sein Hedgefonds Third Point forcierten 2019 eine Abspaltung von Sonys Chip-Sparte – sechs Jahre zuvor hatte Loeb, der rund sieben Prozent der Anteile an Sony hielt, bereits auf einen Verkauf des Filmstudios gedrängt. Sony-CEO Hirai sagte damals Nein, Loeb verkaufte seinen Sony-Anteil mit Gewinn. Nun warf Loeb ein Auge auf die Chip-Sparte, investierte rund 1,5 Milliarden Dollar in Sony und blitzte ein weiteres Mal ab, denn CEO Kenichiro Yoshida hält die Chip-Sparte für unverzichtbar für die Zukunft des Unternehmens.

MANAGEMENT

Von 2012 bis April 2018 war Kazuo Hirai Sony-CEO. Unter seiner »One Sony«-Strategie wurde der Konzern verschlankt, rund 15.000 Mitarbeiter wurden entlassen. Zuvor hatte Hirai erfolgreich die Videospiel-Sparte von Sony geleitet und galt als Kopf des globalen Siegeszugs der PlayStation. Die Film- und Musiksparten überließ er zunächst dem erfahrenen Manager Michael Lynton. Doch nach dem Verkauf diverser Elektroniksparten und dem PR-Desaster, das der vermutlich nordkoreanische Hack der Sony-Pictures-E-Mails auslöste, wurde Hirai klar, welche Bedeutung Sonys Mediengeschäft für den Konzern hat. Als Reaktion auf die andauernde Krise veranlasste er im Mai 2014, dass er und weitere Top-Manager Boni zurückzahlen mussten. Das jährliche Gehalt der Führungsriege halbierte sich damit in etwa – ein einmaliger Vorgang in der Welt der internationalen Medienkonzerne.

Hirais Nachfolger wurde Kenichiro Yoshida, vorher Sony-Finanzchef und mitverantwortlich für Sonys Rückkehr zu Rekordgewinnen. Sein Plan ist es, mit Sony auch Märkte zu erschließen, die außerhalb des Kerngeschäft liegen – etwa Mobilität, Robotik, das Gesundheitswesen und Künstliche Intelligenz.

GESCHÄFTSFELDER

Die Sparten ›Games‹, ›Pictures‹ und ›Music‹ gehen in die Berechnung des Medienumsatzes ein.

Games & Network Services: Sony Interactive Entertainment produziert, entwickelt, designed, vermarktet, verkauft und vertreibt seit 1994 die Spielekonsole Playstation – momentan mit der PS5 seit 2020 in ihrer fünften Generation. Bis Sommer 2021 wurden – trotz massiver Lieferengpässe – rund 9 Millionen PS5-Konsolen verkauft; der Vorgänger, die PS4, wurde bis Ende Dezember 2020 115 Millionen Mal verkauft. Sony betreibt darüber hinaus diverse Games-Entwicklungsstudios in Japan, den USA und Europa, darunter Naughty Dog, Bend Studio und Sucker Punch Productions.

Music: Sony Music Entertainment (SME, New York) ist eines der drei weltgrößten Major-Labels, neben Universal (noch Teil von Vivendi) und Warner (Teil von Access Industries). SME wurde von 2004 bis 2008 als Joint-Venture mit Bertelsmann betrieben (Sony BMG), ehe Sony für 600 Millionen Euro BMG Music komplett übernahm. Sony Music besitzt Labels wie Ariola, Arista, Columbia, Epic, RCA, Four Music, Sony Classical und verfügt über die Verwertungsrechte von Künstlern wie AC/DC, Backstreet Boys, Bob Dylan, Bruce Springsteen, Daft Punk, Depeche Mode, Johnny Cash, Justin Timberlake, Oasis und Van Morrison. Im November 2011 übernahm Sony Music für 2,2 Milliarden US-Dollar die

Musikverlags-Sparte vom einstigen Konkurrenten EMI (EMIs Tonträger-Sparte ging an Universal). Regulierungsbehörden in Europa und den USA stimmten dem Deal im Juni 2012 zu.

Pictures: Sony Pictures Entertainment ist mit seinen Tochterfirmen (den Hollywood-Studios Columbia Pictures, Screen Gems, Sony Pictures Classics und TriStar Pictures, dazu Sony Pictures Television) weltweit tätig. Das TV-Produktionssegment stellt die gesamte Bandbreite her: scripted und unscripted Formate, »light entertainment«, Gameshows, Animation, TV-Filme und Miniserien.

AKTUELLE ENTWICKLUNGEN

Die Playstation hat Sony sicher durch die Corona-Krise geführt. In der ersten Hälfte 2020 sprang der Umsatz der Spiele-Sparte um fast ein Drittel in die Höhe, der operative Gewinn stieg von 600 Millionen auf fast eine Milliarde Euro. Dagegen brach der Umsatz der Elektroniksparte um 31 Prozent ein. Mehr als die Hälfte der gesamten Konzern-Erlöse stammen mittlerweile aus der PlayStation-Sparte und dem kostenpflichtigen Abo-Dienst PlayStation Plus.

Die fünfte Generation der Konsole ist zwar aufgrund von pandemiebedingten Lieferengpässen, der Knappheit von Microchips und Hamsterkäufern auch fast ein Jahr nach Launch extrem schwer zu bekommen, aber dennoch bereits auf Rekordkurs. Da die meisten PS-Abonnenten notgedrungen weiter auf ihre PS4 zurückgreifen müssen, hat Sony seine Strategie geändert. Es erscheinen nur noch wenige Exklusivtitel für die PS5 und die größten Franchises, wie etwa *Horizon*, *Grand Turismo* oder *God of War* werden für beide Konsolengenerationen verkauft.

Zudem könnte Sony seine Reichweite bei Gamern bald noch weiter ausbauen: Angeblich befindet sich Sony in fortgeschrittenen Gesprächen über eine Zusammenarbeit mit Netflix für den Launch eines Gaming-Streamingdienstes. Bislang hat Sony mit Playstation Now zwar bereits ein solches Angebot in seinem Portfolio, hinkt dort aber hinter Microsofts Xbox Game Pass hinterher. Eine Sony-Netflix-Allianz wäre sinnvoll, schließlich sicherte sich Netflix gerade die Exklusivrechte an Sony-Pictures-Filmen.

9.

ByteDance Limited

Umsatz 2020: 37 Mrd. USD (32,39 Mrd. EUR)

ÜBERBLICK

ByteDance, gegründet 2012 und Anfang 2020 mit einem Wert von rund 100 Milliarden Dollar das wertvollste private Start-up der Welt, ist der Betreiber von TikTok – der sozialen Plattform, die den Austausch von 15-Sekunden-Videos ermöglicht. Gründer Zhang Yiming ist es so gelungen, den ersten, wirklich global aktiven chinesischen Internet-Giganten zu schaffen.

BASISDATEN

Hauptsitz:
Room 10A, Building No. 48,
Zhichun Road
Haidian District
Peking, China
Website: bytedance.com/en

Branche: Social Media, Informationsdienste, Verlagswesen, KI-Anwendungen
Rechtsform: Privates Unternehmen
Geschäftsjahr: 01.01. - 31.12.
Gründungsjahr: 2012

ÖKONOMISCHE BASISDATEN

	2020	2019	2018	2017	2016
Umsatz (in Mio. USD)	34.300	17.000	7.400	2.250	846
Gewinn (in Mio. USD)	19.000*	3.000	n/a	n/a	n/a
Mitarbeiter	100.000	60.000	n/a	n/a	n/a

*Operating profit

GESCHÄFTSFÜHRUNG

Liang Rubo	CEO
Shou Zi Chew	CEO TikTok

GESCHICHTE

Das erste Produkt von ByteDance war eine App zum Teilen von Kurzvideos, ironischen Kommentaren, Witzen und Bildern mit dem Namen Neihan Duanzi. Der Dienst hatte schnell Dutzende Millionen Fans unter Chinas mobilen Internetnutzern. Die extreme Popularität der App löste die Gründung der sogenannten »Duanzi-Gemeinschaft« aus. Sogar ein eigener Offline-Code auf Chinas Straßen entstand – einmal Hupen, Pause, zweimal Hupen.

Aber wirklich bekannt wurde ByteDance 2012 dann mit seiner Flaggschiff-Nachrichten- und Informationsplattform Toutiao, auch bekannt als Jinri Toutiao (»die Schlagzeilen von heute«). Die Attraktivität der Plattform bestand darin, für jeden Nutzer auf der Grundlage seines Nutzungsverhaltens und seiner Interessen einen maßgeschneiderten Nachrichten- und Inhalts-Feed zu generieren. Bis zu diesem Zeitpunkt bezogen viele Nutzer ihre Nachrichten über die großen Social-Media-Plattformen wie den Mikroblogging-Dienst Sina Weibo oder über traditionelle Nachrichtenportale. Toutiao war in China ein relativ früher Einsteiger im Bereich der mobilen Anwendungen, die auf maschinellem Lernen basieren. Die Zahlen gingen schnell nach oben, im September 2017 hatte Toutiao täglich 120 Millionen aktive Nutzer, die mit Nachrichten und anderen Inhalten aus seinen mehr als 100 Inhaltsbereichen versorgt wurden.

Der nächste große Schritt erfolgte Anfang 2017, als Toutiao massiv in eine neue Video-Sharing-App namens Douyin investierte, ein Wort, das im Chinesischen »zitterndes Geräusch« bedeutet. Die App, die im September 2016 unter dem Namen »A.me« herauskam, wurde im Dezember 2016 umbenannt. Ihre Innovation – von Vorläufern wie die 2014 eingeführte App Musical.ly inspiriert – bestand darin, auf 15 Sekunden-Videos zu beruhen, die von den Nutzern leicht zu erstellen waren. Im Gegensatz zu den längeren Videos, wie sie auf Plattformen wie Alibabas Youku Tudou liefen, boten Douyin-Videos keine Abspiel- oder Pausenoptionen, sondern konnten sofort betrachtet werden, wenn sie über eine bequeme Swipe-Oberfläche, wie sie von Musical.ly und anderen Apps wie Tinder verwendet wird, geöffnet wurden. Auch wegen der Zusammenarbeit mit chinesischen Prominenten verzehnfachte sich Douyins Nutzerbasis allein zwischen März und Dezember 2017. Im September kündigte ByteDance die Einführung einer globalen Version seiner Douyin-App unter dem Markennamen TikTok an. Die App wurde seinerzeit als »globaler Konkurrent von Musical.ly« bezeichnet. Kurz darauf kaufte ByteDance Musical.ly jedoch für einen Preis zwischen 800 Millionen und einer Milliarde Dollar und ermöglichte damit die Fusion von Musical.ly – mit mehr als 200 Millionen Nutzern in über 30 Ländern – mit TikTok.

Die wachsende Popularität von TikTok verschaffte ByteDance, dessen Tätigkeit sich bis dahin auf die zwei besagten Apps auf dem chinesischen Markt beschränkt hatte, weltweit große Aufmerksamkeit. Ende 2017 schrieb die Fachzeitschrift *TechCrunch*, ByteDance sei jetzt »außerhalb Chinas kein Geheimnis mehr«. Plötzlich wurden die Aktionen des Unternehmens von Medien und Investoren gleichermaßen verfolgt. ByteDance ging daraufhin eine strategische Partnerschaft mit der chinesischen Internetfirma Cheetah Mobile ein, die 50 Millionen Dollar in ihr Live-Streaming-Geschäft Live.me investierte und übernahm zudem für 86 Millionen Dollar den in Frankreich ansässigen Medienaggregationsdienst News Republic. ByteDance versuchte außerdem sogar 2016 vergeblich, das amerikanische Social-News-Portal Reddit zu kaufen.

Anfang 2018 waren die wachsende Popularität und Sichtbarkeit von ByteDance sowohl seine größten Stärken als auch deutliche Schwächen. Ende 2017 z.B. wurde die Nachrichten-App Toutiao für 24 Stunden vom Netz genommen. Die Internet-Kontrollbehörden warfen ByteDance vor, die öffentliche Meinung »in die Irre zu führen«, ein Hinweis auf den Grundsatz, dass die Medien den Zensurforderungen der

Kommunistischen Partei Chinas nachkommen müssen, um die politische Stabilität aufrechtzuerhalten. Analysten warnten, dass ByteDance 2018 mit »einer gewissen Unsicherheit« konfrontiert sei – und sie lagen nicht falsch. In den ersten Monaten des Jahres 2018 verstärkte ByteDance seine internen Bemühungen um die Kontrolle und Überprüfung von Inhalten auf seinen Plattformen, um Regierungsmaßnahmen abzuwehren, stellte Tausende von »Inhaltekritikern« für die Witze-App Neihan Duanzi und andere Dienste ein und versprach, bis Ende 2018 mindestens 10.000 weitere Inhaltekritiker einzustellen. Trotzdem kam es zum Eklat. Im April 2018 sah sich Toutiao einer dreiwöchigen Suspendierung ausgesetzt, da ihm die Verbreitung »unautorisierter Nachrichteninhalte« vorgeworfen wurde. Ein härteres Schicksal ereilte Neihan Duanzi, die Humor-App, die die ersten Anfänge von ByteDance geprägt hatte. Sie wurde von den Behörden auf unbestimmte Zeit stillgelegt und beschuldigt, »vulgäre« Inhalte zu verbreiten.

ByteDance-Boss Zhang Yiming entschuldigte sich öffentlich über die Nachrichtenplattform WeChat von Tencent. In seiner Entschuldigung sprach Yiming von der Notwendigkeit, sich an die »korrekte Führung der öffentlichen Meinung« zu halten: »Jinri Toutiao wird seine Neihan Duanzi-App ein für alle Mal abschalten«, schrieb Zhang. »Unser Produkt ging den falschen Weg, und es erschienen Inhalte, die mit den sozialistischen Grundwerten unvereinbar waren, die die Führung der öffentlichen Meinung nicht richtig umsetzten – und ich bin persönlich für die Strafen verantwortlich, die wir erhalten haben.« Die Abschaltung von Neihan Duanzi löste den Protest von Nutzern aus, die am 11. April 2018, dem Tag der angekündigten Abschaltung, mit ihren Autos um das Bürogebäude der staatlichen Regulierungsbehörde kreisten und hupten – einmal, Pause, zweimal. Nach Zhang Yimings öffentlicher Entschuldigung und der dreiwöchigen Suspendierung startete Toutiao im Mai 2018 neu mit einem »Neue Ära«-Kanal, der die »Errungenschaften und Anstrengungen des Sozialismus mit chinesischen Merkmalen« hervorhob.

Trotz dieses politischen Gegenwinds 2018 konnte ByteDance weiter wachsen. Der Erfolg lässt sich in den zwei Silben ›TikTok‹ zusammenfassen. Anknüpfend an den Erfolg von Musical.ly erlangte die Video-Sharing-App mit ihren Lip-Sync-Videos und Hashtag-Challenges weltweit eine Riesen-Fangemeinde – auch begünstigt durch die Corona-Pandemie. Allein im März 2020, zu Beginn der weltweiten Quarantänen, wurde die App 115 Millionen Mal heruntergeladen.

MANAGEMENT

Zhang Yiming, geboren 1983 in Longyan, in der südchinesischen Provinz Fujian, gründete ByteDance im März 2012. Im November 2018 trat er zurück als CEO von Toutiao, dem Nachrichtenaggregator, und der Leiter des Product Managements, Chen Lin, wurde Zhangs Nachfolger. Analysten zufolge war Zhang vom Tagesgeschäft zurückgetreten, um sich mehr um strategische Fragen bei ByteDance zu kümmern. Zhangs Vision – es mit amerikanischen Unternehmen wie Facebook und Google aufzunehmen – war da bereits auf dem besten Weg Realität zu werden.

Im Mai 2021 aber trat Zhang Yiming (einer der erfolgreichsten Unternehmer Chinas mit einem geschätzten Vermögen von mehr als 16 Milliarden US-Dollar) von seiner Chef-Position ab. Warum? Seinen Mitarbeitern schrieb Erfolgsgründer Zhang: »Mir fehlen einige der Fähigkeiten, die einen idealen Manager ausmachen«, er bevorzuge »einsame Aktivitäten wie Netzsurfen, Lesen, Musikhören und Tagträumen« (*SZ*). Neuer Vorstandschef von ByteDance soll Co-Gründer Liang Rubo werden, Shou Zi Chew CEO von TikTok. Die *SZ* weiter: Doch »dass Zhang wegen angeblicher Tagträumerei hinschmeißt, glaubt in China kaum einer. Vielmehr könnte ihm der politische Druck zu schaffen gemacht haben.«

GESCHÄFTSFELDER

Anfang November 2021 wurde bekannt: Der Tiktok-Konzern ByteDance sortiert sich neu, strukturiert sich um und spaltet sich in sechs Geschäftsbereiche auf:

Einmal die Kurzvideo-App TikTok; dann die chinesischen Produkte wie die Kurzvideo-App Douyin (nach wie vor das Kernprodukt von ByteDance, im Mai 2021 mit 556,48 Millionen aktiven Nutzern pro Monat), die Nachrichtenaggregationsplattform Toutiao, auch bekannt als Jinri Toutiao (im Dezember 2020 mit 278,6 Millionen aktiven Nutzern pro Monat), die eine breite Palette in verschiedenen Formaten anbietet, darunter Text, Bilder, Microblogs und Videos. Dazu die Geschäftseinheit BytePlus, die Spielsparte Nuverse, die *work collaboration unit* Lark und das Lernportal Dali Education.

Douyin konnte nach dem Start 2016 und nach dem Vorbild von Musical.ly (einer App, die das Teilen von 15-Sekunden-Videos ermöglichte) als App für Video-Sharing und soziale Netzwerke wachsen und ging Partnerschaften mit beliebten Fernsehsendungen und Prominenten ein. Die globale Version von Douyin, die unter dem Namen TikTok läuft, wurde im September 2017 gestartet und fusionierte im Jahr darauf mit Musical.ly, woraus ein riesiges globales Publikum resultierte.

TikTok wurde zunächst als »globaler Konkurrent von Musical.ly« vorgestellt. Nach wenigen Monaten aber kaufte ByteDance Musical.ly für fast eine Milliarde Dollar. Die Plattformen wurden ein Jahr später unter dem Namen TikTok zusammengeführt. In den ersten vier Monaten 2020, als weltweit Abriegelungsmaßnahmen verhängt wurden, um die Corona-Epidemie zu bekämpfen, luden Hunderte Millionen die TikTok-App herunter. Die App wurde als »die einzige Social-Media-Plattform eines chinesischen Unternehmens bezeichnet, die außerhalb Chinas signifikante Zugkraft erlangt hat.«

AKTUELLE ENTWICKLUNGEN

ByteDance war 2020 stark gewachsen, vielleicht gerade wegen der Corona-Epidemie. Während Unternehmen auf der ganzen Welt Entlassungen ankündigten, veröffentlichte ByteDance (das seit geraumer Zeit mit einem Börsengang liebäugelt) im April 2020 ein internes Memo, in dem es hieß, man plane 2020, weltweit 40.000 neue Stellen zu schaffen und damit die Gesamtbelegschaft auf mehr als 100.000 zu erhöhen. Berichten zufolge legt ByteDance jetzt großen Wert darauf, einen globalen CEO zu finden, der sowohl die Märkte in Asien als auch die im Westen versteht.

Eine große Sorge für ByteDance sind weit verbreitete Bedenken über politische Zensur und Datensicherheit, insbesondere in den Vereinigten Staaten, da hier chinesische Unternehmen generell unter größerem Verdacht stehen. Im Oktober 2019 forderte der US-Gesetzgeber eine Untersuchung von TikTok: Man fragte sich beispielsweise, ob ByteDance als chinesisches Unternehmen Inhalte (konkret: persönliche Daten amerikanischer Nutzer) zensieren kann, um den Forderungen der chinesischen Regierung nachzukommen. Nachdem das Committee on Foreign Investment in the United States (CFIUS) an TikTok herangetreten war, versuchte das Unternehmen die Bedenken zu zerstreuen, indem es mehr

US-Ingenieure einstellte und ein neues Team mit Sitz in Mountain View aufbaute. Im Februar 2020 war die US-Verkehrssicherheitsbehörde (TSA) die letzte US-Regierungsbehörde, die ihren Mitarbeitern die Nutzung von TikTok aufgrund von Datensicherheitsbedenken untersagte. Donald Trump verfügte dann Mitte August 2020, TikTok sei eine »Bedrohung« der nationalen Sicherheit. Er wollte gar den Verkauf der amerikanischen Aktivitäten erzwingen, Oracle und Walmart wurden schon als Käufer genannt. Sein demokratischer Nachfolger Joe Biden hat diese Pläne widerrufen, plant aber eine Überprüfung von Apps, deren Besitzer aus dem Ausland kommen.

10.

WarnerMedia (AT&T Inc.)

Umsatz 2020: 33,6 Mrd. USD (29,41 Mrd. EUR)

ÜBERBLICK

Noch ist WarnerMedia Teil des weltweit größten Telekom-Konzern AT&T. Knapp drei Jahre nach der Fusion wird WarnerMedia wieder abgespalten und fusioniert bis Mitte 2022 mit Discovery Communications. Der neue Konzern mit Namen ›Warner Bros. Discovery‹, vereint dann Hollywood-Studios und (Pay)-TV-Sender von Warner mit den Non-Fiction- und Sportsendern von Discovery.

Zur Einordnung von WarnerMedia in das Medienkonzern-Ranking beziehen wir uns auf die im AT&T-Jahresbericht genannten Umsatzzahlen für »WarnerMedia« (30,444 Mrd. USD) und ›Vrio‹ (3,154 Mrd. USD, Teil des Latin-America-Segments).

BASISDATEN

Hauptsitz:
AT&T
208 S. Akard St.
Dallas, TX 75202
USA
Telefon: 001 210 821 4105
Website: investors.att.com

Branche: Kabel- und Satellitenfernsehen, Free-TV, Pay-TV, Streaming, Film- und TV-Produktion, Filmvertrieb, Werbung
Rechtsform: Aktiengesellschaft
Geschäftsjahr: 01.01.-31.12.
Gründungsjahr: 1885 (AT&T), 1923 (Warner Brothers Pictures)

ÖKONOMISCHE BASISDATEN

	2020**	2019**	2018**	2017**	2016*	2015*
Umsatz AT&T (in Mrd. USD)	171,76	181,19	170,76	160,55	51,3	35,29
Gewinn, Verlust (AT&T, in Mrd. USD)	-3,82	14,98	19,95	29,85	13,33	13,69
Aktienkurs (in USD, in Jahresende)	28,76	39,06	30,34	38,88	42,53	34,41
Beschäftigte	230.000	247.800	268.220	254.000	268.540	281.450

*Umsatz AT&T Entertainment Group (DirecTV); ** Gesamtumsatz AT&T einschließlich Time Warner

UMSATZ NACH SPARTEN (IN MIO. USD)

	Communications	WarnerMedia	Latin America
2017	149.457	430	8.269
2018	143.721	18.941	7.652
2019	142.359	33.499	6.963
2020	138.850	30.442	5.716

MANAGEMENT

John T. Stankey	CEO, AT&T Inc.
Pascal Desroches	Senior Executive Vice President & Chief Financial Officer, AT&T Inc.
Ed Gillespie	Senior EVP – External and Legislative Affairs, AT&T Services, Inc.
David S. Huntley	Senior EVP & Chief Compliance Officer, AT&T Inc.

Jason Kilar	CEO, WarnerMedia
Lori M. Lee	CEO AT&T Latin America & Global Marketing Officer, AT&T Inc.
David R. McAtee II	Senior EVP and General Counsel, AT&T Inc.
Jeffrey S. McElfresh	CEO AT&T Communications
Angela R. Santone	Senior EVP – Human Resources, AT&T

AUFSICHTSRAT

John T. Stankey	CEO, AT&T
William E. Kennard	
Samuel A. Di Piazza	PricewaterhouseCooper
Scott T. Ford	CEO, Westrock Group
Glenn H. Hutchins	Silver Lake
Debra L. Lee	CEO, Leading Women Defined
Stephen J. Luczo	Crosspoint Capital Partners
Michael B. McCallister	
Beth E. Mooney	Key Corp.
Matthew K. Rose	Burlington Northern Santa Fe
Cynthia B. Taylor	Oil States International
Luis A. Ubiñas	
Geoffrey Y. Yang	Redpoint Ventures

GESCHICHTE

WarnerMedia, die traditionsreiche, vorerst noch in AT&T integrierte Filmfirma, kann auf eine bewegte Geschichte zurückblicken. Das Studio der Warner Brothers entstand 1923 in Hollywood, einem abgelegenen Vorort von Los Angeles, wo es außer Sonne damals nicht viel gab. Als Söhne jüdischer Immigranten aus dem sogenannten ›Kongresspolen‹ war den vier Brüdern Harry, Albert, Jack und Sam Warner eine Universitätsausbildung nicht vergönnt. Fasziniert vom Zauber der Filmwelt – damals noch in Schwarz-Weiß und ohne Ton – mieteten sie sich am Sunset Boulevard billige Geschäftsräume, um die ersten Filme zu produzieren. 1927 gelang ihnen mit *The Jazz Singer*, dem ersten Tonfilm der Geschichte, der Durchbruch. Jack Warner allerdings hatte Zweifel: »Wer will schon Filme sehen, in denen gesprochen wird?« Doch sie sollten es nicht bereuen. Mit den Gewinnen des Films konnten sie sich ein Grundstück in Burbank nördlich von Hollywood kaufen und dort ein reguläres Filmstudio betreiben. Das Gelände ist bis heute in jedem Warner-Film im Vorspann zu sehen.

Anders als Metro-Goldwyn-Mayer konzentrierte sich Warner Brothers nicht auf glamouröse Monumentalfilme, sondern auf weniger riskante Produktionen (Gangsterfilme, Liebesdramen). Das brachte zwar weniger Schlagzeilen, aber gute Geschäftszahlen. Weltbekannte Erfolgsfilme waren: *Casablanca* (1942), *East of Eden* (1955), *Rebel Without a Cause* (1955), *My Fair Lady* (1964), *A Clockwork Orange* (1971), *The Exorcist* (1973), *The Shining* (1980), *Blade Runner* (1982), *Heat* (1995). Dann erweiterte Warner in den 1950er- und 1960er-Jahren sein Geschäftsfeld auf die Fernsehfilm- und Schallplattenproduktion.

1969 kaufte Steven Ross, CEO von Kinney National Service, Warner Brothers für 400 Millionen Dollar. Jack, der letzte verbliebene Warner, zog sich aus Altersgründen zurück. Seine Brüder hatte er schon Ende der 1950er-Jahren mit unfeinen Tricks aus dem ursprünglichen Familienunternehmen rausgeworfen. Zwei Jahre später wurde Warner Brothers in Warner Communications umbenannt und Ross läutete eine neue Ära ein. So wird er von Tim Wu in *The Master Switch* als »das erste Exemplar des neuen Archetyps eines großen Medienmoguls« bezeichnet, als Vorbild für schillernde Figuren wie später Michael Eisner (Disney) oder Barry Diller (Paramount). Unter Steven Ross umfasste das erste Medienkonglomerat in den 1980ern neben dem Filmstudio unter anderem den Comicverlag DC Comics, das *Mad Magazine*, den Videospiel-Entwickler Atari und das Fußballteam von Cosmos New York.

Time Inc. war 1922 gegründet worden, ein Jahr früher als Warner. Henry Luce und Briton Hadden, Schulfreunde und später Kommilitonen in Yale, hatten schon eine Weile mit dem Gedanken gespielt, ein wöchentliches Nachrichtenmagazin auf den Markt zu bringen. Eine damals revolutionäre Idee. Am 3. März 1923 dann lag die erste Ausgabe von *Time* an den Kiosken – mit enormem Erfolg. Es dauerte nicht lange bis weitere Zeitschriften folgten: die Foto-Illustrierte *Life*, das Wirtschaftsmagazin *Fortune*, das Tratschblatt *People*. Nach dem Zweiten Weltkrieg war Time Inc. nicht nur der größte Magazinverlag der USA, sondern weltweit. Ein leidenschaftlicher (statt nüchterner) Schreibstil war das journalistische Konzept. Als Verleger Henry Luce einmal wegen der mangelnden

Objektivität seiner Blätter kritisiert wurde, meinte er knapp: »Wir erzählen die Wahrheit so, wie wir sie sehen.«

1989 wurden Warner und Time zusammengeführt. Der Name »TimeWarner« stand ab da für den größten Medienkonzern der Welt. Die Idee eines solchen »integrierten Medienkonzerns« sollte in den folgenden Jahren viele weitere Firmen-Zusammenschlüsse im Medienbereich inspirieren. Für TimeWarner-Chef Gerald Levin war es nicht genug. 1996 kaufte er die CNN-Gruppe von dessen Gründer Ted Turner für 8,5 Milliarden Dollar. Turner hatte 1979 in Atlanta den ersten Sender gestartet, der rund um die Uhr Nachrichten zeigte. Anfangs wegen der ständigen Versprecher seiner jungen Korrespondenten als »Chicken Noodle Network« verlacht, mauserte sich Turners »Cable News Network« in wenigen Jahren zur weltweiten Autorität für Nachrichten. Das Geschäftsmodell funktionierte. Das bislang wenig profitable Genre der TV-Nachrichten brachte erst Turner und dann TimeWarner satte Gewinne ein.

Levin wollte mehr. Am 10. Januar 2000 überraschte er die Öffentlichkeit mit der Ankündigung, dass er TimeWarner mit dem Internetkonzern AOL fusionieren wolle. Den weltgrößten Betreiber klassischer Medien mit dem erfolgreichsten Player digitaler Medien. Quasi berauscht vom Internetfieber an der Börse feierte die Welt die Fusion damals als Meilenstein für die endgültige Transformation der Old in eine New Economy. Dass nach den Konditionen des Zusammenschlusses die AOL-Aktionäre 55 Prozent an »AOL Time Warner« halten würden, obwohl Time Warner mit 27,3 Milliarden Dollar Umsatz neun Mal größer war als AOL (Umsatz: 3,1 Milliarden Dollar) und auch mehr als doppelt soviel Nettogewinn erwirtschaftete (1,95 Milliarden Dollar gegenüber 762 Millionen Dollar), erschien damals gerechtfertigt. Nach der Börsenbewertung hätten den AOL-Eignern sogar 70 Prozent zugestanden.

Nicht lange aber, bis die Internet-Blase platzte, und mit ihr die Euphorie. AOL Time Warner geriet in eine tiefe Krise. Levin trat im Juni 2002 als CEO zurück, AOL-Gründer Steve Case musste ein Jahr später seinen Posten als Chairman räumen. Neuer starker Mann im Konzern wurde Richard »Dick« Parsons, ein Eigengewächs aus dem Hause TimeWarner, der sich auf die Werte der alten Medienwelt besann. Es gelang ihm, den angeschlagenen Konzern zu sanieren und wieder auf Wachstumskurs zu bringen. Im Herbst 2003 strich er die drei Buchstaben »AOL« aus dem Konzernnamen; Time Warner war wieder Time Warner. Ende 2009, nach acht Jahren, spaltete Time Warner seine Internetsparte AOL ab (inzwischen ist

AOL nach Jahren der Eigenständigkeit Teil von Verizon, auf Platz 36 des IfM-Rankings).

Auch aus dem Musik-, Buch- und Kabelgeschäft zog sich Time Warner zurück. Die Warner Music Group (WMG), eine der vier großen Plattenfirmen weltweit, wurde im Februar 2004 an eine Investorengruppe um Edgar Bronfman Jr. verkauft (heute Teil von Access Industries), 2006 folgte die Abgabe der Time Warner Book Group an den französischen Lagardère-Konzern, Platz 47 des IfM-Rankings), 2009 dann wurde Time Warner Cable ausgegliedert. 2013 schließlich eine weitere Umstrukturierung: Die nach Jahren der Misswirtschaft defizitäre Magazinsparte Time Inc. wurde in ein eigenständiges Unternehmen überführt. WarnerMedia bestand jetzt im Wesentlichen aus einem der großen Hollywood-Studios, aus CNN und dem Bezahlsender HBO (in den 1990er-Jahren maßgeblich beteiligt an der Neuerfindung des Serien-Genres). Mitte Juni 2018 erfolgte dann die Übernahme durch den größten US-Telekom-Konzern AT&T.

MANAGEMENT

Chef von AT&T, bis voraussichtlich 2022 Mutterkonzern von WarnerMedia, ist seit dem 1. Juli 2020 John Stankey (geb. 1962). Zuvor, von 2018 (also seit der Übernahme durch AT&T) bis April 2020, war Stankey CEO von WarnerMedia. Ihm folgte der 1971 geborene Jason Kilar, Gründungs-CEO des Video-on-Demand-Service Hulu, im Geschäftsjahr 2022 mit einem Gehalt inklusive Boni von 52 Millionen Dollar der bestbezahlte Medienmanager.

Auch wenn Discovery bei der Fusion 2022 der kleinere Partner sein wird, wird deren CEO David Zaslav, laut Bloomberg der »King of Trash TV«, das neue Unternehmen mit Namen »Warner Bros. Discovery« und mit einem Jahresumsatz von vermutlich über 50 Milliarden Dollar leiten.

GESCHÄFTSBEREICHE

Warner Bros., eines der *Big Five*-Hollywood-Filmstudios, die von Anfang an erst das amerikanische Kino und bald die globale Filmindustrie dominiert haben. Das Warner-Bros.-Segment innerhalb von Warner-Media, einer der größten TV/Filmproduzenten weltweit, kann auf eine

100.000-stündige Programm-Bibliothek zurückgreifen (mehr als 8.600 Kinofilme und 5.000 Fernsehprogramme). Die Games-Sparte Warner Bros. Interactive Entertainment vereint die Entwicklerstudios TT Games, Rocksteady, NetherRealm, Monolith Productions, WB Games Boston, Avalanche Software und WB Games Montréal.

HBO, gegründet 1972, ist der älteste Pay-TV-Kanal der USA, der heute seine Produktionen in 155 Ländern vertreibt, auch auf zahlreichen eigenen Spartenkanälen. Beispiele für globale HBO-Serienerfolge sind unter anderem *Sex and the City* (1998), *The Sopranos* (1999), *The Wire* (2002) und *Game of Thrones* (2011). Im Mai 2020 wurde als Antwort auf Netflix und Amazon Prime Video das hauseigene Streaming-Angebot HBO Max gelauncht. Im Sommer 2021 hatten HBO und HBO Max weltweit zusammen 73 Millionen Abonnenten.

Turner: Auf der Basis der 1970 von Ted Turner gegründeten gleichnamigen Sendergruppe werden unter der Turner-Marke über 180 Sender (Pay- und Free-TV) zusammengefasst, ausgestrahlt in 34 Sprachen und in mehr als 200 Ländern, in den Sparten Entertainment, News, Sport und Kinder, darunter Sender wie CNN, TNT, Cartoon Network, Boomerang, TCM Turner Classic Movies und Adult Swim.

AKTUELLE ENTWICKLUNGEN

Ob und unter welchen Auflagen die Fusion von Warner und Discovery grünes Licht von der Regulierungsbehörde FCC erhält ist noch unklar – die derzeitige Lage unter einer Biden-Administration ist eine andere als vor 10 Jahren als Mega Mergers wie zwischen NBCUniversal und Comcast oder auch vor drei Jahren zwischen Fox und Disney einfach durchgewunken wurden. Sollte es jedoch klappen, werden die AT&T-Aktionäre 71 Prozent der Anteile erhalten, die von Discovery 29 Prozent.

AT&Ts Abspaltung von Warner ist jedoch insgesamt als Fiasko zu werten: AT&T hatte Time Warner für 102 Milliarden Dollar gekauft, nur um HBO, Warner Bros. und das stark kriselnden CNN jetzt wieder für weniger als die Hälfte (43 Milliarden) zu verkaufen. AT&T-Chef Stankey vollzieht also eine strategische Kehrtwende. Sein Vorgänger Randall Stephenson hatte den Konzern stark aufgebläht und hoch verschuldet. Stankey hatte vor dem Warner-Deal im Februar 2021 schon 30 Prozent an DirecTV für 1,8 Milliarden verkauft – für den Schuldenabbau.

Auf der anderen Seite wird WarnerMedia wohl profitieren von dem Zusammenschluss. Noch liegt sein Streamingdienst HBO Max mit ungefähr 40 Millionen Abonnenten deutlich hinter der Konkurrenz von Netflix (207 Millionen Abonnenten) und Disney Plus (100 Millionen Abonnenten). Zusammen mit Discovery und deren rund 88 Millionen Zuschauern wird HBO aber deutlich schlagkräftiger.

11.

Shanghai Media Group

Umsatz 2018: 219,28 Mrd. RMB (28,05 Mrd. EUR)

ÜBERBLICK

Die Shanghai Media Group (»SMG«), einer der großen Medienkonzerne Chinas, ist aktiv in den Bereichen Fernsehen, Radio, Internet, E-Commerce, Film, Konsolenspiele, Verlagswesen, Tourismus und Live-Unterhaltung. Und weiterhin relativ eng an die Regierung gebunden. Auch wenn, außerhalb von China, wohl nur wenige von der SMG gehört haben, steht der Name für eine Reihe weltweit erfolgreicher Medienprodukte, z. B. der computeranimierte Abenteuerfilm *Abominable* (2019). Dazu gehören auch einige der bekanntesten Immobilien Schanghais, darunter der »Oriental Pearl Tower« (Fernsehturm), das Internationale Kongresszentrum und die Mercedes-Benz-Arena. Die Shanghai Media Group besitzt außerdem 20 Prozent am »Shanghai Disney Resort«.

BASISDATEN

Hauptsitz:
298 Weihai Road
Shanghai, 200041
China
Telefon: 0086 21 62565899

Branche: TV, Radio, Verlage, Live-Entertainment, Immobilien
Rechtsform: Corporation (private)
Geschäftsjahr: 01.01.-31.12.
Gründungsjahr: 2001

ÖKONOMISCHE BASISDATEN

	2020	2019	2018	2017	2016
Umsatz (in Mrd. RMB)	n/a	n/a	219,28	247,06	277,83
Gewinn (in Mrd. RMB)	n/a	n/a	12,56	7,87	28,75
Aktienkurs Shanghai Oriental Pearl (Jahresende, in CNY)	8,94	10,15	10,50	13,12	17,92
Mitarbeiter	n/a	n/a	14.628	n/a	17.200

GESCHÄFTSFÜHRUNG

Wang Jianjun	President & Chairwoman
Gao Yunfei	President & Director
Teng Junjie	Chairman Board of Supervisors
Ling Gang	Senior Executive
Lixing Lu	Deputy Director, General Office

GESCHICHTE

Mitte der 1990er-Jahre, als sich Chinas wirtschaftliche Entwicklung beschleunigte und das Land den Beitritt zur Welthandelsorganisation anstrebte, machte sich die Führung der Kommunistischen Partei Sorgen, dass eine Öffnung des Landes den rückständigen und staatlich kontrollierten Mediensektor verwundbar machen könnte. Die Partei befürchtete, wie es damals hieß, »die Ankunft der Wölfe«: die starke Konkurrenz internationaler Nachrichtenkonzerne wie News Corp. und Time Warner. Angesichts des strategischen Charakters der Medien für eine Regierungspartei entschieden sich die Staatslenker für einen Weg der kommerziellen

Medienentwicklung und -konsolidierung, bei weiterhin strenger politischer Kontrolle.

Im Rahmen dieser Politik der »Stärkung der Medien« ging es um Zentralisierung, wurden lokale und nationale parteigeführte Medien ermutigt, größere Gruppen mit einem breiten Medienangebot zu bilden (Boulevardzeitungen, Zeitschriften, Fernseh- und Radiosender). Wie Xu Guangchun, stellvertretender Leiter der zentralen Propagandaabteilung, unter Berufung auf Militär-Metaphern schrieb: »Wir müssen den Aufbau von Mediengruppen beschleunigen, um die Wettbewerbsfähigkeit unseres Landes in der Medienindustrie zu stärken und um schließlich vielfältige und multifunktionale, überregionale und sektorübergreifende große Mediengruppen zu schaffen, die als ›Flugzeugträger‹ und ›gemeinsame Flotten‹ für Chinas Medien dienen und sich den Herausforderungen stellen, die durch große, ausländische Mediengruppen entstehen«. Anders gesagt: China brauchte seine eigenen Newscorps und Viacoms.

Von den zahlreichen, mit dem Staat verbundenen Medienkonzernen, die es heute in China gibt, ist die Shanghai Media Group (SMG) vielleicht das erfolgreichste Beispiel für den in den 1990er-Jahren begonnenen Prozess der »Medienstärkung«. Viele Jahre stand mit Li Ruigang eine Art Rupert Murdoch an der Spitze der SMG – 1969 in Schanghai geboren, Absolvent der Universität Fudan, Gaststudent an der New Yorker Columbia University mit den entsprechenden Englischkenntnissen, Journalist mit besten Kontakten zur Politik (zeitweise war er Medienberater des stellvertretenden Bürgermeisters von Schanghai). 2006, als Li Ruigang ein Imperium mit fünf Zeitungen, 13 Fernsehkanälen, 11 Radiosendern und einer Reihe von Internet- und Fernsehunternehmen kontrollierte, schrieb die *Los Angeles Times*: »Li bahnt einen Weg, dem Redstone und Murdoch werden folgen müssen«. Im selben Jahr bezeichnete die *New York Times* die SMG als »aufstrebendes chinesisches Konglomerat mit auffällig vielen Armen in den diversen Medien. Und einem großen Interesse an Partnerschaften mit ausländischen Firmen, die viel Geld in China machen wollen«.

Der Prozess, der zur Gründung der SMG führte, begann schon 2001 mit der Fusion einer Reihe von staatlichen Medienunternehmen unter dem Dach der Shanghai Media & Entertainment Group (SMEG). Wie alle lokalen Medien- und Rundfunkgruppen entstand die SMEG auf Initiative der Regierung. Anfang 2002 wurden die wichtigsten Mediengruppen Schanghais mit verschiedenen Kunst- und Kulturgruppen (wie z. B. Performance-Truppen) und anderen Vermögenswerten zusammengelegt.

Der Zusammenschluss führte zu fünf Segmenten: Medien, Live-Performance, Sport, Technologieentwicklung und Investitionen. Zu den wichtigsten Vermögenswerten auf der Medienseite gehörten Shanghai Television (STV), Shanghai Oriental Television (OTV), Shanghai Cable Television (SCATV), die Shanghai Radio Station (SRS) und Shanghai Eastern Radio Station (ERS). Neben 14 »Arts Troupes« und einer Reihe von Sportvereinen verfügte die Gruppe über verschiedene Immobilien, darunter Anteile an Schanghais Oriental Pearl Tower.

Die Fusionen waren einfach. Wesentlich schwieriger war die Umwandlung der verschiedenen Medien innerhalb der offiziellen Medienlandschaft Schanghais in ein funktionierendes Konglomerat. Obwohl Li Ruigang in den ersten Jahren betonte, die SMG sei »ein regionales Medienunternehmen, das sein Geld noch immer in Schanghai verdient«, sah sich die Gruppe bald nach Geschäftsoptionen im Ausland um. Zu den ersten Veränderungen gehörte 2003 die Neuausrichtung und Umbenennung des lokalen Fernsehsenders in »DRAGON TV« (wegen des tomatenförmigen Logos auch »Tomatenfernsehen« genannt). Die SMG profitierte vom wachsenden Werbemarkt und startete außerdem den Jugendsender CHANNEL YOUNG. Dazu wurde das China Business Network (Yicai Media Group) gegründet, ein Zusammenschluss wichtiger Wirtschaftsmedien, darunter YICAI TV, CHINA BUSINESS NEWS und CHINA BUSINESS WEEKLY.

2003 begann Li sich darum zu bemühen, Geschäftsbeziehungen mit wichtigen internationalen Playern zu etablieren, die sich davon einen Markteintritt in China versprachen. 2003 nahm SMG erstmalig am MIPTV-Markt in Cannes teil und entwickelte sich zur ersten Anlaufstelle für Hollywood-Studiobosse. Grund dafür war neben dem Standort Schanghai auch das relativ junge und im Vergleich zu den Medienkonglomeraten in anderen Provinzen dynamischere Team um Li. Die SMG avancierte so innerhalb weniger Jahre zum wichtigsten Ansprechpartner für ausländische Medienkonzerne in China. Im März 2004 etwa vereinbarte die SMG mit Viacom, Kinderprogramme in Schanghai zu produzieren. Es war ein Meilenstein: das erste Joint Venture nach der Öffnung der chinesischen Fernsehproduktion für ausländische Investitionen. Für die offiziellen staatlichen Medien bedeutete der SMG/Viacom-Deal »eine weitere Öffnung des geschützten chinesischen Mediensektors«.

Ebenfalls 2004 schloss sich die SMG mit Universal Music zusammen für ein Joint Venture zur Förderung von chinesischen Künstlern und Talenten. Ein weiterer wichtiger Schritt für die wachsende Bedeutung der SMG als kreative Kraft im Unterhaltungsbereich. Zu diesem Zeitpunkt waren die SMG und Li Ruigang praktisch zum Synonym für ausländische Hoffnungen auf den Zugang zum chinesischen Medienmarkt geworden. »Er ist mein Freund«, so Redstone über Li. »Wir betrachten ihn als Visionär und Pionier, als eine wichtige Triebkraft, um ausländische Inhalte nach China zu bringen«. 2005 begann die SMG im Rahmen eines Joint Ventures mit Nickelodeon (Viacom) mit der Koproduktion von Kinderprogrammen für 30 chinesische Kabelkanäle.

Die Transformation der Shanghai Media Group war ein langer Prozess. Eines der Probleme war, eine Unternehmenskultur abzubauen, in der der Gehorsam gegenüber Regierungsaufträgen der sicherste Weg zur Karriere war. Und eine kreativere Unternehmenskultur zu schaffen, die in der Lage war, unternehmerische Entscheidungen zu treffen und Risiken einzugehen. Die Änderungen der internen Betriebsmechanismen und die »Freisetzung neuer Entwicklungsenergien« führten zu »einer Menge Schocks«, so ein Medienexperte aus Schanghai. Arbeitsabläufe, Organisationsstrukturen, Kollegen und Chefs mussten sich ändern. Was sich dem dauerhaft entgegenstellte war die Regierungsnähe der SMG und ihr angestammtes lokales Monopol.

Oft widersprüchliche Regierungsauflagen waren eine weitere Hürde für die Entwicklung von Beziehungen zu ausländischen Mediengruppen. 2005 etwa stellte die Rundfunkaufsichtsbehörde SARFT neue Vorschriften auf, die ausländische Unternehmen daran hinderten, inländische Kanäle und andere Medien zu kaufen. Zu der Zeit war in China zunehmend von »kultureller Sicherheit« die Rede. Was zurückzuführen war auf einen neuen Konservatismus der chinesischen Führung nach dem Tumult der Jahre 2003 und 2004, der aggressiven Berichterstattung über die SARS-Epidemie. Die SMG musste Pläne für Partnerschaften mit ausländischen Medienkonzernen auf Eis legen – ein Rückschlag für Li. »Ich habe, um ehrlich zu sein, sehr viele Ambitionen«, sagte er 2006. »Ich möchte noch viel mehr tun. Aber ich habe das Gefühl, dass es noch Grenzen gibt.« Für ihn war die SMG weiterhin der »Medienarm der Regierung«.

Auf Provinzebene hatte die SMG weiterhin Erfolg, expandierte bei Produktion und Vertrieb und erwies sich als eine der kreativsten Mediengruppen Chinas. Die internationale Expansion aber, die Überwindung des lokalen Monopolstatus blieb schwierig. Schanghai war ein Markt, der verglichen mit Peking und insbesondere Guangzhou als »wirtschaftlich reich, aber politisch zahm« galt. 2007 machte die Region nur ein Sechstel des wachsenden chinesischen Werbemarkts aus. Die Gruppe profilierte sich zunehmend im »kreativen« Bereich, außerhalb des schwierigen Terrains von Nachrichten. Dafür mehr im »relativ sicheren Bereich« der Wirtschaftsnachrichten. 2006 ging das China Business Network eine strategische Allianz mit CNBC ein. Bis 2007 war die Shanghai Media Group in China klarer nationaler Marktführer bei der Einführung von IPTV über seine Tochtergesellschaft für digitale Medien BesTV, ein Joint Venture mit Microsoft, für das die SMG die Inhalte bereitstellte. Im selben Jahr startete auch ein englischsprachiger TV-Kanal (damals erst der Zweite des Landes). Außerdem gab es Kooperationen mit weiteren Unternehmen aus dem asiatisch-pazifischen Raum, beispielsweise mit Singapore Telecommunications Limited (Singtel) für die Einführung eines Pay-TV-Dienstes. 2008 meldete die Shanghai Media Group einen Gesamtumsatz in Höhe von 878 Millionen US-Dollar und einen Gewinn von 100 Millionen Dollar.

Die nächste große Veränderung fand im Oktober 2009 statt. Die SMG wurde mit dem Mutterkonzern SMEG fusioniert. Die (politisch sensiblen) Bereiche Rundfunk und Nachrichten blieben allerdings unter der Aufsicht des Schanghai-Komitees der Kommunistischen Partei und wurden vom Entertainment-Sektor abgespalten, der allerdings so für private und ausländische Investitionen geöffnet wurde. Danach ergaben sich weitere kreative, auch lukrative Partnerschaften. 2012 etwa gründete die SMG zusammen mit China Media Capital (CMC), einem 2009 von Li Ruigang gegründeten Investmentfonds, und der Universal-Pictures-Tochter Dreamworks Animation die chinesische Produktionsfirma Oriental Dreamworks. 2013 gründete BesTV mit Disney ein erfolgreiches Joint Venture für die Produktion und den Vertrieb von digitaler Unterhaltung. Was im darauffolgenden Jahr vertieft wurde, als die Shanghai Media Group und Disney bekannt gaben, ihre »strategische Beziehung« auf die Entwicklung, die Koproduktion, den Vertrieb und das Marketing von Inhalten auszuweiten. 2015 dann gründete die SMG ein Joint Venture mit Freemantlemedia (Großbritannien) zur Koproduktion von Unterhaltungsformaten für den chinesischen Markt. Zusätzlich schloss die SMG eine Reihe von Vereinbarungen über die gemeinsame Nutzung von Inhalten ab, unter anderem 2014 mit der Australian Broadcasting Corporation (ABC).

Mit der Ablösung von Li Ruigang durch Wang Jianjun, die vom »Informationsbüro Schanghai« kam, begann 2015 eine neue Ära. Der Schwerpunkt verlagerte sich auf die Entwicklung der SMG-Präsenz im »Ökosystem des Internets«, mit Internet-TV im Mittelpunkt. Man konzentrierte sich vor allem auf Over-the-Top-Mediendienste (OTT) und erkannte auch bald die notwendige Verlagerung auf mobile Dienste. Wie Wang Jianjun erklärte, hatte die SMG zunächst versucht, ihr mobilfunkbasiertes Geschäft über bestehende Plattformen aufzubauen: Social-Media-Plattformen also wie Sinas Weibo und Tencents WeChat. Schließlich aber wurde klar, dass man »mehr mobile Vorzeigeprodukte« entwickeln müsse. So begann die SMG beispielsweise im Juni 2015 damit, eine »BesTV«-Anwendung für Videostreaming auf Mobiltelefone zu entwerfen. Diese Dienste ermöglichten die Verbreitung von Inhalten über SMG-Partnerschaften, wie sie z. B. 2016 mit dem US-Basketballverband geschlossen wurden, sowohl über *mobile* als auch über andere Plattformen.

Eine weitere wichtige Entwicklung, die der Shanghai Media Group Vorteile im Technologiebereich verschaffte, war 2015 eine 193 Millionen US-Dollar schwere Investition des Technikgiganten Alibaba in die SMG-Tochter China Business Network. Ein Schritt, der CBN und Alibaba in die Lage versetzt, Finanznachrichten in die Datenanalyse zu integrieren und so einen echten datenorientierten Finanzinformationsanbieter in China zu schaffen, der mit den wichtigen Akteuren in diesem Bereich, insbesondere Bloomberg, konkurrieren kann.

MANAGEMENT

Trotz Li Ruigangs Abgang 2015 blieb seine persönliche Bindung an die Shanghai Media Group bestehen. Dies ist zurückzuführen auf seine Bedeutung als Schlüsselakteur bei der kommerziellen Reform und der Expansion der chinesischen Medien. Doch das Geschäft zwang ihn immer dazu, die Rollen zu tauschen, mal als Medieninvestor und Unternehmer, mal als Beamter, wobei er immer die Prioritäten der Regierung berücksichtigte. Wer mit Chinas Medienlandschaft weniger vertraut ist, wird kaum verstehen, dass Li 2011 zum stellvertretenden Generalsekretär des Kommunalparteikomitees von Schanghai ernannt wurde, womit er ins Zentrum der lokalen Macht von Schanghai, Chinas größter Stadt, gerückt wurde, während er gleichzeitig bei der SMG aktiv blieb und ein Symbol für Innovation im Medienbusiness war. In einer Wirtschaftspublikation wurde Li treffend als »Unternehmer im System« bezeichnet. Oder wie Meng Jian, stellvertretender Dekan der Fakultät für Journalismus und Kommunikation der Fudan-Universität, sagte: »Li war ein Reformer.«

Es ist sicherlich schwer, jemanden wie Li als Vorgänger zu haben. Die nächste Führungsgeneration der SMG jedenfalls blieb in der Öffentlichkeit deutlich weniger sichtbar. Was sie jedoch mit Li gemeinsam haben, sind Wurzeln von »innerhalb des Systems« tätigen Medienmanagern, die entweder aus der staatlichen Medienproduktion und/oder aus dem Medienregulierungssystem stammen.

Wang Jianjun, die derzeitige Vorstandsvorsitzende der SMG, kam nach einer Karriere im Schanghaier Informationsministerium im September 2010 zur SMG. Sie begann ihre Arbeit in der Schanghaier Regierung kurz nach Abschluss ihres Grundstudiums an der Ostchinesischen Universität für Politik- und Rechtswissenschaften. Später erlangte sie einen Master-Abschluss in Wirtschaftsmanagement an der Zentralen Parteischule (die offizielle Institution zur Weiterbildung von KPCh-Beamten). In ihrer Autobiografie schrieb sie, dass sie »mehr als zwei Jahrzehnte lang in Schlüsselpositionen in der Regierung von Schanghai tätig war, in den Bereichen Kommunikation, Werbung und Markenbildung«. Jianjun, die in die SMG-Geschäftsführung nach Ende der Schanghaier Weltausstellung rückte, arbeitete eng mit Li Ruigang bei der Umsetzung der Fusion von SMG und SMEG nach 2009 zusammen. Im Januar 2015 wurde sie zur Geschäftsführerin der SMG ernannt, obwohl Li Ruigang bis 2017 als Parteifunktionär an der Spitze der Gruppe blieb (und sich dabei auf seinen Investmentfonds China Media Capital konzentrierte). Wang Jianjun zeigte sich in der Folge weniger lautstark als Li, und selbst nachdem sie den Chefposten übernommen hatte, wurde kaum etwas über sie öffentlich bekannt.

Gao Yunfei, SMG-Direktor und Präsident, arbeitete in den 1990er-Jahren beim Regionalfernsehen in Schanghai, von 1994 bis 1997 z. B. als Moderator von *News Perspective*, einem der wichtigsten Nachrichtenprogramme des Senders. 1998 wurde er in die Propagandaabteilung von Schanghai berufen, kam aber im April 2000 mit der Ernennung zum stellvertretenden Direktor von SHANGHAI CABLE TV wieder zurück zum Fernsehen. Von 2013 bis April 2016 fungierte Gao als stellvertretender Direktor der Wenhui Xinmin Press Group, einer der größten staatlichen Pressegruppen Schanghais. Gao ist wie Li Ruigang und Wang Jianjun ein karriereorientierter Pressesprecher, der zwischen der politischen Bürokratie und der Welt des Mediengeschäfts agiert.

Der Aufsichtsratsvorsitzende Teng Junjie kümmert sich um die Filmproduktion und ist eine der Schlüsselfiguren der Gruppe. Teng führte bei vielen offiziellen Dokumentarfilmen und Live-Veranstaltungen Regie, er genießt in China einen überaus guten Ruf als Filmautor innerhalb des parteistaatlichen Mediensystems. 2001 produzierte er beispielsweise die Eröffnungszeremonie des Forums für Asiatisch-Pazifische Wirtschaftliche Zusammenarbeit (APEC), an der US-Präsident George W. Bush teilnahm, und 2010 die Eröffnungs- und Abschlusszeremonie der Weltausstellung in Schanghai. Teng drehte Filme im Musiktheater- und traditionellen Opernstil, die sich mit der Geschichte der Kommunistischen Partei Chinas befassen – wie die chinesische Fassung des sowjetischen Kriegsdramas *Die Morgendämmerung ist still*, die 1972 anlässlich des 70. Jahrestags der diplomatischen Beziehungen zwischen Russland und der VR China entstand. Dazu ist Teng Vorsitzender der Shanghai Television Artists Association.

GESCHÄFTSBEREICHE

Oriental Pearl Group Co., Ltd.: SMG-Tochtergesellschaft mit zahlreichen weiteren Töchtern in den vier Geschäftsbereichen: Medien und Internet; Film, Fernsehen und Unterhaltung; Kultur und Tourismus; Video-Shopping. Im Tourismusgeschäft ist einer ihrer wichtigsten Immobilienwerte der ikonische Shanghai Oriental Pearl Tower. Shanghai Oriental Pearl ist auch die Mutter der Mobilplattform BesTV, der Produktionsfirma SMG Pictures und des Programmvertriebs WingsMedia. Die Gruppe ist an der Schanghaier Börse notiert.

Yicai Media Group: Die Finanznachrichten-Sparte der Shanghai Media Group, zuvor das »China Business Network«. 2015 übernahm die Jack Mas Alibaba Group eine 30-prozentige Beteiligung an der Yicai Media Group, die heute mit Bloomberg, Dow Jones, Nikkei und anderen globalen Mediendiensten zusammenarbeitet. Dazu gehört die englischsprachige Website *yicaiglobal.com*, mit dem Slogan »China: Inside Out«.

Shanghai Film Group Corporation: Die Film-, Animations- und Dokumentarfilmproduktionsgruppe entstand 2001 mit dem Zusammenschluss mehrerer Filmstudios in Schanghai. Die Gruppe war an der Kofinanzierung amerikanischer Major-Produktionen wie *Jack Reacher* und *Star Trek: Beyond* beteiligt (mit Paramount Pictures).

Dragon Television: Satellitenfernsehsender der Provinz Schanghai, der 1998 unter dem Namen »SHANGHAI TELEVISION« startete und 2003 umbenannt wurde. Der Sender ist auch in Nordamerika, Japan, Australien und Europa empfangbar.

AKTUELLE ENTWICKLUNGEN

Die Shanghai Media Group ist ein wichtiger Akteur in der globalen Filmproduktion, zusammen mit China Media Capital (CMC), der öffentlichen Beteiligungs- und Risikokapitalfirma, die vom ehemaligen SMG-Chef Li Ruigang gegründet worden war. 2019 kündigte die Gruppe eine Zusammenarbeit mit dem britischen »Secret Cinema« an, um in China das »immersive Kino« einzuführen, bei dem dem Publikum Charaktere zugewiesen werden, die mit dem Film interagieren. Diese Kooperation erinnert daran, wie kreativ und zukunftsorientiert diese nach wie vor staatlich geführte chinesische Mediengruppe sein kann. Auch die technologische Entwicklung im Film- und Fernsehbereich hat man vorangetrieben und in Bereichen wie der 8K-Auflösung, der derzeit höchsten Auflösung nach dem hochauflösenden Fernsehstandard UHDTV, stark investiert. Im September 2019 nahm die SMG in der dem Konzern gehörenden Mercedes-Benz Arena (Schanghai) ein neues, hochmodernes Labor für die Verarbeitung von Filmmaterial in Betrieb. Dazu gehören zwei Projektionssäle für 8K-Hochauflösungsfilme.

Auch vom boomenden mobilen Internet in China will die SMG profitieren. 2019 startete man beispielsweise Hunderte neuer mobilfunkbasierter Online-Kurse über die konzerneigene soziale Anwendung Ajmide für Audio – damit erschließt sich die SMG einen Markt von mehr als 20 Millionen Online-Lernenden.

12.

Microsoft Corporation

Umsatz 2020: 27,392 Mrd. USD (23,98 Mrd. EUR)

ÜBERBLICK

Microsoft ist der größte Softwareproduzent der Welt. Zwar sind die erfolgreichsten Produkte das Betriebssystem Windows, die Bürosoftware Microsoft Office und das boomende Server- und Cloud-Geschäft. Doch über seine massiv expandierende Xbox-Games-Sparte und das florierende Jobportal/Social Network LinkedIn tritt das Unternehmen auch als Medien- und Online-Konzern in Erscheinung.

Zur Einordnung von Microsoft in das Medienkonzern-Ranking berücksichtigen wir die Umsätze aus den Geschäftssparten »Gaming«, »Search advertising« und »LinkedIn«.

BASISDATEN

Hauptsitz:
One Microsoft Way
Redmond, WA 98052-7329
Tel: 001 425 882 8080
Internet: www.microsoft.com/en-us/investor

Branche: Spiele, Werbung, Software, Cloud Computing
Rechtsform: Aktiengesellschaft
Geschäftsjahr: 01.07.-30.06.
Gründungsjahr: 1975

ÖKONOMISCHE BASISDATEN

	2020	2019	2018	2017
Gesamtumsatz (in Mio. USD)	143.015	125.843	110.360	96.571
Gewinn (Verlust) (in Mio. USD)	44.281	39.240	16.571	25.489
Aktienkurs (in USD, Jahresende)	206,26	133,96	98,61	68,93
Beschäftigte	163.000	144.000	131.000	124.000

MEDIENUMSATZ (IN MIO. USD)

	2020	2019	2018	2017
Gaming	11.575	11.386	10.353	9.051
Search advertising	7.740	7.628	7.012	6.219
LinkedIn	8.077	--	--	--
Summe	27,392	19.014	17.365	15.270

MANAGEMENT (AUSWAHL)

Satya Nadella	Chief Executive Officer
Judson Althoff	Executive Vice President, Chief Commercial Officer
Chris Capossela	Chief Marketing Officer, Executive Vice President, Marketing and Consumer Business
Kurt DelBene	Executive Vice President
Kathleen Hogan	Executive Vice President, Human Resources
Amy Hood	Executive Vice President and Chief Financial Officer

Rajesh Jha	Executive Vice President, Experiences and Devices
Takeshi Numoto	Commercial Chief Marketing Officer
Ryan Roslansky	CEO of LinkedIn
Kevin Scott	Chief Technology Officer und Executive Vice President, Technology and Research
Phil Spencer	Executive Vice President, Gaming
Christopher Young	Executive Vice President, Business Development, Strategy and Ventures

BOARD MEMBERS

Satya Nadella	CEO Microsoft
John W. Thompson	Chairman
Reid Hoffman	Greylock Partners
Hugh Johnston	CFO PepsiCo
Teri List	CFO Gap, Inc.
Sandra E. Peterson	Clayton, Dubilier & Rice
Penny Pritzker	PSP Partners
Charles W. Scharf	Wells Fargo & Company
John W. Stanton	Trilogy Partnerships
Emma Walmsley	GlaxoSmithKline
Padmasree Warrior	Fable Group Inc.

GESCHICHTE

1955 wurde William Henry Gates III in Seattle geboren, als Sohn eines Anwalts und einer Lehrerin. Ab 1967 ging er auf die renommierte Lakeside-Privatschule, wo er Paul G. Allen kennenlernte. 1972 gründeten Gates und Allen, »Nerds, wie sie im Buche stehen«, die Firma »Traf-O-Data«, deren erster Auftrag darin bestand, ein Analyseprogramm zur Messung des Autoverkehrs zu entwickeln. Ein Jahr später trennten sich die Wege der beiden. Allen besuchte die Washington State University, während Gates zum Studium nach Harvard ging. Dort freundete er sich mit Steve Ballmer an, der 1998 Präsident von Microsoft werden sollte.

Dem Gründungsmythos zufolge war das wichtigste Ereignis der Microsoft-Geschichte das Hobby-Technik-Magazin *Popular Electronics* vom Januar 1975. Auf der Titelseite war eine Abbildung des damals leistungsstärksten Minicomputers, dem Altair 8800, der nach einem Ort im »Star Trek«-Universum benannt war und der als Vorläufer des heutigen Personal Computers gilt. *Popular Electronics*-Leser konnten für 400 Dollar einen Altair-Bausatz bestellen. Als Paul Allen den Artikel las, hatte er die Vision von einem riesigen Markt für eine von ihm und Gates programmierte Software: Es ging im Prinzip darum, eine Art Brücke zu schaffen zwischen den zu der Zeit für Laien kaum brauchbaren, einfachen Rechenmaschinen und den Endverbrauchern. Das Duo entwickelte eine Version der Programmiersprache BASIC (»Beginner's All-purpose Symbolic Instruction Code«) für den Altair. Allen und Gates verkauften ihr »Altair BASIC« an den Altair-Entwickler MITS (Micro Instrumentation and Telemetry Systems) mit einem Kaufvertrag, der wesentlich zum späteren Erfolg von Microsoft beitrug. MITS durfte die BASIC-Version auf ihren Computern vertreiben, musste dafür aber den Rechteinhabern Gates und Allen einen Anteil an jedem verkauften Rechner zahlen.

Im August 1975 eröffneten Gates und Allen ein erstes Büro in Albuquerque und nannten ihre Firma »Micro-Soft«, als Kurzformel für »Microcomputer-Software«. Ein Jahr später verschwand der Bindestrich. Sie vereinbarten: Allen würde 36 Prozent der Anteile an dem Unternehmen erhalten, Gates 64 Prozent. Er war der Meinung, einen größeren Beitrag geleistet zu haben. In ihrem ersten Geschäftsjahr erwirtschaftete Microsoft einen Umsatz von 100.000 US-Dollar. 1977 expandierte Microsoft, indem man die eigene BASIC-Version auch für die Computerhersteller Tandy (»TRS-80«), Commodore (»PET«) und Apple (»Apple II«) produzierte. Bill Gates war daraufhin so sehr mit seiner Firma beschäftigt, dass er das Studium in Harvard abbrach.

1978 wurde die Firmenzentrale von Albuquerque nach Bellevue, Washington (östlich von Seattle), verlegt. Zu diesem Zeitpunkt beschäftigte Microsoft nur zwölf Mitarbeiter, konnte aber trotzdem bald die Umsatz-Schallmauer von einer Million Dollar durchbrechen. Anfang der 1980er-Jahre wurden entscheidende Weichenstellungen vorgenommen. Gates Studienfreund Steve Ballmer kam dazu, zunächst als Assistent des Präsidenten. Zu der Zeit verschob Microsoft seinen Fokus von Programmiersprachen auf Betriebssysteme. Wichtigster Abnehmer wurde IBM, an das Gates ein im Wesentlichen auf der Software QDOS basierendes Betriebssystem lizenzierte. An andere Hardware-Hersteller wurde das Programm unter dem Namen MS-DOS verkauft. Der Jahresumsatz überstieg bald acht Millionen Dollar.

Zum ganz großen Erfolg verhalf Microsoft das Betriebssystem Windows. Seit 1981, als Apple und VisiCorp der Öffentlichkeit erstmals so genannte GUIs (Graphical User Interfaces) präsentierten, war Microsoft gefordert, ein ähnliches grafisches und Maus-unterstütztes Betriebssystem zu präsentieren. Klar ist, dass Gates bei der Entwicklung von Windows von Apples Betriebssystem MacOS inspiriert wurde; Apple-Chef Steve Jobs hatte Gates persönlich frühe Prototypen des MacIntosh gezeigt. Als Windows 1.0 1985 auf den Markt kam, war das Programm fehlerhaft und sehr langsam. Im Prinzip handelte es sich bei der ersten Windows-Version um eine erweiterte Form von MS-DOS. Um Windows zu verbessern, traf sich Gates zu geheimen Verhandlungen mit Apple und lizenzierte einige Features von MacOS, zum Beispiel den »Papierkorb«, überlappende Fenster und Multitasking-Funktionen. Im Gegenzug erhielt Apple Garantien, dass Microsoft sein Schreibprogramm Word auch für den MacIntosh-Rechner entwickeln und die Veröffentlichung von Excel auf das Jahr 1986 verschieben würde.

Aus Platzgründen zog Microsoft im Februar 1986, wenige Wochen vor dem Börsengang am 13. März, auf ein 12 Hektar großes Grundstück in Redmond, dem Stadtteil neben Bellevue. Der »Microsoft Redmond Campus« entstand, bis heute befindet sich hier das Hauptquartier des Konzerns. Schon 1983, kann an dieser Stelle erwähnt werden, war Mitgründer Paul Allen bei Microsoft nach einer Lymphdrüsenkrebs-Diagnose ausgeschieden. 2000 trat er auch aus dem Aufsichtsrat zurück.

Die Windows-Version 2.0 von 1987 war fast deckungsgleich mit MacOS, auch für Laien daran erkennbar, dass sie erstmals Icons, die Dateien darstellten, beinhaltete. Apple war der Meinung, der Lizenz-Deal würde sich nur auf Windows 1.0 beschränken, warf Microsoft Urheberrechtsverletzungen vor und verklagte das Unternehmen. Die Folge war der sechsjährige Mammutprozess »Apple Computer, Inc. vs. Microsoft Corporation«. Der zentrale Vorwurf der Apple-Anwälte lautete, dass Microsoft das Copyright-geschützte »Aussehen und Gefühl« (*look and feel*) des MacIntosh-Betriebssystems kopiert habe. Microsoft behauptete hingegen, Apple habe den Prozess nur begonnen, um an die geistigen Eigentumsrechte für grafische Benutzeroberflächen im Allgemeinen zu gelangen. 1994 wies das zuständige Gericht bis auf Details alle Vorwürfe von Apple zurück.

1995 kam Windows 95 auf den Markt, sieben Millionen Exemplare wurden in den ersten fünf Wochen verkauft. Es waren die Jahre des »ungebremsten Wachstums«, als Microsoft quasi eine Monopolposition erreichte. Auf 80 Prozent aller Computer weltweit lief ein Betriebssystem von Microsoft. Auch die Online-Expansion mit dem »Microsoft Network« (MSN) startete, das nach sieben Monaten mit über einer Million Nutzern in mehr als 190 Ländern der weltweit erfolgreichste Internet-Dienstleister war. Im gleichen Jahr wurde MSNBC gegründet, ein 24-Stunden-Nachrichtensender von NBC und Microsoft. Auch der Reisedienst Microsoft Expedia ging online und für 400 Millionen kaufte Microsoft den E-Mail-Dienst Hotmail. Umfragen zufolge war Microsoft damals das meistbewunderte Unternehmen der USA.

In den 1990er-Jahren hatte Microsoft seine Marktmacht genutzt und seine Betriebssysteme mit dem eigenen Browser des Internet Explorer gebündelt. Was 1998 eine Antitrust-Klage nach sich zog. Der Vorwurf: Von 1995 bis 1998 habe Microsoft den Konkurrenzbrowser Netscape Navigator »unlauter verdrängt«. Die Sache würde als »Browserkriege« oder »browser wars« erinnert werden, an dessen Ende eine Abmahnung für Microsoft stand. Vorbei war es aber noch nicht, wie man sehen wird. 1998 kam Windows 98 auf den Markt, 1999 verzeichnete man einen Jahresumsatz von knapp 20 Milliarden Dollar. Steve Ballmer (Jg. 1956) war von Gates schon 1980 geholt worden, 1993 war sein achtprozentiger Anteil am Kapital erstmals über eine Milliarde Dollar wert. 1998 machte Gates ihn zum Präsidenten, 2000 zu seinem Nachfolger als CEO.

Nach einer weiteren Kartellklage wurde nach einem Urteil 2000 eine Aufspaltung von Microsoft beschlossen. Zu der es aber nie kam, nachdem George W. Bush, US-Präsident seit 2001, einen neuen Leiter der US-Kartellbehörde ernannt hatte. Das Urteil wurde aufgehoben, Microsoft konnte mit den umstrittenen Produktbündelungen weitermachen (jetzt mit dem Windows Media Player). Im selben Jahr stieg man mit der Entwicklung der Konsole Xbox in den Videospielmarkt ein und konnte sich erfolgreich neben Nintendo und Sony auf dem Markt etablieren.

2003 dann das Ende der »Browserkriege«, als Microsoft als Teil eines Vergleichs 750 Millionen Dollar an AOL Time Warner zahlte (AOL hatte Netscape 1998 übernommen). Im März 2004 aber gab es schon die nächste Strafzahlung. Wieder ging es um Monopolmissbrauch (diesmal um den gebündelten Windows Media Player). Die Europäische Union verhängte eine Strafzahlung von 497 Millionen Euro mit der Auflage, neue Windows-XP-Versionen nur noch ohne den Media Player anzubieten.

Die Boomjahre kamen ab ungefähr 2007 an ihr Ende. Microsoft verpasste den Einstieg beim »next big thing« des Smartphones, die

Entwicklung eines Betriebssystems für mobile Geräte hatte man Google und Apple überlassen. 2008 dann verhängte die Europäische Kommission erneut ein Bußgeld (diesmal in Höhe von 899 Millionen Euro). Microsoft hatte sich einfach geweigert, den 2004 verhängten Strafzahlungen und Auflagen nachzukommen. 2012 dann gab es den ersten Quartalsverlust in der Firmengeschichte, 2013 die nächste EU-Strafzahlung. 561 Millionen Euro, weil man dem Betriebssystem Windows 7 keine Konkurrenzbrowser beigefügt hatte.

Zwar machte Microsoft in der Folge noch immer gewaltige Umsätze, doch das Kerngeschäft war rückläufig. Anstatt Innovationen voranzutreiben, und trotz dem Kauf von Skype (2011 für 8,5 Milliarden Dollar) und der Mobiltelefonsparte von Nokia (2014 für fünf Milliarden Dollar) kopierte Microsoft die Konkurrenz nur, und das erfolglos. Die iPod- und iPhone-Klone Zune und Kin verschwanden schnell in der Versenkung. Der Wandel zum mobilen Internet wurde von Microsoft komplett verschlafen: 2014 hatten die Smartphone-Betriebssysteme des Unternehmens nur einen geringen Marktanteil von vier Prozent.

2013 kündigte Steve Ballmer seinen Rücktritt an und die Microsoft-Aktie legte gleich um zehn Prozent zu. 2014 trat er ab und wurde durch Satya Nadella ersetzt, zu dem Zeitpunkt 46 Jahre alt. Mit ihm kam eine neue Strategie, ein, wie in der Presse stand, »neues Microsoft«. Der Wandel bestand darin, das Geld nicht mehr mit dem Verkauf von regelmäßig erneuerten Betriebssystemen und Office-Programmen zu verdienen, sondern mit »Softwarenutzung als Dienstleistung über das Netz, inklusive Rechenleistung und Speicherplatz«. Nadellas Mantra: »Mobile first, cloud first«. Weitere Signale, die Microsoft unter Satya Nadella setzte: die 26 Milliarden Dollar teure Übernahme des kalifornischen Karrierenetzwerks LinkedIn in 2016 und das Projekt der Datenbrille ›Holo Lens‹, laut Nadella eine revolutionäre neue Benutzeroberfläche, die allerdings bisher nur in streng limitierter Auflage erhältlich ist.

MANAGEMENT

Satya Nadella, zuvor Chef der Cloud-Sparte, ist Microsoft-Geschäftsführer seit Februar 2014. Nach Bill Gates und Steve Ballmer ist er erst der dritte Boss der Unternehmensgeschichte – und mit seiner bedächtigen Art das Gegenteil seines beizeiten cholerischen Vorgängers Ballmer.

Nadella stammt aus dem indischen Hyderabad und war Manager beim Hardware-Hersteller Sun Microsystems (heute Oracle), bevor er 1992 zu Microsoft wechselte. Eine seiner ersten Amtshandlungen bestand darin, von den Mitarbeitern in einer Rundmail einen »fundamentalen kulturellen Wandel« einzufordern. Um dann bekanntzugeben, dass Microsoft ab jetzt den Fokus auf das Geschäft mit Cloud-Diensten legen werde.

Bill Gates, weltweit bekannter Microsoft-Gründer, mit einem Vermögen von 98 Milliarden Dollar 2020 laut *Forbes* zweitreichster Mensch der Welt (nach Jeff Bezos) und seit 1994 in erster Ehe mit der Programmiererin Melinda French verheiratet, verkündete 2006 seinen Rückzug aus dem Tagesgeschäft und gab 2014 auch den Posten als Aufsichtsratsvorsitzender ab. Heute widmet sich der Philanthrop Gates hauptsächlich der »The Bill & Melinda Gates Foundation«, der mit Abstand größten Privatstiftung der Welt. Am 3. Mai 2021 allerdings gaben Bill und Melinda Gates das Ende ihrer Ehe bekannt. Laut *Wall Street Journal* hatte sich French Gates schon im Oktober 2019 mit Scheidungsanwälten getroffen, nachdem Beziehungen ihres Mannes zum im selben Jahr angeklagten und später in der Haft vermutlich durch Suizid verstorbenen Sexualstraftäter Jeffrey Epstein bekannt wurden.

GESCHÄFTSBEREICHE

Die Geschäfte von Microsoft sind unterteilt in:

Productivity and Business Processes erzielte 2020 einen Umsatz i.H.v. 46,4 Mrd. Dollar u.a. mit dem Office 365-Softwarepaket (als Abonnement) und dem sozialen Netzwerk für Geschäftskontakte LinkedIn mit über 750 Millionen registrierte User in 150 Ländern.

Die **Intelligent Cloud**-Sparte besteht im Wesentlichen aus Cloud-Computing-Plattform Azure.

Mit **More Personal Computing** erzielte Microsoft 2020 einen Umsatz i.H.v. 48,25 Mrd. Dollar. Das Segment beinhaltet das Betriebssystem Windows, Geräte (darunter die Tablet-PC-Familie »Surface«), das *Search business* (die Suchmaschine Bing, Microsoft Advertising) und Gaming (Xbox-Hardware und -Software) inklusive 15 Games-Entwicklern: Xbox

Game Studios Publishing, Obsidian, Ninja Theory, Mojang Studios, Inxile Entertainment, The Initiative, Playground Games, Rare, Undead Labs, Turn 10, 343 Industries, World's Edge, The Coalition, Compulsion Games und Double Fine. Seit der 7,5 Milliarden schweren Übernahme von ZeniMax Media kontrolliert Microsoft auch Publisher Bethesda Softworks (*Fallout*, *The Elder Scrolls*, *Doom* und *Wolfenstein*) sowie die Entwicklerstudios Arkane, id Software und Machine Games.

AKTUELLE ENTWICKLUNGEN

Nachdem Microsoft in der vergangenen Konsolengeneration von der über 110 Millionen mal verkauften PlayStation 4 deutlich überholt wurde, setzt die Xbox-Sparte jetzt zum Frontalangriff auf den japanischen Konkurrenten an. Mit der Xbox Series X/S verfügt Microsoft nun über die (minimal) technisch ausgereiftere Konsole und will Gamer durch seinen abobasierten Streaming/Download-Service Game Pass an sich binden. Dafür fährt Microsoft eine an Netflix angelehnte Strategie: Sämtliche First-Party-Games (also Spiele aus den zahlreichen konzerneigenen Entwicklerstudios, inklusive massiven Blockbustern wie *Halo* oder *Forza*) werden vom ersten Tag ohne zusätzliche Kosten zum Download angeboten. Der Schlüssel für diesen Plan sind hochkarätige Exklusivtitel- und durch die Übernahmen von ZeniMax Media und den spektakulären, jedoch noch nicht genehmigten Kauf von Activision (*Call of Duty*, *Candy Crush*) hat sich Xbox in eine exzellente Position in den im vollen Gange befindlichen console wars gebracht.

Derweil hat sich die 26 Milliarden schwere, 2016 als extrem risikoreich kritisierte Übernahme von LinkedIn deutlich ausgezahlt: Inzwischen erwirtschaftet der Hybrid aus Jobbörse und sozialem Netzwerk durch Jobanzeigen und kostenpflichtige Premium-Abos Milliardenumsätze – und hat Appetit auf mehr gemacht. Die Übernahme des US-Geschäfts von ByteDances populärer TikTok-App scheiterte 2020 jedoch, den Zuschlag erhielt schließlich Konkurrent Oracle, ehe die Biden-Administration den Prozess vorerst auf Eis legte.

13.

Altice Europe N.V./Altice USA, Inc.

Umsatz 2020: 23,74 Mrd. EUR

ÜBERBLICK

2017 brachte Firmengründer Patrick Drahi sein US-Geschäft unter dem Namen »Altice USA« (ursprünglich Cablevision, viertgrößtes Kabelfernsehunternehmen der USA) an die Börse. Die übrigen weltweiten Aktivitäten (z.B. Kabel-TV, Pay-TV, Presse, Telekommunikation) bleiben unter dem Dach von Altice Europe N.V. in Amsterdam. Drahi ist nach wie vor in beiden Firmen in hohen Positionen tätig.

BASISDATEN

Hauptsitz:
Altice N.V.
Prins Bernhardplein 200
1097 JB Amsterdam
Niederlande
Telefon: 0041 79 946 49 31
Internet: altice.net

Altice France
16 Rue du Général Alain de Boissieu
75015 Paris
Frankreich
Telefon: +33 1 85060000
Internet: alticefrance.com

Altice USA
1 Court Square
West Long Island City
New York 11101
USA
Telefon: +1 516 8032300
Internet: investors.alticeusa.com

Branche: Kabelnetze, Telekommunikation, TV, Sportrechte, Zeitungen, Zeitschriften
Rechtsform: Aktiengesellschaft
Geschäftsjahr: 01.01-31.12.
Gründungsjahr: 2001

ÖKONOMISCHE BASISDATEN ALTICE EUROPE N.V.

	2020	2019	2018	2017	2016*	2015*
Umsatz (in Mio. EUR)	15.090	14.796	14.255	15.152	20.756	14.550
Betriebsgewinn (-verlust) (in Mio. EUR)	218,5	291,1	(204,8)	(258,6)	(1.861,5)	(301,2)
Aktienkurs (in EUR, Jahresende)	--	5,75	1,69	8,75	18,83	13,25

ÖKONOMISCHE BASISDATEN ALTICE USA

	2020	2019	2018	2017	2016	2015
Umsatz (in Mio. USD)	9.895	9.761	9.567	9.307	9.155*	6.546*
Betriebsgewinn (-verlust) (in Mio. USD)	396,1	140	20,6	1.495	(831)	164
Aktienkurs (in USD, Jahresende)	37,87	27,85	16,52	21,23	--	--

GESCHÄFTSFÜHRUNG ALTICE EUROPE

Patrick Drahi	President of the Board
Alain Weill	CEO
Malo Corbin	CFO
Armando Pereira	COO

AUFSICHTSRAT ALTICE EUROPE

Patrick Drahi	Altice
Alain Weill	Altice
Dennis Okhuijsen	Altice USA
Natacha Marty	General Counsel
Jurgen van Breukelen	
Thierry Sauvaire	
Philippe Besnier	
Nicolas Paulmier	

GESCHÄFTSFÜHRUNG ALTICE USA

Dexter Goei	CEO
Hakim Boubazine	President of Telecommunications & Chief Operating Officer
Jon Steinberg	President, Altice News and Advertising
Michael Grau	Chief Financial Officer
Yossi Benchetrit	Chief Procurement and Programming Officer
Pragash Pillai	Executive Vice President, Customer Experience and Regional Market Strategy
Colleen Schmidt	Executive Vice President, Human Resources
Philippe Le May	Chief Technology Officer
Raphael Bourreau	Executive Vice President, Altice Consumer Services
Matt Grover	Executive Vice President, Altice Business Services
Lee Schroeder	Executive Vice President, Government & Community Affairs / Chief Diversity Officer
Michael Olsen	Executive Vice President, General Counsel and Secretary

Lisa Gonzalez Anselmo	Senior Vice President, Communications
Nick Brown	Senior Vice President, Corporate Finance and Development

AUFSICHTSRAT ALTICE USA

Patrick Drahi	Altice USA
Dexter Goei	Altice USA
Charles Stewart	Sotheby's
Dennis Okhuijsen	Altice USA
Susan C. Schnabel	aPriori Capital Partners
Raymond Svider	BC Partners
Mark Mullen	Bonfire Ventures
Gerrit Jan Bakker	Altice Europe
David Drahi	

GESCHICHTE

Patrick Drahi wurde am 20.8.1963 in Casablanca geboren, die Eltern waren beide Mathematiklehrer. Laut *Wall Street Journal* soll er schon früh sein Talent für Zahlen nachgewiesen haben, indem er die Mathearbeiten, die seine Eltern nach Hause brachten, korrigierte und benotete. Nachdem seine Familie nach Frankreich gezogen war, wo er einen Studienplatz an der renommierten École Polytechnique bekam, begann Drahi seine berufliche Karriere zunächst als Abteilungsleiter beim Elektronikhersteller Philips.

Bald begann er sich für den regionalen Kabelmarkt in der französischen Provinz zu interessieren. Dann kündigte Drahi den Job und tourte durch die USA, um sich über das dortige Kabelgeschäft zu informieren. Zurück in Frankreich kaufte er im fragmentierten heimischen Kabelmarkt kleinere, regionale Unternehmen auf und fasste sie unter dem Dach der Holding UPC France zusammen, die er jedoch schon 1999 verkaufte.

Mit dem Erlös setzte er in den folgenden Jahren seine Einkaufstour in Frankreich, Belgien und Israel fort. Inzwischen verfügte Drahi über gute Kontakte in die internationale Kabelszene – unter anderem zu

Kabelfernseh-Schwergewicht John Malone, in dessen Auftrag er den Kauf der französischen Time-Warner-Cable-Tochter abwickelte. Drahis neue Holding Altice wuchs rasant. Die Gruppe übernahm 40 Prozent am französischen Numéricable; 2006 kaufte er seine ehemalige Firma UPC für einen Bruchteil des Verkaufspreises zurück; 2009 erwarb Drahi den israelischen Pay-TV-Anbieter HOT; in der Dominikanischen Republik gründete Altice ein Joint Venture mit dem französischen Telekom-Betreiber Orange.

Das Profil des unscheinbaren Drahi erschien aber spätestens 2014/15 auf dem Schirm von Medienpolitik und Regulierungsbehörden, als Altice zunächst für 17 Milliarden Euro SFR von Vivendi übernahm und sich dabei unter anderem gegen Konkurrenten wie Bouygues Telecom (TF1) durchsetzte und anschließend für rund acht Milliarden auch Portugal Telecom akquirierte. SFR ist der wertvollste Bestandteil des Altice-Konzerns, die zweitgrößte französische Telekommunikationsgesellschaft nach der Orange S.A. (zuvor France Télécom S.A.).

Sein Meisterstück aber gelang Drahi in den USA. Durch Kontakte zur Private Equity-Gruppe BC Partners, die Anteile am Kabelanbieter Suddenlink hielt (damals der siebtgrößte in den USA), gelang es ihm, am 20.5.2015 einen 70-prozentigen Mehrheitsanteil an Suddenlink im Wert von neun Milliarden US-Dollar zu erwerben. Danach, quasi berauscht von zehn Jahren durch günstige Kredite finanzierte Übernahmen, wagten sich Drahi und Altice an einen der großen Fische des US-Telekommunikationsmarktes: Time Warner Cable. Doch nachdem die Verhandlungen in die entscheidende Runde gingen, realisierten Drahi und sein Team, dass sie sich übernommen hatten und einfach nicht die Manpower besaßen, um eine so massive Übernahme durchzuziehen (schließlich erhielt Charter Communications den Zuschlag für Time Warner Cable).

Stattdessen kehrte Altice zur alten Strategie zurück, solange mit dem Kauf kleinerer Unternehmen zu wachsen, bis man die Marktführer angreifen konnte. So wurde Cablevision das nächste Ziel, der Kabel- und Medienkonzern aus dem Großraum New York. Für zehn Milliarden Dollar kaufte Altice 2016 das Unternehmen von der Dolan-Familie und machte es zum Herzstück seiner neuen Altice-USA-Gruppe, die im Juni 2017 an die Börse ging. Die FCC erlaubte den Deal jedoch nur unter Auflagen: Altice darf in den ersten fünf Jahren keine Entlassungen vornehmen und muss eventuelle Einsparungen an die Kunden weitergeben. Im ersten Quartal 2018 ergab sich dann die Neuordnung der Altice-Aktivitäten, die Aufteilung des Geschäfts in einen europäischen und einen nordamerikanschen Zweig, in Altice Europe N.V. (Amsterdam) und Altice USA (New York).

Die internationale Finanzpresse war lange skeptisch, ob Drahi das Tempo aufrechterhalten kann, mit dem er das Wachstum seines Imperiums vorantrieb. Vor allem der massive Schuldenberg, mit dem Drahi seine diversen Übernahmen finanziert hatte, war Anlass zur Sorge. Allein zwischen 2012 und 2016 erhöhten sich die Altice-Schulden von 1,7 auf beispiellose 48,5 Milliarden Euro. Emmanuel Macron, damals noch französischer Wirtschaftsminister sagte mal über Drahi: »Er versucht, schneller als die Musik zu rennen.«

MANAGEMENT

Patrick Drahi, der laut Forbes über ein Vermögen von 9,2 Milliarden Dollar verfügt, wurde in Frankreich oft dafür kritisiert, seinen Wohnsitz nach Genf verlegt und seine persönliche Holding auf der Insel Guernsey angemeldet zu haben. Vielen Franzosen gilt er noch immer als Parvenü im Pariser Establishment.

Sein Management-Stil gilt als kompromisslos. Französische Medien haben bei ihm eine »Übernahme-Bulimie« diagnostiziert. Wettbewerber werden übernommen und mittels Einsparungen und Massenentlassungen wettbewerbsfähig gemacht. Dass die Einkaufstour durch die Aufnahme massiver Schulden finanziert wird, ist der Öffentlichkeit und den Wirtschaftspolitikern ein weiterer Dorn im Auge. Insider und Kabelbarone in den USA bewundern Drahi hingegen für seine aggressive Expansionspolitik. Liberty-Media-Boss John Malone bezeichnete Drahi als »Genie«, Discovery-Chef David Zaslav bescheinigte ihm eine »spezielle Energie«. Sein Motto: »Je mehr Leute dir erzählen, dass etwas unmöglich ist, umso mehr bedeutet es, dass die Idee gut ist und du sie verfolgen solltest.« Die Zeit aber, in der Drahi als großer *corporate raider* durchaus bewundert wurde, neigt sich dem Ende. Genug Geld, um das traditionsreiche US-Auktionshaus Sotheby's zu kaufen, war aber noch da. 3,7 Milliarden Dollar zahlte Drahi im Juni 2019 in bar.

Altice Europe: Altice France kontrolliert SFR Télécom, SFR Média, darunter »NextRadioTV« (mit den TV-Sendern BFM TV, BFM Business, RMC Story,

RMC Découverte, BFM Paris, BFM Lyon, RMC Sport News, Grand Lille TV, Grand Littoral TV, den Radiosendern RMC und BFM Business, diversen Internetseiten wie *01net.com*, *01business.com*, *bfmtv.com*, *rmc.fr*) sowie »SFR Presse« (darunter die Zeitungen *L'Express* und *À nous Paris*). Zu den Tochterfirmen in den französischen Überseeterritorien gehören SFR Caraïbe, SFR Réunion, »Altice Technical Services France« und der Kundendienst »Intelcia«.

Zu Altice International gehören Altice Portugal, Hot (führender israelischer Telekom- und Kabel-TV-Anbieter), Altice Dominican Republic, Teads (AdTech-Dienstleister) und Altice Technical Services Europe.

Altice Pay TV betreibt Altice Content, die sich um von Altice gehaltene Sportrechte kümmert (etwa die französischen Rechte an der Fußball-Champions-League, die man 2017 für 350 Mio. Euro erwerben konnte. Ende November 2019 allerdings musste man sich im Bieterwettkampf um die Rechte 2021 bis 2024 geschlagen geben. Diesmal gewannen Canal+ und beIN (Katar), mit ihrem Angebot von 375 Mio.).

Altice USA: Altice USA betreibt in den Großräumen New York und St. Louis die Kabelunternehmen Optimum und Suddenlink und bietet mit der Marke Altice mobile und Altice Business Telefoniedienste an. A4 ist ein Online-Werbevermarkter. Ebenfalls zum Portfolio gehören der Nachrichten-Streaming-Anbieter Cheddar, die New Yorker Nachrichtensenderkette News 12 Network und der israelische News-Fernsehsender I24 News.

AKTUELLE ENTWICKLUNGEN

Anfang 2021 nahm Patrick Drahi das schuldengebeutelte Altice Europe wieder von der Börse, um es attraktiver für Fremdkapitalgeber zu machen. Wollte Drahi zunächst 4,11 Euro pro Aktie zahlen, erhöhte er sein Angebot Mitte Dezember auf 5,35 Euro je Papier. Mit Erfolg: Am 7.1.2021 gaben die Aktionäre grünes Licht für den Börsenrückzug. Zudem erwarb Altice für rund 2,2 Milliarden Euro 12,1 Prozent der Anteile an BT und wurde so zum größten Einzelaktionär des britischen Telekommunikationskonzerns.

Die linksliberale französische Tageszeitung *Libération* wurde derweil in eine Stiftung überführt. Vorbild für das Stiftungsmodell war unter anderem der britische Scott Trust, über den seit 1936 die Tageszeitung

The Guardian und die Wochenzeitung *The Observer* abgesichert sind. Das für *Libération* vorgesehene Stiftungsmodell soll der Zeitung die »vollständige redaktionelle, wirtschaftliche und finanzielle Unabhängigkeit« garantieren. Die Altice-Gruppe wird nach eigener Darstellung »den Stiftungsfonds für eine unabhängige Presse substanziell ausstatten, um *Libération* in die Lage zu versetzen, dass die Zeitung ihre gesamten Schulden zurückzahlen könne«. Zugleich will Altice der Zeitung die notwendigen Gelder zur Verfügung stellen, damit sie ihre künftigen Betriebskosten decken könne und »so ihre Unabhängigkeit langfristig garantiert« sei. Altice-Gründer und -Präsident Patrick Drahi werde »weiterhin persönlich die Zukunft von ›Libération‹ begleiten«.

14.

ViacomCBS, Inc.

Umsatz 2020: 25,29 Mrd. USD (22,14 Mrd. EUR)

ÜBERBLICK

Anfang August 2019 gaben CBS und Viacom den Zusammenschluss der seit 2006 getrennt gelisteten Medienkonzerne bekannt. Aufsichtsratsvorsitzende des neuen ViacomCBS Inc. wurde Shari Redstone, Tochter des Firmengründers Sumner Redstone, zuvor Vize-Vorstandsvorsitzende der beiden Einzelunternehmen und seit Jahren treibende Kraft hinter der Fusion. Der Katalog des neuen ViacomCBS umfasst 140.000 Serienepisoden und 3.600 Filmtitel. Rund 20 Prozent des gesamten US-Fernsehkonsums laufen über Sender/Plattformen von ViacomCBS.

BASISDATEN

Hauptsitz:
1515 Broadway
New York, NY 10036
USA
Telefon: 001 212 2586000
Internet: ir.viacbs.com
Branche: Film, Fernsehsender (Free-TV, Pay-TV), Radio, TV-Produktion, Rechtehandel, Freizeitparks, Außenwerbung, Buchverlage
Rechtsform: Aktiengesellschaft
Geschäftsjahr: 01.01. – 31.12.
Gründungsjahr: 1912 (Paramount Pictures), 1927 (CBS: zunächst Columbia Phonograph Broadcasting System, später Columbia Broadcasting System), 1970 (Viacom Inc.), 2019 (ViacomCBS)

ÖKONOMISCHE BASISDATEN VIACOMCBS, INC.

	2020	2019
Umsatz (in Mio. USD)	25.285	26.998
Nettogewinn (in Mio. USD)	2.305	3.168
Aktienkurs (in USD, Jahresende)	37,26	41,45
Beschäftigte	22.109	23.990

HISTORISCHE ÖKONOMISCHE BASISDATEN CBS CORP.

	2018	2017	2016	2015	2014
Umsatz (in Mio. USD)	14.514	13.692	13.166	12.671	12.519
Nettogewinn (in Mio. USD)	1.960	357	1.261	1.413	2.959
Aktienkurs (in USD, Jahresende)	36,99	46,66	61,18	46,59	46,31
Beschäftigte	12.770	12.700	15.550	16.260	17.310

HISTORISCHE ÖKONOMISCHE BASISDATEN VIACOM

	2018	2017	2016	2015	2014
Umsatz (in Mio. USD)	12.943	13.263	12.488	13.268	13.783
Nettogewinn (in Mio. USD)	1.688	1.871	1.436	1.922	2.392
Aktienkurs (in USD Jahresende)	27,81	34,90	38,50	43,99	75,50
Beschäftigte	10.400	10.750	9.300	9.200	9.900

GESCHÄFTSFÜHRUNG VIACOMCBS INC. (AUSWAHL):

Robert Bakish	President & CEO, ViacomCBS
Naveen Chopra	Executive Vice President & Chief Financial Officer
Christa A. D'Alimonte	Executive Vice President, General Counsel and Secretary
Anthony DiClemente	Executive Vice President, Investor Relations
James N. Gianopulos	Chairman and CEO Paramount Pictures
Katherine Gill-Charest	Executive Vice President, Controller and Chief Accounting Officer
Richard M. Jones	Executive Vice President, General Tax Counsel, Chief Veteran Officer
Jonathan Karp	President & CEO, Simon & Schuster
DeDe Lea	Executive Vice President, Global Public Policy and Government Relations
Scott M. Mills	President, BET Networks
David Nevins	Chief Creative Officer, CBS and Chairman and CEO, Showtime Networks
Julia Phelps	Executive Vice President, Chief Communications and Corporate Marketing Officer
Nancy Phillips	Executive Vice President, Chief People Officer
Tom Ryan	President and CEO, ViacomCBS Streaming
Marva Smalls	Global Head of Inclusion, ViacomCBS and Executive Vice President, Public Affairs, Kids & Family; Entertainment Brands, ViacomCBS Domestic Media Markets

AUFSICHTSRAT VIACOMCBS INC.

Shari Redstone	ViacomCBS
Robert M. Bakish	ViacomCBS
Candace K. Beinecke	Hughes Hubbard & Reed LLP
Barbara M. Byrne	
Brian Goldner	Hasbro
Linda M. Griego	Griego Enterprises
Robert N. Klieger	Hueston Hennigan LLP
Judith A. McHale	Cane Investments

Ronald L. Nelson	
Charles E. Phillips, Jr.	Infor Inc.
Susan Schuman	SYPartners
Nicole Seligman	
Frederick O. Terrell	

GESCHICHTE

Im Rückblick ist die Entstehung von ViacomCBS eine lange Geschichte von Abspaltung (1971) und Übernahme (des Mutterkonzerns durch die frühere Tochter, 2000), von Split (2006) und Re-merger (2019). Erst gab es CBS (Columbia Broadcasting System), die 1927 als United Independent Broadcasters gegründete Radiofirma, die zunächst der Columbia Phonograph gehörte, dann ab 1928 dem Zigarrenbaron Sam Paley. Mit dem Eintritt ins TV-Geschäft in den 1940er-Jahren erhielt CBS wegen seiner hochklassigen Programme den Beinamen »The Tiffany Network« und war in den 1950er- und 1960er-Jahren lange Zeit die Nummer Eins unter den drei großen kommerziellen US-Fernsehnetworks (NBC, CBS, ABC). Trotz vieler Turbulenzen in der Führungsetage konnte CBS die Spitzenposition bis in die 1970er-Jahre halten, musste 1971 aber aus kartellrechtlichen Gründen die Filiale zur Inhalte-Syndication »CBS Films« ausgliedern. Viacom entstand, das den Vertrieb der CBS-Programme übernehmen sollte.

Anschließend erwarb Viacom weitere TV- und Radiostationen und gründete 1976 den Pay-TV-Sender SHOWTIME, der mit dem Warner Bros./Amex-Sender THE MOVIE CHANNEL zu Showtime Networks fusionierte (1985 übernahm Viacom auch Warners Anteile an SHOWTIME). Im Paket miterworben wurde ein damals noch unbedeutender, kleiner Musikkanal namens MTV, der in den kommenden 25 Jahren die Musikindustrie und das Fernsehen revolutionieren sollte.

1986 erschien Sumner Redstone auf der Bildfläche. Früh erkannte er das Potenzial der Viacom-Beteiligungen und erwarb mit seinen National Amusements, Inc. (NAI), einer landesweiten Kinokette, rund 83 Prozent der Viacom-Anteile. Unter Redstones Führung ging Viacom auf Expansionskurs. 1990 wurde zunächst King Entertainment (Themenparks) aufgekauft. Es folgten 1994 für 8,4 Milliarden Dollar die Videovertriebskette Blockbuster und damit Anteile an der profilierten TV-Produktionsfirma Spelling Entertainment, und noch im gleichen Jahr, nach hartem

Bieterkampf mit Barry Diller und einem von QVC geführten Konsortium, das Hollywood-Studio Paramount Pictures für 10 Milliarden Dollar. Nach der Paramount-Übernahme musste Viacom allerdings den hohen Investitionen Tribut zollen und zum Abbau des Schuldenberges Unternehmen abstoßen, darunter das Kabelnetz und eine Reihe von Radiostationen. Das fehlende Glied in der Verwertungskette war jetzt ein landesweites TV-Network. 1995 brachte Viacom gemeinsam mit Chris-Craft zunächst das United Paramount Network (UPN) auf Sendung, 2000 übernahm Viacom die frühere Muttergesellschaft CBS.

Dieser Übernahme vorausgegangen war eine der größten Fusionen der amerikanischen Rundfunkgeschichte. Im August 1995 hatte der Elektrotechnik-Konzern Westinghouse CBS für 5,4 Milliarden Dollar übernommen. Danach beschloss Westinghouse-CEO Michael Jordan, seinen Konzern neu aufzustellen: Aus Westinghouse sollte ein reiner Medienkonzern werden. Die Beteiligungen an Baufirmen von Atomkraftwerken, Turbinengeneratoren und Kühl-/Lüftungssystemen wurden verkauft, an die CBS-Radiovergangenheit anknüpfend erwarb Westinghouse mit der Infinity Broadcasting Corporation die führende Radiokette der USA (über 150 Sender, Kaufpreis: 4,9 Milliarden Dollar). Dazu investierte Jordan ins Kabelfernseh-Geschäft und akquirierte u. a. The Nashville Network und Country Music Television. 1997 wurde aus Westinghouse die CBS Corporation und die *corporate headquarters* zogen um von Pittsburgh nach New York. Mit dem erwähnten, im Jahr 2000 abgeschlossenen, 37 Milliarden Dollar teuren Zusammenschluss mit der ehemaligen Tochter Viacom (unter Sumner Redstone) entstand der zum damaligen Zeitpunkt zweitgrößte Medienkonzern der Welt.

Allerdings ging die Rechnung nicht auf. Der Aktienkurs stagnierte, es gab Personalquerelen im höheren Management, eine erneute Spaltung wurde Mitte 2005 beschlossen und am 1.1.2006 vollzogen. Von da an gab es, unter dem Dach von National Amusements (der Redstone-Familie), wieder eine eigenständige CBS Corporation (CEO: Les Moonves; CBS, CW, Showtime Networks, CBS Radio, Simon & Schuster u.m.) und ein unabhängiges Viacom (CEO: Tom Freston; Paramount Pictures, MTV Networks u.m.).

Spätestens Anfang 2015 aber setzten sinkende Einschaltquoten, fallende Werbeeinnahmen und sich anbahnende Dispute mit Kabelnetzbetreibern Viacom unter Zugzwang. Man war, im Gegensatz zu TV-Marktführer CBS, in einer handfesten Krise. Bald wurde über eine weitere CBS/

Viacom-Fusion spekuliert. Wobei sich v.a. Les Moonves, der langjährige Vorstands- und Aufsichtsratschef der CBS Corporation und designierte Redstone-Nachfolger, gegen alle Fusionsgerüchte stemmte. Moonves allerdings war dann nach Vorwürfen sexueller Belästigung in einem Bericht im *New Yorker* (Juli 2018) und seinem Abgang bei CBS am 9.9.2018 »out of the picture«. Einer weiteren Fusion bzw. dem Re-merger stand danach nichts mehr im Wege. ViacomCBS wurde gegründet, ein riesiger, traditioneller, vertikal integrierter Medienkonzern.

MANAGEMENT

Shari Redstone, Tochter des legendären, 2020 verstorbenen Medienmoguls Sumner Redstone, geboren 1954, ist die Aufsichtsratsvorsitzende des neuen ViacomCBS Inc. Sie ist in mancher Hinsicht die Antithese zu ihren männlichen Kollegen in der Medienindustrie. Anstelle von Manhattan bevorzugt die Milliardärin die Bostoner Vorstadt. Wenn sie Football-Spiele der New England Patriots besucht, guckt sie das Spiel lieber alleine draußen im Stadion als gemeinsam mit Prominenten in der VIP-Box. Bei einer Oscar- oder Golden-Globe-Verleihung war sie auch noch nie. Stattdessen zieht sie lieber im Hintergrund die Fäden, wie auch 2018, als die starke Frau hinter dem *mega-media merger*.

GESCHÄFTSFELDER

TV Entertainment: Das TV Entertainment-Segment betreibt das CBS Television Network, CBS Studios und CBS Media Ventures, die TV-Produktionsfirma. Und die *streaming services* CBS AllAccess/Paramount+, CBSN, CBS Sports HQ und ET Live; das CBS Sports Network (college athletics) und CBS Television Stations. Mit pluto TV setzt Viacom auf ein innovatives und doch altbewährtes Streaming-Modell: Die Nutzer können gratis, aber werbefinanziert, mehr als 75 lineare TV-Kanäle streamen.

Cable Networks: Die wichtigsten Bezahl-Kabelkanäle sind SHOWTIME, THE MOVIE CHANNEL und FLIX, die kostenfreien Kabelnetzwerke sind BET, NICKELODEON, MTV, COMEDY CENTRAL, PARAMOUNT NETWORK, SMITHSONIAN CHANNEL, POP TV, CMT, VH1, TV LAND und LOGO.

Filmed Entertainment: Filmed Entertainment betreibt mit Paramount Pictures eines der größten Hollywood-Studios. Außerdem gehört das Filmstudio Miramax dazu (*Chicago, Der englische Patient, Pulp Fiction*), heute ein Joint Venture von beIN und ViacomCBS (49%).

Publishing: Lange kontrollierte ViacomCBS mit Simon & Schuster einen der größten Buchverlage der Welt. 2021 einigte man sich jedoch mit der Penguin-Gruppe (Bertelsmann) auf einen Verkauf.

AKTUELLE ENTWICKLUNGEN

Wie bei allen großen Konzernzusammenschlüssen der letzten Jahre geht es auch bei Viacom/CBS darum, die eigene Position vor dem Hintergrund der Streaming-Revolution zu stärken – insbesondere durch die Bündelung von wertvollen Inhalten und Lizenzen. Shari Redstone hat deshalb eines der bekanntesten Zitate ihres Vaters aus der Schublade geholt, das wohl nie wahrer ist als heute: ›Content is King‹.

Hinzu kommen Gerüchte, Redstone habe noch Größeres vor – die Fusion könnte also der Start und nicht die Ziellinie sein. Denn verglichen mit größeren Konkurrenten (wie beispielsweise Disney) ist selbst die neue »CBS/Viacom-combo« noch relativ klein und ihr Flaggschiff-Streamingportal Paramount+ ist mit 36 Millionen Abonnenten deutlich kleiner als Angebote der Konkurrenz. Potenzielle Übernahmekandidaten, über die zuletzt spekuliert wurde, sind Sonys Film- und TV-Sparte oder sogar NBCUniversal. Letztere Option ist attraktiv, da man so Paramount+ mit NBCUniversals Streamingdienst Peacock bündeln und international launchen könnte. Bevor es dazu kommt, könnten aber sowohl ViacomCBS als auch NBCUniversal jeweils auf eine Fusion mit Warner Bros. Discovery spekulieren. Wer in diesem Fall den Kürzeren zöge, würde über Jahre abgeschlagen hinter der Konkurrenz hinterherrennen.

15.

Amazon.com, Inc.

Umsatz 2020: 25,207 Mrd. USD (22,07 Mrd. EUR)

ÜBERBLICK

Vom Online-Buchhändler zum größten Warenhaus der Welt, 24 Stunden im Dauerbetrieb, einer der größten Erfolge der Wirtschaftsgeschichte. Mittlerweile agiert Amazon auch als klassischer Medienkonzern, produziert aufwendige TV-Serien und Filme für seinen Streaming-Dienst, hat eigene (Audio-)Buchverlage und betreibt ein Games Studio. Gründer Jeff Bezos, der reichste Mensch der Welt, kontrolliert zudem seit 2013 mit der *Washington Post* eine der einflussreichsten Tageszeitungen der USA.

Die Umsatzzahlen im IfM-Ranking beziehen sich auf die im Amazon-Jahresbericht 2020 genannten Zahlen für *subscription services* und *advertising services*.

BASISDATEN

Hauptsitz:
410 Terry Avenue North
Seattle, WA 98109-5210
USA
Telefon: 001 206 2661000
Internet: ir.aboutamazon.com

Branche: Streamingdienste, Filmproduktion, Verlage, Werbung
Rechtsform: Aktiengesellschaft
Geschäftsjahr: 01.01. – 31.12.
Gründungsjahr: 1994, seit 1997 börsennotiert

ÖKONOMISCHE BASISDATEN

	2020	2019	2018	2017	2016	2015
Konzernumsatz (in Mio. USD)	386.064	280.522	232.887	177.866	135.987	107.006
Umsatz subscription / advertising services (in Mio. USD)	25.207	33.295	24.276	14.374	9.344	6.177
Konzerngewinn (Verlust) nach Steuern (in Mio. USD)	21.331	11.588	10.073	3.033	2.371	596
Aktienkurs (in USD, Jahresende)	3.206,20	1.874,97	1.575,39	1.169,47	749,87	675,89
Beschäftigte	1.298.000	798.000	647.500	566.000	341.400	230.000

MANAGEMENT:

Jeffrey P. Bezos	Executive Chair
Andrew Jassy	President & CEO
David H. Clark	CEO Worldwide Consumer
Brian T. Olsavsky	Senior Vice President and Chief Financial Officer
Shelley L. Reynolds	Vice President & Worldwide Controller
Adam N. Selipsky	CEO, Amazon Web Services
David A. Zapolsky	Senior Vice President, General Counsel and Secretary

BOARD OF DIRECTORS:

Jeffrey P. Bezos	Amazon
Andrew Jassy	Amazon

Keith B. Alexander	IronNet Cybersecurity
Jamie S. Gorelick	Wilmer Cutler Pickering Hale and Dorr LLP
Daniel P. Huttenlocher	MIT Schwarzman College of Computing
Judith A. McGrath	
Indra K. Nooyi	
Jonathan J. Rubinstein	
Thomas O. Ryder	
Patricia Q. Stonesifer	
Wendell P. Weeks	Corning Incorporated

GESCHICHTE

Der Informatiker Jeffrey P. Bezos gründete im Juli 1994 in Seattle eine Online-Buchhandlung namens Cadabra.com, zunächst in Kooperation mit dem Buchhändler Barnes & Noble. Er entschied sich, das Unternehmen in der gleichen Stadt wie die Microsoft-Zentrale anzusiedeln, nicht zuletzt, um auf einen nie versiegenden Pool an talentierten Programmierern und Ingenieuren zugreifen zu können. Im Juli 1995 ging dann Amazon online, benannt nach dem wasserreichsten Fluss mit rund 10.000 Mündungsdeltas, und verkaufte mit Douglas R. Hofstadters *Fluid Concepts and Creative Analogies: Computer Models of the Fundamental Mechanisms of Thought* das erste Buch. Zwei Monate später hatte Amazon einen Monatsumsatz von 20.000 US-Dollar, 1997 lag der Umsatz bereits bei knapp 150 Millionen Dollar und Amazon wurde an der Technologie-Börse NASDAQ gelistet. Wer damals für 5.000 Dollar Amazon-Aktien gekauft hatte, verfügte 20 Jahre später über ein Vermögen von 2,4 Millionen Dollar.

1998 folgte dann die internationale Expansion, etwa in Deutschland mit der Übernahme der ABC-Bücherdienst GmbH, dem deutschen Online-Pionier mit einer seit 1991 im Btx-System und seit 1995 im Internet abrufbaren Bücherdatenbank. Erste lokalisierte Websites wurden im Ausland eingerichtet, zur gleichen Zeit begann Amazon auch mit dem Verkauf von Musik, Videos und Elektronik. Seit 2002 konnten Drittanbieter auf der E-Commerce-Plattform Amazon Marketplace eigene (neue oder gebrauchte) Produkte kostenfrei anbieten. In den Folgejahren wurde Amazon zum Versandriesen und eröffnete auf den konzerneigenen Seiten Küchen-, Haushalt-, Wohnen-, Baumarkt-, Garten-, Sport- und Freizeit-, Schuh-, Accessoires-, Bekleidung-, Drogerie- und Beautyshops.

Ein weiterer Meilenstein war die Gründung von Amanzon Web Services (AWS) im Jahr 2006, dem heutigen Marktführer für Cloud-Services für Unternehmen – ein Konzern im Konzern, der heute einen Großteil der technischen Infrastruktur des gesamten World Wide Web bereitstellt. Und seit 2017 gibt es mit »Find« eine eigene Modelinie.

Ab 2009 waren nach der Übernahme von Abebooks auch gebrauchte Bücher im Angebot, oder »Selbstpublikationen« (als Print- oder E-Book-Ausgaben) mit *CreateSpace.com*. 2007 wurde der E-Book-Reader Kindle eingeführt, der sich zu einem Milliardengeschäft entwickeln sollte. Und mit dem Bezos das zum Jahrtausendwechsel fast abgeschriebene E-Book wiederaufleben ließ. 2012 stiegen Verkaufszahlen für das Kindle und die Kindle-Bucheditionen um 70 Prozent, während der Verkauf von gedruckten Büchern um vergleichsweise geringe fünf Prozent anstieg. *The Girl With The Dragon Tattoo* von Krimiautor Stieg Larsson war das erste Buch, dessen Kindle-Version die Schallmauer von einer Million verkauften Exemplaren durchbrach.

Und auch Bewegtbild geriet in den Fokus des Unternehmens, zuerst in den USA mit dem Video-Download-Service »Amazon Unbox« für Filme und Serien. In Europa war man über den Anfang 2011 übernommenen, im Dezember 2003 von Arts Alliance Media (London) gegründeten Online-Verleih Lovefilm aktiv, damals noch als DVD-Postversand. Mit dem Streamingdienst von Amazon Video reagierte man 2015 vor allem auf den Erfolg von Netflix, dem Hauptkonkurrenten, und investierte in Original-Serien und -Filme, kaufte Independent-Ware auf Festivals und engagierte hochkarätige Regisseure. Mit den Amazon-Cash-Reserven in der Hinterhand gelang es natürlich auch, große Hollywood-Studios zu übertrumpfen.

2013 kaufte sich Bezos mit der *Washington Post* eine der führenden Tageszeitungen der Vereinigten Staaten. Eine rechtliche Verbindung zwischen Amazon und der *Post* besteht nicht, Bezos finanzierte den Kauf (für den »Schnäppchenpreis« von 250 Millionen US-Dollar) aus seinem Privatvermögen. Wirtschaftlich geht es der Zeitung unter dem neuen Besitzer deutlich besser, vor allem durch Wachstum auf dem digitalen Markt. Das publizistische Profil ist auch schärfer geworden. Was die Trump-Berichterstattung betrifft, galt die *Washington Post* durchaus als aggressiver als die eher nüchterne *New York Times*. Knallharte Recherchen über die schlechten Arbeitsbedingungen bei Amazon findet man dort aber nicht. Auf den Kindle-Geräten ist die App der *Post* vorinstalliert,

Prime-Abonnenten erhalten die Digitalausgabe mit deutlichem Preisnachlass. Donald Trump, der sich während seiner Amtszeit eine Privatfehde mit Jeff Bezos leistete, bezeichnete die Zeitung in seinen Tiraden gegen die Presse gerne als »Amazon Washington Post«.

MANAGEMENT

Jeff Bezos hat sich im Sommer 2021 offiziell aus dem Tagesgeschäft von Amazon zurückgezogen – und konzentriert sich vornehmlich auf seine Vision, Weltraumflüge mittelfristig massentauglich zu machen. Den Anfang machte er dabei selbst: Sein Blue-Origin-Unternehmen beförderte den (trotz 38 Milliarden teurer Scheidung) immer noch reichsten Mann der Welt im Juli 2021 mit drei anderen (zahlenden) Passagieren ins All.

Sein Nachfolger Andy Jassy ist eine Art »Bezos Mini-me«: 2002 begann er, Bezos auf Schritt und Tritt im Unternehmen zu verfolgen, begleitete ihn bei Aufsichtsratsitzungen oder hörte seinen Telefonaten zu. Das Ziel war dabei laut *New York Times* eine Art »Gehirn-Double« von Bezos zu kreieren, um den Konzern nach seinem Rückzug nach den gleichen Prinzipien weiterzuführen. Doch letztendlich war es der erfolgreiche Aufbau der Web-Services-Sparte, der Jassy den Weg an die Spitze ebnete (AWS ist heute die Cash Cow des Unternehmens und erwirtschaftet mehr Profite als das E-Commerce-Geschäft). Jassys Hauptaufgabe wird in den kommenden Jahren vor allem darin bestehen, den regulatorischen Druck abzufedern, der im – je nach Blickwinkel – schlimmsten oder besten Szenario münden könnte: der Zerschlagung des Mega-Konzerns.

GESCHÄFTSBEREICHE

Amazon fing als Buchhändler an und wurde ein Lieferant für alles Mögliche. Um sein E-Commerce-Geschäft anzukurbeln, produziert und vertreibt das Unternehmen aber auch Content und erzielt Umsätze durch Werbung.

Um den Kunden seinen ultraschnellen Amazon-Prime-Versand schmackhaft zu machen, ist es mit dem Streaming-Angebot von Prime Video gekoppelt, das tausende Filmen, Serienepisoden und preisgekrönte Eigenproduktionen (*Transparent*) sowie den Musikdienst Music Prime enthält. Ebenfalls inklusive ist unbegrenzter Cloud-Speicherplatz für Fotos, ein Gratisangebot von Games, E-Books und Zeitschriften. Darüber hinaus betreibt Amazon den Hörbuchverlag Audible.

Zudem mischt Amazon im Markt für Sportübertragungsrechte mit: Als neuer Player steigt Amazon groß in den Markt für Sportrechte ein und streamt über Prime ab der Saison 2021/2022 drei Jahre lang jeweils sechzehn Spiele der Champions League.

AKTUELLE ENTWICKLUNGEN

Ende Mai 2021 verkündete Amazon, dass es das traditionsreiche Hollywood-Studio Metro Goldwyn Mayer für 8,45 Milliarden Dollar übernimmt. Zum umfangreichen Katalog von MGM zählen neben der *James Bond*-Reihe auch Film-Franchises wie *Robocop*, *Poltergeist*, *Rocky*, *Tomb Raider* und *Stargate* sowie Serien wie *The Handmaid's Tale* oder *Vikings*, die allesamt Reboots oder Fortsetzungen auf Amazon Prime erleben könnten – wenn sie nicht noch im Rahmen bestehender Verträge für die Kataloge von konkurrierenden Streaming-Anbietern lizenziert sind.

Der Kauf eines ganzen Studios ist folgerichtig, denn mittel- bis langfristig werden die großen Medienkonzerne, die mittlerweile fast alle konkurrierende Streamingangebote in ihren Portfolios haben, ihren Content bis auf Weiteres Amazon nicht mehr für Prime Video zur Verfügung stellen. Für diesen Fall ist der Konzern mit der Integration der MGM-Inhalte etwas besser vorbereitet. Der Kauf könnte zudem eine neue Etappe im Wettrüsten der Streamingdienste einläuten, in dem die übrigen unabhängigen Studios (wie etwa Lionsgate) unter Netflix, Apple und Amazon aufgeteilt werden.

16.

Netflix, Inc.

Umsatz 2020: 25 Mrd. USD (21,88 Mrd. EUR)

ÜBERBLICK

Netflix startete 1997 als Online-DVD-Verleih in den USA und wurde zum weltweit führenden Streamingportal von Serien, Filmen und Dokumentationen. Heute ist Netflix in über 190 Ländern vertreten und bietet seinen Dienst in bis zu 20 Sprachen an. Ende Dezember 2020 hatten Netflix weltweit 204 Millionen zahlende Nutzer.

BASISDATEN

Hauptsitz:
100 Winchester Circle
Los Gatos, CA 95032
USA
Telefon: 001 408 540 3700
Internet: www.netflixinvestor.com

Branche: Streaming, Filmproduktion
Rechtsform: Aktiengesellschaft
Geschäftsjahr: 01.01.-31.12.
Gründungsjahr: 1997

ÖKONOMISCHE BASISDATEN

	2020	2019	2018	2017	2016	2015	2014	2013
Umsatz (in Mio. USD)	24.996	20.156	15.794	11.693	8.831	6.780	5.505	4.375
Gewinn (in Mio. USD)	2.761	1.867	1.211	559	187	123	267	112
Aktienkurs (in USD, Jahresende)	540,73	323,57	267,66	191,96	123,80	114,38	49,80	52,60
Beschäftigte	9.400	8.600	7.100	5.500	4.700	3.700	2.189	2.022

VORSTAND

Reed Hastings	Founder and Co-CEO
Ted Sarandos	Co-CEO and Chief Content Officer
Bryony Gagan	Vice President, Business & Legal Affairs
Dean Garfield	Vice President, Public Policy
David Hyman	Chief Legal Officer
Spencer Neumann	Chief Financial Officer
Greg Peters	COO and Chief Product Officer
Bozoma Saint John	Chief Marketing Officer
Rachel Whetstone	Chief Communications Officer

AUFSICHTSRAT

Richard Barton	Zillow
Rodolphe Belmer	Eutelsat
Mathias Döpfner	Axel Springer
Timothy Haley	Redpoint Ventures
Reed Hastings	Netflix
Jay Hoag	Technology Crossover Ventures
Leslie Kilgore	
Strive Masiyiwa	Econet Group
Ann Mather	
Ted Sarandos	
Brad Smith	Microsoft
Anne Sweeney	

GESCHICHTE

Reed Hastings kam 1997 auf die Idee, eine Verleih-Flatrate für DVDs einzuführen, nachdem er sich über eine viel zu hohe Strafzahlung für eine verspätete Rückgabe eines geliehenen Films (*Apollo 13*) geärgert hatte. Ende der 1990er-Jahre war das ein gewagtes Unterfangen, da damals nur etwa zwei Prozent der Haushalte ein DVD-Abspielgerät aufwiesen. Doch Hastings und Co-Gründer Marc Randolph, die sich aus gemeinsamen Zeiten bei der Software-Firma Pure kannten, waren Visionäre. Der Firmename »Netflix« war ein deutliches Statement für den Glauben, dass auch DVDs auf lange Sicht an Bedeutung verlieren würden – zugunsten digitaler Übertragungswege.

Netflix' größter Konkurrent zu der Zeit waren nicht Amazon oder Hulu, sondern die Videotheken-Kette Blockbuster. Doch Hastings, der seine Karriere als Staubsaugervertreter in Boston begonnen hatte, setzte sich nach einem harten Konkurrenzkampf (Blockbuster startete einen eigenen Versanddienst) schließlich durch. Zwischenzeitlich wollte Hastings aus Geldnot sogar 49 Prozent seines Unternehmens an Blockbuster verkaufen, was diese jedoch ablehnten. Zehn Jahre später war Blockbuster bankrott.

In der Zwischenzeit expandierte Netflix: 2000 wurde die personalisierte Ranking-Software eingeführt, die jedem Nutzer anhand seiner Bestellungen weitere Vorschläge machte. Zwischen 2002 und 2005 konnte das Unternehmen seinen Kundenstamm auf 4,5 Millionen Abonnenten steigern. Der 2007 begonnene Einstieg in das Online-Streaming brachte Netflix bis 2010 16 Millionen Kunden. Und die Netflix-Aktie stieg seit dem Börsengang im Jahr 2002 um 9925 Prozent. Seinen Erfolg verdankt Netflix auch der Wandlung des Unternehmens vom reinen Verwerter zum Produzenten. 2013 veröffentlichte das Unternehmen sein erstes eigenständig produziertes Format, die von Star-Regisseur David Fincher konzipierte Polit-Serie *House of Cards*.

Ein weniger ruhmreiches Kapitel war der 2011 unternommene Versuch, den Bereich des DVD-Versands vom Online-Streaminggeschäft zu trennen und unter einem anderen Namen (Qwickster) weiterzuführen. Hastings wollte damit eine Bündelung der Ressourcen und Kompetenzen von Netflix auf den zukunftsorientierten, vielversprechenden Online-Markt erreichen. Dazu war dies die Antwort auf eine abnehmende Mitgliederzahl, nach einer vorangegangenen Preiserhöhung des Mitgliedsbeitrags um 60 Prozent.

Die Teilung in DVD/Streaming aber führte lediglich zu Unverständnis unter den Abonnenten, die oft beide Dienste nutzten und sich nun mit zwei Nutzerkonten anmelden und für zwei Leistungen bezahlen mussten. Hastings zog bereits nach wenigen Monaten die Konsequenzen und beendete das Kapitel Qwickster zügig.

Da Netflix nicht auf den Verkauf von Werbezeit angewiesen war, veröffentlichte es auch zunächst keine Streamingquoten seiner Erfolgsshows. Eigene Recherchen der Sender gingen etwa bei der sehr erfolgreichen Netflix-Serie *Narcos* von einer relativ moderaten Zuschauerzahl von 3,2 Millionen aus, was sicherlich keinen Quantensprung im Vergleich zu linear ausgestrahlten TV-Serien darstellte. Doch wohl auch um auf dem inzwischen dicht gedrängten, kompetitiven Streamingmarkt herauszustechen, kommuniziert das Unternehmen inzwischen ausgewählte Quoten: Mit 80 Millionen Streams ist die Serie *Bridgerton* der größte Netflix-Hit aller Zeiten, gefolgt von *The Witcher* und *Lupin*.

MANAGEMENT

Reed Hastings engagiert sich durch Mitgliedschaften für gemeinnützige Organisationen und hat sich Bill Gates' »Giving Pledge« angeschlossen: Die Milliarden, die er mit Netflix gemacht hat, möchte er fast komplett für gute Zwecke spenden. Insbesondere im Bildungssektor engagiert sich Hastings. Als Befürworter sogenannter »Charter Schools« unterstützt er ein Bildungskonzept, das das Bildungssystem an neue, globalisierte Rahmenbedingungen anpassen möchte. Diese Art von Vertragsschulen sind von den herkömmlichen staatlichen Regulierungen befreit und basieren auf Vereinbarungen zwischen dem Schulmanagment und der Schulbehörde. Kritiker stehen diesen Tendenzen im Bildungssektor skeptisch gegenüber und befürchten stärkere Selektion sowie eine Verschlechterung der Finanzierung des traditionellen, staatlichen Schulsystems.

Als Manager lehnt Hastings die bürokratischen Strukturen von Großunternehmen ab, sein Motto lautet »Freiheit und Verantwortung«. Netflix bezahlt seinen Arbeitnehmern überdurchschnittlich viel Gehalt; Mitarbeiter, die das Unternehmen verlassen, erhalten hohe Abfindungen. Diese Regelung soll es dem Management leichter machen, guten Gewissens durchschnittlichen Mitarbeitern den Jobwechsel nahezulegen. Hinsichtlich der Arbeitszeiten ist Netflix für sein innovatives, inzwischen oft kopiertes Konzept bekannt, weder Urlaubs- noch Krankheitsregelungen vorzuschreiben. Beschäftigte organisieren die Dauer und Art ihrer arbeitsfreien Zeit eigenverantwortlich.

GESCHÄFTSFELDER

Bei Netflix gibt es seit 2019 nur noch ein einziges »operatives Segment«: Monatsbeiträge für das Streaming von Inhalten. Netflix ist mit der Ausnahme von China und Ländern, die keine US-Firmen dulden, in jedem Land der Welt präsent.

Die internationale Expansion hatte deutliche Auswirkungen auf Netflix-Produktionen. Serien wie *Narcos* oder *Marseille* beispielsweise sollen nicht nur Zuschauer aus dem jeweiligen Sprachraum, sondern Menschen über Länder- und Kulturgrenzen hinweg ansprechen. Ähnlich wie Hollywood-Studios versucht der Konzern, einen globalen Massengeschmack zu bedienen, dabei jedoch regionale Eigenheiten zu berücksichtigen. Der Bereich, der Netflix groß gemacht hat – der DVD-Versand – wird von Jahr zu Jahr kleiner, macht aber immer noch Gewinn. 2020 hatten noch 2 Millionen Amerikaner einen DVD-Account, auch wegen der in ländlichen Gegenden rückständigen Internet-Infrastruktur, die kein schnelles Streaming ermöglicht.

Dank komplexer Algorithmen in Kombination mit einem mehrköpfigen Redaktionsteam kann Netflix das Nutzerverhalten präzise dokumentieren. Damit kann das Unternehmen zu einem gewissen Grad vorhersagen, welche Genres, bzw. welche Genre-Kombinationen für die User besonders attraktiv sind und die eigene Serien-Produktion danach ausrichten. Dieser Ansatz ist ein klarer Bruch mit der Hollywood-Tradition, nach der einzelne Studiobosse lange nur vermuteten, was die Zuschauer interessieren könnte. Netflix weiß, was die Zuschauer interessiert.

AKTUELLE ENTWICKLUNGEN

Das atemberaubende Wachstum von Netflix ist zuletzt an seine Grenzen gestoßen: Im 2. Quartal 2019 etwa, als die neuen Konkurrenten Apple TV+ und Disney+ noch gar nicht auf dem Markt waren, enttäuschte das Unternehmen seine Aktionäre, als es statt fünf nur 2,7 Millionen neue

Abonnenten hinzugewinnen konnte (auf dem US-Markt sank die Zahl sogar um 126.000); nachbörslich ging die Aktie zwischenzeitlich um 13 Prozent nach unten. Im Pandemiejahr 2020 konnte das Unternehmen dann wieder 16 Millionen neue Kunden gewinnen, doch im zweiten Quartal 2021 waren es wiederum nur noch eine Million.

Zudem hat Netflix viele Verwertungsrechte von Inhalten konkurrierender Medienkonzerne verloren: Auf Warner-Bros.-Television-Serien wie *Friends, The Prince of Bel-Air* und *Pretty Little Liars*, die zu den größten Hits im Angebot zählten, musste Netflix verzichten. Sie gingen im Frühjahr 2020 zur Warner-eigenen Streaming-Plattform HBO Max (dies wurde partiell ausgeglichen, indem sich Netflix die Erst-Streamingrechte an den Blockbustern von Sony Pictures sicherte). Ein Weg neue Kunden zu bekommen, sind Games. Mike Verdu, zuvor bei Facebook zuständig für die VR-Brille Oculus und davor bei dem Gaming-Unternehmen Electronic Arts, wird als Vizepräsident für Spieleentwicklung angestellt. Für Netflix könnten Spiele ein wichtiger Baustein sein, um das Erlebnis rund um die eigenen Filme und Serien zu erweitern.

17.

Liberty Media Corporation/ Qurate Retail, Inc.

Umsatz 2020: 23,54 Mrd. USD (20,61 Mrd. EUR)

ÜBERBLICK

Die Liberty Media Corporation (zuvor: Liberty CapStarz) umfasst Mehrheitsbeteiligungen an Sirius XM Holdings, Inc. (Satellitenradio), der Braves Group (Atlanta Braves Baseball-Team) und der Formula One Group. Unter dem Dach der Qurate Retail Group (zuvor: Liberty Interactive) finden sich Homeshopping-Angebote wie QVC und HSN. Die Konzerne des Medienkonglomerats teilen eine gemeinsame Geschäftsadresse, die Top-Positionen im Management sind weitgehend identisch besetzt, der Gründer John C. Malone sitzt in beiden Aufsichtsräten.

BASISDATEN

Hauptsitze:
Liberty Media Corporation
12300 Liberty Boulevard
Englewood, CO 80112
USA
Telefon: 001 720 8755400
Website: ir.libertymedia.com

Qurate Retail, Inc.
12300 Liberty Boulevard
Englewood, CO 80112
USA
Telefon: 001 720 8755300
Website: ir.qurateretail.com

Branche: Teleshopping, Satellitenradio, Motorsport, Baseball
Rechtsform: Aktiengesellschaft
Geschäftsjahr: 01.01.-31.12.
Gründungsjahr: 1991 wurde Liberty Media aus der Kabel-TV-Gruppe Tele-Communications, Inc. (TCI) ausgegliedert. 2018 wurde die Liberty Interactive Corporation in Qurate Retail Group umbenannt.

ÖKONOMISCHE BASISDATEN LIBERTY MEDIA CORPORATION

	2020	2019	2018	2017	2016	2015	2014
Umsatz (in Mio. USD)	9.363	10.292	8.040	7.594	5.276	4.795	4.450
Gewinn (Verlust) (in Mio. USD)	(1.391)	347	865	1.354	680	64	178
Aktienkurs (in USD, Jahresende) *	43,29	48,18	37,61	38,56	34,36	n/a	n/a
Mitarbeiter	6.963	6.667	4.555	4.308	3.546	3.423	3.612

* Liberty SiriusXM Group

ÖKONOMISCHE BASISDATEN QURATE RETAIL, INC.

	2020	2019	2018	2017*	2016*	2015*	2014*
Umsatz (in Mio. USD)	14.177	13.458	14.070	10.404	10.647	9.989	10.499
Gewinn (Verlust) (in Mio. USD)	1.572	184	1.324	2.035	775	631	538
Aktienkurs (in USD, Jahresende)	10,97	8,15	19,88	24,42	19,98	27,32	28,92
Mitarbeiter	26.424	25.228	21.400	17.100	17.700	17.600	17.300

* Liberty Interactive Corporation

MANAGEMENT LIBERTY MEDIA CORPORATION

John C. Malone	Chairman
Gregory B. Maffei	President & CEO
Courtnee Chun	Chief Portfolio Officer
Albert E. Rosenthaler	Chief Corporate Development Officer
Brian J. Wendling	Chief Accounting Officer & Principal Financial Officer
Renee L. Wilm	Chief Legal Officer, Chief Administrative Officer
Ben Oren	Senior Vice President & Treasurer

BOARD OF DIRECTORS LIBERTY MEDIA CORPORATION

Derek Chang	
Evan D. Malone	1525 South Street LLC
David E. Rapley	Rapley Consulting
Larry E. Romrell	
Brian M. Deevy	
Gregory B. Maffei	Liberty
Andrea L. Wong	
Robert R. Bennett	
M. Ian G. Gilchrist	
John C. Malone	Liberty

MANAGEMENT QURATE RETAIL, INC.

Gregory B. Maffei	Chairman
Michael A. George	President & CEO
Courtnee Chun	Chief Portfolio Officer
Albert E. Rosenthaler	Chief Corporate Development Officer
Brian J. Wendling	SVP, Chief Accounting Officer & Principal Financial Officer
Renee L. Wilm	Chief Legal Officer
Ben Oren	Senior Vice President & Treasurer

BOARD OF DIRECTORS QURATE RETAIL, INC.

Fiona P. Dias	Ryan Retail Consulting
Evan D. Malone	1525 South Street LLC
David E. Rapley	
Larry E. Romrell	
Gregory B. Maffei	Liberty/Qurate
Richard N. Barton	Zillow
Michael A. George	Qurate
John C. Malone	Liberty
M. Ian G. Gilchrist	
Mark C. Vadon	
Andrea L. Wong	

GESCHICHTE

Die Geschichte der Liberty Media Corporation (so der Name des Unternehmens seit 2011) ist eine komplexe Aufzählung von Fusionen, Börsengängen, Aus-, Neugründungen, Verkäufen und Umbenennungen. Ursprünglich war Liberty Media 1991 gegründet worden als Beteiligungsholding für kleinere Programmanbieter, die zu Tele-Communications, Inc. (TCI) gehörten (»assets considered to have little value«), einem der führenden US-Kabelkonzerne. Nach dieser Ausgründung wurde das unter Präsident Peter Barton stark gewachsene Liberty Media 1994 allerdings wieder in TCI integriert. 1998 fusionierte die Liberty Media Group erst mit Tele-Communications International, Inc., 1999 mit TCI Ventures. Im Anschluss folgte die Übernahme durch AT&T.

Im August 2001 trennte sich AT&T von Liberty Media, zum einen nach einem weitreichenden Restrukturierungsplan, zum anderen wegen deutlicher Interessenskonflikte zwischen Malone und AT&T. Denn Malone hatte verstanden, dass Infrastrukturen immer nur so gut sein können wie die Inhalte, die sie transportieren. Und so baute Liberty Media das Netz seiner Beteiligungen konsequent mit Content-Anbietern aus. Seine Anteile an den zuvor gemeinsam mit Rupert Murdoch gegründeten FOX/Liberty Networks veräußerte Malone gegen eine achtprozentige Konzernbeteiligung an News Corp. Diesen Anteil erhöhte er im Jahr 2004 auf 18 Prozent und wurde zum zweitgrößten Anteilseigner. Es gab sogar

Gerüchte, dass Malone News-Corp.-Gründer Rupert Murdoch, zu dem Zeitpunkt auch schon 74, beerben würde. Woraus bekanntermaßen aber nie etwas wurde.

2004 erfolgte die Ausgründung der internationalen Geschäfte von Liberty Media, die Firma Liberty Media International, Inc. entstand. Nach Maßnahmen von *restructuring* und *reclassification* entstanden bis 2008 weitere separat an der Börse gehandelte Unternehmen. Die Umstrukturierung teilte die Liberty-Gruppe in Liberty Interactive, Liberty Capital und die Liberty Entertainment. Ende 2009 dann wurden Liberty Entertainment und Anteile an DirecTV abgegeben. Die restlichen Geschäfte wurden in Liberty Starz Group umbenannt. Im September 2011 schließlich wurde aus der alten Liberty Media Group die neue Liberty Media Corporation (zuvor auch Liberty Capital Group und Liberty Starz Group).

Im April 2016 wurde die weitere Restrukturierung des Liberty-Konglomerats abgeschlossen, so entstanden drei Varianten von Liberty-Media-Aktien: Die Liberty Braves Gruppe (die im wesentlichen aus dem gleichnamigen Baseball-Team aus Atlanta besteht), die Liberty Sirius Group (Satellitenradio) und schließlich die weiterhin unter Liberty Media firmierenden Beteiligungen z.B. an Live Nation, Time, Time Warner und Viacom.

Ende 2016 sorgte Malone zweimal für Aufsehen. Zunächst kaufte Liberty Media Anfang September für 4,6 Milliarden Dollar dem Finanzinvestor CVC die 35,5 Prozent der Stimmrechte ab, die er an der Formel-1-Rennserie bzw. an der Formel-1-Muttergesellschaft Delta Topco hielt. Ob sich der 35,5-prozentige Anteil an der zuletzt kriselnden Formel-1-Rennserie dauerhaft auszahlt, hing von Anfang an auch davon ab, ob es Malone gelingen würde, die traditionell skeptischen US-Zuschauer (die die Rennserie Nascar bevorzugen) für das Rennspektakel zu begeistern. Dafür wurde mit Chase Carey, einst rechte Hand von Rupert Murdoch bei News Corp. und Fox, ein Schwergewicht der Medienwelt verpflichtet. Dann, im Dezember 2016 verkaufte Malone den Pay-TV-Sender Starz für 4,4 Milliarden Dollar an das Hollywood-Studio Lionsgate (auf Platz 59 im aktuellen IfM-Ranking).

Die Qurate Retail Group, wie die Liberty Media Corporation ansässig in Englewood, Colorado, hieß bis 2018 ›Liberty Interactive Corporation‹, die wiederum 2011 aus Teilen der Liberty Media Corporation hervorgegangen war (Liberty Capital Group, Liberty Starz Group). Schon 2003 war Liberty Media Alleineigentümer des Teleshopping-Kanals QVC geworden

(»Quality, Value, Convenience«, gegründet 1986 von Joseph Segel), Liberty Interactive war dann 2014 in QVC Group umbenannt worden. Zu weiteren Zukäufen zählten im Jahr 2015 der E-Commerce-Anbieter Zulily (Kleidung, Schuhe, Spielzeug und Haushaltsprodukte) für 2,3 Milliarden US-Dollar und 2017 das »Home Shopping Network« für 2,1 Miliarden US-Dollar.

MANAGEMENT

Selfmade-Multimilliardär John Malone ist noch immer einer der aktivsten Medienmanager der USA, und bleibt laut Forbes der »mächtigste Mann im Kabelgeschäft«. Er gilt als knallharter und abgebrühter Geschäftsmann, wird wegen seiner aggressiven Deals auch »Kabel-Cowboy« oder »Darth Vader« (so der frühere US-Vizepräsident Al Gore) genannt. Nach dem Studium der Elektrotechnik und Ökonomie an der Yale University und der Johns Hopkins University startete Malone 1968 bei der Unternehmensberatung McKinsey. Sein beruflicher Aufstieg begann dann 1973 mit dem Aufbau der Kabelfirma TCI (Tele-Communications Inc., Denver). TCI/Malone kauften zahlreiche kleinere Betreiber und Minderheitsbeteiligungen an anderen Kanälen auf; TCI wuchs mit 8,5 Millionen Abonnenten zur zweitgrößten Kabelgesellschaft nach Time Warner heran. 1999 verkaufte Malone, mittlerweile Chef, TCI für 48 Milliarden Dollar an AT&T. Von da an widmete er sich seinem zweiten Standbein Liberty Media, das nach dem Verkauf an AT&T von TCI abgetrennt wurde.

In Deutschland und Europa ist Malone, wenn überhaupt, als Boss der Formel 1 bekannt. Nicht als US-Tycoon, nicht als Boss eines verzweigten Firmengeflechts mit schwer durchschaubaren Beteiligungen, eines Shopping-Senders oder eines Baseball-Teams. Auch nicht als mit etwa 9.000 Quadratkilometer Wäldern und Ranches größter privater Landbesitzer in den USA.

GESCHÄFTSFELDER

Liberty Media Corporation: Liberty Media umfasst drei konsolidierte Tochtergesellschaften: Sirius XM Holdings, Inc., Formula 1, Braves Holdings, LLC.

Gegenwärtig hält Liberty 77,3 Prozent an Sirius XM, dem größten kostenpflichtigen Satelliten-Radiosender der USA mit ca. 34,5 Millionen Abonnenten und mehr als 175 Kanälen. Dazu besitzt Liberty knapp unter fünf Prozent von iHeart Media, einem der führenden Streaming-Radios und 32 Prozent am US-Ticketing- und Konzertveranstalter Live Nation Entertainment, Inc.. Die Braves Holdings LLC ist eine 100-prozentige Liberty-Tochter. Dazu gehören das Major League-Baseball Team Atlanta Braves und das gleichnamige Stadion. Die Formula One Group umfasst den Liberty-Anteil an der Formel-1-Rennserie.

Qurate Retail, Inc.: Das Herzstück von Qurate ist der Homeshopping-Kanal QVC, nach Amazon einer der größten Versandhändler der Welt. Dazu kommen sechs weitere retail brands: das Home Shopping Network (HSN), Zulily, Ballard Designs, Frontgate, Garnet Hill und grandinroad. Die Qurate-Sender werden von circa 218 Millionen Haushalten weltweit empfangen.

AKTUELLE ENTWICKLUNGEN

Nach dem Einstieg in die Formel 1 wollen John Malone und Liberty die Rennserie durch eine radikale Umstrukturierung spannender und attraktiver machen – auch für die US-Zuschauer, die sich bisher nicht für die Grands Prixs begeistern konnten. Ein neues Regelwerk (das sogenannte »Concorde Agreement«) sollte ab Anfang 2021 für mehr Wettbewerb, mehr Chancengleichheit, mehr Spannung sorgen. Die Corona-Pandemie machten den Plänen zunächst einen Strich durch die Rechnung. Doch 2022 sollen die Änderungen endlich in Kraft treten: Die Autos sollten anders aussehen, besser überholen können und die Kosten dürfen nicht ausufern, und es mehr »fighting« geben, neue Reifen und andere Sieger als immer nur Mercedes.

Auch im digitalen Bereich traut sich die Formel 1 nun mehr – von Podcasts bis hin zu einer Esports-Plattform. Es gibt einen eigenen Streamingdienst (»F1 TV«) und auf Netflix die zweite Staffel der Serie *Formula One: Drive to Survive*. Der Fan, durchschnittlich 39 Jahre alt, soll in Zukunft noch besser verstanden – und vermarktet – werden. Das Ziel: eine globale Medien- und Entertainment-Marke mit Vergnügungsgarantie.

Derweil hat John Malone längst ein neues Ziel ins Auge gefasst und denkt darüber nach, die lokale Liberty-Tochter mit dem britischen Geschäft von Telefónica zu verschmelzen. Auf einen Schlag würde damit der größte Internet- und Telefonanbieter Großbritanniens entstehen. Das vereinigte Unternehmen würde 46 Millionen Kunden versorgen und die Rivalen BT und Vodafone herausfordern. Es wäre ein Deal ganz nach dem Geschmack von Malone.

18.

News Corp./Fox Corp.

Umsatz 2020: 21,311 Mrd. USD (18,66 Mrd. EUR)

ÜBERBLICK

2019 ging ein Großteil von Rupert Murdochs 21st Century Fox für 71,3 Milliarden Dollar an den Disney-Konzern: das legendäre Filmstudio 20th Century Fox, TV-Sender, Beteiligungen am Star-India-Netzwerk und am Streaming-Dienst Hulu. Aus dem Rest wurde die Fox Corporation, oder »New Fox«: Das Fox-Fernsehnetwork sowie Nachrichten- und Sportkanäle, die weiterhin der Murdoch-Familie gehören. Wie auch das Verlags- und Zeitschriftengeschäft der News Corp.

BASISDATEN

Hauptsitz:
1211 Avenue of the Americas
New York, NY 10036
USA
Telefon: 001 212 4163400 (News Corp.) / 001 212 8527000 (Fox Corp.)
Websites: investors.newscorp.com, investor.foxcorporation.com

Branche: Zeitungen, Zeitschriften, Buchverlage, Fernsehsender, Satelliten-TV, Kabel-TV, Streaming, Internet-Content
Rechtsform: Aktiengesellschaft
Geschäftsjahr: 01.07.-30.06.
Gründungsjahr: 1952, 2013 (Aufsplittung in News Corp. und 21st Century Fox), 2019 Verkauf 21st Century Fox, Gründung Fox Corporation

ÖKONOMISCHE BASISDATEN NEWS CORP.

	2019/20	2018/19	2017/18	2016/17	2015/16	2014/15
Umsatz (in Mio. USD)	9.008	10.074	9.024	8.139	8.292	8.633
Gewinn (Verlust) nach Steuern (in Mio. USD)	(1.269)	155	(1.514)	(738)	179	(147)
Aktienkurs (in USD, Jahresende)	17,77	14,82	11,95	16,62	11,46	13,36
Beschäftigte	23.500	28.000	28.000	26.000	24.000	25.000

ÖKONOMISCHE BASISDATEN FOX CORP.

	2019/20	2018/19
Umsatz (in Mio. USD)	12.303	11.389
Gewinn nach Steuern (in Mio. USD)	999	1.595
Aktienkurs (in USD, Jahresende)	28,88	36,10
Beschäftigte	9.000	7.700

MANAGEMENT NEWS CORP.

Rupert Murdoch	Executive Chairman
Lachlan Murdoch	Co-Chairman
Robert Thomson	Chief Executive
Susan Panuccio	Chief Financial Officer
David Pitofsky	General Counsel
Tracey Fellows	President, Global Digital Real Estate
David Kline	Chief Technology Officer
Antoinette Bush	Global Head of Government Affairs
Anoushka Healy	Chief Strategy Officer
Jim Kennedy	Chief Communications Officer
Dana Ritzcovan	Chief Human Resources Officer

AUFSICHTSRAT NEWS CORP.

Rupert Murdoch	News Corp.
Lachlan K. Murdoch	News Corp.
Peter L. Barnes	News Corp.
Ana Paula Pessoa	Kunumi Inteligencia Artificial SA
Kelly Ayotte	Former United States Senator for the State of New Hampshire
Masroor Siddiqui	Naya Capital Management UK Limited
José María Aznar	President, Foundation for Social Studies and Analysis Former President of Spain
Robert J. Thomson	News Corp.
Natalie Bancroft	News Corp.

MANAGEMENT FOX CORPORATION

Rupert Murdoch	Chairman
Lachlan K. Murdoch	Executive Chairman and CEO
John P. Nallen	Chief Operating Officer
Viet D. Dinh	Chief Legal and Policy Officer
Steve Tomsic	Chief Financial Officer
Michael Biard	President of Operations and Distribution

Paul Cheesebrough	Chief Technology Officer
Joe Dorrego	Chief Investor Relations and EVP of Corporate Initiatives
Marianne Gambelli	President of Advertising Sales
Kevin Lord	EVP Human Resources
Danny O'Brien	Executive Vice President, Head of Government Relations
Jeff A. Taylor	Executive Vice President and Chief Litigation Counsel
Claudia Teran	Executive Vice President and Corporate General Counsel

AUFSICHTSRAT FOX CORPORATION

Rupert Murdoch	
Lachlan K. Murdoch	
William A. Burck	Quinn Emanuel Urquhart & Sullivan, LLP
Chase Carey	Chairman of Formula 1
Anne Dias	Aragon Global Holdings
Roland A. Hernandez	Hernandez Media Ventures
Jacques Nasser	
Paul D. Ryan	54th Speaker of the U.S. House of Representatives

GESCHICHTE

Die Wiege der News Corporation stand in Australien: Nach einem Studium in Oxford und einem Job bei der Londoner *Daily Mail* als Junior Reporter, erbte Rupert Murdoch, geboren 1931 in Melbourne, 1952 die angeschlagenen *Adelaide News* von seinem Vater Keith Murdoch (1885-1952). Als wenig später der Verleger des übermächtigen lokalen Konkurrenztitels die *Adelaide News* günstig übernehmen wollte, zeigte der junge Rupert zum ersten Mal die Zähne und wandte eine Taktik an, die er 40 Jahre später mit ähnlich durchschlagendem Erfolg am britischen Pressemarkt wiederholen sollte: Er senkte den Preis. Die Konkurrenz schlief, verlor scharenweise ihre Leser und musste wenig später ihrerseits an Murdoch verkaufen. 1964 gründete Murdoch die erste landesweite australische

Tageszeitung; 1968 ging es nach Großbritannien. Hier kaufte er zunächst die Massenblätter *News of the World* und *The Sun*, die er zu konservativen Sensationstiteln umbaute. Das Seite-drei-Girl sorgte für Furore und dürfte einer der Gründe sein, warum Rupert bis heute ohne Ritterschlag geblieben ist. Anders als sein Vater Sir Keith. Der war 1933 zum Knight Bachelor ernannt worden und später im Krieg als »Director-General of Information« zuständig war für die Pressezensur in Australien.

1973, seit dem Kauf der *San Antonio Express News*, mischte Murdoch zum ersten Mal auf dem US-Medienmarkt mit. Erster Höhepunkt der US-Expansion war 1976 die Übernahme der schwächelnden *New York Post*, bei der Murdoch mit der *Sun*-Taktik in kurzer Zeit ebenfalls die Auflage erheblich steigern konnte. Erst 1979 schlug die offizielle Geburtsstunde der News Corporation. 1980 übernahm Murdoch mit der Londoner *Times* und der *Sunday Times* erstmals Qualitätsblätter von Weltformat, später kamen weitere Zeitungen in Australien und den USA hinzu. Bis 1986 blieb die News Corp. ein reiner Printkonzern. Mit der Übernahme der Twentieth-Century-Fox-Filmstudios begab sich Murdoch erstmals auf audiovisuelles Terrain. Als Australo-Brite vom amerikanischen TV-Markt ausgeschlossen, schwor Murdoch 1986 den Eid auf die amerikanische Verfassung, kaufte sofort sechs lokale TV-Sender als Keimzelle von Fox Broadcasting, der ersten landesweiten TV-Network-Gründung seit 1948. 1989 ging in Großbritannien Europas erstes Satelliten-Fernsehen SKY TELEVISION auf Sendung. Nach 18 Monaten fusionierte SKY mit dem erfolglosen British Satellite Broadcasting zu BSkyB.

Trotz des Engagements auf dem Film- und Fernsehmarkt wuchs die News Corp. auch im Verlagsbereich. Anfang der 1990er-Jahre brachen die Unsummen verschlingenden TV-Aktivitäten der News Corp. fast den Hals: 7,6 Milliarden Dollar Schulden wurden fällig, einige Gläubigerbanken wurden nervös und verweigerten eine Umschuldung. Die News Corp., so Murdoch-Biograf William Shawcross, stand knapp vor dem Konkurs. Gerettet haben sollen Murdoch ausgerechnet die Einnahmen aus *Kevin allein zu Haus*, dem Weihnachts-Blockbuster von Twentieth Century Fox. Die Warnung war allerdings angekommen, News Corp. begrenzte die Neuverschuldung drastisch und sorgte für besseren Cash-Flow in Krisenzeiten. Murdoch war bald wieder obenauf und übernahm ab 1993 nach und nach den asiatischen Satelliten-Sender STAR TV. Außerdem kaufte er sich 1994 zunächst mit einem 20-Prozent-Anteil bei der US-Senderkette New World Communications ein, die dafür ihre zehn Stationen dem

Fox-Network anschloss. Anfang 1996 übernahm Murdoch New World komplett und startete seinen eigenen Nachrichtensender FOX NEWS als Konkurrenz zu CNN.

Am 31. Juli 2007 gab die Verleger-Familie Bancroft bekannt, Murdochs Offerte für den Kauf ihres Zeitungsunternehmens Dow Jones anzunehmen, auch Herausgeber des renommierten *Wall Street Journal*. Um die Bedenken einiger Mitglieder der Eigentümerfamilie auszuräumen, Murdoch könnte zu viel Einfluss auf die Redaktionen des Hauses nehmen, wurden Erklärungen abgegeben und Versicherungen unterzeichnet, die eine zu starke Einflussnahme seitens des News-Corp.-Chefs verhindern sollten. Ein prominent besetztes Aufsichtsgremium sollte außerdem die journalistische Unabhängigkeit überwachen.

Im Sommer 2011 trennte sich News Corp. vom Start-up MySpace, das man 2005 für 580 Millionen US-Dollar übernommen hatte (damals noch als das größte soziale Netzwerk der Welt). Anfangs hatte Murdoch geglaubt, MySpace irgendwann für sechs Milliarden weiterverkaufen zu können. Nachdem aufgrund von technischen Schwachstellen, internen Führungskämpfen und Managementfehlern die User in Strömen zu Konkurrent Facebook abwanderten, verlor auch Murdoch das Interesse an MySpace. Im Juli 2011 wurde Myspace für 35 Millionen US-Dollar an ein Konsortium aus dem Online-Werbevermarkter Specific Media sowie dem Popstar Justin Timberlake verkauft.

Für den größten Skandal der Unternehmensgeschichte sorgte ein erst 2011 in seiner Gänze bekannt gewordener Abhörskandal beim Boulevard-Blatt *News of the World*. Die Zeitung engagierte seit 1998 Privatdetektive, die sich in die Mobiltelefone von britischen Prominenten einhackten. Polizeibeamte wurden systematisch bestochen, um an vertrauliche Informationen zu gelangen. Die Mehrheit der rund 550 Opfer der Abhöraktionen einigten sich außergerichtlich mit News International gegen die Zahlungen hoher Summen (insgesamt zahlte News Corp. über eine Milliarde an Schadensersatz). Im Juli 2011 kam zudem heraus, dass *News of the World* sich 2002 in das Mobiltelefon der vermissten (und dann ermordeten) 13-jährigen Milly Dowler gehackt hatte und so die Polizeiermittlungen systematisch behindert hatte. Zudem wurden über 25 Journalisten beim Schwesterblatt *The Sun* wegen Bestechung verhaftet. Aufgrund des enormen öffentlichen Drucks entschlossen sich Murdoch und sein Sohn James zu einem radikalen Schritt und stellten die 150 Jahre alte *News of the World* ein. Trotz negativer Publicity muss das Handling des Skandals durch Murdoch als Erfolg gewertet werden. Die Anwälte konnten im Prozess 2014 das Bild aufrechterhalten, die News-Corp.-Führungskräfte hätten von den ganzen illegalen Aktivitäten nichts gewusst. Einzig der ehemalige stellvertretende Chefredakteur und spätere Sprecher von Premierminister David Cameron, Andy Coulson, wurde schuldig gesprochen. Frei gesprochen wurde hingegen Chefredakteurin und Murdoch-Vertraute Rebekah Brooks. Sie kehrte 2015 als Chefin von News UK wieder zurück an ihre alte Wirkungsstätte.

Im Sommer 2013 der Split. Die News Corp. wurde in zwei Unternehmen aufgespalten: in einen Print- und Bildungsarm (die neue News Corporation) und in einen Film- und Fernsehkonzern (21st Century Fox). Zum einen ging es damals, laut Murdoch, darum, »den wahren Wert beider Unternehmen und ihrer unterschiedlichen Vermögenswerte zu erschließen, so dass Investoren von den einzelnen strategischen Möglichkeiten profitieren können, die sich aus einer gezielteren Führung der einzelnen Geschäftsbereiche ergeben«. Zum anderen ging es sicherlich auch darum, den nach dem *News of the World*-Skandal beschädigten Ruf wiederherzustellen.

Ende 2017 bestätigte die Walt Disney Company den Plan einer Übernahme des Murdoch gehörenden Konkurrenzstudios 21st Century Fox (bzw. eines Großteils davon; es ging um das Filmstudio 20th Century Fox, und Pay-TV-Sender wie FX Networks, Fox Sport Networks, National Geographic Partners), für zunächst 52,4 Milliarden Dollar. Im Sommer 2018 allerdings stieg Comcast ein und erhöhte das Kaufangebot auf 65 Milliarden. Disney ging noch höher, bot jetzt 71,3 Milliarden, Comcast zog sich zurück, Disney bekam den Zuschlag. Mitte 2019 dann war der Prozess abgeschlossen und aus den nicht an Disney verkauften Teilen der 21st Century Fox (das Fox-Network, die Fox-Fernsehstationen, Fox News, Fox Sports) wurde die Fox Corporation (oder »New Fox«), die weiterhin von der Murdoch-Familie kontrolliert wird.

MANAGEMENT

Keith Rupert Murdoch: Das Geheimnis von Rupert Murdochs Erfolg liegt laut Biograf William Shawcross, darin, dass er die Instinkte eines Glücksspielers mit puritanischer Disziplin kombiniert. Als »Apostel der globalen Kommunikation« erreicht er mit seinen Fernsehsendern,

Zeitungen und Magazinen etwa 4,7 Milliarden Menschen oder rund 60 Prozent der Weltbevölkerung. Ein Blick in die Literatur über den Aufstieg von Murdoch lässt zwei entgegengesetzte Strömungen erkennen. Manche Autoren, darunter Michael Wolff, Autor der wohl einflussreichsten Murdoch-Biografie, argumentieren, Murdoch sei in seinem Herzen immer noch der Reporter geblieben, der er zu Beginn seiner Karriere als Lokalredakteur einer australischen Zeitung war. Murdoch, so Wolff, würde journalistische Ideale wie stete Neugier und eigenständige Recherche hochhalten und sei auf diese Weise zu einem der erfolgreichsten Medienunternehmer der Welt avanciert.

Andere Journalisten behaupten das Gegenteil. Für Autor Bruce Page sind alle News-Corp.-Blätter »Pseudo-Zeitungen«, die mit einer »Kitsch-Ideologie« und vorgeheuchelter Anti-Establishment-Rhetorik angereichert werden. Robert Greenwald hat mit seiner Dokumentation *Outfoxed* gezeigt, wie »Fox News« Berichterstattung und Kommentar vermischt, Rufmordkampagnen gegen liberale Politiker und Aktivisten initiiert und die permanente Propagierung rechter Ideologien als »fair and balanced« verkauft. Für Greenwald ist klar: Rupert Murdoch führt einen Krieg gegen seriösen Journalismus.

Bei dem von Murdoch selbst gezeichneten Bild eines Mannes aus kleinen Verhältnissen, der gegen elitäre Zirkel und die herrschenden Machtverhältnisse zu Felde zieht, sind Zweifel angebracht. Tatsächlich war seine Familie Teil der post-kolonialen Oberschicht Australiens. Die Eltern Murdochs schickten den Sohn auf die Eliteuniversität Oxford. Im Verlauf seiner Karriere suchte (und fand) er stets den Kontakt zu den obersten Führungsriegen. Legendär in diesem Zusammenhang sind die Besuche von Margaret Thatcher in den Redaktionsräumen der britischen *Sun*, wo sie mit Murdoch Whiskey trank.

Es ist allerdings unklar, wo genau man Murdoch im politischen Spektrum verorten kann. Seine Allianzen zu Machthabern wirken beliebig. Unter den von ihm favorisierten Politikern, zu denen er in der Vergangenheit zwecks Verbesserung der medienpolitischen Rahmenbedingungen die Nähe gesucht hat, sind Persönlichkeiten wie Tony Blair, John Major, Ronald Reagan und Deng Xiaoping. Im Juni 2015 zog sich Murdoch jedoch aus dem operativen Tagesgeschäft von 21st Century Fox zurück und überließ das Feld seinen Söhnen James und Lachlan. Der Geist von Rupert blieb jedoch erhalten – etwa während der von der *Sun* befeuerten Brexit-Kapagne. Die Schlagzeile des Boulevard-Blatts am Tag des Referendums lautete »Die Sun sagt: Unterstützt den Brexit! Das ist die Wahl unseres Lebens. Unsere letzte Chance, um uns von der undemokratischen Brüsseler Maschine zu befreien.«

James und Lachlan Murdoch: Weil die beiden älteren Töchter sich für größere Aufgaben im Unternehmen nicht interessierten, blieb als favorisierter Thronfolger aus der Murdoch-Familie lange nur der jüngste Sohn James (geb. 1972). Er war Vorstandschef bei BSkyB, dem digitalen Bezahlfernsehen in Großbritannien, und machte die Firma zu einem der erfolgreichsten kommerziellen Fernsehsender im Vereinten Königreich. 2016 wurde er Chairman von SKY, ein Posten, den er nach dem Verkauf von SKY an Comcast im Oktober 2018 abgab.

Murdochs ältester Sohn Lachlan (geb. 1971) stieg im Frühjahr 2014 zum non-executive Co-Vorsitzenden der News Corp. und von 21st Century Fox auf und avancierte so wieder zum Vertrauten seines Vaters. Zuvor waren Beobachter davon ausgegangen, dass sich Lachlan aus dem Unternehmen zurückziehen würde, nachdem er 2005 alle Ämter niedergelegt und seine eigenen Produktions- bzw. Investmentfirmen NOVA und Illyria gegründet hatte. Jetzt aber, nach dem Verkauf von 21st Century Fox an Disney im März 2019, wurde Lachlan Murdoch Chairman und CEO der Fox Corporation.

GESCHÄFTSFELDER

Die News-Corp.-Aktivitäten einer Branche sind in jedem Land als eigene Gesellschaft mit weiteren Untergesellschaften eingetragen. Im Juni 2012 beschloss Murdoch die Abspaltung der Zeitungs-, Buch- und australischen Fernsehsparte (News Corp.) vom profitableren Film- und Fernsehsegment (v.a. das 21st Century Fox-Studio, aus dem nach dem Teilverkauf an die Walt Disney Company 2019 die Fox Corp. wurde).

Zeitungen: Das News-Corp.-Zeitungsgeschäft besteht u.a. aus dem Finanzinformationsdienstleister Dow Jones & Company (auch Herausgeber von: *The Wall Street Journal*, *Barron's*, *Marketwatch*, *Mansion Global*, *Financial News*), News Corp. Australia (über 140 Zeitungen, darunter *The Australian*, *The Daily Telegraph*, *Herald Sun*), News UK (*The Sun*, *The Times* und *The Sunday Times*) und dem New Yorker Tabloid *New York Post*.

Bücher: News Corp. kontrolliert mit HarperCollinsPublishers (New York) einen der größten Buchverlage der Welt, zu dem die Töchterverlage (Auswahl) Avon, Amistad Press, Ecco, Fontana Books, Zondervan, Thomas Nelson und Harlequin Enterprises gehören.

Fernsehen: News Corp. hält weiterhin 65 Prozent an Foxtel, einem australisches Pay-TV-Anbieter mit circa 40 Sendern.

Fox Corp. (Fernsehen): FOX NEWS ist der zuschauerstärkste 24-Stunden-Nachrichtenkanal, zusammen mit dem Fox Business Network erreicht das Unternehmen 94 Millionen Rezipienten in den USA. Fox Sports Net (heute Bally Sports), die größte regionale Sportsenderkette der USA, gehört mittlerweile der Sinclair Broadcast Group (Los Angeles).

AKTUELLE ENTWICKLUNGEN

Nach dem Auszug von Donald Trump aus dem Weißen Haus reitet FOX NEWS genüsslich darauf herum, dass die Quoten der Konkurrenzsender, allen voran CNN, NBC und MSNBC in sich zusammengefallen sind. Doch auch FOX NEWS musste einen signifikanten, wenn auch kleineren Rückgang seines Publikums verkraften: rund ein Drittel weniger Zuschauer schalten ein, seit Trump von der medialen Bildfläche verschwunden ist.

Dennoch ist FOX NEWS noch immer die unumstrittenen Nummer eins auf dem Cable-News-Markt – nicht zuletzt wegen seines beliebtesten Anchor Tucker Carlson, der seit dem von der MeToo-Welle aus dem Job gespülten Bill O'Reilly jetzt die Prime Time dominiert und dem sogar Präsidentschaftsambitionen nachgesagt werden. Der paläokonservative Moderator und Kommentator macht Stimmung gegen Abtreibung und Einwanderung, aber vertritt auch Meinungen, die dem konservativen Mainstream nicht gefallen, wie etwa seine Ablehnung der Todesstrafe oder von militärischen Interventionen. Carlson, der enge Kontakte zu Donald Trump hält, riet diesem im Jahr 2019 davon ab, Luftschläge gegen den Iran durchzuführen.

Derweil konnte sich der australische Ableger von News Corp mit Facebook nach einem monatelangen Disput über die Verbreitung von Artikeln im sozialen Netzwerk einigen: Künftig wird Facebook den Konzern für alle Artikel – etwa von dem Online-Auftritt des »Australian« oder des Nachrichtenportals *news.com.au* – bezahlen. Zuvor hatte Facebook News Corp. Australia-Inhalte gesperrt, um so gegen ein entsprechendes Gesetz zu protestieren, das eine gerechtere Verteilung der Online-Werbeeinnahmen zum Ziel hat. Auch mit Google hatte sich News Corp. zuvor einigen können.

19.

Bertelsmann SE & Co. KGaA

Umsatz 2020: 17,289 Mrd. EUR

ÜBERBLICK

Das Unternehmenskonglomerat der Bertelsmann SE & Co. KgaA (eine nicht börsennotierte Kommanditgesellschaft auf Aktien) mit Hauptsitz in der westfälischen Kreisstadt Gütersloh ist in den Kerngeschäftsfeldern Medien, Dienstleistungen und Bildung in rund 50 Ländern aktiv und beschäftigte 2020 weltweit 132.842 Mitarbeiter.

BASISDATEN

Hauptsitz:
Carl-Bertelsmann-Straße 270
33311 Gütersloh
Telefon: 05241 80 0
Website: bertelsmann.de/investor-relations
Branchen: Zeitungen, Zeitschriften, Buchverlage, Tonträger, Musiklabel, Video/DVD, Druckereien, Druck- und Mediendienstleistungen, Free-TV, Radio, Film-/TV-Produktion, Multimedia, Internet-Services, E-Commerce, Rechtehandel
Rechtsform: SE & Co. KGaA (seit August 2012)
Geschäftsjahr: 01.01. - 31.12.
Gründungsjahr: 1835

ÖKONOMISCHE BASISDATEN

	2020	2019	2018	2017	2016	2015	2014
Umsatz (in Mio. EUR)	17.289	18.023	17.673	17.190	16.950	17.141	16.675
Gewinn nach Steuern (in Mio. EUR)	1.459	1.091	1.104	1.198	1.137	1.108	573
Beschäftigte	132.842	126.447	117.220	119.089	116.000	117.249	112.037

UMSATZ NACH SPARTEN (IN MIO. EUR)

	2020	2019	2018	2017
RTL Group	6.017	6.651	6.505	6.373
Penguin Random House	3.802	3.636	3.424	3.359
Gruner + Jahr	1.135	1.355	1.440	1.513
BMG	602	600	545	507
Arvato	4.382	4.175	4.100	3.823
Bertelsmann Printing Group	1.362	1.568	1.639	1.681
Bertelsmann Education Group	301	333	258	189
Bertelsmann Investments	12	13	12	-

GESCHÄFTSFÜHRUNG

Thomas Rabe	Vorstandsvorsitzender Bertelsmann, CEO RTL Group
Markus Dohle	CEO Penguin Random House
Rolf Hellermann	Finanzvorstand
Immanuel Hermreck	Personalvorstand
Elmar Heggen	Stellvertretender Vorstandsvorsitzender und COO RTL Group
Dirk Kemmerer	CEO Bertelsmann Printing Group
Kay Krafft	CEO Bertelsmann Education Group
Annabelle Yu Long	CEO Bertelsmann China Corporate Center und Managing Partner von Bertelsmann Asia Investments
Hartwig Masuch	CEO BMG
Madeline McIntosh	CEO Penguin Random House U.S.
Shobhna Mohn	Executive Vice President Growth Regions Strategy und Bertelsmann Investments
Gail Rebuck	Board Member Penguin Random House
Bernd Reichart	CEO Mediengruppe RTL Deutschland
Stephan Schäfer	CEO, Gruner + Jahr, Chief Content Officer Mediengruppe RTL Deutschland
Frank Schirrmeister	CEO Arvato Supply Chain Solutions
Karin Schlautmann	Leiterin Unternehmenskommunikation Bertelsmann
Nicolas de Tavernost	Chairman des Executive Board der Groupe M6

AUFSICHTSRAT

Christoph Mohn	Christoph Mohn Internet Holding GmbH
Prof. Dr.-Ing. Werner J. Bauer	
Kai Brettmann	RTL Group, RTL Deutschland
Núria Cabutí	Penguin Random House Grupo Editorial
Günter Göbel	Bertelsmann SE & Co. KgaA
Bernd Leukert	Deutsche Bank AG
Gigi Levy-Weiss	Angel Investor
Dr. Brigitte Mohn	Stiftung Deutsche Schlaganfall-Hilfe

Liz Mohn	Bertelsmann Stiftung
Hans Dieter Pötsch	Volkswagen AG, Porsche Automobil Holding SE
Henrik Poulsen	
Christiane Sussiek	Bertelsmann SE & Co. KGaA,
Bodo Uebber	

GESCHICHTE

1835 gründete der Gütersloher Drucker und Lithograf Carl Bertelsmann einen Verlag für religiöse Literatur. Sein Sohn Heinrich erweiterte das Geschäft durch Zukäufe von Verlagen und den Bau einer Druckerei; dessen Schwiegersohn Johannes Mohn fügte ab 1881 Fachzeitschriften und pädagogische Buchreihen hinzu. In der vierten Generation unter Johannes Mohns Schwiegersohn Heinrich Mohn wuchs der Verlag von Beginn der Weimarer Republik an kontinuierlich, vor allem durch Unterhaltungsromane. In der NS-Zeit lavierte sich der überzeugte Protestant Mohn durch die politischen Wirren, etwa als passives SS-Mitglied und Verleger von Wehrmacht- und NS-Literatur (*Panzer am Feind*, *Volk ohne Raum*).

Nach dem Zweiten Weltkrieg übernahm Mohns politisch unbelasteter zweitjüngster Sohn Reinhard (Jahrgang 1921) den angeschlagenen Buch- und Kirchenverlag und formte daraus einen Weltkonzern. Das Erfolgsrezept: Sogenannte »Leseringe«, die Bücher im Abonnement zum Billigpreis sowie eigene Lexika und Atlanten anboten. Für den Vertrieb sorgten aggressive Drückerkolonnen, die an Haustüren und in Innenstädten Kunden lockten. Das Club-Modell übertrug Mohn auch auf das Ausland. Mitte der 1950er-Jahre trat er mit dem Kauf von Ariola zudem ins Schallplattengeschäft ein.

Der Ende der 1960er-Jahre begonnene Erwerb eines Mehrheitsanteils am Hamburger Zeitschriftenkonzern Gruner + Jahr (*Stern*, *Geo*, *Brigitte*) katapultierte die Gütersloher an die Spitze der deutschen Medienwirtschaft. Unter Bertelsmann-Regie exponierte Gruner + Jahr als erster deutscher Großverlag im Ausland und kaufte 1994 mehrere Titel der Zeitschriftengruppe der *New York Times* und Ende 2000 die Wirtschaftsmagazine *Fast Company* und *Inc.* – doch im Juni 2005 beschloss man, für Branchenkenner unerwartet, den Rückzug aus den USA.

International bekannt wurde Bertelsmann bereits 1986 durch einen Doppelkauf: die Akquisition des New Yorker Traditionsverlags Doubleday und des Musikriesen MCA. Zeitweilig, bevor 1989 Time Inc. mit Warner Bros. fusionierte, war Bertelsmann damit der weltgrößte Medienkonzern. Auch im deutschen Privatfernsehen gehörte Bertelsmann zu den Pionieren. Der 1984 zusammen mit der CLT gegründete Sender RTL wurde 1993 Marktführer in Deutschland und stieg zu Europas größtem Privatkanal auf. Nachdem sich Bertelsmann 1995 an AOL beteiligt hatte, investierte der Konzern zunehmend in Internet-Aktivitäten, etwa den Aufbau der amerikanischen Internet-Buchhandlung *Barnesandnoble.com* sowie in das europäische Pendant BOL. Um über möglichst viele Inhalte für das vom damaligen Vorstandsvorsitzenden Thomas Middelhoff (November 1998 bis Juli 2002) hoch geschätzte E-Commerce zu verfügen, kaufte Bertelsmann für 4,7 Milliarden D-Mark den New Yorker Verlag Random House und für knapp eine Milliarde die Mehrheit am wissenschaftlichen Springer-Verlag aus Heidelberg.

Anfang 1999 expandierte Bertelsmann weiter im TV durch den Kauf von Produktionsfirmen von Pearson und Fremantle, der Gründung des Kölner Senders VOX und durch den Erwerb eines 47-prozentigen Anteils am Nachrichtensender N-TV (im Tausch gegen die *Berliner Zeitung*). Für hohe Sondererlöse sorgten die Verkäufe der Anteile an AOL Europe (50%) und der Technikfirma Mediaways an AOL. Middelhoffs Nachfolger Gunter Thielen, Bertelsmann-Vorstandsvorsitzender von 2002 bis 2007, trennte sich danach wieder von einigen Internet-Aktivitäten, konsolidierte das Geschäft (Fusion von BMG und Sony) und akquirierte den DVD-Verkaufsklub Columbia House in den USA. Der Direktvertrieb gehörte bis zum 30. Juni 2011 in den Geschäftsbereich Direct Group. Wegen sinkender Mitglieder- und Buchhandelsumsätze kam es neben Entlassungen und Portfolioveränderungen zu Verkäufen von Tochterunternehmen u.a. in Portugal, Italien, Australien, Neuseeland und Frankreich. Schließlich wurde die Direct Group und damit auch die legendären Buchclubs als eigenständiger Unternehmensbereich am 30. Juni 2011 aufgelöst.

MANAGEMENT

Bertelsmann wird über die Bertelsmann Verwaltungsgesellschaft (BVG) gesteuert, in der 100 Prozent der Stimmrechte für alle Aktien gebündelt sind. An der Spitze steht ein Lenkungsausschuss, dem drei Mitglieder der Familie Mohn und drei gewählte, familienfremde Mitglieder angehören. Die BVG wurde eingerichtet, um die Interessen der Bertelsmann Stiftung und der Familie Mohn als Aktionäre der Bertelsmanns zu wahren. Außerdem soll sie die Kontinuität und die Unternehmenskultur von Bertelsmann sichern.

Zu Beginn des Jahres 2012 wurde Hartmut Ostrowski (der den Chefposten Ende 2007 von Gunter Thielen übernommen hatte) von Finanzvorstand Thomas Rabe als Vorstandsvorsitzender abgelöst. Rabe, Jahrgang 1965, gebürtiger Luxemburger mit deutschem Pass, »sportlich-asketischer Sohn eines EU-Beamten«, läutete umgehend einen Strategiewechsel des Unternehmens ein: Der Konzern sollte wachstumsstärker, digitaler und internationaler aufgestellt werden. Dies wollte er durch vier strategische Stoßrichtungen erreichen: Konsolidierung des Portfolios, Digitalisierung der Kerngeschäfte, Bildung neuer Wachstumsplattformen und vor allem durch Expansion nach China, Indien und Südamerika. Auch im Bildungsbereich wollte Bertelsmann mehr investieren. Zudem sollte der Druckbereich in einer eigenen Sparte gebündelt werden.

Im April 2019 trat RTL-CEO Bert Habets unter mysteriösen Umständen »aus persönlichen Gründen« plötzlich von seinem Amt zurück. Lange wurde über die Gründe gerätselt, mittlerweile kann man sagen: Es waren wohl Habets Führungs- und Entscheidungsschwäche, die dazu führten. »Mit den Details war er nie richtig vertraut«, wurde kritisiert. Dazu sein schwieriges Verhältnis mit Nicolas de Tavernost, CEO der französischen RTL-Tochter M6, und mit der früheren RTL-Deutschland-Chefin Anke Schäferkordt. Vielleicht hing die Sache auch mit den Vorwürfen einer »Veruntreuung von Firmengeldern in Millionenhöhe« beim Online-Portal Stylehaul (im Juni 2019 von RTL eingestellt) zusammen. Habets als RTL-Chef habe sich unzureichend um die Aufklärung gekümmert. RTL-Mehrheitseigner Bertelsmann verweigerte Habets jedenfalls auf der Hauptversammlung im April die eigentlich übliche Entlastung für das abgelaufene Jahr.

Thomas Rabe ist nach wie vor Geschäftsführer von Bertelsmann, den Chefposten bei RTL übernahm er nach Habets Abgang im April 2019 gleich mit. Schließlich kannte er das Haus, war er doch von 2000 bis 2005 schon Finanzvorstand der RTL Gruppe. Die neue Doppelfunktion ist jedenfalls eine für einen deutschen Dax-Konzern absolut unübliche Ämterhäufung. In der Presse wurde er im Anschluss zum »mächtigsten

Bertelsmann-Chef aller Zeiten«. Eine weitere wichtige Personalie ist Elmar Heggen, Chief Financial Officer der RTL Gruppe, ein enger Vertrauter Rabes. Rabe hat Heggen immer als seinen verlängerten Arm betrachtet.

BERTELSMANN STIFTUNG

Die 1977 gegründete Organisation soll einerseits die Unternehmenskontinuität sichern, wie das Fortbestehen des Betriebs im Gütersloher Jargon gern heißt, andererseits fördert sie Zukunftsprojekte auf den Gebieten Medien, Gesellschaftspolitik, internationale Verständigung, Kultur, Bildung, Medizin und Gesundheit. Die Stiftung hält 77,6 Prozent der Kapitalanteile an der Bertelsmann SE & Co. KGaA. Bertelsmann war in seiner Anfangszeit von der evangelischen Erweckungsbewegung geprägt und streng pietistisch sowie entschieden konservativ ausgerichtet. Ein bisschen Missionsgeist ist geblieben: Gesellschaftspolitisches Engagement nimmt Bertelsmann heute über die eigene Stiftung wahr, die sich auch zur Pflege des Meinungsklimas sowie der Kontaktaufnahme mit ranghohen Politikern gut nutzen lässt. Das Ergebnis der Anstrengungen war ein positives liberales Image, das der Bertelsmann SE & Co. KGaA seit Jahren anhaftet. Dabei hatte zum Beispiel die frühe Beteiligung des Bertelsmann-Personals am Betriebsgeschehen von vornherein den angenehmen Nebeneffekt, dass sich dank der Mitarbeiterdarlehen und Genussscheine die großen Akquisitionstouren des Konzerns auch ohne immense Bankschulden finanzieren ließen. Bertelsmann solle stets gegen Begehrlichkeiten von Geldgebern sowie Attacken von Konkurrenten immun sein, verfügte Mohn. Für Kritik an der Bertelsmann-Stiftung sorgte deren Einsatz für das europäisch-amerikanische Freihandelsabkommen TTIP. Die Stiftung, so Kritiker, setze sich für das Vorhaben ein, von dem auch der in Europa und den USA aktive Bertelsmann-Konzern profitieren würde, was aber eine Verletzung der Stiftungsgrundsätze darstelle.

GESCHÄFTSFELDER

Bertelsmann ist in acht Unternehmensbereiche unterteilt: RTL, Penguin Random House, G+J, BMG, Arvato, die Bertelsmann Printing Group, die Bertelsmann Eductation Group und Bertelsmann Investments.

Fernsehen/Radio/Inhalte: Die RTL Gruppe (u.a. RTL, RTL 2, SUPER RTL, VOX, N-TV in der DACH Region, sowie weitere Sender in Frankreich, Niederlande, Luxemburg, Kroatien und Spanien) an der Bertelsmann mit 75,1 Prozent beteiligt ist, hat ihr Portfolio auf 67 TV- und 38 Radiostationen sowie zehn Streaming-Plattformen ausgedehnt. Der RTL-Produktionsarm Fremantle Media ist einer der größten internationalen Entwickler, Produzenten und Vertriebe von fiktionalen und non-fiktionalen Inhalten weltweit. Fremantle hat Filialen in 31 Ländern und produziert über 12.000 Stunden Programm jährlich. Zudem vertreibt das Unternehmen mehr als 20.000 Programmstunden in über 200 Ländern.

Buchverlage: Im Dezember 2019 meldete Bertelsmann die Übernahme der restlichen 25 Prozent an Penguin Random House von Pearson, für 675 Mio. US-Dollar. Penguin Random House, mit über 300 eigenständigen Buchverlagen auf sechs Kontinenten, 15.000 Neuerscheinungen und rund 600 Millionen verkauften Büchern, E-Books und Hörbüchern im Jahr die größte Publikumsverlagsgruppe der Welt, gehört jetzt also vollständig zu Bertelsmann – ebenso wie seit 2020 der US-Verlag Simon Schuster.

Presse: Das Hamburger Verlagshaus Gruner + Jahr war 1965 von Richard Gruner, dem Inhaber einer Druckerei im schleswig-holsteinischen Itzehoe, und den Verlegern John Jahr und Gerd Bucerius in Hamburg gegründet worden. Heute ist Gruner + Jahr einer der führenden Magazinverlage Europas. Zu ihm gehören so etablierte Marken wie *Stern*, *Geo*, *Brigitte*, *Essen & Trinken* und *Schöner Wohnen* – dazu neuere Titel wie *Chefkoch*, *Barbara*, *Beef* und *11 Freunde*. Insgesamt veröffentlicht Gruner + Jahr rund 500 gedruckte und digitale Medienangebote in mehr als 20 Ländern.

Der Schwerpunkt der Aktivitäten liegt in Deutschland und Frankreich, wo Prisma Media zu den reichweitenstärksten Verlagen zählt. Das Digitalgeschäft trägt ein Viertel zum Umsatz bei. Die digitalen Angebote besetzen führende Positionen in allen Segmenten, von News über People bis Living. Außerdem hält G+J die Mehrheit am Special-Interest-Verlag Motor Presse Stuttgart (*Auto Motor und Sport*), an der DDV Mediengruppe in Dresden (*Sächsische Zeitung*) und ist an der Spiegel-Gruppe beteiligt (*Spiegel*, *Manager Magazin*). Gruner + Jahr gehört zu 100 Prozent zu Bertelsmann.

Musik: Zunächst beschloss Bertelsmann, bereits seit den 1950er-Jahren im Musikmarkt aktiv, sein Musikgeschäft 2003 »wegen rückläufiger Umsätze« mit Sony zusammenzulegen. 2006 verkaufte man auch die Tochter BMG Music Publishing (an Universal/Vivendi). Auch die 50prozentige Beteiligung an Sony BMG gab man 2008 ab. Dann die Kehrtwende im selben Jahr. Am 1. Oktober 2008 gründete Bertelsmann ein Joint Venture zur Musikrechtevermarktung mit dem US-Finanzinvestor Kohlberg Kravis Roberts (KKR). Anfang März 2013 wurde bekannt, dass Bertelsmann die KKR-Anteile (51 Prozent) an BMG für rund 750 Millionen übernommen hatte.

Heute vertritt BMG, viertgrößter Musikverlag der Welt (nach Universal, Warner, Sony), mit 20 Niederlassungen auf zwölf »Kernmusikmärkten« mehr als drei Millionen Titel und Aufnahmen, darunter jene der Kataloge von Alberts Music, Broken Bow Music Group, Bug, Cherry Lane, Chrysalis, Mute, Primary Wave, Sanctuary und Trojan.

Dienstleistungen: Die zu Bertelsmann gehörende Arvato AG, einer der weltweit größten Medien- und Kommunikationsdienstleister, bietet »innovative Lösungen« wie etwa »SCM- und IT-Lösungen sowie Finanz- und Kundenkommunikationsdienstleistungen, die laufend mit den Innovationsschwerpunkten Automatisierung und Daten/Analytics weiterentwickelt werden«.

Bertelsmann Printing Group: In der Bertelsmann Printing Group sind die Druckaktivitäten von Bertelsmann gebündelt. Dazu zählen die deutschen Offsetdruckereien Mohn Media, GGP Media und Vogel Druck, die Tiefdruckaktivitäten von Prinovis in Deutschland und Großbritannien sowie die Offset- und Digitaldruckereien Berryville Graphics, Coral Graphics und OPM in den USA. Weiter gehören dazu die Werbeagentur MBS, die RTV Media Group und Sonopress. Die Bertelsmann Printing Group gehört zu 100 Prozent zu Bertelsmann.

Bertelsmann Education Group: Mit digitalen Bildungs- und Dienstleistungsangeboten, die ihre Schwerpunkte in den Sektoren Gesundheit und Technologie haben, möchte Bertelsmann einen Teil des auf fünf Milliarden geschätzten Marktes für digitale Bildungsangebote abgreifen. Im Herbst 2014 stieg Bertelsmann folglich beim Online-Kurs-Anbieter Udacity ein und kaufte für einen dreistelligen Millionenbetrag die E-Learning-Plattform Relias Learning, die auf Fortbildungen im Gesundheitsbereich spezialisiert ist. Seit 2015 ist die 100-prozentige Tochter Bertelsmann Education Group auch der größte Anteilseigner von HotChalk, einem führenden Bildungsdienstleister in den USA.

Bertelsmann Investments: Unter dem Investment-Segment sind die globalen Start-up-Beteiligungen von Bertelsmann gebündelt. Schwerpunkt der Aktivitäten sind die Wachstumsregionen Brasilien, China, Indien und die USA. Über diverse Investmentfonds ist Bertelsmann an mehr als 250 Start-ups beteiligt.

AKTUELLE ENTWICKLUNGEN

2020 hat Bertelsmann nach eigenen Angaben so viel Geld verdient wie noch nie – und das trotz, oder auch gerade wegen Corona. Schwache Geschäftsfelder konnten durch starke mehr als ausgeglichen werden, der Konzerngewinn wuchs um mehr als dreißig Prozent auf 1,5 Milliarden Euro, der Gesamtumsatz fiel nur um vier Prozent auf 17,29 Milliarden Euro. Auch, weil analoge und vermeintlich überholte Medien wie das Buch laut Bertelsmann-Chef Rabe während der Pandemie vermehrt gekauft wurden. Folgerichtig verlängerte Bertelsmann den Vertrag mit Rabe vorzeitig bis 2026.

Bertelsmanns Bekenntnis zum Buchgeschäft wurde dann Ende 2020 durch die 2,2 Milliarden Dollar schwere Übernahme des US-Verlags Simon & Schuster von ViacomCBS unterstrichen. Auf dem US-amerikanischen Markt ist Simon & Schuster die viertgrößte Buchverlagsgruppe mit Autoren wie Hillary Clinton, John Irving oder Stephen King. Im Ranking der größten Medienkonzerne geht es mit dieser Strategie aber nicht bergauf – im Gegenteil. 2020 wurde das 1835 gegründete Unternehmen in Sachen Umsatz erstmals von Netflix überholt – und von den Top 10 ist der einst größte Medienkonzern aller Zeiten inzwischen Lichtjahre entfernt.

20.

Vivendi S.A.

Umsatz 2020: 16,09 Mrd. EUR

ÜBERBLICK

Vivendi, Frankreichs größter Medienkonzern: Das Kerngeschäft besteht aus der Universal Music Group (80%, »world leader in music based entertainment«), der Pay- und Free-TV-Gruppe Canal Plus (100%), der Mediaagentur Havas (100%), der zweitgrößten französischen Verlagsgruppe Editis (100%), Prisma Media (100%), dem größten französischen Herausgeber von Magazinpresse, und Gameloft (100%), dem weltgrößten Entwickler und Herausgeber von Videospielen für alle digitalen Plattformen. Im September 2021 dann wird bekannt, dass Vivendi eine komplette Übernahme des anderen französischen Medienriesen Lagardère plant (Umsatz 2020: 4,4 Mrd. EUR, Platz 46 im aktuellen IfM-Ranking).

BASISDATEN

Hauptsitz:
42, avenue de Friedland
75380 Paris CEDEX 08
Frankreich
Telefon: 0033 1 71711000
Internet: www.vivendi.com
Branchen: Musik, Pay-TV, Film/TV-Produktion, Filmdistribution, Zeitschriften, Buchverlage, Games

Rechtsform: Aktiengesellschaft
Geschäftsjahr: 01.01.-31.12.
Gründungsjahr: 1853 als Compagnie Générale des Eaux, 1998 umbenannt in Vivendi, 2000 umbenannt in Vivendi Universal, 2006 wieder umbenannt in Vivendi

ÖKONOMISCHE BASISDATEN

	2020	2019	2018	2017	2016	2015	2014
Umsatz (in Mio. EUR)	16.090	15.900	13.932	12.518	10.819	10.762	10.089
Gewinn nach Steuern (in Mio. EUR)	1.228	1.741	1.157	1.300	755	697	626
Aktienkurs (in EUR, Jahresende)	26,51	25,93	21,16	22,50	17,95	19,86	20,56
Beschäftigte	42.526	44.641	41.600	41.743	22.603	16.395	15.571

UMSATZ NACH GESCHÄFTSBEREICHEN (IN MIO. EUR)

	2020	2019	2018	2017	2016	2015	2014
Universal Music Group	7.432	7.159	6.023	5.673	5.267	5.108	4.557
Canal+ Group	5.498	5.268	5.166	5.198	5.253	5.513	5.456
Havas Group	2.137	2.378	2.319	1.211	-	-	-
Editis*	725	687	-	-	-	-	-
Gameloft	253	259	293	320	132	-	-
Vivendi Village	40	141	123	109	111	100	96
Andere	65	71	66	51	103	43	-
Bereinigungen	(60)	(65)	(58)	(44)	(47)	(2)	(20)

* Seit dem 1.2.2019 konsolidiert

VORSTAND

Arnaud de Puyfontaine	Président du Directoire
Gilles Alix	Membre du Directoire et Directeur en charge de la coordination intergroupes
Cédric de Bailliencourt	Membre du Directoire et Directeur en charge de la coordination des relations investisseurs et de la communication financière intergroupes
Frédéric Crépin	Secrétaire général du Groupe
Simon Gillham	Président de Vivendi Village et Directeur de la Communication de Vivendi
Hervé Philippe	Directeur Financier
Stéphane Roussel	Membre du Directoire et Directeur général en charge des opérations, Président-Directeur général de Gameloft SE

AUFSICHTSRAT

Yannick Bolloré	Président du conseil de surveillance, Havas
Philippe Bénacin	Interparfums
Cyrille Bolloré	Tour Bolloré
Paulo Cardoso	Vivendi
Laurent Dassault	Groupe Industriel Marcel Dassault SA
Dominique Delport	Arduina Partners
Véronique Driot-Argentin	Vivendi
Aliza Jabès	Groupe NUXE
Cathia Lawson-Hall	Société Générale
Sandrine Le Bihan	Vivendi
Michèle Reiser	MRC
Katie Stanton	Moxxie Ventures
Athina Vasilogiannaki	Minos – EMI SA

GESCHICHTE

Kometenhafter Aufstieg und außergewöhnlicher Fall eines Medienkonzerns: Innerhalb eines knappen Jahrzehnts wurde aus dem altehrwürdigen Wasserversorger Compagnie Générale des Eaux (CGE, gegründet 1853) ein internationales Medienimperium, das in nur zwei Jahren unerhörte 37 Milliarden Euro Verlust machte, in sich zusammenbrach und es doch schaffte, sich nach Verschlankung eine Platzierung in den Top 20 der größten Medienkonzerne zu bewahren.

1987 stieg die CGE ins Mediengeschäft ein, zunächst im Bereich Mobilfunk (Gründung von SFR) und Filmproduktion (Générale d'Images). Zur strategischen Entwicklungsachse wurde der Kommunikationsbereich erst 1996, als Jean-Marie Messier, geboren 1956 und Student der Elitehochschulen École polytechnique und ENA (École nationale d'administration), die Konzernleitung übernahm. Gemeinsam mit der Mannesmann AG und British Telecom wurde 1996 der Festnetzanbieter Cegetel gegründet, der nach Zukauf des Festnetzes der französischen Eisenbahn SNCF zur Nummer zwei im französischen Markt aufstieg. Im Februar 1997 übernahm Messier die Kontrolle beim Medienkonzern Havas (Mutterkonzern von Canal+). Im Jahr darauf schluckte die CGE das Unternehmen komplett, wurde in Vivendi umgetauft und unternahm den Einstieg in den Multimediasektor mit dem Kauf des amerikanischen PC-Lernspieleherstellers Cendant Software.

Messier forcierte in der Folge die internationale Ausrichtung. 1999 kaufte er südamerikanische Schulbuchverlage; der historische Kern des Unternehmens, die Umweltsparte, wurde durch den Kauf von US Filter verstärkt. Zudem engagierte sich Vivendi bei Monaco Telecom und den Festnetzanbietern Elektrim (Polen) und Matel (Ungarn). Ebenfalls 1999 kam es zur Fusion mit der französischen Kino- und Produktionsgruppe Pathé.

Im Jahr 2000 setzte das Unternehmen zum »großen Sprung nach vorn« an. Er sollte katastrophal scheitern: Auf dem Höhepunkt des Börsenbooms verkündete Messier die Fusion mit Canal+ und Seagram (Spirituosen, Universal Studios und Universal Music). Die Firma benannte sich in Vivendi Universal um und gliederte sich fortan in sechs Bereiche: Universal Music Group, Vivendi Universal Publishing (ex-Havas), TV & Film, Telekommunikation, Internet sowie Vivendi Environnement. Trotz dieser für sich allein schon kolossalen Fusion setzte Vivendi Universal seinen Wachstumskurs unbeirrt fort, befeuert durch die Internet- und

Medieneuphorie an der Börse. Noch im gleichen Jahr wurde der kenianische Mobilfunkbetreiber Kencell erworben, ebenso wie 35 Prozent von Maroc Telecom. 2001 folgten weitere Dotcom-Unternehmen (u.a. *MP3.com*), der US-Schulbuch-Marktführer Houghton Mifflin und vor allem der Kauf von USA Networks sowie die Beteiligung am US-Satellitenbetreiber Echostar. Allein dieses letzte Geschäft kostete 11,8 Milliarden Dollar.

Bei all der Euphorie konnte Messier leicht vertuschen, dass die Deals alles andere als profitabel waren. Umso größer war die Überraschung, als Vivendi Universal im Geschäftsjahr 2001 13,6 Milliarden Euro Verlust machte, den höchsten der französischen Wirtschaftsgeschichte. Als Messier dies als einfachen Bilanztrick abtat, hatte die Öffentlichkeit genug von ihrem Ex-Liebling, der sich tatsächlich »J6M« nannte (ein J, sechs M's), »Jean-Marie Messier moi-même maître du monde« (also »Ich selbst, Jean-Marie Messier, Herrscher der Welt«). Weitere Enthüllungen über Pannen in der Unternehmenskommunikation bei stetig sinkendem Aktienkurs gaben Messier schließlich den Rest. Im Juli 2002 musste er auf Druck des Aufsichtsrates zurücktreten. Zu diesem Zeitpunkt ächzte Vivendi unter einer Schuldenlast von 35 Milliarden Euro. Mit einem Verlust von 23,3 Milliarden Euro konnte Vivendi den im Jahr zuvor aufgestellten Minusrekord fast verdoppeln.

Nach dem Abgang des flamboyanten Messier wurde 2002 Jean-René Fourtou als Président-Directeur général verpflichtet. Fourtou, ein Vertrauter von Staatspräsident Chirac, war als Sanierer geachtet. Vor seiner Berufung hatte er den fast bankrotten Konzern Rhône-Poulenc mit Hoechst zu Aventis zusammengeführt. Mit einem harten, aber notwendigen Sanierungskurs erfüllte Fourtou dann die in ihn gesetzten Erwartungen. Bei Vivendi verkaufte er in kurzer Zeit große Teile des Gesamtkonzerns, um der drückenden Schuldenlast zu entkommen; in Paris hieß er bald »Fourgue-tout« (der, der alles vertickt). Nachdem man die Getränkesparte noch unter Messier abgestoßen hatte, trennte Fourtou sich von zahlreichen Geschäftsfeldern, die einst als Kernaktivitäten galten. So wurden u.a. die Anteile an BSkyB und Echostar veräußert. Es folgten die Satellitenbouquets in Italien, Benelux und Skandinavien, die Hardware-Sparte von Canal+, fast alle Anteile an der Umweltsparte Veolia, die Telekomaktivitäten in Monaco, Kenia, Ägypten, Ungarn und Polen, die Kinokette UCI sowie die Anteile an der Sportrechteagentur SportFive. Insgesamt wurden Aktivitäten mit einem Umsatz in Höhe von 24 Milliarden Euro verkauft – in dieser Zeit setzte Fourtou nur zwei Akquisitionen im Telekombereich durch. Für vier Milliarden Euro erhöhte das Unternehmen 2003 seinen Anteil am Telekomanbieter SFR-Cegetel um 26 Prozent; im Januar 2005 erhöhte Vivendi Universal seinen Anteil an Maroc Telecom auf 51 Prozent.

Der abschließende Sanierungsschritt erfolgte 2004 mit der Auslagerung von Vivendi Universal Entertainment in eine gemeinsame Firma mit der General-Electric-Tochter NBC. An dem so entstandenen Konglomerat NBCUniversal hielt Vivendi 20 Prozent – als reines Investment ohne strategische Kontrolle – bis zum Dezember 2009: nach monatelangen Verhandlungen verkaufte Vivendi den NBCUniversal-Anteil für 5,8 Mrd. Euro an General Electric. NBC wiederum wurde dann im Zuge eines 30-Milliarden-Dollar-Megadeals in ein Gemeinschaftsunternehmen unter Führung von Comcast eingebracht (heute auf Platz 3 im IfM-Ranking).

2005 sagte Fourtou: »Ich habe meine Mission erfüllt«, zog sich in den Aufsichtsrat zurück und übergab Vivendi als quasi schuldenfreie Cash-Maschine an seinen Nachfolger Jean-Bernard Lévy, die langjährige Nummer zwei im Konzern. Der 55-Jährige diente zunächst in der öffentlichen Verwaltung unter anderem als Berater des Industrieministers Gérard Longuet. In dieser Position kam er bereits mit der damaligen Compagnie Générale des Eaux in Kontakt, als er dem Versorger eine private Telefonlizenz gewährte und damit den Grundstein für den heute erfolgreichsten Konzernteil legte. Zunächst lief es sehr gut zwischen PDG Lévy und Aufsichtsratschef Fourtou. Schließlich wurde mit der Schaffung von NBCUniversal, der Streichung von Universal aus dem Vivendi-Firmennamen und dem Rückzug von der New Yorker Börse im August 2006 ein Schlussstrich unter die Ära Messier gesetzt, dessen halsbrecherische Einkaufstour fast im Kollaps des Gesamtkonzerns geendet wäre.

2013 kam es zu einer weiteren Verschlankung der Konzerns. Jetzt hieß es »Rückbesinnung aufs Mediengeschäft«: Für 4,2 Milliarden Euro wurden die Vivendi-Anteile an Maroc Telecom an den staatlichen Telekom-Anbieter Etisalat (Vereinigte Arabische Emirate) verkauft. Wenig später waren es dann umgerechnet 6,2 Milliarden Euro, die Vivendi einnahm durch den Verkauf des 2008 in einem Merger entstandenen Games Publisher Activision Blizzard (Platz 44 im IfM-Ranking). 2014 und 2015 folgte der Verkauf der Mobilfunk- und Kabelgeschäfte von SFR (an Altice Europe, Platz 13 im IfM-Ranking).

Allerdings wollte sich die »integrated media and content group«, so die Selbstbezeichnung, auch danach keineswegs auf Pay-TV und das

Musikgeschäft beschränken. Denn der Ausstieg bei Activision Blizzard z. B. war kein vollständiger Abschied vom Games-Geschäft. Im Gegenteil: Seine Beteiligungen an anderen Unternehmen der Spieleindustrie baute Vivendi aus. Beispiel Gameloft, der weltweit größte Hersteller von Spielen für Mobilgeräte, den man trotz Ablehnung durch das Gameloft-Management im Juni 2016 mehrheitlich übernahm. Auch Anteile des weltweit größten Spielepublisher Ubisoft (Platz 87 im IfM-Ranking) kaufte Vivendi (die man allerdings am 20.10.2018 mit 1,2 Milliarden Euro Gewinn wieder abgab).

Zunehmend zum Sorgenkind wurde der einstmals ruhmreiche Pay-TV-Sender CANAL PLUS. Wie auf dem US-Markt sorgt die neue Konkurrenz der Streaminganbieter dafür, dass die alten Platzhirsche im TV-/Kabel-/Sat-Geschäft zahlreiche Kunden verlieren. So auch an Netflix: Trotz einer signifikanten Preiserhöhung Ende 2017 zählte Netflix Mitte Februar 2019 fünf Millionen französische Abonnenten und überholte CANAL PLUS (4,757 Mio. im dritten Quartal 2018; 4,5 Mio. Ende 2019. Zur Erinnerung: Ende 2008 waren es noch 6,4 Mio.). Canal ist heute nur noch ein Mitbewerber auf dem Heimatmarkt. CANALPLUS-Chef Maxime Saada musste handeln. 2019 expandierte der Sender mit dem Kauf der Pay-TV-Gruppe M7 (Luxemburg), initiierte drastische Sparmaßnahmen in Höhe von 450 Mio. Euro und tauschte die überteuerte VOD-Plattform CanalPlay mit Canal+ Series aus. Dem Sender, der jüngst auch zum exklusiven Vertriebspartner von Disneys Streamingportal DISNEY+ wurde.

MANAGEMENT

Nach der Verkleinerung von Vivendi wurde Vincent Bolloré Verwaltungsratschef. Die Gruppe des umstrittenen bretonischen Investors und Milliardärs hält heute 26,28 Prozent der Vivendi-Anteile und ist der mit Abstand größter Aktionär. Im April 2018 übergab Vincent Bolloré nach vier Jahren das Amt des Verwaltungsratschefs an seinen Sohn Yannick. Bei Vivendi wird Vincent Bolloré weiterhin als Censeur geführt, hat aber schon bekannt gegeben, sich 2022 endgültig aus allen Geschäften zurückziehen zu wollen. CEO/Président du directoire des Unternehmens und verantwortlich für alle Medienaktivitäten ist seit Januar 2014 der ehemalige Hearst-Manager und Sarkozy-Berater Arnaud de Puyfontaine.

Chairman und Chief Executive Officer der Universal Music Group (UMG), *world leader* in *music-based entertainment*, ist der Brite Sir Lucian Grainge. Er hat viele Weltstars unter Vertrag genommen, darunter ABBA, Katy Perry, Queen, Rihanna, The Rolling Stones, U2 und Amy Winehouse. Unter Grainges Führung wurde UMG zum erfolgreichsten Unternehmen in der Geschichte der Musikindustrie.

GESCHÄFTSFELDER

Die Universal Music Group ist der größte Musikkonzern der Welt mit über 50 Labels wie Capitol Records, Republic Records, Interscope Geffen A&M Records, Island Records, Decca Records, Deutsche Grammophon, Blue Note Records, Verve Record. Berühmte Künstler unter Vertrag sind unter anderem die Rolling Stones, The Weeknd, U2, Taylor Swift, Lady Gaga, Rihanna, Drake, Helene Fischer, Florent Pagny, Eddy de Prett.

Die Groupe CanalPlus ist in rund 40 Ländern aktiv. Im Zentrum der TV-Sparte steht der 1984 auf Initiative von Mitterand gegründete Bezahlsender CANALPLUS (dem damals eine von sechs terrestrischen Frequenzen zugesprochen wurde). Außerdem betreibt die CanalPlus-Gruppe Filialen in Polen (nc+, Satelliten-Plattform mit 2,5 Millionen Abonnenten), Vietnam (K+, Satelliten-Plattform mit 400.000 Abonnenten), den französischen Überseegebieten und im frankophonen Afrika (Canal+ Overseas). Dazu das Themenkanal-Bouquet CanalSat. Auch zwei in Frankreich frei empfangbare Sender (D8, D17) sind seit 2012 im Angebot. Die 100-prozentige Tochter StudioCanal ist ein führender europäischer Akteur in den Bereichen Filmproduktion und -vertrieb mit einem Filmkatalog von über 5.000 Titeln.

Havas, seit 2017 mit Vivendi konsolidiert, ist eine der weltweit größten Werbe- und PR-Agenturen, mit Präsenzen in über 100 Ländern, bestehend aus der Havas Creative Group, Havas Media Group (mit Havas Media, Havas Sports & Entertainment und Arena Media) und Havas Health & You.

Editis ist das zweitgrößte französische Verlagshaus (mit Verlagen wie Nathan, Robert Laffont, Julliard, Plon, Belfond, Presses de la Cité, Pocket, Solar). Mit jährlich 4.000 erscheinenden Büchern und einem Katalog mit über 45.000 Titeln.

Gameloft ist einer der größten Entwickler und Herausgeber von Mobile Games. Zu den bekanntesten Titeln zählen unter anderem *Minion Rush* und die Rennspielserie *Asphalt*.

Vivendi Village ist laut Konzernangaben ein »Testgelände, um innovative Ideen zu erproben und Projekte zu starten«, entlang der gesamten Wertschöpfungskette im Entertainmentbereich. Dazu gehören u.a. L'Olympia, der legendäre Pariser Konzertsaal, »Vivendi Ticketing«, der britische Konzert- und Festivalveranstalter U-Live oder Vivendi Sports (Veranstaltung von Sportwettbewerben in Afrika).

Nouvelles Initiatives: Video-Sharing Plattform DailyMotion, GVA (Group Vivendi Africa).

Participations umfasst die Beteiligungen an Lagardère (29,2%, Platz 46 im IfM-Ranking), Telecom Italia (23,75%), Mediaset (28,8%) und der Produktionsfirma Banijay Group (32,9%).

AKTUELLE ENTWICKLUNGEN

Vivendi plant, sein Tochterunternehmen Universal Music Group 2022 an die Börse zu bringen. 60 Prozent des Kapitals von UMG könnten an die Aktionäre des Konzerns verteilt werden. Dieser Spin-Off gestaltet sich jedoch schwieriger als gedacht. Nachdem in zwei Schritten bereits 20 Prozent des Unternehmens an den chinesischen Internet-Riesen Tencent verkauft wurde, sollten vor dem Börsengang weitere 10 Prozent an die Investmentfirma Pershing Square Tontine Holding (PSTH) veräußert werden. Doch die Börsenaufsicht SEC machte dem Deal einen Strich durch die Rechnung. Stattdessen soll nun Star-Investor Bill Ackman in die Bresche springen und den Anteil übernehmen.

Wohl nicht klappen wird die Übernahme der französischen M6 Groupe von Bertelsmann. Vivendi (CANALPLUS) hatte sich neben dem italienischen Medienkonzern Mediaset, dem Telekom- und Internet-Investor Xavier Niel, dem tschechischen Milliardär Daniel Křetínský und dem französischen Privat-TV-Anbieter TF1 beworben. Letzterer wird wohl den Zuschlag bekommen, trotz wettbewerbsrechtlicher Bedenken, wie sich im Sommer 2021 herausstellte. Am 16.9.2021 meldet hingegen der *Spiegel*, dass Vivendi plant, den französischen Konkurrenten Lagardère (Platz 46 im IfM-Ranking) zu kaufen, mit dazugehörigen Verlagen, Sendern und Magazinen. Der größte rein europäische Medienkonzern entsteht. »Um den Zukauf zu finanzieren«, so der *Spiegel*, »könnte Vivendi auf der anderen Seite seine Aktivitäten im Einzelhandel abstoßen.«

21.

Nintendo Company Ltd.

Umsatz 2020: 1.758,910 Mio. JPY (14,435 Mrd. EUR)

ÜBERBLICK

Der japanische Traditionskonzern Nintendo ist einer der führenden Entwickler und Anbieter von Videospielen und Spielkonsolen. Hervorgegangen aus einem Spielkartenhersteller ist Nintendo verantwortlich für drei der erfolgreichsten Serien der Videospielgeschichte: *Super Mario*, *Zelda* und *Pokémon*. Der Name des Konzerns setzt sich aus den drei japanischen Schriftzeichen *nin* (›Pflicht, Aufgabe, Verantwortung‹), *ten* (›Himmel‹) und *do* (›Schrein‹) zusammen und bedeutet in etwa ›Lege das Glück in die Hände des Himmels‹.

BASISDATEN

Hauptsitz:
11-1 Hokotate-cho
Kamitoba
Minami-ku
Kyoto, 601-8501
Japan
Telefon: 0081 75 6629600
Website: www.nintendo.co.jp/ir/en/index.html

Branche: Videospiele, Spielkonsolen, Vergnügungsparks
Rechtsform: Aktiengesellschaft
Geschäftsjahr: 01.04.-31.03.
Gründungsjahr: 1889 (Spielkarten), 1966 (Nintendo Co., Ltd.), 1980 (Nintendo of America), 1990 (Nintendo of Europe)

ÖKONOMISCHE BASISDATEN

	2020	2019	2018	2017	2016	2015
Umsatz (in Mio. JPY)	1.758.910	1.308.519	1.200.560	1.055.682	489.095	504.459
Gewinn (Verlust) (in Mio. JPY)	480.376	258.641	194.009	139.590	102.574	16.505
Aktienkurs (in JPY, Jahresende)	80,52	50,25	33,65	45,07	25,95	17,26
Mitarbeiter	6.574	6.200	5.944	5.501	5.166	5.064

MANAGEMENT/BOARD

Shuntaro Furukawa	Representative Director and President
Shigeru Miyamoto	Representative Director, Fellow
Shinya Takahashi	Director, Senior Managing Executive Officer
Ko Shiota	Director, Senior Executive Officer
Satoru Shibata	Director, Senior Executive Officer
Chris Meledandri	
Naoki Noguchi	Director
Katsuhiro Umeyama	Outside Director
Masao Yamazaki	Outside Director
Asa Shinkawa	Outside Director
Satoshi Yamato	Senior Executive Officer
Hirokazu Shinshi	Senior Executive Officer
Yoshiaki Koizumi	Senior Executive Officer

Takashi Tezuka	Executive Officer
Hajime Murakami	Executive Officer
Yusuke Beppu	Executive Officer
Kentaro Yamagishi	Executive Officer
Doug Bowser	Executive Officer
Stephan Bole	Executive Officer

GESCHICHTE

1889 gründete Fausajiro Yamauchi in Kyoto das vierköpfige Unternehmen Nintendo Koppai, das aus der Rinde von Maulbeerbäumen sogenannte Hanafuda-Karten (›Blumenkarten‹) herstellte. Diese Karten hatten gegen Ende des 19. Jahrhunderts einen äußerst schlechten Ruf, wurden sie doch von der in Japan ansässigen Yakuza-Mafia für das organisierte Glücksspiel benutzt. Professionelle Spieler brauchten für jede neue Spielrunde ein frisches, originalverpacktes Kartendeck, sodass die Nachfrage nach Hanafuda-Karten rapide anstieg. 1907 entschied sich Fausajiro dafür, sein Angebot auf Spielkarten nach westlichem Muster zu erweitern, die in Tabakläden verkauft wurden.

Über siebzig Jahre lang konzentrierte sich Nintendo ausschließlich auf die Produktion von Karten. 1959 fädelte der Konzern einen lukrativen Deal mit Walt Disney ein: Jetzt konnte Nintendo auch Disney-Charaktere auf den Karten abbilden. Der dritte Präsident Hiroshi Yamauchi, Enkel des Gründer Fausajiro, wagte 1962 den Schritt an die Börse und expandierte. Yamauchi hatte sich am Sterbebett seines Vorgängers Sekyiro Yamauchi zusichern lassen, alle Mitarbeiter feuern zu dürfen, die einer Diversifizierung von Nintendo kritisch gegenüberstehen würden.

Die ersten Gehversuche auf Spielkarten-fremdem Terrain gestalteten sich als schwierig. Der Handel mit Instant-Reis entwickelte sich zum Flop. Auch mit einem für junge Paare geeigneten »Love Hotel« hatte Yamauchi keinen Erfolg. Die Etablierung des Taxi-Unternehmens »Daiya« scheiterte an den in Japan übermächtigen Taxi-Gewerkschaften.

Bald besann sich Yamauchi auf Nintendos einmaliges Distributionsnetz und die exzellenten Kontakte zu japanischen Spielwarenhändlern und begann 1970 mit der Produktion von Spielzeug. Die ersten Produkte, darunter ein Greifarm namens »Ultrahand« und ein »Love Tester« (womit man die gegenseitige Sympathie »messen« konnte), wurden kommerzielle Erfolge. Da die Konkurrenz von Spielzeug-Giganten wie Bandai aber zu groß wurde, beschränkte sich Nintendo in den folgenden Jahren auf Unterhaltungselektronik. Eine Vorstufe bildeten hierbei die sogenannten »Beam Guns«, also Spielzeugpistolen mit Lichtsignaltechnologie. Da Bowling im Japan der 1970er-Jahre außer Mode gekommen war, nutzten die Nintendo-Verantwortlichen die Gunst der Stunde und funktionierten die verwaisten Bowlingbahnen in Schießplätze um, die sehr beliebt wurden.

1973 wurde die japanische Wirtschaft von der Ölkrise erschüttert, viele Japaner konnten sich die teuren Ausflüge auf die Nintendo-Schießplätze nicht mehr leisten. Yamauchi hörte zu dieser Zeit viel über den technologischen Durchbruch bei Mikroprozessoren. Interessiert verfolgte er, wie US-amerikanische Firmen wie Atari sich diese Technologie zunutze machten und Konsolen entwickelten, die man zum Spielen an den heimischen Fernseher anschließen konnte. Um Teil dieser Entertainment-Revolution zu werden, handelte Yamauchi einen Vertrag mit der amerikanischen Firma Magnavox aus. Nintendo durfte ab 1975 Magnavox' Konsole Oddysey in Japan vertreiben, deren Spielekatalog unter anderem das legendäre *Pong* beinhaltete.

Da Nintendo damals noch nicht über das technologische Know-how verfügte, eine eigene Konsole zu entwickeln, ging der Konzern eine Kooperation mit Mitsubishi Electronics ein. Gemeinsam entwickelten beide die Konsolen-Reihe »Color TV Game«, die sich in Japan millionenfach verkaufte. Gegen Ende der 1970er-Jahre boomte das weltweite Geschäft mit LCD-Taschenrechnern. Nintendo-Programmierer Gunpei Yokoi kam auf die Idee, die LCD-Technologie der Taschenrechner für Unterhaltungszwecke zu verwenden. Er produzierte daraufhin die »Games & Watch«-Serie, die aus handlichen Geräten mit kleinem Bildschirm und jeweils einem integrierten Spiel bestand. Die »Games & Watch«- Geräte wurden ebenfalls zu Verkaufsschlagern.

1980 wurde mit Nintendo of America Inc. in Redmond, Washington der erste internationale Ableger gegründet. Yamauchi wollte, dass seine Firma Teil des damals in den USA und Japan rasant wachsenden (Video-) Spielhallen-Marktes wird. Der damals noch unbekannte Spieledesigner Shigeru Miyamoto bekam den Auftrag, einen Shooter namens *Radarscope* fertigzustellen. Doch Miyamoto verlor schnell die Lust daran und kreierte stattdessen ein Automaten-Spiel, bei dem ein übergewichtiger Klempner seine Freundin aus den Händen eines riesigen Affen retten musste.

Donkey Kong, so der Titel, wurde mit 65.000 verkauften Einheiten der erfolgreichste Spielautomat des Jahres. Gleichzeitig wurde der Computerspiel-Generation der 1980er mit *Super Mario* ein Protagonist vorgestellt, der heute als bekanntester Videospiel-Charakter aller Zeiten gilt.

Mit einer Mischung aus Bewunderung und Ärger beobachtete Yamauchi die Entwicklung von Ataris Spielekonsole VCS 2600. Der Nintendo-Chef wollte ebenfalls eine preisgünstige Konsole auf den Markt bringen, die durch austauschbare Spielemodule auf lange Sicht ihren Reiz behielten. 1984 brachte Nintendo das 8-Bit-starke Famicom heraus (Abkürzung für »Family Computer«, in Westeuropa und den USA wurde das Gerät unter dem Namen ›Nintendo Entertainment System‹, kurz: NES veröffentlicht).

Nintendo erreichte mit dem NES eine Quasi-Monopolstellung auf dem Markt für Heimkonsolen, die 1986 durch die Einführung von Segas Master System etwas abgeschwächt wurde. Außerdem führte Nintendo für das NES ein Geschäftsmodell ein, das heute typisch in der Videospielindustrie ist: das sogenannte »third party licensing«. Nintendo erlaubte es externen Firmen, Spiele für seine Konsole zu entwickeln, jedoch zu strikten Konditionen in Bezug auf Menge, technische Spezifikationen und Inhalt. Zu den inhaltlichen Auflagen gehört die bis heute (wenn auch mittlerweile abgeschwächte) Forderung an die Entwickler, auf Gewalt und sexuelle Inhalte zu verzichten.

1989 trat die Handheld-Konsole »Game Boy« ihren weltweiten Siegeszug durch die Kinderzimmer an. In siebzehn Jahren, von 1989 bis 2006, konnte Nintendo knapp 120 Millionen Exemplare des Game Boy und seines Nachfolgers (Game Boy Color) absetzen. Der Erfolg resultierte in den Anfangsjahren vor allem aus dem extrem populären Titel *Tetris*, dessen Spielidee vom russischen Computeringenieur Alexej Pajitnow für die Russische Akademie der Wissenschaften entwickelt worden war. Die Handheld-Reihe wurde in den Folgejahren durch den Game Boy Advance und das Nintendo DS erfolgreich fortgeführt.

Von 1991 bis 2001 brachte Nintendo drei weitere Konsolen auf den Markt. Zuerst das Super NES, danach das N64 und schließlich das trotz 20 Millionen verkaufter Exemplare kommerziell enttäuschende GameCube. Erst Ende 2006 fand Nintendo durch die Veröffentlichung der Wii in die Spur zurück. Die auf Infrarot-Technologie basierende Konsole erschloss dem Konzern durch ihre bewegungsintensive Spielweise ganz neue Käuferschichten. Das Unternehmen verstand es insbesondere, weibliche sowie ältere Zielgruppen für die Wii zu begeistern, was das Gerät zur meistverkauften Konsole der siebten Generation machte. 2011/2012 schlitterte der Konzern jedoch in eine ernste Krise und musste erstmals in der Unternehmensgeschichte Verluste verzeichnen. Nintendo hat die HD-Gaming-Entwicklung komplett verschlafen und der Verkauf des neuen Handhelds 3DS lief nur schleppend voran. Ende 2012 wurde deshalb mit der Wii U erstmals eine HD-Konsole vorgestellt, die sich jedoch zu einem der größten Flops der Firmengeschichte entwickelte.

Es war der im Frühjahr 2017 veröffentlichte, sowohl unterwegs als auch am heimischen Fernseher spielbare Handheld/Konsolen-Hybrid Switch, der Nintendo wieder auf die Erfolgsspur führte. Und wie: Vier Jahre nach Launch hatte das Unternehmen fast 85 Millionen Switch-Konsolen weltweit verkauft.

MANAGEMENT

Der langjährige Chef und vierte Präsident des Konzerns, Satoru Iwata, erlag im Juli 2015 einem Krebsleiden. In einer Zeit, in der Videospiele, trotz unbewiesener Zusammenhänge, für Amokläufe und einen Anstieg der Jugendgewalt verantwortlich gemacht werden, hatte Iwata es geschafft, Nintendos Produkte aus einer von den Medien und der öffentlichen Diskussion dargestellten Schmuddelecke zu manövrieren.

Zu seinem Nachfolger wurde Tatsumi Kimishima ernannt, zuvor Finanzchef der Pokémon Company, ab 2013 dann Nintendo-Personalchef in Kyoto. Während *Time Magazine* den Vorgänger Iwata mit Steve Jobs verglich, haftete an Kimishima das Image eines Bürokraten. Öffentliche Auftritte mied er. Doch mit seiner effizienten Art war er beispielsweise als Chef von Nintendos amerikanischer Zweigstelle maßgeblich für Verkaufsrekorde der Wii in den Jahren 2008 bis 2010 verantwortlich. Dennoch gab sich Kimishima typisch japanisch bescheiden. *Time Magazine* sagte er: »Erfolg ist nicht das Ergebnis von individuellem Einsatz. Es gehört sich nicht zu sagen: Hey, guckt was ich gemacht habe, ich war erfolgreich!«

Shuntaro Furukawa ging gleich nach dem Wirtschaftsstudium zu Nintendo, arbeitete u.a. zehn Jahre bei »Nintendo of Europe« in Frankfurt am Main. Er gehörte zu Kimishimas Favoriten und wurde entsprechend gefördert. Nachdem er als Marketingexperte entscheidend dabei mitgewirkt hatte, die Switch zu einer der meistverkauften Konsole aller Zeiten zu machen, wurde er im Sommer 2018 zum neuen Präsidenten ernannt.

GESCHÄFTSBEREICHE

Nintendo ist einer der weltweit größten Hersteller von Videospielen und Spielkonsolen. Nachdem die Produktion und der Support der Handheld-Konsole 3DS XL 2020 eingestellt wurde, konzentriert sich das Unternehmen momentan ganz auf seine die hybride Spielkonsole Switch, die in Kürze in einer neuen Version mit einem etwas größeren OLED-Screen geupdatet wird. Die erfolgreichsten, selbst entwickelten Titel sind dabei *Mario Kart 8 Deluxe* (35 Millionen verkaufte Exemplare), *Animal Crossing: New Horizons* (33 Millionen) und *Super Smash Bros. Ultimate* (24 Millionen).

Die Entwicklungsabteilung des Unternehmens ist in drei Teile aufgeteilt. »Nintendo Entertainment Planning & Development« (EPD), die Hauptabteilung für Software-Entwicklung, konzentriert sich mit mehr als 800 Ingenieuren und Designern auf die Entwicklung von Videospielen und Software. »Platform Technology Development« (PTD) ist zuständig für die Hardware-Entwicklung von Heim- und Handheld-Videospielkonsolen. Und »Nintendo Business Development« (NBD) kümmert sich um die allgemeine Geschäftsstrategie.

AKTUELLE ENTWICKLUNGEN

Der Siegeszug der Switch und Nintendos bemerkenswerte Geschäftsentwicklung der vergangenen Jahre ließen sich durch die Corona-Krise nicht stoppen. Im Gegenteil: Die Switch verkaufte sich weiterhin sehr gut, was 2020 zeitweise zu Lieferengpässen führte. Der Blockbuster *Animal Crossing*, bei dem Gamer ihre eigene Insel gestalten und anderen Spielern Touren durch ihr virtuelles Zuhause geben können, entwickelte sich während den pandemiebedingten Lockdowns zu einem kulturellen Massenphänomen. Und das Switch-Add-On *Ring Fit Adventure* wurde in Zeiten geschlossener Fitnessstudios ebenfalls zu einem massiven Hit.

Mit dem Sequel zu *The Legend of Zelda: Breath of Wild*, dem von vielen Kritikern als eines der besten Videospiele aller Zeiten gehandelten

Adventure, das 2022 erscheinen soll, einem Revival der legendären Sci-Fi-Spieleserie *Metroid* und nicht zuletzt der neuen Switch-Generation scheint Nintendo gut für die Zukunft gerüstet – auch dank des *Mario*-Universums, dem jüngst ein Denkmal in Form eines eigenen Areals in den Universal Studios Japan (und bald auch in Kalifornien und Florida) gesetzt wurde.

22.

Baidu, Inc.

Umsatz 2020: 107.074 Mio. RMB (14,37 Mrd. EUR)

ÜBERBLICK

Baidu ist der drittgrößte Online- und Medienkonzern Chinas. Ähnlich wie das westliche Pendant Google hat Baidu eine Reihe von Karten-, Cloud- und Social-Networking-Diensten um sein Hauptprodukt, der gleichnamigen Suchmaschine, angesiedelt. Baidu liegt auf Platz fünf der weltweit meistbesuchten Webseiten.

BASISDATEN

Hauptsitz:
Baidu Campus
No. 10 Shangdi 10th Street
Haidian District
Beijing 100085
China
Telefon: +86 10 5992 8888

Internet: ir.baidu.com
Branche: Suchdienste, Social Media, Cloud Computing, Software
Rechtsform: Aktiengesellschaft
Geschäftsjahr: 01.01. - 31.12.
Gründungsjahr: 2000

ÖKONOMISCHE BASISDATEN

	2020	2019	2018	2017	2016	2015	2014
Umsatz (in Mio. RMB)	107.074	107.413	102.277	84.809	70.549	66.382	49.052
Gewinn (in Mio. RMB)	22.472	2.057	27.573	18.301	11.632	33.664	13.197
Aktienkurs (in RMB, Jahresende)	216,24	133,80	160,95	234,21	164,41	189,04	223,08
Mitarbeiter	41.000	37.779	40.127	36.628	45.887	41.467	46.391

MANAGEMENT

Robin Li	Co-Founder, Chairman of the Board of Directors and CEO
Herman Yu	Chief Financial Officer
Haifeng Wang	Chief Technology Officer
Dou Shen	Executive Vice President
Victor Liang	Senior Vice President
Shansan Cui	Senior Vice President

BOARD OF DIRECTORS

Robin Li	Baidu
James Ding	Independent Director
Yuanqing Yang	Independent Director
Brent Callinicos	Independent Director
Jixun Foo	Independent Director

GESCHICHTE

1989 entschied sich Eric Xu, damals ein Außendienstler für eine Biotech-Firma, einen Dokumentarfilm über Innovation in Silicon Valley zu drehen. Gemeinsam mit zwei Geschäftsfreunden, dem Paar Melissa und Robin Li, interviewte Xu damals auch unter anderem den Yahoo-Gründer Jerry Yang. Insbesondere Robin Li zeigte sich beeindruckt, wie ein chinesischer Landsmann wie Yang es in den USA geschafft hatte, den damals größten Online-Konzern zu formen.

Li, seit jeher fasziniert von Suchmaschinen, hatte bereits Jahre zuvor einen Algorithmus entwickelt, der genau wie Googles PageRank-Suchergebnisse auf der Basis von Links hierarchisierte. Im Januar 2000 gründeten Xu und Li ›Baidu‹ (auf Deutsch etwa: ›hundert Mal‹) gemeinsam mit dem Venture-Capitalist Finian Tan aus Singapur, der als Gründungspartner dem Start-up Baidu eine Anschubfinanzierung von 7,5 Millionen Dollar besorgte. Danach ging es bergauf. 2001 startete Baidu eine anzeigenfinanzierte Suchmaschine und erhielt ironischerweise eine Fünf-Millionen-Dollar-Finanzspritze von Google. Wo man offenbar Pläne verfolgte, das Unternehmen später ganz aufzukaufen. Microsoft und Yahoo wollten Baidu dann ebenfalls übernehmen. Beim Börsengang im August 2005 verfünffachte sich der Kurs von »Chinas Google« und Li wurde Chinas erster Internet-Milliardär.

Ein Riesenvorteil für Baidu war, dass die Konkurrenz der US-Internetgiganten, allen voran Google, in China nie Fuß fassen konnte. 2009 fing es damit an, als die chinesische Regierung im Vorfeld des 20. Jahrestags des Tiananmen-Massakers Twitter blockierte. Kurz danach wurde auch der Zugang zu YouTube und Facebook gesperrt – nach Unruhen in den Provinzen Tibet und Xinjiang. Google ist seit 2014 nicht mehr erreichbar, nur in Hongkong und Macau (Sonderverwaltungsregionen außerhalb der »Great Firewall«).

Baidu konnte so innerhalb weniger Jahre in China eine Quasi-Monopolstellung für die Internetsuche erreichen. Trotzdem kommt auch in China Kritik auf. Das Staatsfernsehen CCTV veröffentlichte Recherchen über Baidus Geschäftspraktiken und Beziehungen zu diversen Sektoren der Industrie. Einzelne Parteifunktionäre haben laut darüber nachgedacht, mithilfe von staatlichen Zeitungen oder der Nachrichtenagentur Xinhua quasi-staatliche Suchmaschinen zu entwickeln. Und mit dem Aufstieg von Tencent und Alibaba hat sich eine starke Konkurrenz zwischen den Online-Unternehmen entwickelt. Insbesondere Tencent ist mit seinen Messaging-Tools und Online-Games an Baidu vorbeigezogen. Um weiter zu wachsen und die Aktionäre zufrieden zu stellen, begann Baidu 2015 damit, durch Übernahmen von und Investitionen in Start-ups sein Kerngeschäft um E-Commerce- und Games-Dienste zu erweitern.

MANAGEMENT

Baidu-Gründer Robin Li ist der wahrscheinlich einzige Medienkonzernchef mit einem eigenen Fanclub. Insbesondere junge chinesische Studenten verehren den in Peking und New York ausgebildeten Informatiker und Sohn von Fabrikarbeitern aufgrund seines Erfolges – und seines Aussehens. Er begann seine Karriere als einfacher Ingenieur bei Infoseek und belegte Anfang Juni 2021 mit einem Vermögen von rund zehn Milliarden Dollar bei *Forbes* Platz 46 der reichsten Chinesen.

Kritiker werfen Li vor, die Baidu-Suchergebnisse zu manipulieren, indem Seiten von direkten Wettbewerbern wie Tencent oder Alibaba in den Suchergebnissen benachteiligt werden. Zudem gab es Gerüchte, dass Baidu seinen wichtigsten Werbekunden zu nahesteht. Li hat auch mehrfach eingeräumt, die Suchergebnisse nach den Wünschen der chinesischen Regierung zu zensieren. Kritikern hält er entgegen, sich nur an die geltenden Gesetze zu halten. Bloomberg News zitiert ihn mit: »Ich bin ein Unternehmer und kein Politiker.«

GESCHÄFTSBEREICHE

Baidu besteht im Wesentlichen aus zwei Geschäftsbereichen: dem Suchmaschinen-Segment und der Videoplattform iQiyi.

Die App *Baidu.com* hat etwa 174 Millionen tägliche Nutzer und bietet, neben der *flagship app* der Baidu-Suchmaschine u. a. die folgenden Dienste: Baidu PostBar (social media-Plattform), Baidu Encyclopedia, Baidu Maps, Image Search, Video Search, News Search.

iQiyi (zuvor Qiyi) ist das größte Videoportal Chinas mit monatlich 500 Millionen aktiven Nutzern, die sechs Milliarden Stunden Inhalte streamen. Um die kostenpflichtige iQiyi-Version, eine chinesische Antwort auf Netflix, populärer zu machen, produziert Baidu bzw. die Tochter iQiyi Motion Pictures eigenen Content. Seit Mitte 2018 besteht sogar die Möglichkeit, ausgesuchte wirkliche Kinos zu mieten, um sich dort iQiyi-Filme anzusehen. Ende Juni 2019 hatte iQiyi 100 Millionen zahlende Abonnenten.

AKTUELLE ENTWICKLUNGEN

Mitte Mai 2018 wandte sich Robin Li in einem offenen Brief an die Belegschaft. Er gab zu: Baidu befinde sich in einer »düsteren Lage«. Trotzdem, für künftiges Wachstum müsse man weiter investieren. Li befand sich in einer ungewohnten Position. Zum ersten Mal seit 2005 sah er sich im ersten Quartal 2018 mit einem Verlust konfrontiert. Dafür verantwortlich waren hohe Ausgaben in Programminhalte für iQiyi und neue Initiativen rund um Big Data und künstliche Intelligenz – wie etwa den damals von der Marktreife noch weit entfernten DuerOS-Sprachassistenten oder der Apollo-Plattform für selbstfahrende Autos. Doch trotz anfänglicher Verluste ließ sich Li nicht beirren und verbündete sich mit dem weltweit größten Autohersteller Toyota und dem kleineren chinesischen Fabrikanten Geely. Auf seiner Mission, das Google-Pendant Waymo zu überholen, konnte Baidu sogar eine Allianz mit Volkswagen eingehen.

2021 war es dann soweit und Baidu kündigte an sein fahrerloses »Apollo Go Robotaxi Service« zunächst im Pekinger Shougang-Park einzuführen, einem der Austragungsorte der Olympischen Winterspiele 2022 in Peking. Ohne Sicherheitsfahrer am Steuer können Robotaxis die Benutzer zu Sporthallen, Arbeitsplätzen, Cafés und Hotels transportieren. Und während der Olympiade werden sie als Shuttle-Service für Sportler und Mitarbeiter zur Verfügung stehen.

23.

Dish Network Corporation

Umsatz 2020: 15,49 Mrd. USD (13,56 Mrd. EUR)

ÜBERBLICK

»Unsere Reise begann mit einer kühnen Idee: das Fernsehen ins ländliche Amerika zu bringen« (Charles Ergen). Die Dish Network Corporation, eine *connectivity company* seit 1980, bietet heute Satellitenfernsehen unter dem Namen DISH an (8,82 Mio. Abonnenten am Ende des vierten Quartals 2020) und den Streamingdienst SLING TV (2,47 Mio. Abonnenten am Ende des vierten Quartals 2020).

BASISDATEN

Hauptsitz:
9601 South Meridian Boulevard
Englewood, CO 80112
USA
Telefon: 001 303 723 1000

Internet: ir.dish.com
Branche: Satellitenfernsehen
Rechtsform: Aktiengesellschaft
Geschäftsjahr: 01.01.-31.12.
Gründungsjahr: 1980 (Echosphere)

ÖKONOMISCHE BASISDATEN

	2020	2019	2018	2017	2016	2015
Umsatz (in Mio. USD)	15.493	12.808	13.621	14.391	15.212	15.225
Gewinn (in Mio. USD)	1.763	1.400	1.575	2.099	1.498	802
Aktienkurs (in USD, Jahresende)	32,34	35,88	28,28	47,75	57,93	57,18
Beschäftigte	13.500	16.000	16.000	17.000	16.000	18.000

MANAGEMENT

Charles W. Ergen	Co-founder and Chairman of the Board
James DeFranco	Co-founder, Executive Vice President and Director
W. Erik Carlson	President and Chief Executive Officer
Jeffrey Blum	Executive Vice President, External and Legislative Affairs
Stephen Bye	Executive Vice President, Chief Commercial Officer
Tom Cullen	Executive Vice President, Corporate Development
Dave Mayo	Executive Vice President, Network Development
Timothy A. Messner	Executive Vice President and General Counsel
Jeffrey L. McSchooler	Executive Vice President, Wireless Operations
Bryan Neylon	Executive Vice President, Group President, DISH TV
Paul W. Orban	Executive Vice President, Chief Financial Officer
Marc Rouanne	Executive Vice President, Chief Network Officer
Michael Schwimmer	Executive Vice President and Group President, SLING TV
David A. Scott	Executive Vice President and Chief Human Resources Officer
John Swieringa	Executive Vice President and Group President, Retail Wireless and DISH COO

AUFSICHTSRAT

Kathleen Q. Abernathy
George R. Brokaw
James DeFranco
Candy Ergen

Charles W. Ergen	Chairman
Afshin Mohebbi	
Tom A. Ortolf	CMC
Joseph T. Proietti	BNP

GESCHICHTE

Charles W. Ergen legte im Jahr 1980 den Grundstein für EchoStar Communications. Gemeinsam mit seiner Frau Candy und Jim DeFranco gründete er zunächst die Firma Echosphere als Anbieter von Satelliten-Equipment. 1992 wurde dem Unternehmen eine DBS-Lizenz zugesprochen (»direct broadcast satellite« – direkt empfangbares Satellitenfernsehen). Von da an setzte Ergen alles auf den jungen Satellitenmarkt, als Konkurrenz zur allmächtigen Kabelindustrie. 1995 wurde Echosphere in »EchoStar Communications« umbenannt und 1996 das DBS-Angebot unter der Marke DISH (»Digital Sky Highway«) platziert – mit Erfolg. Bereits 1997 ging EchoStar an die Börse. In den nächsten zehn Jahren konnte DISH seinen Kundenstamm auf über 13 Millionen Abonnenten erhöhen.

Im Jahr 2000 schien EchoStar schon auf dem Weg zu einem Satellitenfernseh-Monopol in den USA, als man einen Zusammenschluss mit dem Konkurrenten DirecTV in Erwägung zog. DirecTV, heute Teil von AT&T, damals ein Teil von Hughes Electronic, dessen Firmengründer der legendäre Industrielle und Flug-Fanatiker Howard Hughes war. Die US-Regulierungsbehörde Federal Communications Commission (FCC) untersagte jedoch die Fusion, die eine 91-prozentige Marktdominanz im Bereich des Satellitenfernsehens nach sich gezogen hätte. Wegen einer Abstandszahlung an Hughes Electronics kostete die gescheiterte Fusion EchoStar 600 Millionen US-Dollar.

Wesentlichen Anteil am Erfolg von Echostar hatte die im Sommer 2003 geschlossene Partnerschaft mit dem US-Telekomkonzern SBC (Teil von AT&T). Der SBC-EchoStar-Deal basierte auf »Bündelung«, einer Praxis, bei der verschiedene Services in einer Rechnung zusammengefasst werden. Mit diesem Projekt war SBC der erste große Telekom-Carrier, der Fernseh-, Telefon- und Internet-Services in einem Paket verkaufte. Als 2009 die Vertriebspartnerschaft mit AT&T auslief, ging DISH eine Allianz mit DirecTV ein.

Im Rahmen einer Partnerschaft mit Google wurde 2007 zudem das online-erprobte »Pay-per-Click«-Werbemodell auf den TV-Markt übertragen. Inzwischen vertreibt Google etwa ein Drittel der lokalen Werbezeiten von DISH. Seit Oktober 2007 kooperieren DISH und Google auch mit dem Marktforschungsunternehmen Nielsen, das die Daten aus den Set-Top-Boxen weiter ergänzt und auswertet. 2011 wurde der Technologie-/Infrastrukturbereich unter dem Namen »Echostar« abgespalten, der Rest des Unternehmens wurde umbenannt in Dish Network Corporation. Und 2015 richtete DISH mit SLING TV einen der ersten OTT- bzw. Over-the-top-Dienste ein (Internet-TV; der Nutzer entscheidet selbst, was er wann per Streaming sehen möchte).

MANAGEMENT

Seit 2015 auch wieder in leitender Funktion bei der Dish Network Corporation tätig ist Gründer Charles Ergen. Der als verschroben und impulsiv bekannte Ergen versteht es zu zocken: Er verdiente in jungen Jahren sein Geld als professioneller Blackjack-Spieler in Las Vegas, bis ihm eines der Casinos wegen unzulässiger Tricks Hausverbot erteilte. Heute ist er Milliardär und notorisch knauserig. Zu Geschäftsterminen erscheint der Workaholic und passionierte Bergsteiger hemdsärmelig und mit Pausenbrot. Gerüchte sagen, er weise Manager stets an, günstigere Nachtflüge zu nehmen und auf Geschäftsreisen die Hotelzimmer zu teilen – manchmal auch mit ihm. So schaffte Ergen es 2015 immerhin, in der »Forbes 100« mit einem Vermögen von 13 Mrd. Dollar auf Platz 77 der reichsten Amerikaner zu gelangen. 2021 landet er mit 9,6 Milliarden Dollar immer noch auf Platz 241 unter den »Reichsten der Welt«.

Für einfache Mitarbeiter ist DISH allerdings kein Paradies: Der Konzern wurde von amerikanischen Watchdogs mehrfach zu »America's worst company to work for« bezeichnet. Das Branchenblatt *Hollywood Reporter* bezeichnete Ergen als »meistgehassten Mann Hollywoods« – unter anderem weil er keinen Konflikten mit den bekanntesten Kabelsendern aus dem Weg geht. So mussten DISH-Kunden zeitweise ganz auf Serien wie *The Walking Dead* oder *Breaking Bad* verzichten, weil Ergen sich nicht mit dem Sender AMC über die sog. *carriage fees* (Beförderungsentgelte) einigen konnte.

GESCHÄFTSFELDER

Unter dem Namen DISH bietet die Dish Network Corporation digitale Fernsehinhalte über Satellit an; das Programmangebot umfasst die kabelübliche Auffächerung in Vollprogramme, Lokalsender, Sparten-, Sport-, Nachrichten- und Pay-per-view-Kanäle.

Dazu kommt seit Januar 2015 der in den USA und Puerto Rico verfügbare Internet-Streamingdienst SLING TV, DISHs Antwort auf die weit verbreitete Praxis des *cord cutting*: SLING TV soll vor allem jüngere Generationen ansprechen, die ihren Kabelvertrag gekündigt haben oder niemals einen Vertrag abgeschlossen haben. Stattdessen können sie im Basispaket für 20 Dollar monatlich rund 20 Sender streamen. In 14 Staaten im Westen der USA tritt DISH auch als Internet Service Provider auf, insbesondere in ländlichen Regionen, die vom Kabelnetz ausgeschlossen sind.

AKTUELLE ENTWICKLUNGEN

Im April 2020 gab es das offizielle Einverständnis für die Megafusion von T-Mobile US und Sprint, also den US-weit dritt- und viertgrößten Anbieter von Mobilfunk (hinter AT&T und Verizon). Beide Unternehmen betonten, die Fusion sei notwendig, um ein landesweites 5G-Netz aufzubauen und weil Sprint aus eigener Kraft nicht überleben könne. Eine Allianz von 13 Bundesstaaten plus Regierungsbezirk Washington hielten dagegen, die Konsolidierung des Marktes würde den Wettbewerb verringern und wahrscheinlich die Preise für die Verbraucher erhöhen. Die US-Telekomaufsicht FCC und das Justizministerium gaben dennoch ihr o.K., unter Auflagen. Und hier kommen Charles Ergen und die Dish Network Corporation ins Spiel. Um den Wettbewerb auf dem US-Mobilfunkmarkt zu schützen, müssen T-Mobile und Sprint ihre Prepaid-Marke Boost sowie einen Teil ihrer Funkfrequenzen an DISH abgeben.

Dazu schloss DISH die Übernahme von Boost Mobile für 1,4 Mrd. USD ab. So übernimmt DISH mehr als neun Millionen Boost-Mobile-Kunden, 500 Mitarbeiter, 7.500 Sprint-Filialen und etwa 20.000 Sendemasten. Man plant, Boost als Prepaid-Marke beizubehalten und gleichzeitig ein Postpaid-Geschäft zu starten – Postpaid-Kunden sind in der Regel profitabler für Mobilfunkunternehmen. Danach würde DISH damit beginnen, ein eigenes 5G-Netz Stadt für Stadt aufzubauen. Bis 2022 plant das

Unternehmen, 10.000 Abonnenten in mehr als 100 Städten in seinem Netz zu haben. Zum Ausbau eines eigenen 5G-Netzes gebe es keine Alternative, so Ergen: »Wenn wir es nicht aufbauen, wäre das finanzieller Selbstmord«. Zugleich würde das DISH zu einem neuen Standbein verhelfen, da das Kerngeschäft – Satelliten-TV – wohl nur noch eine Generation lang profitabel bleibt.

24.

Hearst Communications, Inc.

Umsatz 2019: 11,500 Mrd. USD (10,180 Mrd. EUR)

ÜBERBLICK

Hearst wurde 1887 gegründet und gilt heute als ältester Medienkonzern der Welt. Aus Tradition bildet der Zeitungs- und Zeitschriftensektor das Hauptgeschäftsfeld, wobei heute stark auf die Verzahnung mit E-Commerce-Angeboten gesetzt wird. Die Mehrfachverwertung von Inhalten sowie das Anbieten von Special-Interest-Publikationen bilden die beiden Hauptpfeiler der Strategie. Weitere Tätigkeitsfelder des US-Konzerns liegen im Fernseh- und Radiobereich, in der Produktion und der Distribution. Auch die Ratingagentur FitchRatings (New York) befindet sich seit 2018 im Besitz der Hearst Corporation.

BASISDATEN

Hauptsitz:
300 West, 57th Street
New York, N.Y. 10019
Telefon: 001 212 6492000
Website: hearst.com

Branche: Fernsehsender, TV-Produktion, Zeitungen, Zeitschriften, Ratingagentur, E-Commerce
Rechtsform: Private Company
Geschäftsjahr: 01.01-31.12
Gründungsjahr: 1887

ÖKONOMISCHE BASISDATEN*

	2020	2019	2018	2017	2016	2015	2014
Umsatz Gesamt (in Mio. USD)	11.500	11.500	11.400	10.800	10.800	10.700	10.300
Mitarbeiter	24.000	24.000	20.000	20.000	20.000	20.000	20.000

* Weil Hearst als Privatunternehmen nicht zur Veröffentlichung aktueller Geschäftszahlen verpflichtet ist, greifen wir für 2020 auf die von Hearst bekannt gegebene Umsatz- und Mitarbeiterzahl für 2019 zurück.

GESCHÄFTSFÜHRUNG

Steven R. Swartz	President & CEO, Hearst
William Hearst III	Chairman of the Board, Hearst
Frank A. Bennack, Jr.	Executive Vice Chairman
Mark E. Aldam	Executive Vice President, Chief Operating Officer
Eve Burton	EVP & Chief Legal Officer
Mitchell Scherzer	EVP & Chief Financial Officer
James M. Asher	SVP, Chief Development Officer
Jonathan R. Donnellan	Vice President & Co-General Counsel
Katharine Barnett	SVP, Human Resources
Rachel Kay	Vice President, Talent
Barnabas Kui	Vice President & Controller
David Hovstadius	Senior Vice President, Finance Operations
Mahendra Durai	Chief Information Officer
Roger P. Paschke	Vice President & Chief Investment Officer
Michael Palmer	Chief Information Security Officer
Caroline Eaddy	Vice President, Corporate Human Resources

David Carey	Senior Vice President, Public Affairs & Communications
Alexandra Carlin	Vice President, Communications, Hearst
Carlton J. Charles	Senior Vice President, Treasury & Risk Management
Mark C. Redman	Vice President & Co-General Counsel

GESCHICHTE

Der 30-jährige Bauernsohn George Hearst machte sich 1850 von Missouri nach Kalifornien auf, wo er die ertragreichsten Gold- und Silberminen Amerikas entdeckte und zu einem der wohlhabendsten Männer der USA wurde. 1880 kaufte Hearst die Tageszeitung *San Francisco Examiner* als publizistische Unterstützung für seine politische Karriere, 1886 ging er als Senator nach Washington. Die verlustbringende Zeitung interessierte ihn kaum, er hielt sie allenfalls für nützlich, um zu gegebenem Anlass ein Sprachrohr zu besitzen. Erst sein Sohn William Randolph (1863-1951), der die Hauptinspiration war für die Figur des Charles Foster Kane, Protagonist von Orson Welles' Kino-Meisterwerk *Citizen Kane* (1941), machte das Unternehmen zu einem Medienkonzern. Bevor er die Zeitung seines Vaters im Sommer 1887 übernahm, sah sich Hearst Jr. zwar in den bekannteren Redaktionen an der Ostküste um, doch hat er, entgegen eines hartnäckigen Gerüchts, nie als Reporter für Joseph Pulitzers *New York World* gearbeitet. Vom *Examiner* aus baute Hearst Jr. das größte Medienimperium der Welt auf. Nach dem Kauf mehrerer Zeitungen investierte er 1918, mitten in einer der schlimmsten Zeitungskrisen der US-Geschichte, in das Filmgeschäft und gründete ein eigenes Studio. Nachdem Charlie Chaplins »United Artists« eine Partnerschaft ausschlugen, fand er in dem Ungarn Adolph Zukor einen kongenialen Partner für seine Produktionsfirma mit dem Namen »Cosmopolitan Productions«. Der Name Hearst und die Filmfigur Citizen Kane gelten seither als Synonym für den Typus des aggressiven, machtsüchtigen Medienmoguls.

Die Auflagenzahlen steigerte Hearst durch Freiexemplare und den größten, plakativsten Überschriften der gesamten Westküste. Neben Pulitzer gilt Hearst als Erfinder des sogenannten »yellow journalism«, dessen Erfolg auf dem Zuspitzen von Meldungen beruhte, auf Emotionalisierung und Skandalisierung. Legendär ist Hearsts Briefwechsel mit dem Illustrator Frederic Remington, den er 1898 nach Kuba schickte, damit dieser den erwarteten Ausbruch des Krieges zwischen Spanien und den USA illustrierte. Remington fand nach seiner Ankunft in Havanna alles ruhig und friedlich vor und schickte folgendes Telegramm: »Alles ruhig hier. Es gibt keinen Krieg. Möchte zurück«. Angeblich kabelte Hearst darauf: »Bitte bleib. Du sorgst für die Bilder. Ich sorge für den Krieg«. Wenig später explodierte tatsächlich das Kriegsschiff USS Maine (wofür Hearst allerdings nichts konnte). Remington lieferte Bilder, und Hearst machte Auflage.

Hearst setzte seine Blätter bedenkenlos für seine politischen Ambitionen ein, im Stil eines barocken Monarchen regierte er sein Medienreich von Castle San Simeon aus, einem riesigen Landsitz an der Westküste, wo er mit seiner Geliebten residierte. Er war ein leidenschaftlicher Kunst- und Antiquitätensammler, wovon das heute öffentlich zugängliche Castle San Simeon zeugt. Der Privatmann zählt sicher zu den größten Geldverschwendern der modernen Industriegeschichte.

Im Jahr 2000 zwang das Kartellamt das Unternehmen, das Traditionsblatt des *San Francisco Examiner* zu verkaufen. Die Hearst Corp. habe, so die Kartellwächter, mit dem Erwerb des Konkurrenzblattes *San Francisco Chronicle* in der Region eine Monopolstellung eingenommen. Eine Fusion der beiden großen Zeitungen wurde dadurch unmöglich, was dazu führte, dass die US-Zeitungskrise beide Blätter voll erfasste und an den Rand der Insolvenz führte.

Während vor fünfzig Jahren Printprodukte 77 Prozent zum Umsatz beitrugen, sind es heute weniger als fünfzehn Prozent. Was an Printtiteln geblieben ist, ist das Resultat einer strategisch falschen Entscheidung von 2006. Damals kaufte Hearst vom Konkurrenten MediaNews acht Zeitungen. Neben dem Traditionsblatt *Connecticut Post* waren das *The Darien News-Review, The Greenwich Citizen, Fairfield Citizen-News, New Canaan News-Review, New Milford Spectrum, Norwalk Citizen News* und *Westport News* sowie *The Stamford Advocate, Greenwich Time* und *The News-Times of Danbury*. Über den Kaufpreis und eventuelle Konsequenzen für die Belegschaften der Zeitungen wurde zunächst nichts bekannt. Doch trotz des frischen Geldes von Hearst stand die MediaNews Group Inc. im Dezember 2008 vor dem Zusammenbruch. Als größter Anteilseigner musste Hearst für den Großteil der Kredite einstehen.

Traditionell hat das Medienhaus notleidende Blätter über andere Projekte solange finanziert, bis der Sanierungsprozess abgeschlossen war.

Ende 2008 stellte sich aber heraus, dass diese Geschäftspolitik zu einer Falle geworden war. MediaNews ging in die Insolvenz und bescherte Hearst einen Verlust von mindestens 155 Millionen USD. Dieser Deal trug vermutlich mit dazu bei, dass der Vorstandsvorsitzende Victor F. Ganzi 2008 gehen musste und der schon fast legendäre Frank A. Bennack, der das Unternehmen zwischen 1979 und 2002 führte, aus dem Ruhestand zurückgeholt wurde. Dabei war Ganzi geholt worden, um den komplizierten Übergang in das digitale Zeitalter zu bewerkstelligen. Bennack galt als zu alt dafür.

In den 1980er-Jahren erwarb Hearst Corp. drei TV-Stationen und 1991 20 Prozent am Sport-Kabelnetz ESPN. Seit Mitte der 1980er-Jahre gehören Magazinverlage wie Esquire und Redbook zum Portfolio. Dazu kamen mehrere Wirtschafts- und Branchendienste. Durch die Zusammenlegung der TV-Sparte mit Argyle Television kontrolliert Hearst heute fast drei Dutzend lokale TV-Stationen in den USA. Nach den letzten großen Akquisitionen im TV-Geschäft war Hearst in den 2000er-Jahren zu einem etwas beliebig anmutenden Beteiligungsunternehmen und Kooperationspartner geworden und erwarb zahlreiche Minderheitsbeteiligungen an Start-up-Unternehmen und Technologie-Firmen – glamourös war dabei nur noch die 2003 erbaute, 500 Millionen Dollar teure gläserne Unternehmenszentrale am Manhattaner Columbus Circle des Londoner Architekten Norman Foster.

MANAGEMENT

CEO Steven Swartz begann seine Karriere als Journalist beim *Wall Street Journal*, wo er schnell zum leitenden Redakteur der ersten Seite aufstieg. Er gründete das Wirtschaftsmagazin *Smart Money*, ehe er ins Management von Hearst wechselte und sich dort bis zum Chief Operating Officer hocharbeitete. Swartz will die Strategie seiner Vorgänger fortführen – die Diversifizierung vom reinen Zeitungskonzern zum multimedialen Informationskonzern mit enger Verzahnung in den E-Commerce-Sektor.

Frank A. Bennack, Jr., heute Executive Vice Chairman, war Hearst-CEO von 1979 bis 2013. Während seiner Auszeit von 2002 bis 2009, als sein langjähriger Vertrauter Victor Ganzi als CEO einsprang, managte er die New York City Opera. Bennack war nach William Randolph Hearst der dauerhafteste und deshalb wichtigste Unternehmens-Chef von Hearst.

Unter ihm kaufte Hearst Redbook, *Exquire* und gründete zusammen mit ABC den HISTORY CHANNEL, LIFETIME und A&E. Als Vorsitzender von Hearst stand ihm George R. Hearst zur Seite, der nach 50 Jahren im Unternehmen im Sommer 2012 im Alter von 84 Jahren verstarb.

GESCHÄFTSFELDER

Hearst ist in neun Geschäftsbereiche unterteilt, darunter:

- die in der Broadcasting-Sparte organisierten 43 TV-Sender erreichen jeden fünften Haushalt in den USA – überwiegend an der Ostküste und in den Südstaaten;
- die Entertainment & Syndication-Sparte umfasst diverse Beteiligungen an den TV- und Online-Networks ESPN (Sport, 20 %), A&E (Geschichte und Lifestyle; 50 %; A&E hält wiederum einen zehn-prozentigen Anteil an Vice Media) und Complex (Popkultur für die Gen Z) sowie der Produktionsfirma NorthSouth Productions und dem globalen Musikverlag Kobalt;
- die Ratingagentur und *financial data company* Fitch Group
- zu den wichtigsten Marken der Magazin-Sparte gehören *Car and Driver, Cosmopolitan, Country Living, Dr. Oz, Elle, Esquire, Good Housekeeping, Harper's BAZAAR, HGTV, House Beautiful,* The *Oprah Magazine, Popular Mechanics, Men's Health, Women's Health* und *Runner's World;*
- 24 Tageszeitungen wie *The Advocate* (Stamford), *Albany Times Union, Beaumont Enterprise, Connecticut Post, Edwardsville Intelligencer, Greenwich Time, Houston Chronicle, Huron Daily Tribune, Laredo Morning Times, Midland Daily News, Midland Reporter-Telegram, The News-Times* (Danbury, Connecticut), *Plainview Daily Herald, San Antonio Express-News, San Francisco Chronicle* und *Seattlepi.com;*
- der Geschäftsbereich Ventures umfasst diverse Risikokapital-Investments, für die Hearst bisher rund eine Milliarde Dollar ausgegeben hat. Dazu zählen Investitionen in über 20 Start-ups. Zu den bekanntesten Marken gehören hierbei BuzzFeed, Stylus und Dronebase;
- über die Real-Estate-Sparte kontrolliert Hearst diverse prestigeträchtige Immobilien.

AKTUELLE ENTWICKLUNGEN

Im April 2018 erwarb Hearst für 2,8 Milliarden Dollar die restlichen 20 Prozent an Fitch – eine der drei großen US-Ratingagenturen (mit Moody's und Standard & Poor's). Mit komplett digitalen Business Media, also mit Software und Finanzdaten erwirtschaftete man 2019 mehr als ein Drittel des Konzerngewinns.

Lange Zeit sah es so aus, als würde Hearsts Magazinsparte relativ unbeschadet aus der Corona-Krise kommen. Im Gegensatz zu Konkurrenten wie Meredith oder Conde Nast sah das Management von Massenentlassungen ab – wohl auch weil Anfang 2020 die rund 300 festangestellten Journalistinnen und Journalisten es endlich schafften, sich gewerkschaftlich zu organisieren. Statt sie direkt vor die Tür zu setzen, bot die Führungsetage den Beschäftigten großzügige Abfindungen im Tausch für Vertragsauflösungen an – 120 von ihnen griffen direkt zu.

Der Hauptgrund warum das (Online-)Verlagsgeschäft dennoch relativ gut da steht, ist die enge Verzahnung mit dem E-Commerce-Sektor. Längst können die Besucher der zahlreichen Mode-, Lifestyle- und Fitnessmagazine über Integration von Skimlinks oder Amazon-Angeboten sämtliche in Artikeln gefeaturete Produkte mit einem Click nach Hause bestellen. Die steigenden Einnahmen aus dem Affiliate-Marketing (z.B. auf dem britischen Markt wuchsen die Umsätze 2020 trotz oder gerade wegen der Pandemie um mehr als 300 Prozent) kompensieren die schrumpfenden Anzeigenerlöse.

25.

NetEase, Inc.

Umsatz 2020: 11,290 Mrd. USD (9,880 Mrd. EUR)

ÜBERBLICK

Der chinesische Tech-Konzern NetEase wurde 1997 von Ding Lei gegründet, der das Unternehmen nach wie vor leitet. NetEase entwickelt und betreibt Online-Spiele, eine Musikstreaming-Plattform, E-Commerce- und E-Mail-Services. Das im Dezember 2001 veröffentlichte Online-Rollenspiel *Fantasy Westward Journey* wurde mit Einnahmen von 6,5 Milliarden US-Dollar (Stand: 2019) zu einem der lukrativsten Videospiele aller Zeiten.

BASISDATEN

Hauptsitz:
No. 599 Wangshang Road
Binjiang District
Hangzhou, 310052
China
Telefon 0086 571 89852070
Internet: ir.netease.com

Branchen: Internet-Games, E-Commerce, Musikstreaming, Online Education
Rechtsform: Kapitalgesellschaft
Geschäftsjahr: 01.01.-31.12.
Gründungsjahr: 1997

ÖKONOMISCHE BASISDATEN

	2020	2019	2018	2017	2016
Umsatz (in Mio. RMB)	73.667	59.241	51.178	44.417	33.994
Gewinn nach Steuern (in Mio. RMB)	12.330	21.431	6.477	10.849	11.793
Aktienkurs (in RMB, Jahresende)	95,77	64,93	45,95	69,01	43,07
Beschäftigte	28.239	20.979	22.726	18.129	15.748

MANAGEMENT

William Lei Ding	CEO
Charles Zhaoxuan Yang	CFO

AUFSICHTSRAT

William Lei Ding	Director and CEO
Alice Cheng	Independent Director
Denny Lee	Independent Director
Joseph Tong	Independent Director
Lun Feng	Independent Director
Michael Leung	Independent Director

GESCHICHTE

Im Juni 1997 gründete der zu dem Zeitpunkt 26-jährige Telefontechniker Ding Lei die Firma NetEase mit drei Angestellten, zunächst als Internet-Suchmaschine und Anbieter von Gratis-E-Mail. Zwar konnte Lei »Baring Private Equity Partners« überzeugen, fünf Millionen US-Dollar zu investieren und brachte das Unternehmen im Jahr 2000 für 70 Millionen Dollar an die NASDAQ-Börse. Aber schon bald geriet die junge Firma nach Fälschungen in der Buchhaltung in Turbulenzen und wurde im September 2001 für kurze Zeit von der Börse genommen.

Im März 2000, als die Dotcom-Blase in den USA und Europa platzte, hatte das so gut wie keine Auswirkungen auf die Aktien chinesischer Internet-Firmen. Sie stiegen weiter mit NetEase als erfolgreichstem NASDAQ-Titel 2002 (plus 81 %). Man konnte feststellen: In China sollte die Tech-Rally nachhaltiger sein, nicht nur wegen der 1,3 Milliarden potenziellen User. Es lag auch daran, dass sich Ding Lei und sein Geschäftsmodell nicht nur auf Werbeeinnahmen verließen. In China waren immer jede Kurznachricht und jeder *traffic* kostenpflichtig.

Ding Lei war bald einer der reichsten Chinesen. Sein klügster Schachzug: der Einstieg ins Online Gaming Business, hier besonders mit dem seit 2001 selbstentwickelten, MMORPG (*massive multiplayer online role-playing game*) *Fantasy Westward Journey*, einem der finanziell erfolgreichsten Computerspiele aller Zeiten, dessen Nutzerbasis bis 2015 auf 400 Millionen Spieler anstieg. Dazu entwickelte NetEase diverse E-Commerce-Plattformen wie Koala und Yanxuan, veröffentlicht im Januar 2015 und April 2016. Ende 2018 gründete man mit weiteren Investoren das Music-Streaming-Angebot ›Cloud Music‹ (mit NetEase als Mehrheitseigner).

MANAGEMENT

NetEase-Gründer und -CEO William Lei Ding, geboren 1971 in der östlichen Küstenstadt Ningbo, hat eine »*Rags to riches*«-Bilderbuchkarriere absolviert, vom Telekom-Ingenieur zum achtreichsten Chinesen. Nach einem Studium am Chengdu Institut für Radiotechnik (heute Universität für elektronische Wissenschaft und Technologie in China), einem Bachelor-Abschluss und einer Stelle beim Software-Unternehmen Sybase in Guangzhou war er bereits sechs Jahre nach Gründung für kurze Zeit der reichste Mann auf dem chinesischen Festland und einer der ersten Milliardäre der Volksrepublik. 2020 landete er mit einem Vermögen von 21,4 Milliarden Dollar auf Platz 48 des »Bloomberg Billionaires Index«.

Als Hobby, aber dennoch professionell und quasi als Gegenmodell zum tagesaktuellen Tech-Business betreibt Ding einen Schweinezuchtbetrieb. Er züchtet die für exzellenten Fleischgeschmack bekannten schwarzen Jeju-Schweine, mit modernen, umweltverträglichen und nachhaltigen Methoden. Als Tierfreund, oder um das *corporate* Gewissen zu beruhigen, aber wohl kaum aus Profitgründen.

GESCHÄFTSBEREICHE

NetEase ist neben Tencent, der Sina Corporation (Peking), die den Mikroblogging-Dienst bzw. das »chinesische Twitter« Weibo betreibt, und *Sohu.com* (Peking) eines der führenden chinesischen Tech-Unternehmen der ersten Generation.

Tätig auf den folgenden Geschäftsfeldern:

Als **Internet-Service-Provider** mit mehr als einer Milliarde registrierten E-Mail-Kunden und als Anbieter diverser Streaming-Plattformen, etwa NetEase CC (Livestreaming von Spielen und Entertainment) und NetEase Cloud Music (Musikstreaming u.a. per Lizenzierungsdeal mit Sony Music). An einer Finanzierungsrunde der Musikplattform beteiligte sich Ende 2018 übrigens auch der Bertelsmann-Fonds »Asia Investments« mit über 600 Millionen Dollar. Im Nachrichtengeschäft ist NetEase hauptsächlich mit der *News App* (Netzwerk chinesischsprachiger News-Kanäle) und dazugehörigen *interactive communities* aktiv. Weiterhin betreibt man Online-Handel (Yanxuan), Online-Bildungsangebote (NetEase Youdao) und den Cloud-Reader-Dienst »NetEase EaseRead«.

Den größten Umsatz aber macht NetEase mit **Onlinegaming** (als heimischer Konkurrent des Marktführers Tencent). Mit einigen der beliebtesten PC-Client- und Handyspiele in China, teils selbstentwickelt, teils in Zusammenarbeit mit Blizzard Entertainment, der Microsoft-Tochter Mojang AB und anderen globalen Spieleentwicklern. Die bekanntesten Titel sind *Fantasy Westward Journey Online* und *New Westward Journey Online II*, oder *Tianxia III*, *New Ghost* und *Justice*. Mit Blizzard Entertainment, Inc.

wiederum vertreibt NetEase erfolgreiche internationale Online Games auf dem chinesischen Markt, darunter *World of Warcraft*, *StarCraft II* und *Diablo III: Reaper of Souls*.

AKTUELLE ENTWICKLUNGEN

Auch ein weltumspannender Tech-Konzern wie NetEase mit Renminbi-Umsätzen in Milliardenhöhe ist der Regulierung der Kommunistischen Partei unterworfen. Neue Spiele müssen erst von offizieller Seite genehmigt werden; Online-Content von Videostreams bis zu Games wird unter Präsident Xi Jinping verstärkt daraufhin kontrolliert, ob Wertestandards der KP eingehalten werden. Oder wie es Guo Yiqiang, Leiter des »publishing bureau« der Propagandaabteilung der KP auf Chinas größter Spielemesse »Chinajoy« 2019, also im Jahr des 70. Geburtstages der Volksrepublik, ausdrückte: Games Publisher »müssen die sozialen Auswirkungen ernsthaft in Betracht ziehen [...] und immer in die richtige Richtung in Bezug auf Politik, Werte, Inhalte und Qualität steuern und niemals Plattformen und Kanäle für falsche Ansichten und schlechten Geschmack bieten«.

NetEase bemüht sich daher »sozialistische Werte« und »patriotische Themen« in seine Titel einfließen zu lassen, etwa wenn man im Adventure-Game *Ink, Mountains and Mystery* Seite an Seite mit Monstern aus chinesischen Mythen kämpft. CEO William Ding macht sich generell keine Sorgen: »Wir verstehen und unterstützen die Absicht der Regierung voll und ganz [...] China ist der am schnellsten wachsende und inzwischen auch der größte Spielemarkt der Welt. Klar, dass da auch Probleme entstehen. Zum Beispiel die unerwünschten Auswirkungen von unangemessenen Inhalten«.

Wie solche »unangemessenen Inhalte« aussehen, konnte zum Beispiel Deutschlands Ex-Nationalspieler Mesut Özil erfahren. Nachdem er sich Ende 2019 kritisch zur Situation der ethnischen Minderheit der Uiguren in China geäußert hatte, wurde sein Avatar bzw. virtueller Charakter kurzerhand aus der japanischen, aber von NetEase in China publizierten Fußball-Simulation *Pro Evolution Soccer* gelöscht. Özil, so das chinesische Außenministerium, sei bei seinem Kommentar auf »Fake News« hereingefallen.

26.

Discovery Inc.

Umsatz 2020: 10,671 Mrd. USD (9,342 Mrd. EUR)

ÜBERBLICK

Discovery Inc., ehemals Discovery Communications, ist ein globaler Medienkonzern, der seine Programme in 50 Sprachen und in 220 Ländern ausstrahlt. Das Unternehmen startete 1985 mit dem ersten und nach wie vor bekanntesten Sender, dem DISCOVERY CHANNEL. 1994 entstand Discovery Communications, 2008 als eigenständiges börsennotiertes Unternehmen aus der Firmengruppe von Kabelmagnat John Malone (Liberty Media) ausgegliedert. Mit seinen Doku-, Reality- und Lifestyle-Inhalten erreicht DISCOVERY mittlerweile Milliarden Zuschauer weltweit. Eine für 2022 geplante, 43 Milliarden US-Dollar schwere Fusion mit Warner Media wird Discovery/Warner zu einem Entertainment-Powerhouse machen, das es in den »Streaming-Wars« mit Disney und Netflix aufnehmen kann.

BASISDATEN

Hauptsitz:
8403 Colesville Road
Silver Spring, MD 20910
USA
Telefon: 001 240 662 2000
Website: corporate.discovery.com

Branche: Free-TV, Pay-TV, TV-Spartensender, TV-Produktion
Rechtsform: Aktiengesellschaft
Geschäftsjahr: 01.01. – 31.12.
Gründungsjahr: 1985 (als DISCOVERY CHANNEL), 2008 (Börsengang nach Abspaltung der Discovery Communications Holdings LCC)

ÖKONOMISCHE BASISDATEN

	2020	2019	2018	2017	2016	2015	2014
Umsatz (in Mio. USD)	10.671	11.144	10.553	6.873	6.497	6.394	6.265
Gewinn (Verlust) (in Mio. USD)	1.219	2069	594	(313)	1.218	1.048	1.137
Aktienkurs (in USD, Jahresende)	30,09	32,03	26,14	22,38	27,41	26,68	34,48
Beschäftigte	9.800	9.200	9.000	7.000	7.000	7.000	6.800

MANAGEMENT

David M. Zaslav	President & Chief Executive Officer
Gunnar Wiedenfels	Chief Financial Officer
Jean-Briac Perrette	President & CEO, Discovery Networks International
Bruce Campbell	Chief Development, Distribution & Legal Officer
Adria Alpert Romm	Chief People & Culture Officer
David C. Leavy	Chief Corporate Operating Officer
Jon Steinlauf	Chief U.S. Advertising Sales Officer
Savalle Sims	General Counsel
Michelle Barney	President of Affiliate Distribution
Avi Saxena	Chief Technology Officer, Direct-to-Consumer

AUFSICHTSRAT

Robert J. Miron	Discovery Communications
Robert R. Beck	Independent Financial Consultant
Robert R. Bennett	Hilltop Investments
Paul A. Gould	Allen & Company, LLC
Robert L. Johnson	The RLJ Companies, LLC
Kenneth W. Lowe	former Chairman Scripps Networks Interactive
John C. Malone	Liberty Media Corporation
Steven A. Miron	Advance/Newhouse Communications
Daniel E. Sanchez	
Susan M. Swain	C-SPAN
J. David Wargo	Wargo & Company, Inc.
David M. Zaslav	Discovery Inc.

GESCHICHTE

Eine zwölfteilige Doku-Serie über die Kontinentalverschiebung auf der Erde? Eine Reportage über Eisberge in Neufundland? Ein sechzigminütiges Porträt des altägyptischen Pharaos Echnaton? Als am 17. Juni 1985 der DISCOVERY CHANNEL startete, gab es nicht wenige TV-Insider, die ein längerfristiges Überleben des Spartenkanals angesichts eines solch relativ anspruchsvollen Programms anzweifelten. Das Niveau der US-amerikanischen TV-Landschaft sei zu seicht, der durchschnittliche Zuschauer zu ungebildet und die werberelevanten Zielgruppen zu uninteressiert an Non-Fiction-Formaten, so die Sorgen der Experten.

Doch der erste DISCOVERY-Geschäftsführer John Hendricks wusste, dass es unter den Zuschauern eine Zielgruppe gab, die bisher von der Werbewirtschaft nicht ausreichend angesprochen wurde: die LLL (»lifelong learners«). Diese, so Hendricks Kalkül, seien bis ins hohe Alter neugierig und wünschten sich Fernsehprogramme, die sie unterhalten und bilden sollten. Was auf dem amerikanischen Zeitschriftenmarkt in Form von *National Geographic* oder *Scientific American* bereits seit geraumer Zeit funktionierte – das Ansprechen eines naturwissenschaftlich und kulturell interessierten Nischenpublikums – sollte nun auch im Fernsehen funktionieren. Den Verantwortlichen des DISCOVERY CHANNELS war klar, dass sie mit ihrem Programm kein Massenpublikum erreichen konnten.

Stattdessen konzentrierten sie sich auf gebildete und damit auch besser verdienende Amerikaner, die für werbetreibende Firmen interessant waren, deren Produkte zu dem Programm von Discovery passten: Technologie, Wissenschaft, Reisen.

Dennoch handelte es sich beim Start des DISCOVERY CHANNELS um ein großes Fernsehexperiment. Niemand konnte so recht einschätzen, wie das Publikum auf Discoverys Infotainment-Ausrichtung reagieren würde. 75 Prozent der auf Discovery ausgestrahlten Inhalte hatten, was Form und Inhalt betraf, amerikanische Zuschauer zuvor nicht gesehen. Wie konsequent der Sender in seinen Anfangsjahren das Ziel verfolgte, seinem Publikum etwas Neues zu bieten, zeigte sich beispielsweise im Frühjahr 1987. In der Endphase des Kalten Krieges strahlte Discovery unter dem Titel *Russia: Live From the Inside* für 66 Stunden das Signal des russischen Staatsfernsehen aus, um US-Amerikanern Einblicke in die Vorgänge in der Sowjetunion zu ermöglichen.

Einer der Gründe für die relativ schnelle Etablierung des DISCOVERY CHANNELS war seine Verbreitung als Kabelkanal. Discovery war mit seinem Nischenprogramm wie gemacht für das US-Kabelfernsehen. Anders als herkömmliche Kabelsender forderte Discovery von den Medienkonzernen für die Verbreitung seines Programms keine Gebühren. Die Verbreitung per Kabel wurde durch das Selbstverständnis als hochwertiger Informationssender noch verstärkt. In Zeiten, in denen viele Kabelkanäle hauptsächlich auf gewalttätige oder pornografische Inhalte setzten, versprachen sich Kabelanbieter durch die Aufnahme des DISCOVERY CHANNELS in das Senderangebot einen Imagegewinn.

In den ersten 20 Jahren seines Bestehens wurde der DISCOVERY CHANNEL sukzessive zu dem gleichnamigen Medienkonzern umgebaut, der heute global operiert und diverse weitere Kabelsender und Internetaktivitäten unter einem Dach vereint. So wurden zwischen 1985 und 2005 Spartenkanäle gekauft oder gegründet, die eine sinnvolle Ergänzung darstellen sollten: THE LEARNING CHANNEL (1992), ANIMAL PLANET, DISCOVERY SCIENCE, DISCOVERY KIDS, DISCOVERY CIVILIZATION, DISCOVERY HOME AND LEISURE, DISCOVERY WINGS (alle 1996), TRAVEL CHANNEL (1997), DISCOVERY HEALTH CHANNEL (1999), FIT TV (2003) und DISCOVERY LIFESTYLE NETWORKS (2004). Parallel wurde die internationale Expansion vorangetrieben. 1989 wurde DISCOVERY erstmals in Großbritannien ausgestrahlt; 1994 wurde der Schritt auf den lateinamerikanischen und asiatischen Markt gewagt; 1997 folgten Skandinavien und Mittel- und

Osteuropa. Insgesamt wuchs die Zahl der Discovery-Zuschauer von 156.000 US-Amerikanern 1985 auf 187 Millionen Menschen aus 146 Ländern im Jahr 2000.

Um diese Menge an Zuschauern konstant mit hochwertigen Inhalten zu versorgen, wurden Kooperationen mit anderen Medienhäusern initiiert. Den Anfang machte 1998 ein Joint Venture mit der britischen BBC, 2002 wurde gemeinsam mit der New York Times Company der DISCOVERY TIMES CHANNEL gegründet. Seit 2006 unterstützt Discovery Communications Google bei seiner Google-Earth-Suche mit Informationen und Bildern; 2008 wurde gemeinsam mit der US-Talkshow-Gastgeberin Oprah Winfrey OWN (The Oprah Winfrey Network) gegründet.

Als CEO John Hendricks 2004 das Zepter an Judith McHale übergeben wollte, lange die Nummer zwei bei Discovery, gestaltete sich das schwierig. Der Grund für die lange Dauer des Machtwechsels war, dass mittlerweile drei Unternehmen der Discovery Holding Einfluss auf die Unternehmenspolitik ausübten. Da Hendricks bereits 1986, ein Jahr nach Gründung des DISCOVERY CHANNELS, seine Kapitalreserven aufgebraucht hatte, sprangen andere Medienunternehmen in die Bresche und erwarben Anteile an Discovery. So sicherte sich John Malones Liberty Media einen 50-prozentigen Anteil, die Medienkonzerne Cox und Advance jeweils 25 Prozent. Erst 2007 wurde dieses Geflecht halbwegs entwirrt, indem der Cox-Anteil zurückerworben wurde (Cox erhielt dafür im Rahmen der millionenschweren Transaktion den Reisesender TRAVEL CHANNEL von Discovery). Die verbliebenen Anteilseigner einigten sich daraufhin auf die Gründung einer neuen, börsennotierten Aktiengesellschaft, die bis zum Frühling 2021 unter dem Namen »Discovery Communications« firmierte. John Malone konnte durch den Börsengang seine Investitionen und Anteile zu Geld machen und sicherte sich zudem einen Platz im Aufsichtsrat.

Waren die ersten 20 Jahre von Discovery durch Erfolg und Expansion gekennzeichnet, kam es 2005/2006 zur ersten wirklichen Krise. Zwischen 2001 und 2005 sanken die US-Einschaltquoten um 30 Prozent. Auch die vielen Töchterkanäle des Discovery Networks flogen zu dieser Zeit aus der Rangliste der Top-20-Kabelkanäle. Dieser Einbruch hatte mehrere Gründe. Zum einen hatte sich die Fernsehlandschaft im Vergleich zu den 1980er-Jahren radikal verändert. Immer mehr Spartenkanäle und Doku-Formate rangen um die Gunst der Zuschauer. Insbesondere der 1997 gestartete Kabelsender NATIONAL GEOGRAPHIC CHANNEL machte

Discovery zunehmend Marktanteile streitig. Zudem war spätestens seit Ende der 1990er-Jahre eine allgemeine Qualitätssteigerung bei Serien-Formaten zu spüren, die es Non-Fiction-Angeboten wie Discovery zunehmend schwerer machten.

Außerdem problematisch war auch das Programm von Discovery selbst. Formate mit geschichtlichem oder naturwissenschaftlichem Fokus wurden zunehmend durch seichtere Lifestyle-Sendungen ersetzt, die sich teilweise nur noch marginal von den Pendants der großen Networks unterschieden. Eine der kontrovers diskutierten Entscheidungen in der Amtszeit von Judith McHale war, die Zuschauererfolge von Discovery (etwa die Autoshow *American Chopper* oder *Trading Spaces*, in den sich Nachbarn gegenseitig die Wohnungen renovierten) in Endlosschleifen den gesamten Tag über auszustrahlen – was viele Zuschauer irgendwann abschreckte.

Erst McHales Nachfolger David Zaslav erkannte dies und steuerte um. Zaslav diversifizierte das Programm wieder und konzentrierte sich auf die für Discovery wesentliche Zielgruppe der 28- bis 42-Jährigen – also auf Menschen, die Familien gründeten, Haushalte aufbauten und vor allem Produkte kauften. Analog dazu behandelten die Discovery-Formate zunehmend Themen wie Familie, Erziehung und die Verwaltung von Vermögen (bestes Beispiel hierfür war Discoverys quotenträchtigste Show *Cake Boss* über eine italo-amerikanische Familiendynastie von Kuchenbäckern in New Jersey).

MANAGEMENT

Seit 2006 steht der gelernte Jurist David Zaslav an der Spitze von Discovery Communications. Zum ersten Kontakt mit dem Kabelkanal kam es bereits 1985. Als Aushilfs-Anwalt reiste er sechs Monate gemeinsam mit Gründer John Hendricks in den USA herum, um Vereinbarungen mit Kabelnetzbetreibern abzuschließen. Bereits zu dieser Zeit erkannte Zaslav die Chancen des Mediums Kabel und so war es nur folgerichtig, dass er anschließend bei NBC anheuerte, wo er 18 Jahre lang die Kabelsparte von NBCUniversal anführte. Dort war er unter anderem für den Launch der mittlerweile etablierten Sender CNBC und MSNBC mitverantwortlich.

Innerhalb von vier Jahren schaffte er es, das Ruder bei Discovery herumzureißen. Dabei ging er nicht gerade zimperlich vor: Seit seinem

Amtsantritt feuerte er sämtliche Chefs von Discoverys 13 US-Sendern und ersetzte sie mit Vertrauten. Zudem beeinflusste er die inhaltliche Ausrichtung von Discovery maßgeblich und passte sie dem Zeitgeist an. Als Zaslavs Meisterstück galt lange die Verpflichtung von Oprah Winfrey, die von *Forbes* zur prominentesten Person der Welt erklärt wurde und 2011 ihren eigenen Fernsehkanal im Discovery-Universum erhielt. Sein größter Triumph war jedoch ohne Frage, dass er jüngst den monumentalen Merger mit Warner Media eingefädelt hat – und bei grünem Licht der Regulierungsbehörden einen neuen Mega-Konzern leiten wird, der mit HBO, CNN, Discovery, Warner Bros, DC Comics und Eurosport einige der prestigeträchtigsten Medienmarken unter einem Dach vereint.

GESCHÄFTSBEREICHE

Fernsehen: Zu den global brands von Discovery zählen das Flaggschiff DISCOVERY CHANNEL (mehr als 400 Millionen Zuschauer weltweit), TLC, ANIMAL PLANET, INVESTIGATION DISCOVERY, SCIENCE CHANNEL, MOTORTREND/TURBO, OWN (The Oprah Winfrey Network), DISCOVERY FAMILY, AHC AMERICAN HEROES CHANNEL, DESTINATION AMERICA; DISCOVERY LIFE, DIY NETWORK, COOKING CHANNEL, AMERICAN GREAT COUNTRY, sowie in Deutschland und Europa EUROSPORT, DMAX, DISCOVERY KIDS (Lateinamerika, Asien) und TVN (Polen). 2015 erwarb Eurosport die TV-Übertragungsrechte für die folgenden vier Olympiaden und stach dabei in Deutschland ARD und ZDF aus.

Komplettiert wurde das TV-Imperium im Jahr 2018 durch den Kauf von Scripps Networks Interactive für 14,6 Milliarden Dollar. Seitdem gehören auch HGTV (*home-related topics*), der FOOD NETWORK und der TRAVEL CHANNEL zum Portfolio.

Bildung: Discovery Education bietet seit 2006 onlinebasiertes Videomaterial für US-Schulen an. COSMEO ist eine abo-basierte Website, die Schülern bei ihren Hausarbeiten hilft. In den kommenden Jahren liegt ein Fokus auf Bildungssoftware für (Tablet-)Computer. Discovery engagiert für seine Bildungssparte mehr als 200 Leute, darunter viele ehemalige Lehrer. Die Bildungssoftware ist mittlerweile an 60 Prozent aller öffentlichen Schulen zu finden. Viele US-Bundesstaaten benutzen das Discovery Science Techbook. Dieses Multimedia-Tool soll auf lange Sicht gedruckte

Lehrbücher ablösen, die oftmals teurer sind als Software-Lizenzen. In Großbritannien dagegen setzt Discovery auf den im Herbst 2013 übernommenen Anbieter Espresso Education.

AKTUELLE ENTWICKLUNGEN

»Der Stoff aus dem die Träume sind« – so klassisch-banal lautet das offizielle Motto des neuen Giganten Warner Bros. Discovery. News, Hollywood-Blockbuster, Sport und Non-Fiction: Sollte die Fusion mit Warner Media genehmigt werden, könnte das wohl mit Abstand facettenreichste und auch von der schieren Menge an Inhalten imposanteste Streamingangebot aller Zeiten entstehen. Angesichts von rund 100 unter einem Dach vereinten Medienbrands und einem Reservoir von mehr als 200.000 Stunden Content ist Discovery/Warner in einer exzellenten Position, um Amazon, Netflix und Disney herauszufordern.

Doch ob es überhaupt einen gemeinsamen Streamingdienst geben wird, steht noch in den Sternen. Investoren befürchten schon einen »Kampf der Unternehmenskulturen«, in dem die eher nischigen Inhalte von Discovery irgendwie mit den auf Massengeschmack abzielenden Kino- und TV-Produktionen aus dem Hause Warner in Einklang gebracht werden müssen. Die Warner-Belegschaft, die sich gerade erst – mehr schlecht als Recht – auf die technokratisch und alles andere als kreative Kultur von Noch-Mutter AT&T eingestellt hatte, muss sich nun erneut auf ein anderes Betriebsklima umstellen – inklusive Entlassungen, denn irgendwo müssen die versprochenen drei Milliarden Dollar Synergieeffekte ja herkommen.

27.

Bloomberg L.P.

Umsatz 2019: 10,500 Mrd. USD (9,19 Mrd. EUR)

ÜBERBLICK

Bloomberg L.P. ist ein globaler Datenanalyse- und Medienkonzern, dessen Service hauptsächlich in dem Verkauf von Finanzdaten besteht. Mit seinen sogenannten »Terminals« bietet Bloomberg rund 325.000 Nutzern weltweit eine einheitliche Plattform, über die diverse Finanz- und Marktinformationen abgerufen werden können. Zu dem Medienunternehmen gehören außerdem weitere Informations- und Nachrichtendienste, ein Fernsehprogramm, ein Radiosender, ein Verlag und Online-Dienste. Bloomberg beschäftigt in 192 Ländern rund 20.000 Mitarbeiter. Der gleichnamige Chef ist mit einem Anteil von ca. 90 Prozent nicht nur Gründer, sondern auch Haupteigner des Unternehmens. Nach seiner Wahl zum Bürgermeister von New York 2001 zog sich Michael Bloomberg aus der Unternehmensführung zurück, ehe er 2014 nach drei Amtszeiten zu seinem Konzern zurückkehrte.

BASISDATEN

Hauptsitz:
731 Lexington Avenue
New York, NY 10022
USA
Telefon: 001 212 3182000
Website: bloomberg.com

Branche: Finanzinformationen, Nachrichtenagentur, Internet-Dienste, Free-TV, Radio, Zeitschriften, Buchverlag
Rechtsform: Private Company
Geschäftsjahr: 01.01.-31.12.
Gründungsjahr: 1981

ÖKONOMISCHE BASISDATEN

	2019	2018	2017	2016	2015	2014	2013
Umsatz* (in Mio. USD)	10.500	10.000	9.600	9.200	9.000	9.000	9.000
Beschäftigte	22.900	20.000	19.000	19.000	19.000	19.000	16.000

*Schätzungen. Das Unternehmen ist nicht börsennotiert.

MANAGEMENT

Michael Bloomberg	Co-founder, President, CEO
Thomas Secunda	Co-founder, Vice Chairman
Elizabeth Mazzeo	Chief Operating Officer
John Micklethwait	Editor in Chief, Bloomberg News
Richard DeScherer	Chief Legal Officer
Josh Eastright	Chief Executive, Bloomberg Industry Group
Justin B. Smith	Chief Executive, Bloomberg Media Group

AUFSICHTSRAT

Thomas Secunda	Bloomberg
Matthew Winkler	Bloomberg
Richard DeScherer	Bloomberg
Peter Grauer	Chairman of the Board, DaVita HealthCare
Arthur Levitt Jr.	Goldman Sachs
Jane Quinn	Main Street Connect

Frank Savage	Savage Holdings
Martin Geller	Geller & Company

GESCHICHTE

Michael Bloomberg war schon früh klar, dass der weltweite Wirtschaftsjournalismus durch die Globalisierung eine Blütezeit erleben sollte. Er gründete 1981 das Unternehmen »Innovative Marketing Systems« und begann daraufhin mit der Vermarktung des Bloomberg Terminals: ein Datenmonitor, der »real-time market data, financial calculations and other financial analytics« für Wall-Street-Firmen bereitstellte. Die finanziellen Mittel für das Projekt stammten aus der 10 Millionen Dollar-Abfindung, die Bloomberg nach seinem Ausscheiden bei der Investmentbank Salomon Brothers erhielt. Seit Mitte der 1970er-Jahre war Bloomberg dort als Leiter des Aktienhandels tätig gewesen. Er verließ das Unternehmen kurz nach dessen Privatisierung.

Der Finanzdienstleister Merrill Lynch & Co., Inc. wurde mit dem Kauf mehrerer Bloomberg Terminals der erste Kunde und sicherte sich 1985 für 39 Millionen Dollar einen 30-prozentigen Anteil am Unternehmen. Mit dem Einstieg von Merill Lynch begann auch die Serienproduktion der Bloomberg Terminals. Die Maschinen stehen heute weltweit in rund 330.000 Büros und Privatwohnungen, im Vatikan wie in der Redaktion der *New York Times*, und machen dank einer Jahresmiete pro Terminal von derzeit 24.000 Dollar etwa 85 Prozent des Umsatzes aus.

Die 1980er-Jahre waren die erste Hochphase. Der Finanzdatenhandel wurde zum Kernsegment des Unternehmens, welches 1986 in Bloomberg L.P. umbenannt wurde. Auch den Aktien-Crash 1987 überstand man relativ unbeschadet, in der Folgezeit wurden Auslandsbüros in London und Tokyo eröffnet.

Da Bloomberg am Anfang nur ein geringes Werbebudget zur Verfügung stand, gründete er 1990 die Nachrichtenagentur Bloomberg Business News, um dadurch eine höhere Medienpräsenz zu erreichen. Die Redaktion rekrutierte namhafte Journalisten, unter anderem vom *Wall Street Journal* und *Forbes*. Die Nachrichten werden seither direkt über die Terminals ausgestrahlt. Zeitungen wurde die kostenlose Benutzung des Terminals angeboten, im Gegenzug mussten sich diese verpflichten, unter dem Anbieternamen Meldungen abzudrucken. Seither, so erklärte

Bloomberg einmal seine Strategie, könne er sich über wohlwollende Kritik freuen, da das Unternehmen als zuverlässige Nachrichtenquelle gelte. Das Fachblatt *Columbia Journalism Review* sprach in diesem Zusammenhang davon, dass sich die Journalisten für Bloombergs Werbegeschenk »mit Tinte« revanchierten. Zeitungen, die sein Informationsangebot zu selten nutzten, drohte Bloomberg regelmäßig mit Entzug.

1992 kaufte Bloomberg eine New Yorker Radiostation und formte diese zu einem reinen Nachrichtensender um, es folgten ein hausinternes Fernsehstudio und eine Satelliten-TV-Station. 1994 erschien zum ersten Mal die Zeitschrift *Bloomberg Personal Finance Magazin*. Auch im Internet stellte Bloomberg ab 1995 Geschäftsinformationen zur Verfügung. Kurz darauf wurden Informationsangebote, die bis dahin nur über die Terminals abrufbar waren, PC-kompatibel gemacht und auch an Drittanbieter verkauft. Außerdem wurde in diesem Jahr das elektronische Handelssystem des »Bloomberg Tradebook« eingeführt. Ein Jahr später wurde das Unternehmen erneut verlegerisch tätig und brachte mehrere Bücher heraus. Das Tagesprogramm des New Yorker Fernsehsenders WPXN wird seit 1996 ebenfalls von Bloomberg produziert. 1996 kaufte Bloomberg für 200 Millionen Dollar zehn Prozent der Unternehmensanteile von Merrill Lynch zurück. Das Unternehmen hatte zu der Zeit einen geschätzten Marktwert von zwei Milliarden Dollar.

1998 verdrängten die »Bridge Information Systems«, ein Teil von Reuters, durch den Kauf der Dow-Jones-Märkte Bloomberg von Platz zwei auf Platz drei der am häufigsten installierten Finanzinformationsterminals. Trotzdem vergrößerte sich Bloomberg durch Kooperationen mit Internetfirmen sowie durch die Herausgabe der Magazine *Bloomberg Money* (1998) und *Bloomberg Wealth Manager* (1999). Auch Kooperationen mit der Australischen Börse und einem spanischen Fernsehsender erweiterten das Tätigkeitsfeld. 2000 wurde das E-Commerce-Portal von Merrill Lynch für Bloomberg-Kunden zugänglich gemacht und 2004 verkündete das Unternehmen, dass es den Sender E! ENTERTAINMENT TELEVISION für die nächsten drei Jahre mit Wirtschaftssendungen beliefern werde.

Die ersten Jahre des neuen Jahrtausends waren für Bloomberg durch den harten Wettbewerb mit den beiden großen, inzwischen fusionierten Konkurrenten Thomson und Reuters geprägt. Im Jahr 2001 wurde Bloomberg auf Schadensersatz wegen Verbreitung einer Falschmeldung verklagt, die zu heftigen Kursverlusten des Unternehmens Emulex geführt hatte. Der Skandal löste Diskussionen darüber aus, ob der harte Wettbewerb zwischen den Informationsanbietern und der daraus resultierende Zeitdruck die Qualität der Berichterstattung zu stark beeinflusse. Vor allem in der Belegschaft der Bloomberg-News-Sparte wurden Stimmen laut, die einen Qualitätsverlust der Berichterstattung aufgrund eines unqualifizierten Managements fürchteten. Aussteiger sprachen von einem »journalistischen Sweat-Shop«. Der Protest gipfelte 2004 in der Bestrebung, eine Gewerkschaft zu gründen, die jedoch nie realisiert wurde.

Im Oktober 2007 – Michael Bloomberg hatte inzwischen sein Unternehmen verlassen, um Bürgermeister von New York City zu werden – kam Bloomberg L.P. in die Schlagzeilen, weil erneut mehrere Frauen gegen das Unternehmen klagten. Es ging wie schon bei dem Prozess Anfang der 1990er-Jahre darum, dass Frauen, nachdem sie dem Unternehmen ihre Schwangerschaft mitgeteilt und Mutterschaftsurlaub genommen hatten, in der Bezahlung herabgestuft und auf schlechtere Posten versetzt wurden. Während ursprünglich nur vier Frauen im Oktober 2007 geklagt hatten, stieg die Zahl der Klägerinnen bis Mai 2008 auf insgesamt 61 an. Im Sommer 2011 wurde die Klage von einem Bundesgericht in erster Instanz zurückgewiesen.

Die 2007 einsetzende Wirtschafts- und Finanzkrise war für Bloomberg Chance und Problem zugleich. Chance, weil es für einen Finanzdienst nun viel zu berichten gab. Problem, weil Bloombergs Geschäft auf der Vermietung von Finanzterminals beruht und Kunden absprangen: Allein durch den Bankrott von Lehmann Brothers verlor Bloomberg 2007-2009 bis zu 4.000 Kunden. Der Vertrieb von Wirtschaftsdaten, das Kerngeschäft von Bloomberg, bekam indes durch die im Mai 2013 bekannt gewordene Ausspähung der Terminal-Aktivitäten durch die hauseigenen Journalisten ein erhebliches Glaubwürdigkeitsproblem. Glaubt man den Vorwürfen, so wurden die Premium-Kunden (Broker, Bänker, Wirtschaftsbosse) systematisch ausspioniert und deren private Daten weitergegeben. Zudem sollen Daten wie private Telefonnummern oder Beziehungsstatus für persönliche Belange der Reporter missbraucht worden sein.

Nach drei Amtszeiten als Bürgermeister von New York kehrte Michael Bloomberg im Herbst 2014 schließlich an die Spitze des Unternehmens zurück. Eigentlich wollte sich der Multimilliardär nach seinem Rückzug aus der Politik zurückziehen und auf diverse Charity-Aktivitäten konzentrieren. Doch Bloomberg konnte es nicht lassen, sich zunehmend in das Tagesgeschäft seines Medien- und Informationskonzerns einzumischen. Der seit 2007 amtierende Präsident und CEO von Bloomberg,

Daniel Doctoroff, sah seinen Einflussbereich immer weiter schrumpfen und verkündete seinen Rückzug zum Jahresende 2014.

MANAGEMENT

Nach drei Amtszeiten als Bürgermeister von New York ist Michael Bloomberg (Motto: »Ich glaube, dass ich alles besser kann«) mittlerweile wieder voll in alle Unternehmensfragen involviert – von der Integration der diversen News-Outlets bis hin zur Kennzeichnung der Papierhandtücher auf den Büro-WCs. Doch seine Präsidentschaftskandidatur 2020, bei der er nach schwachen Auftritten in den TV-Debatten sang- und klanglos in den Vorwahlen ausschied, haben sein Image massiv beschädigt. Die halbe Milliarde Dollar, die Bloomberg für seine größenwahnsinnige und wirkungslose Kampagne verpulverte, so Kritiker, hätte er lieber für karitative Zwecke spenden sollen (wobei man fairerweise erwähnen sollte, dass er über seinen Bloomberg-Philanthropy-Arm dies bereits tut).

Doch sein Plan, ins Weiße Haus zu ziehen, beförderte auch die seit Jahren kursierenden Gerüchte um die angeblich toxische Arbeitsatmosphäre bei Bloomberg und die mutmaßlich frauenfeindlichen Sprüche von Bloomberg selbst unter das öffentliche Brennglas. Konnte er sein Verhalten in den 1990er-Jahren noch mit dem Hinweis auf »schlechte Witze« verteidigen, haben die Vorwürfe in der MeToo-Ära eine ganz neue Bedeutung bekommen.

GESCHÄFTSFELDER

Informationsdienste: »The Terminal«: Der Informationsdienst »Bloomberg Professional Service« funktioniert als Plattform, auf der Finanzdaten, Nachrichten, Berichte und Analysen dargestellt werden. Weitere Funktionen wie E-Mail und E-Commerce sind integriert, wobei das Interface-Design häufig als unmodern moniert und mit dem Layout von MS DOS verglichen wird. Die Terminals informieren sekundenschnell über weltweite Börsenbewegungen. Bloomberg bot mit der Zeit neben Börsendaten und Unternehmensnachrichten auch Sportresultate, Wetterberichte und Horoskope über seine Terminals an, ebenso wie Kinoprogramme und Menükarten ausgewählter Restaurants. Man wolle, so

Bloomberg, den vielgeplagten Brokern auch Entspannungsmomente bieten, denn im Grunde sollten »Arbeit und Privatleben doch eins sein«, so die Philosophie des Firmenchefs.

»Industry Products«: 2011 wurden die Dienste »Bloomberg Law« und »Bloomberg Government« ins Leben gerufen. Während Erstere gegen eine monatliche Pauschale von 450 USD einen Informations- und Datenbankservice zu Rechtsthemen bietet, zielt das in Washington ansässige Bloomberg Government vor allem auf die Nutzung durch Finanz- und Wirtschaftslobbyisten. Hier werden die Kunden gegen eine jährliche Nutzungsgebühr mit aktuellen Meldungen und Analysen rund um den Kongress, die Ministerien und das Weiße Haus beliefert. Weitere Datenbankdienste zu den Themen Steuern, Umwelt und Energie wurden auch eingerichtet.

News: Folgende Nachrichtendienste bietet Bloomberg heute an: »Bloomberg Markets«, »Bloomberg Technology«, »Bloomberg Pursuits«, »Bloomberg Politics«, »Bloomberg Opinion«, »Bloomberg Businesswork«. Rund 2.200 Journalisten sind weltweit für Bloomberg News aktiv, sie produzieren täglich 5.000 Artikel. Neben den Bloomberg-Medien verfügen auch 400 weitere Zeitungen und Zeitschriften über Lizenzen und können so auf Bloomberg-Informationen zurückgreifen.

TV, Radio und Streaming: Der Pay-Kanal BLOOMBERG TELEVISION, 1994 gegründet, erreicht mittlerweile weltweit über 310 Millionen Zuschauer und hat Ableger in Europa, Afrika und Lateinamerika. BLOOMBERG RADIO sendet Wirtschaftsnachrichten mit der Unterstützung von 2.700 Journalisten in über 120 Ländern. Mit QUICKTAKE hat Bloomberg auch ein Streamingportal für Finanznews und Dokumentationen gegründet.

Print: Das defizitäre, 1929 gegründete Wirtschaftsmagazin *BusinessWeek* hat Bloomberg 2009 vom Medienkonzern McGraw-Hill übernommen.

AKTUELLE ENTWICKLUNGEN

Digitale (aber mit Anzeigen versehene) Abos der Bloomberg-Dienste, die unabhängig vom Besitz eines Terminal-Computers genutzt werden können, gewinnen für das Unternehmen immer mehr an Bedeutung. 2021 nutzten bereits rund 400.000 Broker einen solches Abo – mehr als die 325.000 Terminal-User, die jedoch weiterhin für den Großteil des Umsatzes verantwortlich sind (ein mit mehr Funktionen ausgestattetes Terminal kostet im Jahr rund 20.000 Dollar, ein Digital-Abo nur 415 Dollar).

In der Post-Trump-Ära ist es für Bloomberg dabei ein großer Vorteil, dass es nicht in erster Linie auf Politik-, sondern überwiegend auf Finanznews angewiesen ist. Von den massiven Traffic- und Quoten-Einbrüchen, die CNN, MSNBC und Co. nach dem Ende der Trump-Präsidentschaft erleiden mussten, blieb Bloomberg deshalb verschont. Vom ökonomischen Wiederaufbau nach der Corona-Pandemie verspricht sich das Unternehmen hingegen ein erheblich gesteigertes Interesse an Wirtschaftsnachrichten – und damit auch weitere zahlende Nutzer. Ebenfalls im Aufwärtstrend sind die sogenannten »verticals«, Nachrichtendienste zu speziellen Themenkomplexen wie Klimawandel (»Bloomberg Green«), Krankenversicherung (»Prognosis«) und der ethnischen Zusammensetzung des Personals von Unternehmen (»Equality«).

28.

Rogers Communications, Inc.

Umsatz 2020: 13,916 Mrd. CAD (9,100 Mrd. EUR)

ÜBERBLICK

Rogers Communications ist Kanadas führender Kommunikations- und Medienkonzern und sowohl als Kabelanbieter und Internet Service Provider als auch in den Bereichen TV, Radio und Print aktiv. Zum Portfolio gehören außerdem Sportteams, Teleshopping- und Streamingportale. Durch eine Übernahme von Konkurrent Shaw Communications konnte Rogers die dominante Stellung auf dem kanadischen Medienmarkt weiter ausbauen.

BASISDATEN

Hauptsitz:
333 Bloor St. East
Toronto, Ontario M4W 1G9
Telefon: 001 416 935 7777
Website: investors.rogers.com
Branche: TV-Stationen, Kabelnetze, Spartenkanäle, Radio, Zeitschriften, Mobilfunk, Baseball-Team
Rechtsform: Aktiengesellschaft
Geschäftsjahr: 01.01.-31.12.
Gründungsjahr: 1960

ÖKONOMISCHE BASISDATE

	2020	2019	2018	2017	2016	2015	2014
Umsatz (in Mio. CAD)	13.916	15.073	15.096	14.369	13.702	13.414	12.850
Gewinn (Verlust) nach Steuern (in Mio. CAD)	1.592	2.135	2.241	1.902	1.432	1.433	1.508
Aktienkurs (in CAD, Jahresende)	61,5	64,33	70,00	62,54	52,30	48,35	45,80
Beschäftigte	23.500	25.300	26.100	24.500	25.000	26.000	27.000

UMSATZ NACH GESCHÄFTSFELDERN (IN MIO. CAD)

	2020	2019	2018	2017	2016	2015	2014
Wireless	8.530	9.250	9.200	8.569	7.916	7.651	7.305
Cable	3.946	3.954	3.932	3.894	3.871	3.870	3.867
Media	1.606	2.072	2.168	2.153	2.146	2.079	1.826

MANAGEMENT

Joe Natale	President und Chief Executive Officer
Eric Agius	Chief Customer Officer
Jordan Banks	President, Sports & Media
Lisa Damiani	Chief Legal Officer
Lisa Durocher	EVP, Financial and Emerging Services
Jorge Fernandes	Chief Technology and Information Officer
Dave Fuller	President Wireless

Sevaun Palvetzian	Chief Communications Officer
Dean Prevost	President, Rogers for Business
Jim Reid	Chief Human Resources Officer
Tony Staffieri	Chief Financial Officer

AUFSICHTSRAT

Bonnie R. Brooks	Chicos FAS
Robert Dépatie	Vidéotron ltée
Robert J. Gemmel	
Alan D. Horn	Rogers
Ellis Jacob	Cineplex
Philip B. Lind	Rogers
John A. MacDonald	
Isabelle Marcoux	Transcontinental Inc.
Joe Natale	Rogers
David R. Petersen	Cassels Brock & Blackwell LLP.
Edward S. Rogers	
Loretta Anne Rogers	
Martha L. Rogers	
Melinda M. Rogers	

GESCHICHTE

Der erste Rogers war ein *radio guy*. Edward Samuel Rogers Sr. (1900-1939) galt als Erfinder des *all electric radio* und besonders des Radios mit Stromstecker; zuvor konnten Rundfunkempfänger nur mit Batterien betrieben werden. Für den Rundfunk bedeutete seine Erfindung den Durchbruch. 1925 gründete er »Standard Radio Manufacturing«, auf diese Firma geht Rogers Communications zurück, auch wenn die heutige Firma offiziell erst 1960 entstand. Edward S. Rogers Jr., genannt »Ted« (1933-2008), war fünf Jahre alt, als sein Vater starb. Als Student kaufte er in Toronto die Radiostation CHFI-FM. Obwohl nur fünf Prozent aller kanadischen Haushalte damals Kurzwellen-Empfänger hatten, sah er den Siegeszug dieser Technik voraus. Für ein Land der Größe Kanadas, das im Gegensatz zu Europa riesige unbewohnte Flächen aufwies, war das keine

Selbstverständlichkeit. Mit der gleichen Weitsicht erkannte er, dass die Verbreitung durch das Kabel große Möglichkeiten bot – nicht nur für das Radio, sondern vor allem für das Fernsehen. 1967 erwarb er erste Lizenzen für Toronto, Brampton und Leamington.

1974 strahlte ROGERS CABLE TELEVISION bereits 12 Programme aus und richtete sein Programm an den multikulturellen Gegebenheiten des Landes aus. Rogers Cable stieg bis 1980 durch verschiedene Zukäufe zum größten Kabelunternehmen Kanadas auf. Ab 1979 versuchte Rogers auch, in den USA Fuß zu fassen, verkaufte aber 1989 alle Anteile und beschränkt sich seither auf den kanadischen Markt.

Aus den Erfahrungen des Kabelgeschäfts entwickelte Rogers ein neues Geschäftsfeld: Ab 1985 griff das Unternehmen die etablierten Telefonkonzerne mit einem eigenen landesweiten Mobilfunknetz an. Rogers Cantel Inc. (heute: Rogers Wireless) deckt mit seinem Netz 94 Prozent des Landes ab. Größere Anlaufschwierigkeiten gab es mit der Festnetztelefonie. 1967 war aus den Telegrafenbranchen der beiden großen Eisenbahnunternehmen Kanadas das Joint Venture »Canadian National-Canadian Pacific Telecommunications« (CNCP) entstanden, das sich bis 1980 in ein Telefonunternehmen verwandelte. Rogers kaufte 1984 einen Anteil von 40 Prozent und nannte das Unternehmen »Unitel Communications«. Nach der Liberalisierung des kanadischen Telefonmarktes 1992 wies die staatliche Rundfunkaufsicht dem Unternehmen die Aufgabe zu, mit dem Monopolisten Bell Canada zu konkurrieren. Daraufhin erwarb der US-Anbieter AT&T 20 Prozent an Unitel. Es folgte eine Umstrukturierung von Unitel, die 1995 mit dem Rückzug Rogers aus der Festnetztelefonie endete.

1994 aber konnte Rogers schon erfolgreich in das Printgeschäft einsteigen und übernahm für zwei Milliarden US-Dollar das Verlagshaus Maclean Hunter mit seinem Buch- und Zeitungsangebot. Diese Akquisition und die teure technische Aufrüstung der Kabelnetze zwangen die Firma, sich von mehreren Aktivitäten zu trennen (u.a. von der Haussicherheitssparte und von Rogers Telecom). Das Angebot von Microsoft 1999, sich mit neun Prozent an Rogers zu beteiligen, um so interaktive Dienste über das Rogers-Breitbandnetz anbieten zu können, nahm man aber an. Der Vertrag umfasste die Lizenz für MICROSOFT TV und sah die Verwendung von Microsoft-Set-Top-Boxen vor.

2000 expandierte Rogers weiter. Der Konzern erwarb das Cable Atlantic TV Network, scheiterte jedoch bei dem Versuch, das Vidéotron

Cable Network für 3,62 Mrd. US-Dollar zu übernehmen. Ein Jahr später kaufte Rogers 13 Radiostationen von Standard Broadcasting und wurde Eigentümer des Major League Baseballteams Toronto Blue Jays (für 112 Millionen US-Dollar) sowie des Footballteams Toronto Phantoms. 2004 stieg der Konzern mit 50 Prozent in Dome Productions ein, Kanadas führendem Anbieter von HDTV-Technik, außerdem übernahm er für 1,4 Mrd. kanadische Dollar den Mobilfunkanbieter Microcell und kaufte die Anteile von AT&T Wireless zurück.

Ende 2013 war der langjährige CEO Nadir Mohammed nach internen Machtkämpfen mit dem Rogers-Clan zurückgetreten. Sein Nachfolger wurde der Brite Guy Laurence: Er war zuvor Chef von Vodafone, galt als Turn-Around-Experte und sollte Rogers Marktanteile trotz wachsender Konkurrenz durch kleinere Anbieter verbessern. Laurence galt als treibende Kraft hinter dem 5,2 Milliarden Dollar schweren Deal mit dem nordamerikanischen Hockey-Verband NHL, der Rogers auf Jahre hinaus die exklusiven TV-Übertragungsrechte zusicherte.

MANAGEMENT

Inzwischen ist Laurence an der Spitze von Rogers schon wieder Geschichte, weil er sich mit der noch immer sehr einflussreichen Rogers Familie überworfen hatte. Sein Nachfolger Joseph Natale ist ein Insider der kanadischen Telco-Landschaft und leitete zuvor Telus, einen Kabelkonzern aus Vancouver.

Natale befindet sich in einer verzwickten Situation. Die Canadian Radio-television and Telecommunications Commission (CRCT) macht Druck, dass alle Kanadier Zugang zu günstigem High-Speed-Internet bekommen, dessen Preis deutlich unter Rogers monatlichen Gebühren von rund 80 kanadischen Dollar liegen soll. Doch angesichts einem Schuldenberg von mehr als 18 Milliarden Dollar, nicht zuletzt Investitionen in den Netzausbau und dem Kauf von Spektrum-Lizenzen geschuldet, bleibt wenig Raum für Preisanpassungen.

GESCHÄFTSFELDER

Rogers ist in drei Hauptsparten gegliedert:

Die Mobilfunksparte Wireless ist mit ihren 10,9 Millionen Kunden seit 2004 der führende Anbieter Kanadas.

»Cable« betreibt Kabelnetze in Ontario, New Brunswick und Newfoundland, 2018 mit insgesamt 4,5 Millionen Abonnenten (TV, Internet, Telefonie). Neben HDTV-Programmen und DVR-Diensten umfasst das Angebot High-Speed-Internetanbindungen, Telefon und »smart home monitoring services«. Im Juni 2008 erwarb Rogers Communications außerdem 100 Prozent der Aktien des Unternehmens Aurora Cable TV Limited (Aurora Cable), einem Kabelanbieter in der Region York, Ontario.

Unter »Media« ist ein diversifiziertes Medien- und Sport-Portfolio gebündelt. Rogers besitzt die Toronto Blue Jays, Kanadas einziges Major League-Baseball-Team Über die Beteiligung an der Maple Leaf Sports & Entertainment Ltd. hält Rogers zudem Anteile am NBA-Basketball-Team Toronto Raptors und dem Major-League-Soccer-Team FC Toronto. Ebenfalls im Portfolio: drei TV-Sender (SPORTSNET, das CITY NETWORK, OMNI), 55 Radiosender (darunter 98.1 CHFI,680 NEWS, SPORTSNET THE FAN, KiSS, JACK FM, SONiC) und die Spartenkanäle X, FXX, OUTDOOR LIFE NETWORK und TSC (Teleshopping).

AKTUELLE ENTWICKLUNGEN

Die noch abzuschließende 26-Milliarden-Dollar-Übernahme von Wettbewerber Shaw Communications bedeutet vermutlich nichts Gutes für die kanadischen Konsumenten. Schon jetzt zahlen sie weltweit mit die höchsten Gebühren für Kabel-, Internet- und Telefonie-Dienste. Nach der Übernahme wird es für 90 Prozent der Bevölkerung nur noch drei Anbieter zur Auswahl geben: Bell, Telus und Rogers. Die Rufe nach einem staatlichen Provider werden deshalb in Kanada immer lauter. Naturgemäß argumentiert Rogers ganz anders. Das Unternehmen müsse wachsen, um ein landesweites, kompetitives 5G-Netzwerk aufzubauen.

29.

beIN Media Group

Umsatz 2020: 9,000 Mrd. USD (7,879 Mrd. EUR)

ÜBERBLICK

Das globale Sport- und Unterhaltungs-Netzwerk der beIN Media Group mit Sitz in Doha, Katar wurde 2014 aus dem Nachrichtenkanal Al Jazeera ausgegründet und ist heute der dominierende Pay-TV-Sportsender der arabischen Welt. Doch auch außerhalb der MENA-Region gewinnt das Konglomerat an Bedeutung. Mittlerweile gehören zu dem eng mit dem katarischen Herrscherhaus verbundenen beIN 60 Sender, die auf fünf Kontinenten, in 43 Ländern und neun Sprachen ausgestrahlt werden.

BASISDATEN

Hauptsitz:
beIN Media Group
P.O. Box 23231
Doha, Qatar
Website:
www.beinmediagroup.com

Branchen: Sport- und Entertainment-Sender
Rechtsform: Private Company
Gründungsjahr: 2003 (als Al Jazeera Sport), 2012 (beIN SPORTS FRANCE), 2014 (rebranding als beIN MEDIA GROUP)

ÖKONOMISCHE BASISDATEN *

	2020	2019	2018
Umsatz (in Mrd. USD)	9.000	8.600	8.600
Mitarbeiter	3.700	3.700	3.700

*Schätzungen basierend auf der Anzahl der weltweiten Abonnenten (55 Millionen)

MANAGEMENT

Nasser Al-Khelaifi	Group Chairman
Yousef Al-Obaidly	Group Chief Executive Officer
Tareq Zainal	Chief Financial & Human Resources Officer
Ziad Hammoud	Chief Strategy and Investment Officer
Mohammad Al-Subaie	Acting CEO of beIN MENA
Mohammed Al-Bader	Managing Director of MENA Channels
Israel Esteban	Chief Technology Officer
Daniel Markham	Chief of Staff
Sophie Jordan	General Counsel
Tom Keaveny	Chief Innovation & Information Officer
Richard Verow	Chief Sports Officer

GESCHICHTE

Ohne den 1996 vom damaligen Emir von Katar, Scheich Hamad bin Chalifa Al Thani gegründeten Nachrichtenkanal Al Jazeera, sagen viele, hätte es den Arabischen Frühling wohl nicht gegeben – und wohl auch nicht den größten TV-Sportrechte-Inhaber der Welt. beIN wurde 2003 als Sportfiliale von Al Jazeera ins Leben gerufen. Dann entstand im Juni 2012 beIN SPORTS, zunächst in Frankreich (weil es hier noch keine eigenständigen Sportkanäle gab). Im Januar 2014 dann wurden die Al-Jazeera-Sportsender in die beIN Media Group umbenannt, als Holding für die Aktivitäten von beIN SPORTS.

Für das katarische Königshaus war die Strategie von »Sport als Wirtschaftsfaktor« nach dem Ende des Ölzeitalters die logische Strategie: Zwei Drittel der Bevölkerung der arabischen Welt sind unter 30, statistisch gesehen gibt es mehr Handys als Menschen. beIN kaufte Übertragungsrechte für verschiedene Premium-Sportveranstaltungen, in den Bereichen Fußball, American Football, Tennis, Basketball, Volleyball, Handball, Motorsport, Rugby, Radsport, Leichtathletik und mehr. Am 1. November 2015 erweiterte beIN das Portfolio um Filme, allgemeine Unterhaltung, Sach- und Kinderinhalte. Im März 2016 kaufte man zur weiteren Diversifizierung das 1979 vom inzwischen verurteilten Sexualstraftäter Harvey Weinstein mitgegründete und 1993 an Walt Disney verkaufte MIRAMAX-Studio (*Pulp Fiction*). 2019 veräußerte beIN 49 Prozent der Anteile an Viacom/CBS für 375 Mio. Dollar. ViacomCBS bzw. das dazugehörige Film- und Fernsehstudio von Paramount Pictures erhielt so Zugriff auf die über 700 Titel der MIRAMAX-Filmbibliothek und schloss mit beIN exklusive, langfristige First-Look-Vereinbarungen für neue MIRAMAX-Produktionen ab.

Parallel dazu baute beIN durch zwei spektakuläre Übernahmen sein internationales Pay-TV-Imperium weiter aus: 2014 erwarb das Unternehmen den australischen Ableger des irischen Sportsenderkette Setanta und nannte ihn in ›beIN SPORTS‹ um. Und 2016 folgte der Kauf des führenden türkischen Pay-TV-Netzwerk Digiturk. Um als »ESPN« der arabischen Welt (und darüber hinaus) seine internationalen Sender mit exklusivem Sport-Content zu versorgen, ließ sich CEO Yousef Al-Obaidly nicht lumpen und gab insgesamt 15 Milliarden Dollar für Übertragungsrechte aus, darunter für die kommenden Europa- und Weltmeisterschaften sowie Champions League und Copa America im Fußball, Formel 1 und Rugby, Boxen und NBA-Basketball.

MANAGEMENT

Der Vorstandsvorsitzende Nasser Al-Khelaifi ist seit seiner Karriere als Tennisprofi und Mitglied des katarischen Davis-Cup-Teams in den

1990er-Jahren mit den Herrschern im Emirat vertraut. Seit 2011 leitet er die 2005 gegründete Beteiligungsfirma Qatar Sports Investment (QSI), die für etwa 30 Millionen Euro den französischen Fußballverein Paris Saint-Germain (PSG) gekauft hatte (plus Schulden in Höhe von 20 Millionen Euro). Im Oktober 2011 wurde Al-Khelaifi dann PSG-Präsident. Dazu ist er jetzt Mitglied im Organisationskomitee der FIFA-Weltmeisterschaft und Delegierter der European Club Association im UEFA Exekutivkomitee. Die Sportblatt *L'Equipe* machte ihn 2016 zum »mächtigsten Mann im französischen Fußball« (vor Nationaltrainer Didier Deschamps und dem legendären Zinedine Zidane). Nasser Al-Khelaifi ist zudem Präsident der Qatar Tennis Federation und Vize-Präsident der Asian Tennis Federation (Westasien). Im November 2013 ernannte ihn der Emir, Scheich Tamim bin Hamad Al Thani, zum »Minister ohne Geschäftsbereich«.

Allerdings kommt auch er um in der Branche häufig aufkommende Konflikte mit der Justiz nicht herum. Im Oktober 2017 eröffneten Schweizer Gerichte ein Ermittlungsverfahren gegen ihn wegen des Verdachts auf private Korruption bei der Vergabe der Fernsehrechte für die WM 2026 und 2030. Der Vorwurf: Al-Khelaifi soll dem ehemaligen FIFA-Generalsekretär Jerome Valcke eine fünf Millionen Euro teure Villa auf Sardinien als Gegenleistung für die Vergabe der WM-Rechte an beIN geboten haben. Al-Khelaifi wurde im Oktober 2020 freigesprochen, die Schweizer Anklage verkündete Anfang 2021 Revision beantragen zu wollen.

GESCHÄFTSBEREICHE

Die beIN Media Group ist in sieben Sparten aufgeteilte:

- beIN MENA (Middle East North Africa) bietet Sport- und Entertainment-Sender empfangbar über DTH-Satellit, IPTV und OTT-Streaming (beIN CONNECT) an.
- beIN SPORTS France ist ein französischer Sportsender in Boulogne-Billancourt, gegründet 2012, mit 3,4 Millionen Abonnenten (Stand: Sommer 2019). Im Angebot sind unter anderem die französischen Ligue 1 und Ligue 2, La Liga, Serie A, Bundesliga, Super Lig, FA Cup, Men and Women World IHF championships sowie NFL Football, ATP Tennis und mehr.
- beIN SPORTS Asia Pacific (Singapur) sendet 14 beIN-Sportprogramme in elf Ländern (Australien, Neuseeland, Kambodscha, Hong Kong,

Indonesien, Laos, Malaysia, Philippinen, Thailand, Osttimor, Singapur) in vier Sprachen.

- beIN SPORTS Americas (Miami) sendet seit August 2012 beIN SPORTS-Inhalte in den USA und Kanada, über neun der zehn großen Kabel-/Satelliten-Provider und Streaming mit beIN SPORTS CONNECT.
- beIN Digiturk (Istanbul) ist der führende Pay-TV-Anbieter der Türkei mit ca. 3,5 Millionen türkischen Abonnenten, gegründet 1999 und im August 2016 von der beIN Media Group gekauft.
- beIN Intellectual Property (London) kümmert sich seit 2014 um den weltweiten Rechteerwerb und Programmverkäufe.

MIRAMAX, die 1979 von den Brüdern Harvey und Bob Weinstein gegründete Filmproduktion, ging im März 2016 im Zuge einer weiteren Programmdiversifizierung an die beIN Media Group. Und damit eine Filmbibliothek mit über 700 Titeln, 278 Oscar-Nominierungen und 68 Oscars, darunter die »Best Picture«-Gewinner *The English Patient*, *Chicago*, *Shakespeare in Love* und *No Country for Old Men*.

AKTUELLE ENTWICKLUNGEN

Ein unschlagbares Reservoir an Sport- und Filmrechten (u.a. zuletzt ein lukrativer Deal mit Sony Pictures): Eigentlich sollte dem weiteren globalen Siegeszug von beIN nichts mehr im Wege stehen. Wenn da nicht staatlich unterstützte Piraterie wäre. Vermutlich mithilfe von Katars geopolitischem Erzfeind Saudi-Arabien breitet sich in der arabischen Welt ein ausgerechnet »BeoutQ« betitelter Piratensender immer weiter aus, der illegal das beIN-Programm überträgt, ohne die kostspieligen Lizenzrechte zu bezahlen.

beIN Media geht davon aus, dass das »BeoutQ«-Signal seinen Ursprung beim saudischen Satellitenanbieter Arabsat hat, an dem der saudische Staat Großinvestor ist. Das Satellitensignal ist mittlerweile nicht mehr zu empfangen, aber modifizierte IPTV-Boxen werden noch millionenfach genutzt. Angesichts des wirtschaftlichen Schadens von mehr als einer Milliarde Dollar versuchen beIN und Katar deshalb Sportrechteinhaber und Sponsoren zu drängen, keine Großveranstaltungen mehr in Saudi-Arabien abzuhalten.

30.

RELX Group

Umsatz 2020: 7,110 Mrd. GBP (7,990 Mrd. EUR)

ÜBERBLICK

Wissenschaftliche Zeitschriften, Datenbanken, Fachblätter – seit mehr als einhundert Jahren ist der Zugang zu Fachinformationen ein lukratives Geschäft für das britisch-niederländische Medienunternehmen Reed Elsevier, das seit 2015 unter dem Namen ›RELX Group‹ firmiert. Die Hochpreispolitik der RELX *Journals* hat in den letzten Jahren zu einer Boykott-Bewegung geführt, der sich immer mehr Universitäten und Akademiker angeschlossen haben.

BASISDATEN

Hauptsitze:
1-3 Strand
London WC2N 5JR
Großbritannien
Telefon: 0044 20 7930 7077
Website: www.relx.com/investors/
investor-overview
230 Park Avenue
New York, NY 10169
USA
Tel: 001 212 3098100

Branche: Datenbanken, Informationsdienste, wissenschaftliche Zeitschriften, Buchverlage, Fachverlage, Messen und Ausstellungen
Rechtsform: Kooperierende Aktiengesellschaft aus den selbstständigen Unternehmen Reed International und Elsevier N.V.
Geschäftsjahr: 01.01.-31.12.
Gründungsjahr: 1894 (Reed), 1880 (Elsevier), 2015 (RELX)

ÖKONOMISCHE BASISDATEN

	2020	2019	2018	2017	2016	2015
Umsatz (in Mio. GBP)	7.110	7.874	7.492	7.341	6.895	5.971
Gewinn nach Steuern (in Mio. GBP)	1.543	1.509	1.428	1.656	1.158	1.014
Aktienkurs (in GBP, Jahresende)	24,23	25,02	20,84	23,75	17,97	17,83
Beschäftigte	33.000	33.000	30.000	30.000	30.000	30.000

MANAGEMENT

Erik Engstrom	CEO RELX
Nick Luff	CFO RELX
Kumsal Bayazit	Scientific, Technical & Medical and Chair, RELX Technology Forum
Mark Kelsey	Chief Executive Officer, Risk & Business Analytics
Mike Walsh	Chief Executive Officer, Legal
Hugh M. Jones IV	Chief Executive Officer, Exhibitions
Youngsuk ›YS‹ Chi	Director of RELX Corporate Affairs and Chairman Elsevier
Henry Udow	Chief Legal Officer and Company Secretary

Jelena Sevo	Chief Strategy Officer
Vijay Raghavan	Director RELX & Chief Technology Officer, Risk

BOARD OF DIRECTORS

Erik Engstrom	CEO RELX
Nick Luff	Chief Financial Officer RELX
Paul Walker	
June Felix	IG Group Holding
Dr. Wolfhart Hauser	Associated British Foods plc
Charlotte Hogg	Visa Inc.
Marike van Lier Lels	PostNL NV
Robert Macleod	Johnson Matthew plc
Linda Sanford	Consolidated Edison, Inc, Pitney Bowes, Inc and ION Trading UK Limited
Andrew Sukawaty	HG Capital USA, Inmarsat plc
Suzanne Wood	Vulcan Materials Company

GESCHICHTE

1993 begann die Zusammenarbeit des britischen Verlagsriesen Reed International mit der niederländischen Elsevier-Gruppe. Beide Unternehmen agierten als selbstständige Konzerne, firmierten seit April 2002 aber nur noch als Reed-Elsevier. Reed hatte 1894 als Papierfabrik angefangen, später auch Tapeten und Farbe produziert und war erst knapp 80 Jahre später durch den Kauf von Publikumszeitschriften und Tageszeitungen – unter anderem des *Daily Mirror* – zum Medienunternehmen geworden. Ab den 1980er-Jahren war Schluss mit Papier- und Anstreicherbedarf. Ein Jahrzehnt später stieg Reed dann nach und nach von der Publikums- zur Fachpresse um.

Elsevier, gegründet 1880 in Rotterdam, war bereits zu Beginn der Zusammenarbeit mit Reed der größte Fachzeitschriftenverlag der Niederlande und besaß führende Tageszeitungen wie das *Allgemeen Dagblad*. Wie Reed hat auch Elsevier seine Publikumstitel ab 1995 fast gänzlich abgestoßen, um sich ganz auf den weiteren Ausbau der Fachinformationssparte zu konzentrieren (im Oktober 2012 etwa verkaufte Reed das

Hollywood-Branchenblatt *Variety*). Eine sicher geglaubte Fusion mit dem ebenfalls niederländischen Fachverlagsriesen Wolters Kluwer scheiterte aber überraschend im März 1998. Reed Elsevier machte zwar kartellrechtliche Auflagen dafür verantwortlich, doch auch die Doppelstruktur des britisch-niederländischen Unternehmens mit zwei Hauptsitzen und doppeltem Management war daran nicht unschuldig. Seit 1999 ist die komplexe Reed-Elsevier-Geschäftsstruktur grundlegend reformiert worden. Mittlerweile gibt es ein einheitliches Management unter einem Chairman und einem CEO. Untergeordnet sind jeweils eigene Vorstandsvorsitzende für die verschiedenen Kernbereiche des Konzerns. Der ehemalige CEO Crispin Davis gilt als treibende Kraft hinter dem erfolgreichen Umbau des Unternehmens, das der *Guardian* einst als »archaisches Zweiländerkonstrukt« bezeichnete.

Von 2005 bis Mitte 2008 sorgten Verbindungen des Konzerns zum internationalen Waffenhandel für Schlagzeilen. Ausgerechnet die renommierte und von Reed Elsevier herausgegebene Medizin-Fachzeitschrift *The Lancet* kritisierte in einem Artikel die Aktivitäten der Tochterfirma Spearhead/Reed Exhibitions, die auf die Organisation von Messen und Ausstellungen spezialisiert ist. Im September 2005 veranstaltete die Firma erstmals die DSEi (Defence Systems and Equipment international), eine der größten Militärausstellungen der Welt, auf der unter anderem auch von der UNO geächtete Streubomben ausgestellt wurden. Über zwei Jahre lang distanzierte sich *The Lancet* regelmäßig von den Beziehungen des Mutterkonzerns zur internationalen Rüstungsindustrie mit dem Hinweis, diese wären für eine medizinische Publikation moralisch nicht tragbar. Im März 2007 verfassten rund 80 *Lancet*-Redakteure einen offenen Brief samt kritischem Fragenkatalog an den damaligen CEO Davis. Auf drei Seiten protestierten unter anderem Ian Gilmore, Präsident der obersten britischen Ärzteorganisation Royal College of Physicians, und der US-Linguist Noam Chomsky in Leserbriefen gegen die Waffenmessen. Sir Michael Atiyah, ehemaliger Präsident der einflussreichen Royal Society, forderte einen Boykott von Reed-Elsevier-Publikationen. CEO Davis verteidigte das kontroverse Engagement mit dem Statement, dass »die Verteidigungsindustrie notwendig für die Aufrechterhaltung von Freiheit und nationaler Sicherheit« sei. Im Mai 2008 reagierte das Management und kündigte an, die DSEi werde zukünftig nicht mehr von Reed Elsevier organisiert. Der Druck von Seiten der Aktionäre und der Protestbewegung »The Campaign Against Arm Trade« war zu groß für das Unternehmen geworden.

Das Ansehen litt weiter, als 2009 bekannt wurde, dass Elsevier in Australien zwischen 2000 und 2005 im Auftrag von Pharmakonzernen wie Merck Zeitschriften publizierte, die wie unabhängige Fachtitel aussahen. Zusätzlich wurden in den insgesamt sechs Pseudo-Fachblättern Artikel über Hormonersatz-Therapien abgedruckt, die nachweislich von Ghostwritern im Dienst der Pharmaindustrie geschrieben wurden.

Die monopolistische Hochpreispolitik der Elsevier-Fachzeitschriften führte 2012 zu einer Boykott-Bewegung, der sich mehr als 15.000 Wissenschaftler anschlossen. Sie waren nicht mehr bereit, im Elsevier-Verlag ihre Beiträge zu publizieren, nur damit dieser die bereits durch öffentliche Mittel finanzierten Forschungsergebnisse völlig überteuert an Studenten, Wissenschaftler und Bibliotheken verkaufte – und damit verhinderte, dass das in akademischen Einrichtungen gewonnene Wissen sich schnell und günstig verbreiten konnte. Immer mehr Universitäten weigerten sich deshalb, neue Elsevier-Magazine in ihre Kataloge aufzunehmen – selbst die renommierte Harvard-Universität warnte öffentlich, dass die exorbitanten Preise, die Bibliotheken für Fachjournals ausgeben mussten, langfristig den Wissenschaftsbetrieb einschränken könnten. Der Boykott wuchs weiter an, als CEO Engstrom die Kritik an den exorbitanten Preisen als »Missverständnis« abtat. Selbst Preissenkungen (Elsevier-Zeitschriften waren in der Regel dreimal so teuer wie vergleichbare Publikationen von Universitätsverlagen) konnten die Protest-Bewegung nicht besänftigen. Der Vorsitzende des Deutschen Bibliothekenverbands Frank Simon-Ritz bezeichnete die Preispolitik von Elsevier als »zum Teil sittenwidrig«.

MANAGEMENT

Erik Engstrom ist seit 2009 CEO von RELX. Der Schwede gilt als introvertiert und öffentlichkeitsscheu und hat seit mehr als 10 Jahren kein Interview mehr gegeben – und das obwohl RELX im FTSE 100 Index auf Platz 11 direkt hinter BP rangiert. Doch öffentliche Auftritte und Statements von Engstrom sind selten und würden nur die zahlreichen Kontroversen befeuern, die das Unternehmen in Bezug auf seine Ausstellungs- und Fachjournal-Sparten in den letzten Jahren generiert hat.

GESCHÄFTSFELDER

RELX teilt das Geschäft in vier Segmente auf:

Scientific, Technical & Medical: darunter Fachzeitschriften (18 Prozent der wissenschaftlichen Artikel weltweit erscheinen in Elsevier-Journals, darunter prestigeträchtige Titel wie *The Lancet* oder *Economic LettersW*), Datenbanken wie »ScienceDirect« auf der monatlich 16 Mio. Nutzer Zugriff auf akademische Fachzeitschriften haben, oder »Scopus« mit Abstracts und Zitaten aus 24.000 Fachzeitschriften sowie die medizinische Datenbank »Clinical Key«.

Risk & Business Analytics: Datenbanken wie z. B. »LexisNexis Solutions« unterstützen Risikomanagement, zum Beispiel greifen rund 80 Prozent aller in den USA neu abgeschlossenen PKW-Versicherungen darauf zurück.

Legal: Informationsdienste in Rechtsfragen (»LexisNexis legal and news database«).

Exhibitons: Mit über 500 Ausstellungen in 30 Ländern ist Reed Exhibitions der größte kommerzielle Ausrichter von Trade Shows und Fachmessen.

AKTUELLE ENTWICKLUNGEN

Entgegen aller Prognosen, die davon ausgingen, dass Wissenschaftsverlage mit der Verbreitung des Internets Schritt für Schritt obsolet werden würden, ist RELX in den letzten zwei Dekaden signifikant gewachsen. Trotz der weltweit wachsenden Boykott-Bewegung gegen die Hochpreispolitik erwirtschaftet RELX weiterhin beträchtliche Gewinne – auch wenn die Corona-Pandemie die Einnahmen aus dem Ausstellungs- und Messen-Segment erheblich schrumpfen ließ. Mit einem Marktwert von rund 34 Milliarden Pfund wurde der langjährige Konkurrent Pearson (4 Milliarden Pfund) längst deutlich hinter sich gelassen.

Viel Gegenwind aber gibt es immer noch. 2012 hatten Wissenschaftler zum Boykott von Elsevier aufgerufen, 2019 war es dann auch den Hochschulvertretern genug. Die FAZ etwa bezeichnet die drei wissenschaftlichen Großverlage (neben RELX sind das Springer Nature und Wiley) als »das Verlag gewordene Übel«. Bibliotheken würden »mit Preisdiktaten erpresst«, und Traumrenditen von bis zu vierzig Prozent erzielt. 2020 kündigten weitere US-Universitäten ihre Elsevier-Abos, darunter die State University New York und die University of North Carolina Chapel Hill.

Inzwischen gibt es Ansätze, die Macht des Oligopols zu schwächen. Die »Deal-Gruppe«, ein Verbund von Wissenschaftsinstitutionen und Bibliotheken unter dem Dach der Hochschulrektorenkonferenz (HRK), hatte im Januar 2019 eine erste Einigung erzielt, mit Wiley, dem kleinsten der großen Drei. Danach sollte Springer Nature folgen. Die Verhandlungen mit RELX, dem Dritten und Größten im Bunde, treten auf der Stelle.

31.

Spotify AB

Umsatz 2020: 7,880 Mrd. EUR

ÜBERBLICK

Der digitale Musikdienst Spotify AB (Spotify Technology S.A.) wurde 2006 als Start-up in Schweden gegründet. Heute ist Spotify mit einem Marktanteil von 32 Prozent der mit Abstand erfolgreichste Musik-Streamingdienst vor Apple Music und Amazon und verzeichnet monatlich 345 Millionen aktive Nutzer in 79 Ländern, davon 155 Millionen zahlende Premium-Kunden.

BASISDATEN

Hauptsitz:
Spotify USA Inc.
4 World Trade Center
150 Greenwich Street, 62nd Floor
New York, NY 10007
USA
Website: investors.spotify.com

Branche: Musik-Streaming
Rechtsform: Aktiengesellschaft
Geschäftsjahr: 01.01.-31.12.
Gründungsjahr: 2006

ÖKONOMISCHE BASISDATEN (IN MIO. EURO)

	2020	2019	2018	2017	2016	2015	2014
Umsatz (in Mio. EUR)	7.880	6.764	5.259	4.090	2.934	1.929	1.085
Gewinn (Verlust) (in Mio. EUR)	(581)	(186)	(78)	(1.235)	(539)	(230)	(188)
Aktienkurs (in EUR, Jahresende)	314,66	152,50	118,51	--	--	--	--
Mitarbeiter	5.584	4.405	3.651	2.960	2.162	1.581	1.365

MANAGEMENT

Daniel Ek	Founder, CEO and Chairman of the board
Paul Vogel	Chief Financial Officer
Katarina Berg	Chief Human Resources Officer
Alex Norström	Chief Premium Business Officer
Gustav Söderström	Chief Research & Development Officer
Dawn Ostroff	Chief Content Officer
Horacio Gutierrez	Head of Global Affairs and Chief Legal Officer

VORSTAND

Daniel Ek	Spotify
Martin Lorentzon	Spotify
Barry McCarthy	
Christopher Marshall	Technology Crossover Ventures
Shishir Mehrotra	Coda, Inc.
Heidi O'Neill	Nike, Inc.
Ted Sarandos	Netflix
Thomas Staggs	Disney
Cristina Stenbeck	
Padmasree Warrior	Fable Group
Mona Suthpen	The Vistria Group

GESCHICHTE

Spotify AB wurde am 23. April 2006 von Daniel Ek und Martin Lorentzon in Stockholm gegründet. Dort findet noch immer ein Großteil der Forschung und Entwicklung statt, obwohl man die Hauptsitze mittlerweile nach London und New York verlegt hat. Am 7.10.2008 wurde der Musik-Streamingservice veröffentlicht, mit dem Spotify weltweit bekannt wurde. Am Anfang konnte das Ganze kostenlos und nur über eine Einladung genutzt werden. Das kostenpflichtige Spotify-Upgrade hingegen stand jedem zur Verfügung. Wenig später kam Spotify auch in den Apple-App-Store, wo es sich schnell als praktische Alternative zum (legalen oder illegalen) Herunterladen einzelner Songs oder Alben etablierte. Das Modell funktionierte, am 2. März 2009 erreichte Spotify die Eine-Millionen-Mitglieder-Marke.

2011 erhielt das Unternehmen eine Investition von 100 Millionen Dollar, die es auf die Markteinführung in den Vereinigten Staaten verwendete. Sean Parker, Mitbegründer der umstrittenen Musiktauschbörse »Napster«, wurde an Bord geholt; er sollte sich um die Beziehungen zu den großen Plattenfirmen kümmern. 2012 brachte das Unternehmen die Spotify-App für Android-Smartphones heraus. Zwischen 2011 und 2013 stieg die Anzahl der Abonnenten auf 30 Millionen, davon acht Millionen zahlende Nutzer des werbefreien Upgrades »Spotify Premium«.

2015, der Dienst verfügte bereits über 25 Milliarden Stunden an Songs, wurde das Spotify-Angebot um Musikvideos erweitert. Mit 60 Millionen zahlenden Nutzern übertraf Spotify den größten Konkurrenten »Apple Music« bereit 2017, Apple Music konnte weniger als halb so viele Kunden verzeichnen. Im April 2018 erfolgte der Börsengang. Trotz des Siegesszugs hat man seit der Gründung noch keinen Cent Gewinn gemacht. 2020 stieg der Verlust auf ein Rekordhoch von knapp 600 Millionen Euro, mehr als dreimal so viel wie im Vorjahr.

Insbesondere was die Bezahlung der Künstler für das Streaming ihrer Musik betrifft musste Spotify sich viel Kritik anhören. Die Firma handelt die Verträge mit den Plattenfirmen aus, die Künstler erhalten nur einen marginalen Betrag (zwischen 0,0033 und 0,0054 US-Dollar pro Stream), was z.B Taylor Swift dazu veranlasst hat, ihren gesamten Katalog 2014 aus dem Dienst zu nehmen. Inzwischen hat sie das wieder geändert. Andere haben jedoch argumentiert, dass sich Spotify als Vertriebsmethode für kleinere Künstler anbietet, die sonst nicht in der Lage wären, ihre Musik überhaupt bekannt zu machen.

MANAGEMENT

Spotify bezeichnet sich in seiner Unternehmensstrategie als »agiles Unternehmen«, in dem nicht ein Vorgesetzter, sondern sogenannte achtköpfige »Squads« in Absprache miteinander die Ausrichtung bestimmen. Ein System, das die Autonomie der Mitarbeiter fördern und einen stärkeren Kreativitäts- und Innovationsprozess begünstigen soll. In dem Fehler laut CEO Daniel Ek sogar erwünscht sind: »We aim to make mistakes faster than anyone else.«

Ek gründete bereits mit 14 Jahren seine erste Firma, indem er Klassenkameraden HTML und Photoshop beibrachte und mit ihnen Websites für Kunden entwickelte, die damals bis zu 50.000 Euro kosten konnten. Die Webagentur verkaufte er bereits mit 19 Jahren und wurde dadurch Millionär. Mit 21 stieg er beim Game-Entwickler »Stardoll« als Chief Technical Officer ein. Seine erste Stelle als CEO hatte Ek beim Filesharing- und Streaminganbieter »uTorrent«, der sowohl legale als auch illegale Inhalte zum Download anbot. Zwischenzeitlich gründete und verkaufte Ek weitere Unternehmen, eines davon mit dem Namen »Advertigo« an die Firma »Tradedoubler«, deren CEO Martin Lorentzon später der Mitgründer von Spotify wurde.

Eks Intimfeind ist Apple-CEO Tim Cook. Er wirft Apple unfairen Wettbewerb vor, da Spotify wie auch die anderen Musik-Streaminganbieter im Apple-Store gegenüber dem firmeneigenen Anbieter »Apple Music« benachteiligt würden. So werden in der geschlossenen Apple-Welt erhebliche Provisionen von Spotify verlangt, die das Unternehmen nur durch Erhöhung der Preise ausgleichen kann, wodurch ein Wettbewerbsnachteil entsteht. Spotify reichte bei der EU-Kommission Beschwerde ein, Mitte 2019 konterte Apple und unterstellte Spotify, mit falschen Zahlen zu operieren.

GESCHÄFTSBEREICHE

Das Hauptgeschäft besteht in der Audio-Streaming-Plattform »Spotify«, die DRM-geschützte Musik, Videos und Podcasts von Plattenfirmen und Medienunternehmen anbietet. Nutzer können wählen zwischen »Spotify Free« mit Werbung und dem kostenpflichtigen »Spotify Premium«. Letzteres ermöglicht eine werbefreie Nutzung in höherer Qualität (mit bis zu 320 kbit/s), auch mobil, auch offline. Für rund 600 Millionen Euro hat Spotify in den vergangenen Jahren zudem diverse Podcast-Produktionsfirmen gekauft, darunter Gimlet Media, Anchor, Parcast und The Ringer.

AKTUELLE ENTWICKLUNGEN

Um in den Audio Streaming Wars weiter die Nase vorn zu haben, hat Spotify schon vor langer Zeit damit begonnen, eigene Podcasts zu produzieren und Prominente mit Exklusiv-Verträgen zu locken. Der ohne Zweifel spektakulärste Deal war die Verpflichtung von Joe Rogan, dem mit monatlich 190 Millionen Downloads weltweit populärsten Video-Podcaster. Für mehr als 100 Millionen Dollar kaufte Spotify 2020 das komplette Sendungsarchiv der *Joe Rogan Experience* und sicherte sich zugleich die exklusiven Streamingrechte für die kommenden Jahre. Ebenfalls exklusiv auf Spotify zu hören und zu sehen sind unter anderem Barack Obama und Bruce Springsteen, Kim Kardashian und die Audio-Abenteuer von Superhelden aus dem DC-Comics-Universum.

Diese aggressive, an die Netflix-Strategie angelehnte Inhalte-Offensive zahlt sich für Spotify gleich dreifach aus: Erstens kann sich das Unternehmen deutlich von den Konkurrenten absetzen, die zumindest im Musikbereich im Prinzip das gleiche Angebot haben. Zweitens muss Spotify bei der Produktion eigener Inhalte keine Lizenzgebühren an Plattenfirmen abdrücken. Und drittens lässt sich mit der Vermarktung reichweitenstarker Shows von Stars bis zu 50 Dollar pro 1000 Zuschauer verdienen. Bei einem Katalog von mittlerweile über einer Million Formate ein langfristig extrem lukratives Geschäft.

32.

BBC

Umsatz 2020/21: 6,448 Mrd. GBP (7,247 Mrd. EUR)

ÜBERBLICK

Die British Broadcasting Corporation, gegründet 1927, produziert innerhalb Großbritanniens ein ausschließlich gebührenfinanziertes Radio- und Fernsehprogramm, das seine Zuschauer »informieren, bilden und unterhalten« soll. Im Ausland erwirtschaftet der kommerziell agierende Arm BBC Commercial Holdings (zuvor BBC Worldwide) durch den Betrieb von TV-Kanälen, die Lizenzierung von Fernsehformaten und die Veröffentlichung von Büchern zusätzliche Erträge, die an die Anstalt zurückgeführt werden und die Gebührenzahler entlasten sollen.

BASISDATEN

Hauptsitz:
Broadcasting House
Portlands Place
London W1A 1AA
Großbritannien
Telefon: 0044 20 7580 4468
Website: www.bbc.co.uk/aboutthebbc

Branche: Fernsehsender, Radio, Rechtehandel, TV-Produktion, TV-Spartenkanäle
Rechtsform: Öffentlich-rechtliche Anstalt
Geschäftsjahr: 01.04.-31.03.
Gründungsjahr: (1922) 1927

ÖKONOMISCHE BASISDATEN

	2020/21	2019/20	2018/19	2017/18	2016/17	2015/16	2014/15	2013/14
Umsatz BBC Group (in Mio. GBP)	5.064	4.943	4.889	5.062	4.954	4.827	4.805	5.066
Umsatz BBC Commercial Holdings (in Mio. GBP)	1.384	1.570	1.199	1.232	1.167	1.084	1.070	1.340
Beschäftigte	22.219	24.679	22.401	21.413	21.271	20.916	18.974	18.647

EXECUTIVE COMMITTEE

Tim Davie	Director-General
Kerris Bright	Chief Customer Officer
Tom Fussell	CEO BBC Studios
Charlotte Moore	Chief Content Officer
Gautam Rangarajan	Group Director of Strategy and Performance
June Sarpong	Director, Creative Diversity
Bob Shennan	Managing Director
Rhodri Talfan Davies	Director, Nations
Leigh Tavaziva	Chief Operating Officer
Francesca Unsworth	Director, News and Current Affairs

BBC BOARD

Richard Sharp	Chairman
Tim Davie	Director-General
Elan Closs Stephens	Member for Wales
Shirley Garrood	Non-executive Director
Robbie Gibb	Member for England
Tanni Grey-Thompson	Non-executive Director
Ian Hargreaves	Non-executive Director
Tom Ilube	Non-executive Director
Charlotte Moore	Chief Content Officer
Steve Morrison	Member for Scotland
Nicholas Serota	Senior Independent Director
Leigh Tavaziva	Chief Operating Officer
Francesca Unsworth	Director, News and Current Affairs

GESCHICHTE UND PROFIL

1922 wurde die ›British Broadcasting Company‹, wie sie zuerst hieß, von britischen und amerikanischen Elektrogeräteherstellern als Kapitalgesellschaft gegründet, um den Absatz ihrer Rundfunkempfänger zu steigern. Die britische Postbehörde erteilte der BBC die exklusive Sendelizenz, um eine chaotische Situation wie im damals unregulierten US-amerikanischen Radio zu verhindern. Nachdem die gesellschaftliche Bedeutung der BBC deutlich geworden, ihr Geschäftsmodell jedoch gescheitert war, wurde sie 1926 in eine Körperschaft im Staatsbesitz umgewandelt. Im Januar 1927 erfolgte die Umbenennung zur ›British Broadcasting Corporation‹, zugleich erhielt die neue BBC die erste »Royal Charter«, die sie, wie die Bank von England, zu einer staatlichen Institution außerhalb des Einflussbereichs der Regierung, nicht aber des Parlaments machte. Ausschließlich finanziert über eine sogenannte »Licence Fee« war so der unabhängige, öffentlich-rechtliche Rundfunk geboren. Kern des BBC-Programmauftrags ist bis heute, durch Information, Bildung und Unterhaltung »dem öffentlichen Interesse zu dienen«.

Zunächst auf den Hörfunk beschränkt, nahm die BBC 1946 den regelmäßigen Fernsehbetrieb auf, 1952 gelang mit der internationalen Live-Übertragung der Krönung von Elisabeth II. ein erster Durchbruch für das neue Medium. Bereits 1955 erhielt das BBC-Fernsehprogramm kommerzielle Konkurrenz durch die Einführung der werbefinanzierten, regional organisierten ITV-Sender (Independent Television). Mitte der 1960er-Jahre wurde der BBC und später dann, Anfang der 1980er-Jahre, auch dem Privatfernsehen jeweils ein weiteres Programm genehmigt (BBC 2 bzw. CHANNEL FOUR). Seit dem Einstieg ins digitale Fernsehen Mitte der 1990er-Jahre baut die BBC planmäßig ihr Programmangebot aus. Alle kommerziellen Aktivitäten der BBC wurden – national wie international – 1994 im Tochterunternehmen BBC Worldwide zusammengefasst (im April 2018 umbenannt in ›BBC Studios‹).

Die 2007 beschlossene Gebührenanpassung auf 151,50 Pfund bis zum Jahr 2012 galt zunächst als Traditionsbruch. Seit 1988 war die von Regierung und Unterhaus festgesetzte »Licence Fee« an die Inflationsrate gekoppelt. Diese Indexierung war damit nun passé und es kam zu einzelnen Streiks. Der BBC-Generaldirektor betonte, dass die Finanzierungslücke Konsequenzen für das Programm haben könne, und kündigte eine hauseigene Bestandsaufnahme an, um Einsparmöglichkeiten zu finden. Weiteren Druck erhielt die BBC mit den im Juni 2009 veröffentlichten »Digital Britain Reports«: Man verlangte von der BBC, ab 2013 3,5 Prozent der Rundfunkgebühren an die kommerziellen Rivalen abzugeben, um deren »Public-Service«-Angebot mitzufinanzieren. Intern legte sich die Anstalt bereits 2006 auf ein Sparprogramm mit dem Namen »Delivering-Creative-Future« fest und konnte Einsparungen in Höhe von zwei Milliarden Pfund bis 2013 erzielen, unter anderem durch einen Abbau von 1.500 Arbeitsplätzen und den Verkauf des »BBC Television Centre« in London. 2011 dann zog das Unternehmen in das traditionsreiche Londoner »Broadcasting House« und in die »MediaCityUK« in Salford (im Raum Manchester) um.

Wegen der Wirtschaftskrise entschied die Regierung im Oktober 2011, die Rundfunkgebühren auf dem Niveau von 2010 (145,50 Pfund) einzufrieren. Dieses neue »Licence Fee Settlement« lief bis 2017. Weitere Einsparungen sollten unter anderem durch Kürzungen bei Gehältern (besonders beim Management, nachdem im Sommer 2013 überhöhte Abfindungszahlungen an 150 BBC-Manager bekannt geworden waren) und erhöhte Ressourcen-Effizienz erreicht werden (allein 2012 wurden 875 Laptops von BBC Mitarbeitern verlegt oder gestohlen – so entstanden Kosten in Höhe von 255.000 Pfund, für die die Gebührenzahler aufkommen mussten).

Ebenfalls 2011 kam der Jimmy-Savile-Missbrauchskandal ans Licht. Schon seit 1961 hatte die Polizei wegen Pädophilie gegen ihn ermittelt, ohne ihm jemals etwas nachweisen zu können. Nach seinem Tod, besonders nach einer ITV-Reportage im Oktober 2012, meldeten sich immer mehr Missbrauchsopfer, zu 80 Prozent weiblich und minderjährig zum Zeitpunkt der Taten. Ein massiver Skandal entstand, laut Scotland Yard war Savile »der schlimmste Sexualverbrecher in der Geschichte des Landes«. In der Folge gab es zwei Untersuchungen zur Rolle der BBC. Es wurde deutlich, dass man gleich zu Beginn, bei der Aufarbeitung im eigenen Hause, schwerwiegende Fehler gemacht und beispielsweise die Ausstrahlung eines kritischen Savile-Nachrufs Ende 2011 verhindert hatte. Der damalige BBC-Generaldirektor George Entwistle musste zwei Monate nach Amstantritt im September 2012 zurücktreten. Es hatte sich herausgestellt, dass man in einer BBC-Sendung einen ehemaligen Spitzenpolitiker zu Unrecht des Kindesmissbrauchs verdächtigt hatte, und das, während Savile offenbar auf dem BBC-Gelände Missbrauch verübte. Im Februar 2016 folgten dann die Ergebnisse des zweiten Berichts: BBC-Verantwortliche hätten »systematisch weggesehen«. Eine »Atmosphäre der Angst« und eine »sexistische Macho-Kultur« habe bei der BBC geherrscht.

Weiterhin stand die BBC zunehmend unter Druck, die aufgeblähte Organisationsstruktur zu verschlanken und ihre Aufsichtsmethoden zu reformieren. Auch die Regierung nahm die Skandale und Geldverschwendung (Beispiel: 100 Millionen Pfund gingen durch ein gescheitertes Digitalprojekt verloren) zum Anlass, um 2016 Reformpläne aufzustellen. Die alte Tante (»Auntie Beeb«, wie Briten auch sagen) sollte verjüngt werden, effizienter und transparenter. Nach einer Novelle der »Royal Charter« im Jahr 2017 wurden die Namen aller Mitarbeiter veröffentlicht, die auf ein Jahreseinkommen von 450.000 Pfund (umgerechnet 570.000 Euro) und mehr kommen und mit der Medien- und Telekommunikationsaufsicht Ofcom wurde die Anstalt erstmals extern reguliert.

MANAGEMENT

Seit September 2020 ist Tim Davie neuer Generaldirektor der BBC. Davie war zuvor Vice President für den Bereich »Marketing and Franchise« beim Getränkekonzern PepsiCo, ehe er im April 2005 als Direktor der

Abteilung »Marketing, Communications & Audiences« bei der BBC anheuerte. Im September 2008 übernahm er den Bereich »Audio & Music« und damit die nationalen BBC-Hörfunkprogramme. Im Dezember 2012 dann wurde er schließlich Chef von BBC Worldwide.

Sir David Clementi, BBC-Vorstandsvorsitzender, sieht in Tim Davie den Richtigen, um die BBC bei weiteren Reformen und Veränderungen zu leiten – als CEO und Chefredakteur verantwortlich für die redaktionelle und operative Führung. Davie selbst sagte, er fühle sich geehrt und sprach angesichts der Corona-Pandemie von einer »kritischen Zeit« für Großbritannien, in der sich gezeigt habe, wie sehr den Menschen die BBC am Herzen liege: »Unser Auftrag war noch nie so relevant und notwendig wie heute.«

GESCHÄFTSBEREICHE

UK *public services:*

Fernsehsender: BBC ONE und BBC TWO (mit Regionalfenstern für Schottland, Nordirland und Wales), BBC THREE (nur online), BBC FOUR (Kultur/Bildung), CBBC (Kinder), CBEEBIES (Kleinkinder), BBC NEWS, BBC PARLIAMENT (Live-Übertragungen aus Westminster).

Radio: Radio 1 (Pop, Jugend), Radio 2 (allgemeine Unterhaltung), Radio 3 (E-Musik, Kultur), Radio 4 (Unterhaltung, Nachrichten, Hörspiele), Radio 5 Live (Nachrichten, Sport), dazu kommen regionale Hörfunk-Programme für England, Schottland, Wales und Nordirland. Fünf Radiokanäle betreibt die BBC exklusiv über digitale Sendetechnik: Radio 1Xtra (aktuelle Musik), Radio 4 Extra (Comedy, Hörspiele, Kinderprogramm), Radio 5 Live Sports Extra (mehr Kommentar als beim Schwestersender), Radio 6 Music (alternative Musik) sowie das an Migranten gerichtete Asian Network, das überwiegend in Englisch, zum Teil aber auch in diversen Sprachen aus Indien und angrenzenden Gebieten sendet.

Digital Services: Neben der BBC Homepage, BBC Weather und BBC News u. a. ist der BBC iPlayer (eine BBC-Mediathek) im Netz verfügbar.

Alle BBC-TV- und Radio-Programme sind werbefrei und werden mit der Rundfunkgebühr finanziert, die in Großbritannien ausschließlich von TV-Zuschauern zu entrichten ist. Der Empfang von Radioprogrammen ist frei.

Global news services:

BBC World Service sendet im Fernsehen/Radio/online in über 40 Sprachen und erreicht wöchentlich rund 280 Millionen Hörer in aller Welt.

BBC WORLD NEWS und *BBC.com*. Der Fernsehkanal ist in über 200 Ländern empfangbar, in 300 Millionen Haushalten und 1,8 Millionen Hotelzimmern.

Commercial holdings:

BBC Studios (bis 2018 BBC Worldwide) ist der kommerzielle Arm der BBC-Gruppe mit einem Gesamtumsatz von etwa 1,4 Milliarden Pfund und zuständig für die Finanzierung, Entwicklung, Produktion und den Vertrieb von Programminhalten und Spin-offs wie Magazine und Bücher. Alle Gewinne werden an die BBC-Mutter zurückgeführt.

BBC Studioworks ist der UK-weit größte Anbieter von Studio- und Post-Produktionskapazitäten in den (1914 eröffneten) Elstree-Studios in Nordlondon sowie seit 2017 im Television Centre im Westen der Stadt.

AKTUELLE ENTWICKLUNGEN

Vor ihrem hundertjährigen Jubiläum steht die BBC unter dem wohl größten medienpolitischen Druck ihrer Geschichte. Besonders rechte britische Politiker rufen immer wieder zu einer Zerschlagung der Anstalt auf. Wie Innenministerin Priti Patel bereits angekündigt hat, soll die Novellierung der BBC Charter, die 2022 beginnt, zu einer umfassenden Restrukturierung führen. Denkbar ist zum Beispiel die Installation eines externen Review Boards, das sämtliche Inhalte kontrolliert – damit würde die BBC de facto ihre redaktionelle Unabhängigkeit verlieren.

Wasser auf die Mühlen der Kritiker liefert indes die BBC selbst. So warf zum Beispiel eine Untersuchung des Verfassungsrichters Lord Dyson zu einem umstrittenen Interview des Dokumentarfilmers Martin Bashir mit Prinzessin Diana 1995 ein schlechtes Licht auf die internen

Kontrollmechanismen. Bashir hatte gefälschte Dokumente benutzt, um an das Interview zu kommen; die BBC wusste davon, entschied sich jedoch gegen Transparenz und kehrte alles unter den Teppich.

Eine Chance, die britischen Gebührenzahler zu entlasten und damit auch die öffentliche Debatte zu beruhigen, wurde im Frühjahr 2021 diskutiert: eine mögliche Fusion mit CHANNEL 4, dem öffentlich-rechtlichen Sender, der als Alternative zu BBC1 und BBC2 (sowie dem Privatsender ITV) etabliert wurde und sich allerdings nicht durch Gebühren, sondern nur durch Werbeeinnahmen finanziert. Statt einer immer wieder ins Spiel gebrachten Privatisierung von CHANNEL 4 würde eine Zusammenlegung mit der BBC pro Jahr rund eine Milliarde Pfund in die Kassen spülen.

33.

Activision Blizzard, Inc.

Umsatz 2020: 8,09 Mrd. USD (7,08 Mrd. EUR)

ÜBERBLICK

World of Warcraft, Call of Duty, Candy Crush: Activision Blizzard vereint einige der größten und lukrativsten Spiele-Franchises der Welt. Der Publisher hat zudem seine eigene Esports-Liga gegründet und produziert auf den Games basierende Serien- und Kinofilme. Im Zuge diverser Klagen von Mitarbeitern steht das Unternehmen seit dem Sommer 2021 für seine mutmaßlich sexistische und diskriminierende Unternehmenskultur sowie schlechte Arbeitsbedingungen in der Kritik. Im Januar 2022 wurde das Unternehmen für knapp 70 Milliarden Dollar an Microsoft verkauft, dass mit den wertvollen Activision-IPs seine Xbox-Sparte aufwerten und in seine Metaverse-Strategie intergrieren will. Die Übernahme muss jedoch noch kartellrechtlich genehmigt werden.

BASISDATEN

Hauptsitz:
3100 Ocean Park Boulevard
Santa Monica, CA 90405
USA
Telefon: 001 310 2552000
Internet: investor.activision.com

Branche: Entwicklung und Publishing von interaktiver Unterhaltungssoftware
Rechtsform: Aktiengesellschaft
Geschäftsjahr: 01.01-31.12
Gründungsjahr: 1979

ÖKONOMISCHE BASISDATEN

	2020	2019	2018	2017	2016	2015	2014
Umsatz (in Mio. USD)	8.086	6.489	7.500	7.017	6.608	4.664	4.408
Gewinn (Verlust) (in Mio. USD)	2.197	1.503	1.848	273	966	892	835
Aktienkurs (in USD, Jahresende)	92,4	56,67	47,17	66,37	36,11	38,71	20,15
Mitarbeiter	9.500	9.200	9.900	9.800	9.600	7.300	6.800

MANAGEMENT

Robert Kotick	Chief Executive Officer
Daniel Alegre	President and Chief Operating Officer
Frances F. Townsend	Executive Vice President, Corporate Affairs
Armin Zerza	Chief Financial Officer
Brian Bulatao	Chief Administration Officer
Claudine Naughton	Chief People Officer
Grant Dixton	Chief Legal Officer
Tony Petiti	President, Sports & Entertainment
Rob Kostich	President, Activision
J. Allen Brack	President, Blizzard Entertainment
Humam Sakhnini	President, King
Helaine Klasky	Chief Communications Officer

BOARD OF DIRECTORS

Reveta Bowers	
Robert J. Corti	
Hendrik J. Hartong III	Brynwood Partners
Brian Kelly	Activision
Robert Kotick	Activision
Barry Meyer	
Robert Morgado	Maroley Media
Peter Nolan	Leonard Green and Partners
Dawn Ostroff	Spotify
Casey Wasserman	Wasserman

GESCHICHTE

Activision wurde 1979 vom ehemaligen Plattenboss Jim Levy sowie den Programmierern David Crane, Bob Whitehead, Larry Kaplan und Alan Miller gegründet. Crane und Co. hatten genug davon, für Atari Videospiel-Bestseller zu produzieren, ohne am finanziellen Erfolg beteiligt und als Programmierer individuell wahrgenommen zu werden. David Crane produzierte zum Beispiel bei einem Jahresgehalt von 20.000 US-Dollar in kompletter Eigenregie Spiele, die sich zwanzig Millionen mal verkauften. Zudem hatte sich Warner bei Atari eingekauft und die hippieesque Arbeitskultur zugunsten einer eher traditionellen Konzernatmosphäre abgeschafft. Da die vier für etwa die Hälfte aller damaligen Atari-Spiele verantwortlich waren, weigerte sich Atari zunächst, das Programmierer-Team gehen zu lassen. Erst 1982 wurde ein entsprechender Gerichtsprozess zugunsten von Activision entschieden. In dem Jahr hatte das neu gegründete Unternehmen mit *Pitfall* einen ersten großen Hit. Das Spiel gilt heute als einer der Urväter aller folgenden Plattform/Jump'n'Run-Spiele und begründete die Popularität ähnlicher Titel in den 1980er- und 1990er-Jahren.

Ab Mitte der 1980er-Jahre begann Activision durch die Akquise anderer Spielehersteller zu expandieren. Es startete mit Infocom, das sich in Zeiten von grafisch unterentwickelten 8-Bit-Computern auf die Produktion von damals sehr beliebten Text-Adventures spezialisiert hatte. Als Bruce Davis 1986 Jim Levy als CEO beerbte, sorgte er durch gravierende

Managementfehler für die Auflösung von Infocom 1989. Zu dieser Zeit war keiner der fünf Gründungsmitglieder mehr an Bord von Activision.

1988 änderte Activision den Namen in Mediagenic, weil das Unternehmen neben Computerspielen auch Büro-Organisationssoftware anbot. Der Ausflug in Videospiel-fremde Märkte war aber keine gute Idee: 1992 musste Mediagenic Insolvenz anmelden. Robert »Bobby« Kotick und seine BHK Corporation übernahmen Mediagenic und gaben dem Unternehmen den ursprünglichen Namen Activision zurück. Kotick wurde Nachfolger des erfolglosen Bruce Davis und schaffte es, Activision von einer bankrotten Firma in einen der erfolgreichsten Game Publisher der Gegenwart zu verwandeln. Sein Erfolgsrezept bestand darin, den Unternehmenssitz in die Nähe der Filmindustrie nach Los Angeles zu verlegen, die Belegschaft effektiv zu verkleinern, die bekanntesten Spieleentwickler einzustellen und Hollywood-Stars und prominente Sportler als Werbeträger zu engagieren. In den folgenden Jahren expandierte Activision durch die Übernahme von Konkurrenzfirmen (unter anderem Take Us!, Head Game Publishing und Neversoft) und durch den Erwerb wertvoller Lizenzen für die Entwicklung von Videospiel-Adaptionen von Kino-Blockbustern (unter anderem Marvels *Spiderman*, *Tony Hawk*, und *Transformers*).

2007 beschlossen Activision und der Konkurrent Vivendi Games, Eigentümer des Videospielverlags Blizzard (*World of Warcraft*), eine Fusion, Mitte 2008 entstand Activision Blizzard. Es ging darum, Electronic Arts die Marktführerschaft abzujagen. 18,9 Milliarden US-Dollar betrugen die Transaktionskosten der Fusion, die im Sommer 2013 jedoch teilweise wieder rückgängig gemacht wurde. Activision kaufte zunächst 48 Prozent der Anteile für 6,2 Milliarden Euro zurück. Vivendi hielt zunächst weiterhin zwölf Prozent, bzw. 5,7 Prozent der Anteile. Diese gingen jedoch Anfang 2016 für 1,1 Milliarden endgültig an Activision. Ebenfalls 2016 kaufte Activision die Esports-Liga »Major League Gaming« für 48 Millionen Dollar.

Schon bald war klar, dass Activision Blizzard mehr sein wollte als nur ein Games Studio, und die Franchises auf die Leinwand bringen wollte, mit durchwachsenem Erfolg. Die im Sommer 2016 in die Kinos gebrachte Film-Adaption von *World of Warcraft* war in Asien sehr erfolgreich, floppte jedoch an westlichen Kinokassen. Auch deshalb wurde der Plan ein aus mehreren Filmen und Serien bestehendes *Call of Duty*-Universum zu erschaffen bis auf Weiteres auf Eis gelegt.

MANAGEMENT

Robert Kotick, seit 1991 Direktor, Vorstandsvorsitzender und CEO, hat auch nach der Fusion zu Activision Blizzard seine Chefrolle beibehalten. Kotick, der mehrfach betont hat, selber keine Leidenschaft für Games zu haben, ist einer der überbezahltesten Medienmanager seiner Generation. Aktionäre kritisieren seit Jahren sein exorbitantes Gehalt und die an ihn ausgeschütteten Bonuszahlungen, die häufig mit der Entlassung von hunderten von Mitarbeiterinnen und Mitarbeitern einhergehen: Allein 2017 verdiente er knapp 29 Millionen Dollar. Anfang 2021 sah sich der Aufsichtsrat gezwungen, Koticks Gehalt zumindest bis Anfang 2023 zu halbieren, doch die Investoren denken noch immer, die Vergütung ist zu hoch und geschäftsschädigend.

Wohl wegen der engen Verzahnung der *Call of Duty*-Shooter-Serie mit dem militärisch-industriellen Komplex bevölkern mittlerweile ehemalige Funktionäre aus den Bush- und Trump-Administrationen die Führungsetage – darunter Frances Townsend, eine Folter-Apologetin, Trump-»Bully« Brian Bulatao und der komplett humorfreie Grant Dixton, ein Bush-Anwalt, der in der Vergangenheit im Auftrag des Weißen Hauses die Satireseite *The Onion* verklagte.

GESCHÄFTSBEREICHE

Das Unternehmen hat fünf operative Einheiten.

Activision: Entwicklungsstudio und Publisher von Spielen für Konsolen, Mobilgeräte und PCs. Insbesondere auf dem Markt für Shooter-Games ist Activision aktiv, mit Blockbustern wie *Call of Duty* und *Overwatch*. Jährlich neu erscheinende *Call of Duty*-Titel führen regelmäßig die Verkaufscharts an. *Black Ops II* aus dem Jahr 2012 etwa generierte mehr als eine Milliarde Dollar an Umsätzen und war damit lukrativer als *Avatar*, der damals erfolgreichste Film aller Zeiten. Enorm profitabel ist auch die *Skylanders*-Reihe, die echte Spielzeugfiguren mit Videospielen kombiniert.

Blizzard Entertainment produziert hingegen Abo-basierte ›Massive Multiplayer Online Role Playing Games‹ (MMORPG). Neben *World of Warcraft*, das über eine Community von mehr als sechs Millionen Spieler verfügt, sind die wichtigsten Blizzard-Franchises das in Korea enorm populäre *Starcraft* sowie *Diablo*, *Hearthstone*, *Heroes of the Storm* und *Heroes of Warcraft*. Blizzard betreibt außerdem die Online-Plattform *Battle.net*.

Das 2015 für sechs Milliarden Dollar übernommene **King Digital Entertainment** entwickelt interaktives Entertainment für Mobilplattformen. Die mehr als 200 Titel beinhalten *Candy Crush*, *Farm Heroes*, *Pet Rescue* und *Bubble Witch*.

Major League Gaming (MLG, New York) ist eine professionelle Esports-Liga, seit 2011 die größte der Welt. Activision gab bekannt, MLG 2016 auch deshalb gekauft zu haben, um die Liga als Basis von noch zu gründenden TV-Kanälen zu nutzen.

Activision Blizzard Studios steht für Film- und TV-Produktionen, die auf Figuren/Geschichten aus global bekannten Activision-Spielen basieren.

AKTUELLE ENTWICKLUNGEN

Spätestens seit Activision Blizzard von einer kalifornischen Arbeitsbehörde wegen seiner mutmaßlich frauenfeindlichen Bürokultur verklagt wird, ist das öffentliche Image des Unternehmens auf einem absoluten Tiefpunkt angelangt. Die Klage, die dem Konzern grobe Verstöße gegen den Schutz von Arbeitnehmern vorwirft hat erschreckende Details über den Arbeitsalltag von Activision offengelegt. So sollen offenbar regelmäßig alkoholisierte Mitarbeiter durch die Büros gezogen sein, um im Rahmen sog. »cube crawls« weibliche, unterbezahlte Kolleginnen zu belästigen. Teile der Belegschaft riefen deshalb im Zuge der Klage zum Streik auf und verließen im Juli 2021 geschlossen das Gebäude. Wie lange sich CEO Kotick, dem vorgeworfen wird, die vergiftete Atmosphäre zu lange toleriert zu haben, noch am Steuer des Unternehmens hält, ist ungewiss: Zuletzt äußerten die Bosse der für das Unternehmen essenziell wichtigen Konsolensparten von Sony und Microsoft öffentlich ihr Entsetzen über das Activision-Management. Sollte die Übernahme durch Microsoft von den Behörden grünes Licht erhalten, könnte sich Microsoft ganz schnell von Kotick trennen und einen Neuanfang an der Spitze unternehmen.

Geschäftlich steht Activision nach einer strategischen Neuausrichtung hingegen noch solide da. Als Reaktion auf den massiven Erfolg von *Fortnite* und weiteren Free-to-Play-Battle-Royale-Titeln diversifizierte das Unternehmen sein Flaggschiff *Call of Duty*. Fans können den Shooter nun in drei verschiedenen Versionen spielen: die Vollversion inklusive anspruchsvoller, hollywoodreifer Single-Player-Story und dem traditionellen Zombie-Modus, einer Version für Smartphones und der kostenfreie *Call of Duty Warzone*-Modus, der durch Mikrotransaktionen monetarisiert wird und eine Nutzerbasis von 100 Millionen Spielern hat.

Das Blizzard Studio hingegen hinkt etwas hinterher, aber ist auch dank der erfolgreichen *Diablo*-Serie und einer florierenden *Overwatch*-Esports-Liga durchaus profitabel, besonders in Asien. Dort kommt es jedoch immer wieder zu Disputen wegen freier Meinungsäußerung. Wie etwa 2019, als der *Hearthstone*-Profispieler Chung Ng Wai alias »Blitzchung« in einem Livestream den Einfluss von China auf Hongkong kritisierte. Vermutlich auch um den chinesischen Medienkonzern Tencent zu besänftigen, dem fünf Prozent der Anteile an Activision Blizzard gehören, wurde der Spieler umgehend suspendiert und sein Preisgeld einbehalten.

34.

ARD

Umsatz 2019: 6,978 Mrd. EUR

ÜBERBLICK

Die Arbeitsgemeinschaft der öffentlich-rechtlichen Rundfunkanstalten der Bundesrepublik Deutschland, kurz ARD, ist der zweitgrößte öffentlich-rechtliche Senderverbund der Welt, hinter der BBC und vor der japanischen Rundfunkgesellschaft NHK (und vor FRANCE TÉLÉVISIONS, RAI und dem ZDF). Die Einnahmen der ARD aus dem Rundfunkbeitrag und aus Werbung übersteigen die Budgets der meisten kommerziellen Medienkonzerne im klassischen Fernseh- und Hörfunkgeschäft. Doch ist es innerhalb des ARD-Konglomerats umstritten, ob der Zusammenschluss einzelner Landesrundfunkanstalten überhaupt als Unternehmen gilt, im ökonomischen und im kulturellen Sinne. Die ARD verantwortet unter anderem das Vollprogramm Erstes Deutsches Fernsehen, das seit April 1996 unter dem Markenbegriff »Das Erste« firmiert.

BASISDATEN

Hauptsitze:
ARD-Programmdirektion
Arnulfstraße 42
80335 München
Telefon: 089 / 5900-01
Website: www.daserste.de
ARD-Generalsekretariat Berlin
Masurenallee 8-14
14057 Berlin
Telefon: 030 / 8904 313-11
Website: www.ard.de
Branche: Fernsehen, Hörfunk, Online-Angebote, Merchandising
Rechtsform: nicht rechtsfähige, öffentlich-rechtliche Arbeitsgemeinschaft
Geschäftsjahr: 01.01.-31.12.
Gründungsjahr: 1950

ÖKONOMISCHE BASISDATEN

	2019	2018	2017	2016	2015	2014	2013
Etat/Umsatz (in Mio. EUR)	6.978	6.901	7.125	6.907	6.911	6.910	6.412
Planstellen	19.972	19.096	19.249	19.136	20.617	20.693	20.744

ERTRÄGE BZW. ETATS DER RUNDFUNKANSTALTEN (IN MIO. EUR)[1]

	2019	2018	2017	2016	2015	2014	2013	Planstellen 2019[2]
Westdeutscher Rundfunk, Köln	1.490	1.441	1.565	1.568	1.438	1.458	1.345	4.051
Südwestrundfunk, Stuttgart	1.273	1.288	1.393	1.206	1.231	1.240	1.155	3.508
Norddeutscher Rundfunk, Hamburg	1.145	1.120	1.112	1.114	1.160	1.184	1.074	3.387
Bayerischer Rundfunk, München	1.084	1.073	1.079	1.077	1.075	1.065	1.026	3.106
Mitteldeutscher Rundfunk, Leipzig	787	771	778	740	781	739	691	2.009
Hessischer Rundfunk, Frankfurt	503	512	506	508	522	524	487	1.688
Rundfunk Berlin-Brandenburg, Berlin/Potsdam	458	458	461	473	476	485	428	1.469
Saarländischer Rundfunk, Saarbrücken	127	128	127	120	127	118	112	544
Radio Bremen, Bremen	111	110	104	101	101	97	94	210
Gesamt	6.978	6.901	7.125	6.907	6.911	6.910	6.412	19.972
ZDF	2.199	2.227	2.188	2.199	2.195	2.254	2.011	3.631
Deutschlandradio	253	250	253	233	239	213	218	725

[1] Die Erträge beinhalten neben den Einnahmen aus dem Rundfunkbeitrag, der Hauptfinanzierungsquelle der öffentlich-rechtlichen Sender, unter anderem Erlöse aus Werbung und Sponsoring sowie sonstige Erlöse und

teilweise auch Einnahmen aus dem ARD-Finanzausgleich (beim Saarländischen Rundfunk und Radio Bremen).
[2] Die angegebenen Planstellen enthalten nicht die Stellen von ausgegliederten ARD-Gemeinschaftseinrichtungen wie beispielsweise ARD-aktuell oder die von ARD und ZDF getragenen Spartenkanäle Kinderkanal (Kika) und Phoenix. Außerdem sind in den Zahlen nicht die Stellen von Tochterfirmen der öffentlich-rechtlichen Sender wie etwa der ARD-Werbegesellschaften enthalten.
Quellen: für die Zahlen von 2013 bis 2014: ard.de, dort: ARD-Finanzstatistik für das jeweilige Jahr; für die Zahlen von 2015 bis 2019: Eigenrecherche (Nachfragen bei den jeweiligen Sendern)

GESCHÄFTSFÜHRUNG

ARD-Vorsitz und -Geschäftsführung 2021:
Tom Buhrow (WDR-Intendant)
Westdeutscher Rundfunk
Appellhofplatz 1
50667 Köln
Telefon: 0221 / 220-0
Website: www1.wdr.de/unternehmen/der-wdr
ARD-Programmdirektorin: Christine Strobl
ARD-Generalsekretärin: Dr. Susanne Pfab (seit Januar 2015)

INTENDANTINNEN UND INTENDANTEN DER NEUN ARD-LANDESRUNDFUNKANSTALTEN:

WDR: Tom Buhrow
SWR: Prof. Dr. Kai Gniffke
NDR: Joachim Knuth
BR: Dr. Katja Wildermuth
MDR: Prof. Dr. Karola Wille
HR: Manfred Krupp
RBB: Patricia Schlesinger
SR: Martin Grasmück
Radio Bremen: Dr. Yvette Gerner

GESCHICHTE UND PROFIL

Die ARD wurde im Juni 1950 gegründet. Die Satzung der ARD benennt als Ziel der Arbeitsgemeinschaft unter anderem die »Bearbeitung gemeinsamer Fragen des Programms sowie gemeinsamer Fragen rechtlicher, technischer und betriebswirtschaftlicher Art«. Gründungsmitglieder waren der BAYERISCHE RUNDFUNK (BR), der HESSISCHE RUNDFUNK (HR), RADIO BREMEN, der SÜDDEUTSCHE RUNDFUNK (SDR), der SÜDWESTFUNK (SWF), der später geteilte NORDWESTDEUTSCHE RUNDFUNK (NWDR) sowie mit beratender Stimme der damalige RIAS BERLIN. Analog zum föderalen Aufbau der Bundesrepublik (Kultur als Ländersache) wurde bei der ARD die Form einer nicht rechtsfähigen Arbeitsgemeinschaft auch deshalb gewählt, um sich von der Rolle des zentralisierten Propagandafunks der NS-Zeit deutlich abzugrenzen. Allerdings führte das Modell eines lockeren Zusammenschlusses von Rundfunkanstalten ganz unterschiedlicher Größe und volatiler politischer Verankerung auch zu aufwendigen bürokratischen Verfahren, neuen politischen Abhängigkeiten, Behördenmentalität und zu entsprechender Reaktionsschwäche im liberalisierten Medienmarkt.

Die Geschäftsführung der ARD wechselt in der Regel im zweijährlichen Turnus. ARD-Vorsitzender ist der Intendant der jeweils geschäftsführenden Landesrundfunkanstalt. Daneben verfügt dic ARD über eine zentrale Programmdirektion in München für die Koordination und Planung des Ersten Deutschen Fernsehens, dessen Chef – der ARD-Programmdirektor – lange Zeit als »König ohne Land« galt. Denn er muss weitgehend abhängig von den Beschlüssen der Intendanten agieren. Dem von 1992 bis Oktober 2008 amtierenden ARD-Programmdirektor Günter Struve gelang es in zäher Kleinarbeit, die Stellung der Münchner Dependance zu stärken. Er zentralisierte das Marketing des Ersten und nahm wesentlichen Einfluss auf die gesamte Programmstruktur. Als Struves Leidenschaft galt der quantitative Erfolg des Ersten bei gleichzeitiger Wahrung eines öffentlich-rechtlichen Programmniveaus. Dabei musste er sich von Kritikern immer wieder vorwerfen lassen, dass er den Informationsanteil des Ersten zugunsten der Unterhaltung entkernt habe. Tatsächlich gibt es nur noch wenige auffällige Reportagen und Dokumentationen im Ersten, in der Primetime (20.00 bis 23.00 Uhr) tauchen sie fast gar nicht mehr auf – und durch eine Anfang 2006 gültige Programmreform wurde die Sendezeit der politischen Magazine zudem von 45 auf 30 Minuten reduziert.

Mitte 2006 schuf die ARD als neue Stabsstelle ein Generalsekretariat, das in Berlin angesiedelt wurde und das alte, 1965 gegründete ARD-Büro in Frankfurt am Main ablöste. Die ARD wurde durch diesen Schritt auch medienpolitisch in der Hauptstadt präsent. Das Generalsekretariat ist dem jeweils amtierenden ARD-Vorsitzenden direkt unterstellt, die Leitung des Generalsekretariats soll den ARD-Vorsitzenden in seiner Arbeit unterstützen. Laut Stellendefinition ist die Leitung des Generalsekretariats verantwortlich für die strategische Positionierung des Senderverbundes und die Interessenvertretung nach außen. Zugleich hat die Person, die das Generalsekretariat leitet, auch den stellvertretenden Vorsitz der ARD-Strategiegruppe. Sie hat zudem das Recht, an Sitzungen aller Kommissionen und Arbeitsgruppen des Senderverbundes teilzunehmen und mitzuwirken. Das gilt auch für Tochterunternehmen der ARD sowie für Sitzungen der Fernsehprogrammkonferenz und der ARD-politisch relevanten Gremien.

Die ARD unterhält weitere Zentraleinrichtungen wie die in Frankfurt am Main ansässige Degeto Film GmbH (für die ARD-Fernsehfilmproduktion, den Rechtehandel mit diesen Filmen und für Produktionsbeteiligungen), das in Potsdam und Frankfurt am Main angesiedelte Deutsche Rundfunkarchiv (DRA) und – zusammen mit dem ZDF – die ARD/ZDF-Medienakademie (2007 hervorgegangen aus der Zentralen Fortbildung der Programm-Mitarbeiter/ZFP). Außerdem ist die ARD beteiligt am in Köln ansässigen ›ARD ZDF Deutschlandradio Beitragsservice‹, der laut dem neuesten Rundfunkbeitragsstaatsvertrag für den Einzug des Rundfunkbeiträge zuständig ist und im Januar 2013 an die Stelle der vorherigen Gebühreneinzugszentrale (GEZ) trat. Die Redaktion ARD-aktuell hat ihren Sitz beim NDR in Hamburg; mit rund 200 Mitarbeitern erstellt sie die aktuellen TV-Nachrichtensendungen (*Tagesschau*, *Tagesthemen*, *Nachtmagazin*, *Wochenspiegel*). Ansonsten gilt bei der ARD das föderale Prinzip. Federführung haben bei senderübergreifenden Projekten jeweils einzelne Landesrundfunkanstalten, etwa bei Übertragungen großer Sportereignisse.

Die Fernseh- und Radioprogramme der ARD waren und sind ein wesentlicher kultureller und gesellschaftlicher Faktor in der Geschichte der Bundesrepublik. Nationale Wirkungen erzielten ab den 1960er-Jahren Politikmagazine wie *Panorama*, vom NDR nach BBC-Vorbild geschaffen, oder *Monitor* vom WDR, zeitkritische Fernsehspiele von Regisseuren wie Egon Monk, Peter Beauvais, Eberhard Fechner oder Heinrich Breloer, die »Stuttgarter Schule« des dokumentarischen Fernsehens, Unterhaltungssendungen mit Hans-Joachim Kulenkampff und Rudi Carrell. Da sich der öffentlich-rechtliche Rundfunk in den 1950er-Jahren in vielen Redaktionen zu einem Sammelplatz der kritischen Intelligenz entwickelt hatte, galt der ARD-Verbund schon für die seinerzeitige Adenauer-Administration als suspekt und linkslastig. Ende der 1950er-Jahre versuchte Kanzler Konrad Adenauer (CDU), mit dem Projekt eines »Freien Fernsehens«, einer Mischung aus Staats- und kommerziellem TV, das ARD-»Monopol« zu brechen. Mit dem sogenannten »Fernsehurteil« stoppte das Bundesverfassungsgericht 1961 die Adenauer-Pläne. Vom Juni 1961 bis Ende März 1963 wurde täglich etwa 150 Minuten lang ein zweites ARD-Programm ausgestrahlt, bis am 1. April 1963 das ZWEITE DEUTSCHE FERNSEHEN (ZDF) in Mainz als zusätzlicher bundesweiter Sender seinen Programmbetrieb aufnahm. Am 22. September 1964 startete der BAYERISCHE RUNDFUNK ein bildungs- und kulturorientiertes Drittes Fernsehprogramm. Diesem Modell folgten schrittweise alle ARD-Landesrundfunkanstalten. Ein gemeinsames Drittes Programm veranstalteten der NDR und RADIO BREMEN sowie zum Teil der SWR und der SAARLÄNDISCHE RUNDFUNK. Inzwischen sind diese Dritten Programme überwiegend regional und kaum noch bildungsorientiert ausgerichtet. Der BAYERISCHE RUNDFUNK startete im Januar 1998 den Bildungsfernsehkanal BR-ALPHA, der Ende Juni 2014 in ARD-ALPHA umbenannt wurde.

Im Verlauf des Bundestagswahlkampfs 1976 wurde dem ARD-Fernsehen seitens der CDU/CSU (im Verbund mit der publizistikwissenschaftlichen »Mainzer Schule« der Demoskopin Elisabeth Noelle-Neumann) vorgeworfen, die Wahlen zum Nachteil der Unionsparteien beeinflusst zu haben. Danach nahm der politische Druck auf die ARD, deutlich sichtbar im Einfluss auf wichtige Personalentscheidungen, ständig zu. Unter der Ägide von Bundeskanzler Helmut Kohl und des seinerzeitigen Postministers Christian Schwarz-Schilling (beide CDU) wurden seit 1984 auch in der Bundesrepublik private Fernseh- und Hörfunkangebote zugelassen. Wie sich zeigen sollte, tangierte diese Entwicklung nachhaltig das Selbstverständnis des öffentlich-rechtlichen Rundfunks. Trotz großzügiger Finanzausstattung sah sich das ARD-Management, auf die neuen Marktverhältnisse nur unzureichend vorbereitet und politisch, ökonomisch und medienkulturell bedroht.

Im Januar 1995 schlugen die Ministerpräsidenten Sachsens und Bayerns, Kurt Biedenkopf (CDU) und Edmund Stoiber (CSU), in einem Aufsehen erregenden Papier die Abschaffung des Ersten Deutschen Fernsehens und eine Reduktion der ARD auf größere Landessender mit nur noch Regionalfernseh- und Hörfunkprogrammen vor, falls die ARD nicht intensive Rationalisierungsmaßnahmen einleite. Die ARD kam den Forderungen nach.

Aus den bis dahin elf Landesrundfunkanstalten wurden neun. 1998 wurden der SÜDWESTFUNK (SWF) und der SÜDDEUTSCHE RUNDFUNK (SDR) zum SÜDWESTRUNDFUNK (SWR) zusammengelegt; am 1. Mai 2003 entstand aus der Fusion von SENDER FREIES BERLIN (SFB) und dem OSTDEUTSCHEN RUNDFUNK BRANDENBURG (ORB) die neue Zwei-Länder-Anstalt RUNDFUNK BERLIN-BRANDENBURG (RBB). Politische Angriffe auf die Existenz und Grundstruktur der ARD fanden danach nicht mehr statt.

Seit der öffentlich-rechtliche Rundfunk ab 2006/07 seine Angebote verstärkt auch via Internet zugänglich macht, steht die ARD (wie auch das ZDF) im Zentrum heftiger Kritik vor allem seitens der Verleger, die hier eine Wettbewerbsverzerrung sehen. Sie fordern, dem gebührenfinanzierten Rundfunk müssten für sein Online-Engagement deutliche Grenzen gesetzt werden, da ansonsten das privatwirtschaftliche Geschäftsfeld der Verlage in seiner Existenz bedroht sei.

In der Folge wurden der ARD per Rundfunkstaatsvertrag sogenannte ›Drei-Stufen-Tests‹ vorgeschrieben. Mit diesen aufwendigen Prüfverfahren mussten bis Ende August 2010 alle bereits bestehenden Online-Angebote der öffentlich-rechtlichen Sender geprüft werden. Die ARD hatte anschließend rund 35 Drei-Stufen-Tests zu absolvieren. Dies geschah unter der Verantwortung der Rundfunkräte der Landesrundfunkanstalten, wobei die Gremien in großem Umfang kostenpflichtige Prüfaufträge an externe Gutachter vergaben. Bis auf ein Verfahren beim NDR, das etwas später beendet wurde, wurden alle Verfahren bis Juli 2010 abgeschlossen. Ein Ergebnis war zwar, dass die ARD nach eigenen Angaben über 100.000 einzelne Dokumente aus dem Internet löschen musste; doch am Ende wurden im Grundsatz sämtliche bestehenden Online-Angebote der ARD relativ problemlos genehmigt. Das wurde von Kritikern zwar als bescheidenes Ergebnis eines fast megaloman anmutenden bürokratischen Verfahrens bezeichnet, seither aber stehen die Telemedien-Aktivitäten der öffentlich-rechtlichen Sender auf rechtlich gesichertem Boden.

MANAGEMENT

Die Stelleninhaber bei der ARD sind fast ausschließlich durch Hausberufungen auf ihre Posten gelangt. Der Umbruch des deutschen Fernsehmarkts in den 1980er-Jahren führte eher zu hoheitlichen Deklamationen und Wagenburg-Mentalitäten als zu einer handlungsorientierten

Selbstreflexion. Der Abbau des aufgeblähten ARD-Verwaltungsapparats wurde nur zögerlich angegangen. Ebenso langsam setzte sich ein Bewusstsein für Marketing und Public Relations durch. ARD-Führungspositionen wurden bisher in der Regel nach politischer Couleur und interner Bewährung vergeben. Die erste Frau an der Spitze einer Intendanz wurde erst 2003 Dagmar Reim (RBB), die erste ARD-Vorsitzende überhaupt war im Jahr 2010 Monika Piel. Regelmäßig wird auch anlässlich der Besetzung von Intendanten-Posten die Verflechtung von Politik und öffentlich-rechtlichem Rundfunk diskutiert – insbesondere als mit CDU-Mitglied und Merkel-Sprecher Ulrich Wilhelm 2010 der BR-Intendant direkt aus dem Umfeld der Bundesregierung rekrutiert wurde.

Die Diskussion über zu viel Nähe von Politik und ARD flammte erneut auf mit der Ernennung von Christine Strobl zur neuen Programmdirektorin, da sie ebenfalls CDU-Mitglied, Tochter von Wolfgang Schäuble und Ehefrau des Baden-Württembergischen Innenministers ist. Strobl war zuvor Chefin der ARD-Tochtergesellschaft Degeto, die sie aus der wirtschaftlichen Krise führte und deren internationales Profil sie dank Produktionen wie *Babylon Berlin* schärfte.

GESCHÄFTSFELDER

Fernsehen: Für ihre Informationsberichterstattung verfügt die ARD über das größte Auslandskorrespondentennetz der Welt (rund 90 Korrespondenten in über 30 Metropolen), die dem Ersten und auch den Dritten Programmen für ihre Informationssendungen zuarbeiten. Führende Marken der ARD sind die Nachrichtensendungen *Tagesschau* und *Tagesthemen*. Außerdem zählen die Krimireihe *Tatort*, die ARD-*Sportschau* mit Zusammenfassungen von der Fußball-Bundesliga, abendliche Serien wie *In aller Freundschaft* oder *Um Himmels Willen* zu den bekannten Marken im Ersten.

Mehr als alle anderen Sender hatte die ARD in den vergangenen Jahren versucht, sich mit Talkshows zu profilieren. An den verschiedenen Wochentagen sind im Ersten nach zwischenzeitlich fünf abendlichen Talkformaten – was vielfach als Überangebot kritisiert wurde – mittlerweile nur noch drei im Programm: *Anne Will* am Sonntag, *Hart aber fair* mit Frank Plasberg am Montag und am Dienstag *Maischberger. Die Woche*.

Dritte Programme: Die Dritten Programme sind in den 1980er-Jahren sukzessive zu Vollprogrammen ausgebaut worden, die meisten werden über Kabel und Satellit und mittlerweile zusätzlich im Internet auch bundesweit verbreitet. Ihren ursprünglichen Charakter als Experimentierfeld und formelle Bildungsinstitutionen haben die Dritten nahezu vollständig verloren. In den zurückliegenden Jahren haben sie dafür das Regionale als ihre eigentliche Stärke entdeckt, die ihnen hervorragende Einschaltquoten garantiert. Zum Teil werden die Dritten Programme auch als Experimentierfläche für neue Formate genutzt, die im Erfolgsfall ins Erste Programm wechseln können.

Sonder-TV-Engagements: Ihren 1986 gestarteten Kulturfernsehkanal EINS PLUS gab die ARD Ende November 1993 auf und beteiligte sich stattdessen mit 30 Prozent am von ZDF, ORF (Österreich) und SRG (Schweiz) betriebenen Gemeinschaftsprojekt 3SAT, dem internationalen deutschsprachigen Kulturfernsehen. Seit 1992 ist die ARD zudem mit 25 Prozent am in Straßburg angesiedelten deutsch-französischen Kulturfernsehkanal ARTE beteiligt (ZDF: ebenfalls 25 %, ARTE FRANCE: 50 %). 1997 starteten die beiden öffentlich-rechtlichen Spartenfernsehprogramme PHOENIX und KIKA. PHOENIX ist ein sogenannter ›Ereignis- und Dokumentationskanal‹ und hat seinen Sitz in Bonn. Beim KIKA handelt es sich um den unter MDR-Federführung in Erfurt angesiedelten Kinderkanal. An diesen beiden Sendern sind ARD und ZDF mit je 50 Prozent beteiligt. Hinzu kommen zwei Spartenprogramme: die Sender TAGESSCHAU24 und ONE.

Radio: Die neun ARD-Landesrundfunkanstalten betreiben über 60 Hörfunkprogramme.

Internet: Nach langen Verhandlungen gab es im Oktober 2015 von den Ministerpräsidenten der Länder grünes Licht für ein völlig neues öffentlich-rechtliches Online-Jugendangebot, das die ARD gemeinsam mit dem ZDF veranstaltet. Das neue Angebot, das auf die Zielgruppe der 14- bis 29-Jährigen ausgerichtet ist, startete unter dem Namen »Funk« am 1. Oktober 2016. Die Beiträge, die für Funk produziert werden, sind über die eigene Website abrufbar (www.funk.net), werden aber insbesondere auch auf viel genutzten Plattformen wie YouTube, Facebook oder Instagram verbreitet. Funks Budget von rund 45 Millionen Euro jährlich wird zu zwei Dritteln von der ARD und zu einem Drittel vom ZDF finanziert.

AKTUELLE ENTWICKLUNGEN

Im Frühjahr 2018 war mit dem WDR die größte ARD-Anstalt von »#MeToo«-Vorwürfen betroffen, also Vorwürfen sexueller Belästigung. WDR-Intendant Tom Buhrow beauftragte daraufhin Monika Wulf-Mathies, früher unter anderem EU-Kommissarin und Vorsitzende der Gewerkschaft Öffentliche Dienste, Transport und Verkehr (ÖTV), als externe Prüferin. Intendant Tom Buhrow räumte daraufhin ein, dass es Vorwürfe gegen rund ein Dutzend Mitarbeiter gegeben hat und versprach als Konsequenz zukünftig noch stärker auf ein »diskriminierungsfreies und respektvolles Arbeitsklima« zu achten.

2019 geriet ein sogenanntes Framing-Papier der ARD an die Öffentlichkeit. In dem 89-seitigen Papier mit dem Titel *Framing-Manual – Unser gemeinsamer, freier Rundfunk* ARD wurden von der Sprachwissenschaflerin Elisabeth Wehling unter anderem Vorschläge dazu gemacht, wie sich die Vorzüge des öffentlich-rechtlichen Rundfunks in eine überzeugende und akzeptablere Sprache fassen ließen – etwa mit Formulierungen wie »Unser gemeinsamer, freier Rundfunk ARD«. Wenig überraschend löste das Framing-Papier eine öffentliche Debatte aus, bei der die ARD unter Druck geriet. So wurde der ARD vorgeworfen, mit dem Papier Mitarbeitern eine Anleitung dafür zu geben, wie sich Debatten über den öffentlich-rechtlichen Rundfunk manipulieren ließen.

Programmgestalterisch fiel die Anstalt indes zuletzt dadurch auf, dass sie, mit Kalkulation auf mehr Quotenerfolg, am Vorabend den Anteil an Quizsendungen noch weiter ausbaute, sie teilweise als mehrstündige Samstagabendshow sendete (etwa *Wer weiß denn sowas?* XXL) und im Abendprogramm noch mehr Krimiformate einführte, insbesondere Tourismusort-Krimis am Donnerstagabend wie *Der Athen-Krimi*, *Der Amsterdam-Krimi* oder *Der Barcelona-Krimi*.

Im Sektor der Premium-Serien, der – ausgelöst durch den US-amerikanischen Streaminganbieter Netflix – seit fünf Jahren einen Boom erlebt, blieb die ARD bisher wenig auffällig. Sie war in diesem Bereich insbesondere mit der DDR-Familiensaga *Weissensee* (vier Staffeln, 2010, 2013, 2015, 2018) und der historischen Krankenhausserie *Charité* präsent (bisher drei Staffeln; 2017, 2019, 2021) und mit der auf den Romanen von Volker Kutscher beruhenden, auch international erfolreichen Kriminalserie *Babylon Berlin*, die in Kooperation mit dem Pay-TV-Sender SKY entstand, der das

Recht erhielt, die Staffeln der Serie jeweils mit rund einjährigem Vorlauf erstauszustrahlen.

Im Bereich Dokumentation/Reportage gibt es im Ersten in der Sendezeit nach 20.00 Uhr nur noch einen einzigen Abend mit festen Terminen: Es ist der Montagabend mit den Reihen *Die Story im Ersten* (22.45 bis 23.30 Uhr) und *Geschichte im Ersten* (23.30 bis 0.15 Uhr). 90-minütige Dokumentarfilme sind im Ersten Programm eine Seltenheit geworden. Sie laufen nur noch sechs- bis achtmal pro Jahr, und zwar abends im Sommer, wenn die Talkshows pausieren und dadurch Sendeplätze frei sind.

35.

S&P Global

Umsatz 2020: 7,442 Mrd. USD (6,515 Mrd. EUR)

ÜBERBLICK

S&P Global (vorher McGraw-Hill) ist tätig im Bereich Finanzinformationen (»ratings, benchmarks, analytics«) für die Kapital- und Rohstoffmärkte. Herzstück des Konzerns ist die international bekannte Ratingagentur »Standard & Poor's«.

BASISDATEN

Hauptsitz:
55 Water Street
New York, NY 10041
USA
Telefon: 001 212 438 1000
Website: investor.spglobal.com

Branche: Fachinformationen, Finanzdienstleister, Marketing, Rating-Agenturen
Rechtsform: Aktiengesellschaft
Geschäftsjahr: 01.01. - 31.12.
Gründungsjahr: 1888 (1919 McGraw-Hill Publishing Company)

ÖKONOMISCHE BASISDATEN

	2020	2019	2018	2017	2016	2015	2014
Umsatz (in Mio. USD)	7.442	6.699	6.258	6.063	5.661	5.313	5.051
Gewinn (Verlust) (in Mio. USD)	2.830	2.123	1.958	1,496	2,106	1.156	(13)
Aktienkurs (USD, Jahresende)	327,3	276,91	172,26	175,70	107,54	98,58	88,66
Beschäftigte	23.000	22.500	21.200	20.400	20.000	20.400	17.000

MANAGEMENT

Douglas L. Peterson	President & CEO
John L. Berisford	President, S&P Global Ratings
Ewout Steenbergen	Executive Vice President, CFO
Martina L. Cheung	Executive Managing Director, Global Risk Services, S&P Global Market Intelligence
Dan Draper	CEO, S&P Dow Jones Indices
Courtney Geduldig	Chief Public and Government Affairs Officer
Steve Kemps	Executive Vice President, General Counsel
Swamy Kocherlakota	Executive Vice President, Chief Information Officer
Nancy Luquette	Executive Vice President, Chief Risk Officer
Dimitra Manis	Executive Vice President, Chief People Officer
Saugata Saha	President
Ashu Suyash	Managing Director and Chief Executive Officer, CRISIL

AUFSICHTSRAT

Richard E. Thornburgh	Credit Suisse Holdings
Marco Alverà	Snam S.p.A.
William J. Amelio	Avnet, Inc.
William D. Green	
Stephanie C. Hill	Lockheed Martin
Rebecca Jacoby	
Monique F. Leroux	Investissement Québec
Ian Livingston	Dixons Carphone
Maria R. Morris	

Douglas L. Peterson	S&P Global
Edward B. Rust, Jr.	State Farm Mutual Automobile Insurance Company
Kurt L. Schmoke	University of Baltimore

GESCHICHTE

Das S&P Global-Vorgängerunternehmen hieß McGraw-Hill, seine Geschichte begann auf dem Höhepunkt des Eisenbahnzeitalters. 1888 hatte James H. McGraw das *American Journal of Railway Appliances* gekauft und danach John A. Hill getroffen, Redakteur beim *Locomotive Engineer*. Beide bauten nach und nach eigene Verlage für Ingenieur-Zeitschriften auf. 1909 legten sie ihre Buchsparten zusammen, nach dem Tod von John A. Hill wurden 1917 auch die anderen Unternehmensbereiche in der McGraw-Hill Publishing Company zusammengefasst. 1929 ging man an die Börse und gründete das Wirtschaftsmagazin *Business Week*. Weitere Fachzeitschriften aus den Bereichen Industrie, Verkehr und Gesundheit kamen dazu.

Nach dem Zweiten Weltkrieg weitete McGraw-Hill das Lehrbuch-Segment aus. Neben den etablierten Reihen für College-Studenten wurden jetzt auch Schulbücher für Grund- und weiterführende Schulen aus allen Unterrichtsbereichen publiziert. 1966 stieg McGraw-Hill mit dem Kauf der Rating-Agentur Standard & Poor's in den Bereich Business-Information und Analyse ein. Eine heikle Episode ergab sich 1970, als ein unbekannter Autor einem der McGraw-Hill-Buchverlage eine angeblich autorisierte Biografie des im Sterben liegenden, exzentrischen und zurückgezogen lebenden Milliardärs Howard Hughes anbot. Das Buch war eine Fälschung, Hughes erschien aus der Versenkung und klagte gegen Verlag und den Autor, der zu 30 Monaten Gefängnis verurteilt wurde.

1972 expandierte McGraw-Hill in elektronische Medien, als man Fernsehstationen u.a. in San Diego, Indianapolis und Denver kaufte. 1995 dann die Umstrukturierung in die drei Geschäftsbereiche Education, Financial Services und Information & Media Services, 1996 lag der Umsatz bereits bei über drei Milliarden Dollar. Nach einem »familienfremden« Interregnum von 1988-1998 führte mit Harold McGraw III bis 2013 der Nachkomme einer der Firmengründer das Verlagsimperium.

Auch an McGraw-Hill ging die Weltfinanzkrise ab 2007 nicht spurlos vorüber. »An 2008 wird man sich lange als eines der schwierigsten Jahre für unser Land, unsere Wirtschaft – und unser Unternehmen erinnern«, schrieb Harold McGraw III im Jahresbericht, der Anfang 2009 erschien. Der Umsatz ging um 6,2 Prozent auf 6,36 Milliarden US-Dollar zurück, der Gewinn brach sogar um über ein Fünftel auf 799,5 Millionen Dollar ein. Weitaus größer jedoch war der volkswirtschaftliche Schaden und der Imageverlust von McGraw-Hill. Denn die Ratingagentur war mit ihren übertrieben positiven Bewertungen der hypothekenbesicherten Wertpapiere einer der Hauptakteure, die die Immobilienblase schließlich zum Platzen brachten. Das US-Justizministerium verklagte daraufhin McGraw-Hill im Namen von 19 Bundesstaaten; schließlich einigte man sich auf die Strafzahlung von 1,4 Milliarden Dollar, die Behörde stellte im Gegenzug ihre Ermittlungen ein. Harold McGraw III räumte Fehler ein, verteidigte aber das Vorgehen seines Unternehmens: »Es ist nur ein schwacher Trost, dass beinahe alle Marktteilnehmer – Banken, Rating-Agenturen, Hausbesitzer, Regulierungsbehörden und Investoren – den anhaltenden Verfall des US-Immobilien- und Hypothekenmarktes nicht vorhergesehen haben«, so der Konzernchef.

2009 gab man die seit Jahren defizitäre Gründungspublikation (von 1929) *BusinessWeek* an Bloomberg ab; 2011 verkaufte McGraw-Hill die gesamte TV-Sender-Gruppe an die E. W. Scripps Company; 2012 ging die Bildungssparte »McGraw-Hill Education« an den Finanzinvestor Apollo Global, damit auch die Reste des klassischen Mediengeschäfts. Dann erfolgten zwei Namensänderungen, zunächst 2013 in ›McGraw-Hill Financial‹, im April 2016 schließlich in ›S&P Global‹.

MANAGEMENT

2011 kam Douglas Peterson in die Firma als Präsident der Standard & Poor's Rating Services, 2013 wurde er zum CEO der gesamten McGraw-Hill-Gruppe ernannt. Zuvor hatte er bei der japanischen Tochter der Citigroup gearbeitet, wo er sich durch erfolgreiches Krisenmanagement ausgezeichnet hatte, als die japanische Regierung 2004 CitiBank wegen unlauterer Tradingpraktiken untersuchte. Petersons Hauptaufgabe besteht weiterhin darin, das ramponierte Image der Ratingagentur zu reparieren (dass S&P 2011 zum ersten Mal in seiner Geschichte die Kreditwürdigkeit der USA herabstufte, war für das Verhältnis mit Washington auch nicht hilfreich). Die Kriterien und Methoden müssen verfeinert und aktualisiert werden, damit sich die Fehleinschätzungen von vor 2008 nicht wiederholen. Peterson befindet sich in einem ständigen PR-Gefecht mit Wirtschaftsjournalisten, Politikern und Verbraucherschützern, die zunehmend den Nutzen und Mehrwert von Ratingagenturen infrage stellen.

GESCHÄFTSBEREICHE

Das Geschäft von S&P Global wird in vier Bereiche geteilt:

S&P Global Ratings betreibt Büros in über 25 Ländern und versorgt Investoren und andere Marktteilnehmer mit Finanzinformationen und Beurteilungen zur Kreditwürdigkeit. CRISIL, Teil des Ratingsegments, hat 2018 die Datenanalysefirmen Pragmatix Services Private und Panjiva, Kensho Technologies und RateWatch gekauft.

S&P Global Market Intelligence bietet Finanzdienstleistungen u. a. für Investoren, Regierungen, Verbände und Universitäten.

S&P Global Platts ist ein Anbieter von Finanzinformationen für die Rohstoff- und Energiemärkte.

S&P Dow Jones Indices publiziert mehrere Aktienindizes, mit denen Lizenz- und Abonnementgebühren erlöst werden. Darunter mit dem S&P 500, der die Aktien von 500 der größten US-Unternehmen beobachtet, einen der weltweit wichtigsten Aktienindizes.

AKTUELLE ENTWICKLUNGEN

In Zuge des aktuellen Aktienbooms gelten Indexanbieter mittlerweile als Gelddruckmaschinen und ihre Kurse sind durch die Decke gegangen, auch der von S&P. Investoren, Fonds und Bänker sind nicht zuletzt aufgrund der fortschreitenden Digitalisierung bei ihren Investitionsentscheidungen auf sie angewiesen. Gleichzeitig wächst, zum Beispiel vom europäischen Fondsverband, die Kritik an der fehlenden Transparenz und den erhöhten Bezugspreisen der Finanzdatenkonzerne. Auch andere Industrienationen wie etwa die USA, deren Kreditwürdigkeit während der Obama-Administration auf Basis einer fehlerhaften Prognose durchaus umstritten auf nur noch ein AA-Niveau herabgestuft wurde, beklagen den Einfluss von S&P.

Doch der drohende Regulierungsdruck scheint das Unternehmen nicht zu kümmern und es will seine Marktmacht noch weiter ausbauen. In der zweiten Hälfte von 2021 wird S&P im Rahmen eines 44 Milliarden Dollar schweren Aktientauschs seinen Londoner Konkurrenten IHS Markit schlucken. S&P würde damit auf einen Schlag auf einen jährlichen Umsatz von rund 10,5 Milliarden Dollar und eine Belegschaft von 36.000 Personen kommen und sich zudem neue Datenexpertise für die Bereiche Auto, Schifffahrt, Rüstung und Energie ins Haus holen.

36.

Verizon Media

Umsatz 2020: 7,000 Mrd. USD (6,129 Mrd. EUR)

ÜBERBLICK

Verizon Communications ist ein US-Telekommunikationskonzern, neben AT&T und den fusionierten T-Mobile und Sprint einer der drei großen mobile carriers in den USA. Die Tochter Verizon Media, zuvor (bis zum 31.12.2018) Oath, fungiert als Dachgesellschaft für Medien- und Online-Anbieter. Über 50 Medienunternehmen, z. B. die Internetdienstanbieter AOL und Yahoo!, Namen aus der Frühzeit des Internet.

Zur Einordnung von Verizon in das IfM-Ranking beziehen wir uns auf die im Verizon-Jahresbericht genannten Umsatzzahlen für Verizon Media und addieren die Umsätze für das unter dem »Fios«-Brand vermarktete Internet-, Streaming-, Gaming- und TV-Angebot (mit über 425 Sendern). Über Glasfaser in neun US-Staaten an über vier Millionen Kunden.

BASISDATEN

Hauptsitz:
1095 Avenue of the Americas
New York, NY 10036, USA
Telefon: 001 212 3951000
Websites: verizon.com/about/investors, verizonmedia.com

Branche: Internet-Portale, Fernsehen, Internet
Rechtsform: Aktiengesellschaft
Geschäftsjahr: 01.01.-31.12.
Gründungsjahr: 2000 (Verizon), 2019 (Verizon Media)

ÖKONOMISCHE BASISDATEN

	2020	2019	2018	2017	2016	2015
Umsatz Verizon Communications (in Mio. USD)	128.292	131.868	130.862	126.034	125.980	131.620
Umsatz Verizon Media (in Mio. USD)	7.000	7.500	7.700*	6.000*	3.194**	n/a
Umsatz Fios (in Mio. USD)	12.139	12.142	11.939	11.691	11.200	13.800
Gewinn Verizon Communications (in Mio. USD)	18.348	19.265	15.528	30.101	13.127	17.879
Aktienkurs (in USD, Jahresende)	57,51	60,40	56,36	52,48	53,38	46,22
Beschäftigte	132.200	135.000	144.500	155.400	160.900	177.700

* Oath (Juni 2017 bis Dezember 2018)
** Verizon Digital Media

GESCHÄFTSFÜHRUNG

Hans Vestberg	Chairman & CEO Verizon
K. Guru Gowrappan	EVP and Group CEO, Verizon Media
Julie Jacobs	General Counsel
Iván Markman	Revenue and Marketing
Andy Nebens	Human Resources
Rathi Murthy	Global Technology Strategy
Joanna Lambert	Consumer Business
Michael Albers	Consumer Product Management
Andrea Wasserman	Commerce Division
Kelly Hirano	Global Engineering
Ramcess Jean-Louis, Esq.	Diversity and Inclusion
Monica Mijaleski	Finance Operations
Aengus McClean	Chief Technology Officer

GESCHICHTE

Verizon Media vereint Teile von vier mehr oder weniger bekannten Internetkonzernen: Verizon, AOL, Yahoo und Oath.

Verizon geht zurück auf Bell Atlantic, eine der regionalen Telefongesellschaften der sieben »Baby Bells«, die 1984 entstanden, als das US-Justizministerium die Aufspaltung des AT&T-Telefonmonopols (»Ma Bell«) verordnete. Nach dem Kauf des Telekom-Unternehmens GTE im Jahr 2000 entstand »Verizon«, ein sogenanntes ›Kofferwort‹ aus *veritas* und *horizon*. Die Mobilfunksparte »Verizon Wireless« ist heute nach AT&T Mobility mit rund 119 Millionen Kunden der zweitgrößte Wireless Provider der USA.

AOL, 1983 als Control Video Corporation gegründet, verschob Ende der 1980er-Jahre den Fokus auf Internetzugangssoftware. Nach der Umbenennung in »America Online« veröffentlichte das Unternehmen 1989 erstmals die gleichnamige Software für DOS und Windows. In den ersten Jahren wurde die Internetnutzung von America Online stündlich abgerechnet, erst 1996 wurde eine monatliche Flatrate von knapp 20 Dollar eingeführt. AOL, das seine auf CD-Roms gebrannte Software millionenfach unter die Leute brachte, wurde zum Synonym für Internetzugang. Die Anzahl der weltweiten AOL-User stieg von 10 Millionen 1995 auf 35 Millionen 2002.

Der Erfolg machte AOL zu einem Übernahmekandidaten für die Medienkonzerne der Old Economy. Der damalige Time-Warner-Chef Jerry Levin kündigte 2000 an, sein Unternehmen mit AOL verschmelzen zu wollen. Ein Jahr später kam es dann zu der Fusion, die de facto eine Übernahme von Time Warner durch AOL darstellte: 55 Prozent der Anteile an AOL Time Warner hielten AOL-Aktionäre, obwohl Time Warner mit einem damaligen Umsatz von 27 Milliarden neun mal so groß war. Es dauerte nicht lange bis klar wurde, dass AOL und Time Warner nicht zusammenpassten. Vor allem, weil die Fusion genau in die Zeit vor dem Zerplatzen der Dot.com-Blase fiel, die den Aktienwert des Unternehmens von 225 auf 20 Milliarden reduzierte.

2009 wurde AOL aus dem Time-Warner-Imperium ausgegliedert und positionierte sich als digitales Medienunternehmen. Neuer CEO wurde der ehemalige Google-Manager Tim Armstrong, der gleich das von ihm gegründete Regional-News-Portal Patch kaufte. Patch war zwei Jahre lang neben dem Technologie-Blog TechCrunch Kernstück des neuen AOL.

Dies änderte sich im Februar 2011, als es Armstrong gelang, das internationale Blog-Netzwerk *Huffington Post* für 315 Millionen Dollar zu kaufen und Gründerin Ariana Huffington zur Medienchefin von AOL zu machen.

Aufgrund der *HuffPo*-Übernahme sowie des Kaufs der Video-Werbeplattform Adapt.tv konnte AOL seine Stellung auf dem Display-Werbemarkt signifikant verbessern. 2015 – Patch war inzwischen schon wieder verkauft worden – wurde das Unternehmen erneut zum Übernahmekandidaten. Den Zuschlag erhielt schließlich Verizon für 4,4 Milliarden Dollar.

Yahoo!: 1994 programmierten die Studenten Jerry Yang und David Filo in Stanford eine Website mit dem Namen *Jerry's Guide To The World Wide Web*, ein hierarchisch angelegtes Verzeichnis anderer Websites. Die beiden wussten, dass es innerhalb der Internet-Community großen Bedarf gab, einen Ort online zu haben, um geeignete Websites zu finden. Yang und Filo entwickelten also eine Navigationshilfe, um den rasant wachsenden Webkatalog in Kategorien zu ordnen. Drei Monate später wurde *Jerry's Guide* in »Yahoo!« umbenannt, bald verzeichnete die neue Suchmaschine eine Million Anfragen von über 100.000 Benutzern. 1995 wurde Yahoo! gegründet und in eine AG umgewandelt. Mitte August 1995 begann man, Anzeigen auf der Internetseite zu platzieren. 1996 ging Yahoo! an die Börse, Yang und Filo wurden über Nacht zu Multimillionären.

Nach dem Börsengang wurde Yahoo! von einer bloßen Suchmaschine in ein Web-Portal umgewandelt. Nach sechs erfolgreichen Jahren geriet Yahoo! 2001 jedoch in seine erste Krise. Andere Internet-Dienstleister und Web-Portale, insbesondere Google, drängten in das von Yahoo! besetzte Marktsegment der Online-Suche ein. War Anfang 2000 eine Yahoo!-Aktie noch 235 US-Dollar wert, sank der Wert im August 2001 auf 11 Dollar. Zu erwähnen ist aber auch die Milliarden-Investition beim chinesischen Online-Händler Alibaba. Der Wert der Alibaba-Anteile sollte sich in den nächsten zehn Jahren vervielfachen und sogar letzlich den Wert von Yahoo! übersteigen.

Im Februar 2008 gab es das viel beachtete Übernahmeangebot von Microsoft, 45 Milliarden US-Dollar schwer. Wozu es aber letztlich nicht kam, denn Yahoo!-Gründer Jerry Yang setzte sich gegen den Aufkauf seines Unternehmens ein. Nach mäßigen Geschäftsergebnissen und einem Abgang von Führungskräften wurde Carol Bartz, Yangs Nachfolgerin an der Spitze von Yahoo!, im September 2011 nach nur anderthalb Jahren entlassen. Die stagnierende wirtschaftliche Situation hatte Yahoo!

inzwischen zu einem Übernahmekandidaten gemacht. Dann wurde Bartz' Nachfolger Scott Thomson Anfang 2012 entlassen, weil er seinen Lebenslauf manipuliert und einen Abschluss in Computerwissenschaft vorgetäuscht hatte. Nachfolgerin wurde die ehemalige Google-Führungskraft Marissa Meyer. Doch die Vorschusslorbeeren halfen nicht: Nach vier Jahren, in den Mayer unter anderem durch Zukäufe (z.B. tumblr) und eigenproduzierte TV-Serien (wie *Community*) vergeblich versucht hatte, das Blatt zu wenden, wurde Yahoo! im Frühjahr 2016 offiziell zum Verkauf angeboten.

Oath: Im Mai 2015 stieg der Telekomriese Verizon ins Geschäft mit Medien und Inhalten ein und kaufte AOL für 4,4 Milliarden USD. Im Jahr darauf wurde Verizons Interesse bekannt, auch Yahoo! zu übernehmen. Dadurch versprach man sich Mehreinnahmen mit dem Einstieg in den Online-Video-Werbemarkt. Zwei Monate, bevor der Yahoo!-Deal dann am 13.6.2017 abgeschlossen wurde (Kaufpreis: 4,48 Milliarden Dollar), kündigte Verizon außerdem an, AOL und Yahoo! unter der Dachmarke mit Namen ›Oath‹ zusammenzufassen. Ein seltsamer Name, der im Netz entsprechend kommentiert wurde (»Is »Oath« Yahoo or AOL? Boath.«).

Doch lange sollte das Konstrukt in der Form nicht Bestand haben. Anderthalb Jahre nach der Gründung folgte das *un-rebranding*. Im Dezember 2018 musste Verizon wegen der schlechten Performance seiner Online-Assets 4,6 Milliarden Dollar an Wert abschreiben, der Einstieg in den Internet-Werbemarkt war fehlgeschlagen, die Werbeerlöse blieben weit hinter den Erwartungen zurück. Während Google und Facebook 2018 ungefähr 58 Prozent des *digital ad market* kontrollierten, kam Oath nur auf 3,3 Prozent. 2017 waren es noch 4,1 Prozent gewesen. Und Oath verschwand. Der neue Name seit 2019: Verizon Media.

MANAGEMENT

Im Oktober 2018 wurde Guru Gowrappan CEO von Verizon Media. Er folgte auf Tim Armstrong, der die Fusion von AOL und Yahoo! eingefädelt und bei seinem Abgang ein Abfindung von 60 Millionen Dollar erhalten hatte. Gowrappan war zuvor Global Managing Director von Alibaba, wo er sich auf die internationale Expansion und den E-Commerce konzentrierte. Begonnen hatte er seine Karriere als Mitbegründer von zwei Start-up-Unternehmen in Indien, im Anschluss folgten mehrere

Führungspositionen bei Quixey, Zynga und Overture. Gowrappan wird auch nach dem Verkauf der Mediensparte an Apollo Global Management weiterhin als CEO an Bord bleiben.

GESCHÄFTSFELDER

Verizon Media vereint insgesamt 18 digitale Brands unter einem Dach, darunter neben AOL acht Yahoo!-Portale (Yahoo!, Yahoo! Mail, Yahoo! News, Yahoo! Fantasy, Yahoo! Life, Yahoo! Sports, Yahoo! Entertainment und Yahoo! Finance), die Tech-Magazine *Techcrunch* und *Engadget*, den College Sports News-Dients rivals, autoblog, und die Frauen-affinen Webseiten Makers, Built by Girls und In The Know sowie die App-Analytics-Dienst Flurry. Einige der bekanntesten Marken wurden inzwischen verkauft, darunter die *Huffington Post* (an *Buzzfeed*), Tumblr (an Automattic, den Betreiber der Blog-Plattform WordPress) und flickr (an SmugMug).

AKTUELLE ENTWICKLUNGEN

AOL, Yahoo! und Co. wechseln schon wieder den Besitzer. Für fünf Milliarden Dollar geht Verizons Mediensparte voraussichtlich noch 2021 an die Private-Equity-Gruppe Apollo Global Management; Konzernmutter Verizon behält 10 Prozent, der neue/alte Name der Gruppe wird wieder Yahoo! sein. Es ist der vorläufige Schlusspunkt in einer nicht enden wollenden Odyssee der größten Internetfirmen der 1990er-Jahre, die nun im wesentlichen nur noch Spekulationsobjekte für Finanz-Heuschrecken sind. Traditionelle Medienkonzerne wollen mit den Seiten, die nach wie vor rund 900 Millionen Besucher anziehen, nichts mehr zu tun haben.

Verizons ursprünglicher Plan, mit der Zusammenlegung AOL und Yahoo! in einen datengetriebenen Online-Werberiesen (Oath) zu verwandeln, der es mit Google und Facebook aufnehmen kann, ist spektakulär gescheitert. Künftig will man sich ganz auf das Telekommunikationsgeschäft konzentrieren. Apollo wird nun mit aller Macht versuchen, die diversen umsatzstarken Online-Brands auch profitabel zu machen, um sie irgendwann wieder mit Gewinn zu verkaufen. Eine zentrale Rolle spielt dabei Verizon Medias neues Identifikationstool ConnectID, das als Alternative zu traditionellen Werbe-Cookies entwickelt wurde und auch auf weitere Medienaktivitäten ausgeweitet werden könnte – zum Beispiel auf die Mediensparte des Kabelkonzerns Cox Communication, die sich Apollo ebenfalls einverleibt hat.

37.

Bandai Namco Holdings, Inc.

Umsatz 2020: 740,903 Mrd. JPY (6,080 Mrd. EUR)

ÜBERBLICK

Der japanische Konzern Bandai Namco ging 2005 aus der Fusion der in den 1950er-Jahren gegründeten gleichnamigen Spielzeug- und Videospielfirmen hervor. Dank Games-Marken wie *Pac-Man, Tekken* oder *Dark Souls* und Spielzeug-Lizenzen für weltweit erfolgreiche Anime-Serien wie *Dragon Ball, One Punch Man* oder *Sailor Moon* ist Bandai Namco hinter Sony und Nintendo Japans drittgrößtes Entertainment-Unternehmen.

BASISDATEN

Hauptsitz:
BANDAI NAMCO miraikenkyusho
5-37-8, Shiba, Minato-ku
Tokyo, 108-0014
Japan
Website: www.bandainamco.co.jp

Branche: Videospiele, Spielwaren, TV- und Kinoproduktionen, Vergnügungsparks
Rechtsform: Aktiengesellschaft
Geschäftsjahr: 01.04.-31.03.
Gründungsjahr: 2005

ÖKONOMISCHE BASISDATEN

	2020	2019	2018	2017	2016	2015	2014
Umsatz (in Mio. JPY)	740.903	723.989	732.347	678.312	620.061	575.504	565.486
Gewinn (in Mio. JPY)	48.849	57.665	84.045	75.020	63.238	49.641	56.320
Aktienkurs (in JPY, Jahresende)	8.848	6.447	6.631	4925	3685	3225	2564

MANAGEMENT/VORSTAND

Mitsuaki Taguchi	Chairman & Director
Masaru Kawaguchi	President & Representative Director
Shuji Ohtsu	Director
Yuji Asako	Director
Yasuo Miyakawa	Director
Satoshi Kono	Director
Makoto Asanuma	Director
Hiroshi Kawasaki	Director
Koichi Kawana	Director
Satoko Kuwabara	Director
Mikiharu Noma	Director
Toshio Shimada	Director

GESCHICHTE

Bandai, 1950 gegründet von Naoharu Yamashina, wurde dank Marken wie *Digimon* und *Kamen Rider* und der Entwicklung des ersten Tamagotchi-Handhelds zu einem der weltweit führenden Spielzeug-Unternehmen. Namco (Nakamura Amusement Machine Manufacturing Company), gegründet 1955 von Masaya Nakamura, begann als Hersteller von Reit- und Fahrautomaten für Kinder in Einkaufszentren. 1974 kaufte man die japanische Tochter des US-Computerspiel-Herstellers Atari und stieg ins Arcade-Geschäft ein. Mit seinen bekanntesten Spielen *Pac-Man* und *Galaga* begründete Namco Anfang der 1980er-Jahre den globalen Siegeszug von Video- und Arcadespielen.

Eine Fusion der beiden Unternehmen in 2005 lag auf der Hand: Von der Kombination von Bandais kreativen Franchise-Entwicklungsteams mit der Videospiel-Expertise von Namco versprachen sich beide Unternehmen hohe Synergieeffekte – gerade im Hinblick auf Japans schrumpfende Bevölkerung und die Jahr für Jahr kleiner werdende Anzahl an Kindern und Teenagern.

Im Februar 2009 übernahm Bandai Namco 34 Prozent von Atari Europe und expandierte nach Europa. Ziel war auch eine stärkere Position als Games Publisher. Durch diverse Kooperationen konnte man das Distributionsnetz auf über 50 Länder ausweiten. Aufgrund der dem Mobil-Boom geschuldeten veränderten Nutzungsgewohnheiten verkündete das Unternehmen parallel einen »Restart Plan« und setzte vermehrt auf Social Games und Smartphone-Apps, mit Erfolg.

Konzerneigene Spielklassiker wie *Pac Man* und *Galaga* wurden als »HD remakes« neuaufgelegt, um sie auch auf den Konsolen von Sony, Microsoft und Nintendo zu verwerten. Insbesondere im Handheld-Sektor erwiesen sich die Titel *One Piece Unlimited Cruise*, *Ridge Racer* und *Tales of the Abyss* als Bestseller, und Bandais wertvollste Marke, die Science-Fiction-Serie *Gundam*, wurde in Zusammenarbeit mit dem Social-Gaming-Experten DeNA zu einem Facebook-Hit.

MANAGEMENT

Mitsuaki Taguchi, Präsident und CEO seit April 2018 und zuvor für das Automaten-Geschäft und die Öffentlichkeitsarbeit verantwortlich, wurde im April 2021 vom operativen Geschäft abgezogen und ist jetzt Vorstandsvorsitzender. Neuer CEO wurde Masaru Kawaguchi, der umgehend eine Neustrukturierung des Unternehmens einleitete. Die Grenzen zwischen Bandai und Namco, also zwischen Toys und Games, werden künftig noch weiter verschwimmen. Ähnlich wie die Konkurrenten Konami und Sega will Bandai Namco künftig als vollständig integrierter Entertainment-Konzern wahrgenommen werden.

GESCHÄFTSBEREICHE

Bandai Namco gliedert sich in drei Bereiche:

Die **Entertainment-Sparte** entwickelt und vertreibt lizenzierte Videospiele, Spielzeuge, Musik und Anime-Serien. Bekannte und erfolgreiche

Titel sind die *Dragon Ball*-Reihe, *One Piece, Gundam, Soul Calibur, Ace Combat* oder *Jump Force*. Zudem ist das Unternehmen verstärkt im Esports-Bereich aktiv.

Das **Amusement-Segment** entwickelt und betreibt Spielhallen und Freizeitparks.

Affiliated Business Companies sind diverse Vertriebsnetze und Logistik-Anbieter, die dem Unternehmen beim weltweiten Vertrieb seiner Produkte helfen.

AKTUELLE ENTWICKLUNGEN

Rund 40 Jahre lang konnte man sich bei Bandai Namco auf hohe Gewinne rund um alte Franchises wie *Gundam, Pac-Man* und Co. verlassen. Doch das Management weiß, dass es neue Hits entwickeln und bestehende Marken noch stärker internationalisieren muss, wenn es auch in zehn Jahren noch vorne dabei sein will – etwa durch auf ausländische und speziell den chinesischen Märkt zugeschnittene Storylines und ambitionierte Konsolentitel wie das gemeinsam mit From Software und dem *Game of Thrones*-Schöpfer George R.R. Martin entwickelte Rollenspiel *Elden Ring*.

Das Image von Bandai Namco als seriöser Spieleentwickler bekam – wenn auch weitgehend unverschuldet – jüngst einen ersten Kratzer. Als Vertriebspartner des polnischen Entwicklerstudios CD Project Red brachte man 2020 das extrem gehypte Rollenspiel *Cyberpunk 2077* in 24 europäischen Ländern in die Läden. Das Problem dabei: Der Science-Fiction-Shooter war mit derart vielen Bugs behaftet, dass er insbesondere auf älteren Konsolen schlicht nicht spielbar war und Tausende enttäuschte Spieler ihre Käufe rückgängig machten.

38.

Yomiuri Shimbun Holdings / Nippon Television Holdings, Inc.

Umsatz 2020: 747,335 Mrd. JPY (5,941 Mrd. EUR)

ÜBERBLICK

Die *Yomiuri Shimbun* ist mit einer Morgenauflage von knapp acht Millionen Exemplaren die auflagenstärkste Zeitung der Welt. Sie ist Teil eines in Japan *Keiretsu* genannten gleichnamigen Firmenkonglomerats, das sich, wie man es im japanischen Mediensektor traditionell sieht, durch die enge Bindung privater TV-Networks an eine der großen Tageszeitungen auszeichnet. In diesem Fall ist es die Nippon Television Network Corporation, die mit der *Yomiuri Shimbun* vertikal verbunden ist. Die *keiretsu*-Einzelunternehmen sind rechtlich selbstständig.

BASISDATEN

Hauptsitze:
Yomiuri Shimbun Holdings
1-7-1, Otemachi
Chiyoda-Ku
Tokio 100-0004
Japan
Telefon: 0081 3 3242 1111
Website: info.yomiuri.co.jp/english/index.html
Nippon Television Holdings
1-6-1 Higashi Shinbashi
Minato-ku
Tokio 105-7444
Japan
Telefon: 0081 3 6215 14111
Website: www.ntvhd.co.jp/english/ir/presentation

Branche: Tageszeitung, Fernsehen, TV-Produktion und -Vertrieb
Rechtsform: Aktiengesellschaft (Nippon Television Holdings)
Geschäftsjahr: 01.04. – 31.03.
Gründungsjahr: 1874 (Yomiuri Shimbun), 1952 (Nippon TV)
Zur Einordnung von Yomiuri Shimbun/Nippon TV in das IfM-Ranking beziehen wir uns auf die bislang nur für 2018/19 vorliegenden Umsatzzahlen für die Yomiuri Shimbun Holdings, addiert mit dem 2020er Umsatz von Nippon TV, umgerechnet nach den jeweiligen Jahresmittelkursen.

ÖKONOMISCHE BASISDATEN NIPPON TV *

	2020/21	2019/20	2018/19	2017/18	2016/17	2015/16
Umsatz (in Mio. JPY)	391.335	426.599	424.945	423.633	416.704	414.781
Gewinn (in Mio. JPY)	24.042	30.555	38.739	37.416	40.787	36.884
Aktienkurs (in JPY, Jahresende)	1.105	1.462	1.618	1.976	2.122	2.216

* Umsatz Yomiuri Shimbun 356.000 Mio. JPY (2018/19)

YOMIURI SHIMBUN HOLDINGS

Tsuneo Watanabe	Representative Director, Editor-in-Chief
Shoichi Oikawa	Representative Director, Chairman of the Board, Senior Deputy Editor-in-Chief, International Operations (Editor-in-Chief, The Japan News)

Toshikazu Yamaguchi	Representative Director, President, Circulation
Akitoshi Muraoka	Director, Vice President, Operation Management, Network
Gaku Shibata	Director, Osaka Operations
Toru Kunimatsu	Director, Seibu Operations
Tatsuo Sekine	Director
Yoshio Okubo	Director
Yoshikuni Sugiyama	Director
Akira Ishizawa	Director
Takeshi Mizoguchi	Director Yomiuri Land
Akihiko Osada	Standing Auditor
Fujio Mitarai	Auditor
Yoshinobu Kosugi	Auditor
Yasushi Manago	Auditor
Kazuyuki Fujita	Corporate Officer, President's Office Chief, Compliance, Corporate Communications

NIPPON TV HOLDINGS

Yoshio Okubu	Representative Director, President
Yoshikuni Sugiyama	Representative Director, President
Yoshinobu Kosugi	Representative Director

GESCHICHTE

Die *Yomiuri Shimbun* nimmt für sich in Anspruch, nicht nur die größte, sondern auch die älteste heute noch existierende japanische Tageszeitung zu sein. 1874 in der Zeit kurz nach der Öffnung des Landes zum Westen hin, im Zuge enormer politischer, wirtschaftlicher und sozialer Umwälzungen gegründet, widmete sich die Zeitung zunächst vor allem dem literarischen Milieu kulturkonservativer Intellektueller, die eine Modernisierung der japanischen Schriftsprache ablehnten. Erst 1924 entwickelte die *Yomiuri Shimbun* unter Leitung von Shoriki Masamune einen von aktueller Berichterstattung geprägten Zeitungsstil für die breiten Massen, dessen Traditionslinie bis heute gepflegt wird. In diese Zeit fällt auch die regelmäßige Veröffentlichung eines ganzseitigen Radioprogrammführers, ein Novum auf dem japanischen Zeitungsmarkt der Zwanzigerjahre, und die Gründung des Baseball Vereins »Yomiuri Giants«.

Die Geschichte der Zeitung während der militärischen Expansionsphase und dem Pazifischen Krieg verlief – anders als bei der zweitgrößten Tageszeitung *Asahi* – ohne nennenswerte Konflikte mit der Regierung. In den 1940er-Jahren entwickelte sich die *Yomiuri Shimbun* zur auflagenstärksten Tageszeitung im Großraum Tokio. 1941 wurde die Tageszeitung *Hochi Shimbun* übernommen, die heute vom Yomiuri-Verlag als Sporttageszeitung herausgegeben wird. Unter amerikanischer Besatzung wurde der Chefredakteur und Geschäftsführer Shoriki Masamune unter dem Verdacht festgenommen, ein Kriegsverbrecher der Kategorie A zu sein, jedoch 1947 wieder auf freien Fuß gesetzt. Erst in jüngster Zeit ist durch die Öffnung von Archiven in den USA festgestellt worden, dass er in der Nachkriegszeit für den US-Geheimdienst CIA gearbeitet hat.

Nach 1945 profilierte sich die *Yomiuri Shimbun* aufgrund der aktiven Parteizugehörigkeit Masamune Shorikis zur Regierungspartei LDP als deren konservatives Sprachrohr, galt jedoch gleichzeitig lange Jahre aufgrund einer sozial engagierten Redaktion als ein »Sprachrohr für kleine Leute«.

In einigen in Japan umstrittenen Themen weicht die Linie der Yomiuri-Zeitung jedoch stark vom Kurs der LDP ab. Dies gilt z. B. für die offiziellen Besuche japanischer Ministerpräsidenten am Yasukuni-Schrein, in welchem neben den Seelen japanischer Soldaten und koreanischer Zwangseingezogener auch die verurteilter japanischer Kriegsverbrecher verehrt werden. So lehnte die *Yomiuri Shimbun* die Besuche von Ministerpräsident Koizumi ab und warb in Artikeln für eine Lösung des Problems, dass die Gebeine von Kriegsverbrechern mit denen von Kriegsopfern unter einem Dach liegen. Andererseits befürwortete die *Yomiuri Shimbun* die Streichung von Worten aus japanischen Geschichtslehrbüchern, welche auf die japanische Kriegsschuld und Zwangsprostitution hinwiesen. 2015 schließlich veröffentlichte die Zeitung eine unter Geheimhaltung der Regierung stehende Liste von über 1.000 japanischen Soldaten, die nach Kriegsende in russischen Lagern umkamen.

Zum Profil der Zeitung gehört außerdem ein Schwerpunkt auf Gesundheitsthemen, womit ältere Teile der Bevölkerung und besonders Hausfrauen angesprochen werden sollen, denen traditionell die Gesundheitsvorsorge für die ganze Familie anvertraut wird. 2013 war die Zeitung die entscheidende Stimme im Diskurs zur Reform der Krankenversicherung.

Sie gab dabei Empfehlungen ab und formulierte 2020 auch klare politische Forderungen für den Umgang mit dem Coronavirus. Doch auch für investigative Recherchen im Gesundheitssektor ist die Zeitung bekannt: 2014 etwa deckte sie auf, dass in einem Krankenhaus in der Kanto-Region acht Menschen an den Folgen von komplizierten Bauchhöhlen-Eingriffen gestorben war.

MANAGEMENT

Auch mit über 95 Jahren steht Tsuneo Watanabe noch immer an der Spitze seines Yomiuri-Imperiums und bleibt damit der einflussreichste Medienmogul Japans. Der »Schattenshogun«, wie ihn die *New York Times* in einem Porträt nannte, war lange Jahre extrem öffentlichkeitsscheu und bevorzugte es, Japans Elite in Hinterzimmern zu treffen. Doch mit zunehmenden Alter hat er in Interviews aus dem Nähkästchen geplaudert, und dabei z.B. über die Krankheit seiner Frau gesprochen, seine Liebe zu Hamstern und nicht zuletzt von der japanischen Gesellschaft eingefordert, endlich die Rolle Japans im Zweiten Weltkrieg kritisch zu hinterfragen.

Auch eine Krebserkrankung in den 1990er-Jahren und zuletzt ein Sturz, bei dem er sich 2018 am Nacken verletzte, können Watanabe nicht stoppen. Nur eine Woche später konnte er wieder seine eigene Zeitung lesen, die Politikredakteure anweisen und seine engen Kontakte zu den politischen Machthabern pflegen. Auch seinen bisher größten Skandal hat er längst hinter sich gelassen. 2016 kam heraus, dass insgesamt vier Spieler seines Baseballvereins Yomiuri Giants Geld auf eigene Spiele gesetzt hatten. Wie in Japan üblich, übernahm Sportfan Watanabe sofort die Verantwortung und trat als Präsident des Klubs zurück. 10 Monate später kehrte er als Vorstandsmitglied wieder zurück.

GESCHÄFTSFELDER

Zeitungen: Neben dem publizistischen Flaggschiff *Yomiuri Shimbun* gibt die Gruppe die jeden Donnerstag bzw. Freitag erscheinenden Tabloid-Wochenzeitungen *Yomiuri Chukosei Shimbun* und *Yomiuri Kodomo Shimbun* heraus, die sich in erster Linie an Kinder und Jugendliche richten und diese ans regelmäßige Zeitunglesen heranführen sollen. Zudem gehört mit der 1955 gegründeten *The Japan News* eine traditionelle englischsprachige Zeitung zum Portfolio.

TV und Online: Unter dem Dach der Nippon Television Holding, deren größter Anteilseigner die Yomiuri-Shimbun-Gruppe ist, vereint das Unternehmen mehr als 40 TV-Sender, Produktionsfirmen, Musikverlage, Fitnessklubs, Museen, Streamingdienste, Animationsstudios und Esports-Firmen.

Themenparks: Mit dem »Yomiuri Land« betreibt die Gruppe den größten Freizeitpark in Tokio.

Sport: *Yomiuri Shimbun* ist Besitzer der Yomiuri Giants, dem ältesten und erfolgreichsten Baseball-Team Japans.

AKTUELLE ENTWICKLUNGEN

Die größte Frage, die die japanische Gesellschaft 2021 umtrieb, war, ob die bereits einmal verschobenen Olympischen Sommerspiele trotz weiterhin prekärer Corona-Lage wirklich stattfinden sollten. Mittendrin in dem polarisierenden Diskurs war die *Yomiuri Shimbun*. Zwar sprach sie sich – anders als Konkurrent *Asahi Shimbun*, die zweitgrößte Tageszeitung – zunächst nicht für eine Absage aus und bot an, den Tokyo Dome, die Heimspielstätte der Yomiuri Giants, in ein riesiges Impfzentrum umzubauen. Doch indirekt kritisierte sie Premierminister Suga für das Corona-Management und die nur schleppend anlaufende Impfkampagne.

Für Yomiuri-Oberhaupt Watanabe war deshalb schnell klar, wer Premierminister Suga nach dessen Rücktritt beerben sollte: Das bei der Bevölkerung extrem beliebte Kabinettsmitglied Taro Kono, der sich als einer der wenigen Politiker für tatkräftiges Krisenmanagement in der Pandemie auszeichnete. Schließlich setze sich im internen Machtkampf der LDP-Partei und anschließendem Wahlkampf im Herbst 2021 aber Kishida Fumio durch.

(Anm.: Dieses Konzernporträt basiert auf Miriam Rohdes Porträt der *Yomiuri-Shinbun*-Zeitung, das im Rahmen des IfM-Projekts »50 Zeitungen« entstanden ist.)

39.

Nippon Hoso Kyokai

Umsatz 2020: 716,400 Mrd. JPY (5,879 Mrd. EUR)

ÜBERBLICK

1926 hervorgegangen aus einer Fusion von Rundfunkstationen aus Tokio, Nagoya und Osaka betreibt die japanische öffentlich-rechtliche Rundfunkgesellschaft Nippon Hoso Kyokai (NHK) diverse nationale und internationale Nachrichten- und Unterhaltungskanäle sowie Onlineportale und hat Korrespondentenbüros in 31 Ländern.

BASISDATEN

Hauptsitz:
NHK Broadcasting Center
2-2-1 Jinnan
Shibuya-ku
Tokyo 150-8001
Japan
Telefon: 0081 3 3465 1111

Website: www.nhk.or.jp/corporateinfo/index.html
Branche: Fernsehen, Hörfunk, Online
Rechtsform: Gemeinnützige Anstalt des öffentlichen Rechts
Geschäftsjahr: 01.04.-31.03.
Gründungsjahr: 1926

ÖKONOMISCHE BASISDATEN (BETRÄGE IN MRD. JPY)*

	2020	2019	2018	2017	2016	2015	2014
Erträge Gesamt*	716,4	724,7	716,8	701	683,1	654,9	662,9

*NHK finanziert sich zu mehr als 95 Prozent aus Rundfunkgebühren.

MANAGEMENT

Terunobu Maeda	President
Satoru Masagaki	Executive Vice President
Chihiro Matsuzaka	Executive Director
Yuji Itano	Executive Director
Hideo Kado	Executive Director
Hisaaki Wakaizumi	Senior Director
Kazuyoshi Matsuzaki	Senior Director
Hideo Koike	Senior Director
Hiroaki Tanaka	Senior Director
Rie Hayashi	Senior Director

NHK GOVERNORS

Shunzo Morishita	Hanshin Expressway
Koji Murata	Doshisha University
Nobuko Akashi	Japan Manners & Protocol
Fuya Yashushi	Shinshu University

Michiko Hasegawa	Saitama University
Seiji Isoyama	Kyushu Leasing
Eri Mizuo	Meijo University
Hiroshi Ozaki	Osaka Gas
Yoshihiro Sekihachi	The Hokkaido Bank
Masami Takahashi	Sompo Japan Nipponkoa Insurance
Hiromi Watanabe	Fukushima Yakult

GESCHICHTE

Das Rundfunkzeitalter begann in Japan am 22. März 1925, als die Rundfunkanstalt Tokio (TOKYO HOSO KYOKU) ihre erste Radiosendung ausstrahlte. Im Juni und Juli folgten die Rundfunkanstalten in Osaka und Nagoya. Am 20. August 1926 vereinigten sich die drei Sender zum »Shadan Hojin Nippon Hoso Kyokai« (Gemeinnütziger Rundfunkverein Japans), abgekürzt NHK. Bis 1950 hatte NHK das Monopol für den öffentlichen Hörfunk im Inland und – ab 1. Juni 1935 – im Ausland. 1928 begann das NHK-Studio in Osaka eine Gymnastiksendung. Sie wurde ins landesweite Programm übernommen und ist als »Radio Taiso« bis heute eine japanische Institution: In vielen Schulen, Fabriken und Parks begann der Tag mit der NHK-Morgengymnastik. Zeitansagen und Wetterberichte gab es seit 1928. 1931 wurde als Bildungsfunk ein zweites Programm eingerichtet, seit 1935 wurde Schulfunk gesendet. Das erste Programm konzentrierte sich seither auf Nachrichten, Kommentare, Börsenberichte, Sportübertragungen und Unterhaltungssendungen.

Während des Zweiten Weltkriegs wurde NHK das Hauptinstrument zur Verbreitung von Kriegspropaganda und Durchhalteparolen. Diese Phase endete mit der Übertragung der Kapitulationsansprache des Kaisers am 15. August 1945 – für die meisten Japaner die erste Gelegenheit, die Stimme des Tenno zu hören. Danach übernahm die amerikanische Besatzungsmacht die Kontrolle über den Staatssender. 1950 wurde das Rundfunkwesen auf eine neue Rechtsgrundlage gestellt. Das Rundfunkgesetz beseitigte das NHK-Monopol und sah die Zulassung von Privatsendern vor. Am 1. Juni 1950 konstituierte sich NHK unter Beibehaltung des alten Namens in seiner heutigen Rechtsform als gemeinnützige Rundfunkanstalt des öffentlichen Rechts. An die Stelle staatlicher Steuerung trat die Kontrolle durch das Parlament, das den vom Ministerpräsidenten berufenen Vorstand bestätigen und den Jahreshaushalt beschließen muss; der Vorstand wählt den NHK-Präsidenten aus seiner Mitte.

1953 nahm NHK den Fernsehbetrieb auf, der ab 1960 schrittweise auf Farbe umgestellt wurde. 1959 richtete NHK neben dem allgemeinen Programm einen Bildungskanal ein, 1982 begann die Umstellung bestimmter Fernsehprogramme auf Stereo (Musiksendungen) und Zweisprachigkeit. Manche Nachrichtensendungen, Diskussionsprogramme oder ausländische Filme können seither per Knopfdruck alternativ auf Japanisch, Englisch oder in einer nicht-englischen Originalsprache gehört werden. Ab 1984 konnten Haushalte mit eigener Satellitenschüssel zunächst ein, ab 1986 zwei Satellitenprogramme von NHK empfangen. Das Satellitenprogramm auf zwei Kanälen lief 1989 an. 1991 begann NHK damit, täglich mehrere Stunden in der selbst entwickelten »Hi-Vision«-Technik des hochauflösenden Fernsehens zu senden, 2015 wurde schließlich die analoge Ausstrahlung vollständig eingestellt.

Ab 1995 war NHK auch in Amerika und Europa zu empfangen, ab 1998 auch in der asiatisch-pazifischen Region. Mit fünf Satelliten wird seitdem fast die ganze Welt abgedeckt. Das japanischsprachige Angebot wurde 1999 auf 24 Stunden täglich erweitert, das englischsprachige ist regional verschieden. Seit Februar 2009 strahlt NHK WORLD ein 24-stündiges englischsprachiges Programm aus. Die Programme können gegen entsprechende Gebühren über lokale Kabelfernsehanbieter empfangen werden. Seit Dezember 2008 gibt es auch ein »NHK-on-demand«-Programm: Gegen eine zusätzliche Gebühr kann man auf eine Programm-Mediathek zugreifen.

Die zwanzigjährige Wirtschaftskrise zwischen 1991 und 2011 (in Japan als »zwei verlorene Dekaden« bezeichnet) hatte auch für NHK Konsequenzen. Zunächst kam es zu einem Gebührenboykott, der bis Ende 2006 auf 1,12 Millionen Haushalte anstieg. Die Regierung erwägte sogar, das Nichtzahlen von Rundfunkgebühren unter Strafe zu stellen. Was nach langen öffentlichen Debatten allerdings auf unbestimmte Zeit verschoben wurde. Auch die zu große Nähe zur japanischen Regierung wird immer wieder kritisiert. Der damalige Regierungschef Shinzo Abe versuchte, den Sender auf seinen nationalistischen, revisionistischen Kurs zu trimmen und zu einem Propagandainstrument zu machen. Nach der Fukushima-Katastrophe 2011 beispielsweise ignorierte NHK in der 24-stündigen Berichterstattung nach dem Reaktorunfall systematisch Stimmen der japanischen Anti-AKW-Bewegung.

Sehr umstritten war auch Katsuo Momii, NHK-Intendant von 2014 bis 2017, zuvor Top-Manager ohne besondere Ahnung von Journalismus. Er sorgte für Aufsehen mit seinen Äußerungen zur immer wieder aufflammenden Kontroverse um die sogenannten ›Trostfrauen‹, größtenteils junge Koreanerinnen, die während des Krieges zu Zehntausenden in japanische Frontbordelle verschleppt und zur Prostitution gezwungen wurden. ›Trostfrauen‹, so Momii, seien ja auch in anderen Ländern zum Einsatz gekommen und die internationale Diskussion darüber sei für ihn schleierhaft. Seine Amtszeit wurde 2017 vom Aufsichtsrat nicht verlängert, obwohl er sich darum bemüht hatte.

Im Januar 2017 übernahm Ryoichi Ueda den Posten des NHK-Intendanten. Doch auch seine Amtszeit wurde von einem Skandal überschattet. Nachdem ein Beitrag über den betrügerischen Verkauf von Lebensversicherungen an ältere japanische Bürger durch die japanische Post ausgestrahlt wurde, beschwerte sich ein hochrangiger Manager beim NHK-Aufsichtsrat – und das erfolgreich. Ueda, der auf redaktionelle Unabhängigkeit pochte, wurde vom Gremium gerügt. 2020 wurde er durch Terunobu Maeda ersetzt.

MANAGEMENT

Der seit Anfang 2020 amtierende NHK-Präsident Terunobu Maeda hat sich vorgenommen, die Anstalt von Grund auf zu reformieren, sowohl was die Gebühren als auch die innere Organisation betrifft. Zu seinen ersten Amtshandlungen gehörte ein 30-prozentiger Stellenabbau im oberen Management, um sinkende Gebühren und die stark schrumpfende Anzahl von gebührenzahlenden Haushalten auszugleichen, die Japans demografischer Krise geschuldet ist. Zudem soll sich NHK nach Jahren der Unruhe wieder als neutrale, regierungsunabhängige vierte Gewalt etablieren. Ob Maeda das gelingt, bleibt abzuwarten: Als Mitglied der »Shiki no Kai«-Vereinigung gehört er einem elitären Zirkel von Managern an, die dem ehemaligen Premierminister Shinzo Abe und seiner konservativen LDP-Partei nahestehen.

GESCHÄFTSFELDER

NHK ist ähnlich wie das ZDF zentral organisiert. Am Hauptsitz Tokio wurden auch die zwei sendereigenen Forschungsinstitute für Rundfunktechnologie und Kultur errichtet. Außerhalb Tokios unterhält NHK 54 eigene Studios, mindestens eins in jeder Provinz. Im Ausland ist NHK mit vier Hauptstudios für Amerika (in New York), Europa (in Paris), Asien (in Bangkok) und China (in Peking) sowie 31 Studios und Korrespondentenbüros vertreten. Neben dem Vorstand sorgt eine Reihe von Beratungsgremien dafür, dass NHK seine gesetzlich vorgeschriebenen Aufgaben erfüllt. Ein zentraler Programmbeirat und acht regionale Programmbeiräte mit bis zu zwanzig Mitgliedern aus allen Gesellschaftsbereichen sollen die Ausgewogenheit und Unvoreingenommenheit der Sendungen überwachen.

TV/Radio: NHK strahlt im Inland sechs Fernseh- (GENERAL TV, EDUCATIONAL TV, plus die Satellitenprogramme BS 1, BS PREMIUM, BS4K, BS8K) sowie drei Hörfunkprogramme aus. Beim Hörfunk gibt es die Aufteilung in Allgemeines Programm (»Daiichi Hoso«/Radio 1) und Bildungsfunk (»Daini Hoso«/Radio 2). Radio 2 sendet auch Nachrichten auf Englisch, Koreanisch, Chinesisch und Portugiesisch für in Japan lebende Ausländer. Hinzu kommt das UKW-Programm (»FM HOSO«). Ins Ausland sendet NHK die Fernsehprogramme NHK WORLD PREMIUM (in japanischer Sprache) und NHK WORLD TV (in Englisch). Im Hörfunk wird als internationales Programm das NHK WORLD RADIO JAPAN in 18 Sprachen ausgestrahlt.

Sonstige: NHK hat einen Teil seiner Aktivitäten in 100-prozentige Tochterunternehmen ausgelagert: NHK Service Center, NHK International, NHK Engineering Service, NHK Hoso Kenshu Center (NHK Rundfunkausbildungszentrum), Nippon Hoso Kyokai Gakuen (NHK-Fernunterricht), NHK Kokyo Gakudan (NHK-Symphonieorchester), NHK Kosei Bunka Jigyodan (Sonderprogramme für Behinderte und Senioren). Für die Programmplanung und -produktion sowie den Vertrieb von NHK-Produkten sind weitere 15 mehrheitliche NHK-Töchter zuständig.

In Bezug auf das Gebührenaufkommen ist NHK hinter ARD und BBC die drittgrößte öffentlich-rechtliche Rundfunkanstalt der Welt. Im Vergleich zur ARD muss sie allerdings mit weniger als der Hälfte des Personals auskommen und hat einen etwa doppelt so hohen Marktanteil beim inländischen Fernsehen (rund 30 % oder etwa so viel wie ARD und ZDF zusammen). Anders als bei den deutschen öffentlich-rechtlichen Rundfunkanstalten ist das gesamte NHK-Programm weiterhin frei von kommerzieller Werbung.

AKTUELLE ENTWICKLUNGEN

Die Corona-Krise hat nochmals den Druck auf NHK verstärkt, die dritte Gebührenkürzung in der Geschichte der Anstalt durchzusetzen. Japans Kommunikationsminister Ryota Takeda hatte zuvor gefordert, die Gebührenzahler müssten auch wegen den wirtschaftlichen Auswirkungen der Pandemie entlastet werden. Bis 2023 werden die Abgaben deshalb um rund 10 Prozent sinken, allerdings auch ein Loch von umgerechnet rund 600 Millionen Euro in den Haushalt reißen. Auch in anderen Bereichen muss die Anstalt den Gürtel enger schnallen. So hat die Regierung festgelegt, dass NHK für den Ausbau seines Online-Angebots sowie für die Berichterstattung über Olympia in Tokio jeweils höchstens 2,5 Prozent der Gebühren verwenden darf.

Derweil reißt die Kritik an vermeintlicher Nähe zur Regierung nicht ab. Während einer Übertragung des traditionellen Fackellaufs im Vorfeld der in Japan kontrovers diskutierten Olympischen Spiele, stellte NHK auf einmal den Ton aus, als Demonstranten im Hintergrund ihren Unmut über die Spiele kundtaten. Laut Stellungnahme von NHK tat man dies angeblich nicht, um die kritischen Stimmen mundtot zu machen, sondern aus Respekt vor den Fackelläufern.

40.

Asahi Shimbun Group / TV Asahi

Umsatz 2020: 659,165 Mrd. JPY (5,450 Mrd. EUR)

ÜBERBLICK

Im Zentrum der Asahi Shimbun Company steht die 1879 in Osaka gegründete namensgebende, linksliberal zu verortende *Asahi Shimbun* (›Morgensonnen-Zeitung‹), weltweit die Tageszeitung mit der zweitgrößten Auflage – hinter Konkurrent *Yomiuri Shimbun*. Zum Medienkonzern gehören außerdem der Fernsehsender TV ASAHI, weitere Publikationen, die Werbeagentur Asako und die Immobiliengesellschaft Asahi Building Co.

Zur Einordnung von *Asahi Shimbun* in das IfM-Ranking beziehen wir uns auf die für das Geschäftsjahr 2020 vorliegende Umsatzzahl für TV ASAHI, die für 2019 vorliegende Umsatzzahl für *Asahi Shimbun* und die für 2018 vorliegende Umsatzzahl von Asahi Advertising, umgerechnet nach den jeweiligen Jahresmittelkursen.

BASISDATEN

Hauptsitze:
Asahi Shimbun
5-3-2 Tsukiji, Chuo-ku
Tokio 104-8011
Japan
Telefon: 0081 3 5540 7595
Website: asahi.com/corporate/english

TV Asahi
6-9-1 Roppongi, Minato-ku
Tokio 106-8001
Japan
Telefon: 0081 3 6406 1111
Website: tv-asahihd.co.jp/e/profile/index.html

Branche: Zeitungen, Zeitschriften, Buchverlag, Fernsehsender, Satelliten-TV, Musikverlag, Werbung
Rechtsform: Private Company
Geschäftsjahr: 01.04.-31.03.
Gründungsjahr: 1879

ÖKONOMISCHE BASISDATEN (BETRÄGE IN MIO. JPY)

	2020	2019	2018	2017
Umsatz Asahi Shimbun Holdings	N.N.	353.608	N.N.	389.484
Umsatz TV Asahi Holdings	264.557	293.638	301.744	302.511
Umsatz Asahi Advertising	N.N.	N.N.	41.900	48.800

GESCHÄFTSFÜHRUNG

Shiro Nakamura	President und CEO
Katsuhide Konishi	Chief Sales Officer/Chief Print Media Officer
Hiroshi Hayakawa	Chairman und CEO, TV Asahi Group
Shu Ueda	President und CEO, Asahi Advertising

GESCHICHTE UND PROFIL

Die Wiege der Asahi Shimbun stand in Osaka, der Stadt der Kaufleute und Jahrhunderte lang Japans Wirtschaftsmetropole. Hier betrieb Ryohei Murayama ein Handelsgeschäft. Auf Bitten seines Freundes Heihachi Kimura wurde er pro forma Eigentümer eines von Kimura und dessen Sohn Noboru gegründeten Blattes, das sich *Asahi Shimbun* nannte und erstmals am 25. Januar 1879 erschien. Im folgenden Jahr stieß Riichi Ueno hinzu. 1881 erwarben Murayama und Ueno alle Rechte von den Kimuras und betrieben die Zeitung fortan als Miteigentümer im Verhältnis zwei zu eins; die beiden Familien sind bis heute Hauptbesitzer der *Asahi*. Murayama und Ueno machten aus dem Boulevardblatt eine leicht lesbare, einflussreiche Zeitung. Die Auflage stieg binnen vier Jahren von tausend auf 20.000 Exemplare. 1888 kauften sie in Tokio die *Mezamashi Shimbun* und strukturierten sie zur *Tokyo Asahi Shimbun* um. Nach der Fusion der beiden Zeitungen 1908 wurde das Familienunternehmen 1919 in eine Aktiengesellschaft umgewandelt. Murayama wurde Präsident des Unternehmens und behielt die Position bis zu seinem Tod 1933 inne. Ueno starb bereits 1919.

Politisch hat die *Asahi* oft Kritik an der Regierung oder am Militär geübt, was ihr nicht immer gut bekam. Ihre Berichterstattung über die sogenannten ›Reisunruhen‹ von 1918 führte zu einer Suspendierung der *Asahi* in Osaka und einem Strafverfahren wegen Verstoßes gegen das Pressegesetz. Mehrere Redaktionsmitglieder landeten im Gefängnis, Murayama wurde von Rechtsradikalen überfallen und zog sich vorübergehend zurück; der spätere Umbau zur AG diente auch dazu, seine Rückkehr an die Spitze des Unternehmens zu ermöglichen. Bei einem Militärputsch im Februar 1936 besetzten die Aufständischen auch die *Asahi*-Redaktion in Tokio und demolierten die Einrichtung. Die Zeitung hatte die zunehmende Militarisierung der Politik und die vom Militär ohne politisches Mandat vollzogene Eroberung der Mandschurei kritisiert. Der wachsenden Macht des Militärs konnte sich aber auch die *Asahi* bald nicht mehr widersetzen und diente im Kriege – wie die anderen noch zugelassenen Zeitungen – als Propagandainstrument. Um dafür die Verantwortung zu übernehmen, traten Verlagsführung und Redaktionsspitze bald nach Japans Kapitulation zurück. Im Zuge der Demokratisierungswelle nach dem Kriege wählten Redaktion und Verlag sich ihre Führung selbst, bis 1951 die Miteigentümer wieder ins Management zurückkehrten.

Ebenfalls 1951 entstand in Osaka mit finanzieller und personeller Unterstützung der dortigen *Asahi* ein regionaler Hörfunksender für Westjapan, »ASAHI HOSO KK«, der sich auf Englisch »Asahi Broadcasting Corporation« (ABC) nennt. 1956 expandierte ABC in den Fernsehbereich. 1961 wurden die Aktien der Asahi Hoso AG an der Börse von Osaka eingeführt. 1959 kam es auch in Tokio mithilfe der dortigen *Asahi Shimbun* zur Gründung eines Rundfunksenders, und zwar zunächst als Bildungsfunk unter anderem Namen. 1973 gab der Sender den Bildungsfunk auf, erwarb eine allgemeine Rundfunklizenz und firmiert seit 1977 unter dem Namen »Zenkoku Asahi Hoso KK«, englisch »Asahi National Broadcasting Co. Ltd.« (ANB). Als japanische Kurzform seines Namens verwendet der Sender »Terebi Asahi«, auf Englisch »TV Asahi«. ABC und ANB gehören beide zum landesweiten Verbundsystem »All-Nippon News Network« (ANN). 2000 wurden die Aktien von TV ASAHI an der Tokioter Börse eingeführt.

Die *Asahi Shimbun* baute die Zusammenarbeit zwischen Zeitung und Rundfunk aus, vor allem durch Nutzung der Satellitentechnik. Beteiligungen an ASAHI NEWSTAR und zwei weiteren Sendern sicherten den Zugang zum Kommunikationssatelliten (CS). Für den Bereich der Rundfunksatelliten (BS) wurde 1998 die »Asahi Broadcasting Satellite Co.« (BS Asahi oder BSA) gegründet, die im Dezember 2000 ihren Sendebetrieb aufnahm.

MANAGEMENT

Nicht zuletzt, weil er der Zeitung dabei half Glaubwürdigkeit zurückzuerlangen, sitzt heute Shiro Nakamura am Steuer der Asahi Shimbun Company. 2014 musste das Medienhaus insgesamt drei große Storys widerrufen: seit 1982 veröffentlichte Artikel des Journalisten Seiji Yoshida, der behauptet hatte, bei der vermeintlichen Entführung von 200 Zwangsprostituierten während des Zweiten Weltkrieges mitgewirkt zu haben; ein nachweislich falscher Bericht, Mitarbeiter des Kernkraftwerks in Fukushima hätten ihre Posten während der Reaktorkatastrophe vorzeitig verlassen; ein fingiertes Interview mit dem Geschäftsführer von Nintendo. Nakamura, der zuvor politischer Redakteur war und den internationalen News Desk geleitet hatte, wurde in der Folge zum

»Public Editor« ernannt, ein Ombudsmann, der die journalistische Praxis im Hause Asahi auf den Prüfstand stellte.

GESCHÄFTSFELDER

Die Geschäftsfelder von *Asahi Shimbun* umfassen die Bereiche Zeitungen, Zeitschriften und Bücher; Fernsehen und Hörfunk, Druck und Übermittlung, Vertrieb und Anzeigen, kulturelle Aktivitäten wie den Betrieb der 18 Asahi-Kulturzentren (eine Art privater Volkshochschulen), Verwaltung und Betreuung der zahlreichen Asahi-Immobilien, Versicherungen; Reisen und Tourismus, Sozialeinrichtungen und -dienste.

Print: Die Aktivitäten des Zeitungskonzerns sind in rund 190 Tochterfirmen und kooperierende Organisationen im In- und Ausland geteilt. Mit einer Tagesauflage von rund 8,12 Millionen Exemplaren ist die *Asahi Shimbun* die zweitgrößte Tageszeitung Japans und der Welt.

Bedeutende Objekte sind auch die Sportzeitung *Nikkan Sports News*, die Lokalzeitung *Kanagawa Shimbun* in Yokohama (Tagesauflage: rund 230.000 Exemplare) und die Studentenzeitung *Asahi Gakusei Shimbun*. Rund 50 Auslandskorrespondenten berichten für die *Asahi Shimbun* von 31 Standorten aus.

Fernsehen: Im Rundfunkbereich unterhalten TV ASAHI (ANB) und die Partnersender aus dem ANN-Verbundsystem weltweit rund 25 Studios oder Korrespondentenbüros. Unter den insgesamt 25 Privatsendern, die dem ANN-Verbund angehören, ist TV ASAHI das größte Unternehmen. Zweitgrößter Partner im ANN-Verbund ist »Asahi Hoso« (ABC) in Osaka.

Online: Unter dem Dach von Asahi Interactive vereint das Unternehmen Online-Marken mit großer Reichweite wie CNET Japan, ZDNet Japan, Techrepublic Japan sowie den japanischen Webauftritt von CNN. Zudem betreibt Asahi die japanische Version der *HuffPost*.

AKTUELLE ENTWICKLUNGEN

Obwohl das Unternehmen einer der Hauptsponsoren ist, forderte die Asahi Shimbun Company im Mai 2021, dass die Olympischen Sommerspiele aufgrund der prekären Corona-Lage endgültig abgesagt werden sollen, und stellte sich damit als einziges großes Medienunternehmen Japans gegen die Pläne der umstrittenen Suga-Administration. Die Spiele abzuhalten, so die *Asahi Shimbun* in einem Leitartikel, sei verantwortungslos und das Olympische Komitee würde die Wünsche des japanischen Volkes ignorieren.

Eine Absage der schließlich unter Ausschluss von Zuschauern stattfindenen Spiele hätte allerdings einen finanziellen Schaden von rund 17 Milliarden Dollar verursacht. Die von der *Asahi Shimbun* angeführten Kritiker gingen davon aus, dass die volkswirtschaftlichen Schäden bei einem möglichen Corona-Ausbruch während der Spiele und anschließendem Lockdown um ein Vielfaches größer gewesen wären.

41.

Nielsen Holdings plc

Umsatz 2020: 6,290 Mrd. USD (5,506 Mrd. EUR)

ÜBERBLICK

Nielsen Holdings sind eine »global measurement and data analytics company« mit Wurzeln in Illinois und in den Niederlanden (hier ursprünglich als »Verenigde Nederlandse Uitgeversbedrijven« – Vereinigte Niederländische Verlagsbetriebe VNU). Nielsen wurde v.a. durch die gleichnamigen Ratings bekannt, also die Messung der Einschaltquoten des US-amerikanischen Fernsehens.

BASISDATEN

Hauptsitz:
85 Broad Street
New York, NY 10004
USA
Tel: 001 800 8641224
Internet: ir.nielsen.com

Branche: Fachinformationen, Mediennutzungsdaten, Marktforschung
Rechtsform: Aktiengesellschaft
Geschäftsjahr: 01.01.-31.12.
Gründungsjahr: 1923 (AC Nielsen), 1964 (VNU), 2007 (The Nielsen Company)

ÖKONOMISCHE BASISDATEN

	2020	2019	2018	2017	2016	2015	2014
Umsatz (in Mio. USD)	6.290	6.498	6.515	6.572	6.309	6.172	6.288
Gewinn (Verlust) (in Mio. USD)	7	(403)	(700)	440	507	575	381
Aktienkurs (in USD, Jahresende)	20,77	20,08	24,45	36,00	41,95	46,60	44,73
Beschäftigte	43.000	46.000	46.000	46.000	43.000	43.000	42.000

MANAGEMENT

David Kenny	Chief Executive Officer
Linda Zukauckas	Chief Financial Officer
Laurie Lovett	Chief Human Resource Officer
George Callard	Chief Legal and Corporate Affairs Officer
Sandra Sims-Williams	Chief Diversity Officer
Karthik Rao	Chief Operating Officer
Sean Cohan	Chief Growth Officer
Jamie Moldafsky	Chief Marketing and Communications Officer
Christopher Taft	Senior Vice President, Corporate Controller
Peter Bradbury	Chief Commercial Officer

AUFSICHTSRAT

James A. Attwood Jr.	The Carlyle Group
David Kenny	Nielsen
Guerrino de Luca	Logitech
Karen M. Hoguet	Macy's
Thomas H. Castro	El Dorado Capital
Janice Marinelli Maza	The Walt Disney Company
Jonathan Miller	Integrated Media Company
Stephanie Plaines	JLL
Nancy Tellem	JBF Interlude 2009
Lauren Zalaznick	The Boston Consulting Group

GESCHICHTE

Die Wurzeln des Unternehmens liegen in Haarlem in den Niederlanden. VNU entstand 1964 durch den Zusammenschluss der zwei größten niederländischen Verlage für Verbraucherzeitschriften, *Cebema* und *De Spaarnestad*. Im Laufe der 1960er- und 1970er-Jahre vergrößerte sich das Unternehmen, indem es weitere Verlage und Verlagsdruckereien in den Niederlanden aufkaufte. 1967 erwarb der Konzern den Zeitungsverlag Het Nieuwsblad van het Zuiden und den katholischen Buchverlag Het Spectrum. Nach der Übernahme durch VNU verlagerte Het Spectrum seine Aktivitäten von religiösen Publikationen auf niederländische Übersetzungen international bekannter Bestseller-Autoren wie J.R.R. Tolkien und Somerset Maugham. 1968 wurden der Zeitschriftenverlag Nederlandse Rotogravure Maatschaapij (NRM) und die Offsetdruckerei Smeets in den Konzern integriert. Mit dem Erwerb der Fachverlage für Wirtschaftszeitschriften Intermediar (1973) und Diligentia (1975) begann eine Neuorientierung des Unternehmens auf Wirtschafts- und Handelspublikationen. In den Niederlanden machte die Übernahme des Verlages Audet (1988) VNU zum Marktführer im Zeitungssektor. Als dann in den Benelux-Staaten der Startschuss für das private Fernsehen fiel, war VNU zunächst mit Minderheitsanteilen an verschiedenen Sendern beteiligt, die im Laufe der frühen 1990er-Jahre konsequent aufgestockt wurden.

1985 kaufte der Konzern den US-Informationsdienst Disclosure und nutzte diesen als Basis, um seine Aktivitäten auf dem nordamerikanischen Markt aufzubauen. Das starke Engagement in den USA war anfangs von größeren Verlusten gekennzeichnet. So wurde der 1986 übernommene Verlag für Computermagazine Hayden Publishing bereits nach wenigen Jahren wieder verkauft. Dafür übernahm der Konzern 1992 50 Prozent an der Softwarefirma Spectra Marketing Systems und beteiligte sich an einem Joint Venture mit Arbitron. Maßgeblichen Einfluss auf die Medienbranche sicherte sich VNU 1994 durch die Übernahme der BPI Communications Inc., dem Herausgeber der etablierten Branchenblätter *Billboard* und *Hollywood Reporter*. Danach läutete VNU 1998 durch den Erwerb des Informationsdienstleisters World Directories (Print- und Online-Telefonverzeichnisse) für 2,1 Milliarden Dollar und den Verkauf fast aller Druckereibetriebe, Tageszeitungen und TV-Beteiligungen eine Neuorientierung ein. Seit Ende der 1990er-Jahre bewegte sich der

Konzern also von den klassischen, verlegerischen Geschäftsfeldern in Richtung Markt- und Medienforschung.

Im Rahmen dieser Umorientierung kaufte VNU 1999 das amerikanische Unternehmen Nielsen Media Research für 2,7 Milliarden Dollar. Nielsen hat in den USA und in Kanada bis heute das Monopol auf die Ermittlung von TV-Einschaltquoten. Ausschlaggebend für VNUs Akquisition von Nielsen Media Research dürfte allerdings die Marktstellung des Unternehmens als Innovationsführer im Bereich Internet-Ratings gewesen sein. Ein weiterer wichtiger Schritt des Konzerns hin zum Anbieter von Markt- und Medieninformationen war die Übernahme des amerikanischen Marktforschungsriesen ACNielsen im Frühjahr 2001 für 2,3 Milliarden Dollar.

ACNielsen war 1923 in den USA von Arthur C. Nielsen Sr. gegründet worden. Nielsen erfand die bis heute eingesetzte Methode des Handelspanels, der Datenerhebung im Geschäft und das Konzept des Marktanteils. Nach dem Zweiten Weltkrieg expandierte das Unternehmen u. a. nach Westeuropa, Australien und Japan. In Deutschland übernahm ACNielsen 1979 die »Schmidt & Pohlmann Gesellschaft für Werbestatistik« zu 100 Prozent und gründete daraus die »A.C. Nielsen Werbeforschung S + P GmbH«. 1996 wurde der Bereich der Medienforschung »Nielsen Media Research« im Rahmen eines Umstrukturierungsprozesses als eigenständiges Unternehmen aus dem Konzern ausgegliedert. Durch die Übernahme der beiden Firmen durch VNU waren sie Anfang 2001 wieder unter einem Dach vereint. Gleichzeitig trennte sich der Konzern von seinen Verbraucher- und Bildungspublikationen.

2006 wurde VNU Ziel einer freundlichen Übernahme durch private Finanzinvestoren. 80 Prozent der Firmenanteile gingen an die Finanzinvestorengruppe Valcon Acquisition, ein Konsortium aus sechs Private Equity Unternehmen, darunter die Blackstone Group, Kohlberg Kravis Roberts, Thomas H. Lee & Partners, AlpInvest Partners, Carlyle Group und Hellman & Friedman. Der institutionelle Großaktionär Knight Vinke Asset Management hatte sich zunächst gegen die Übernahme gewehrt, später aber auf ein erhöhtes Angebot eingelassen, wonach der Marktwert des Unternehmens inklusive Schulden 8,7 Milliarden Euro betrug. Bis Anfang 2007 kaufte Valcon auch die restlichen Anteile an VNU, welches dadurch bis 2011 zu einem nicht mehr börsenorientierten Privatunternehmen wurde.

Im Zuge des Medienwandels und wachsender Kritik an den Messmethoden durch die Werbewirtschaft führte Nielsen 2009 eine gemeinsame Quote für traditionellen Fernsehkonsum, Online-Streams und DVR-Nutzung ein. Zudem gründete Nielsen auf Druck der großen Medienkonzerne das Marktforschungskonsortiums CIMM. Der »Coalition for Innovative Media Measurement« (CIMM) gehören unter anderem NBCUniversal, Time Warner, News Corp., Discovery, Viacom, CBS und Walt Disney an aber auch wichtige Werbekunden wie Procter & Gamble, AT&T und Unilever. Das Konsortium hatte die bisherigen Messmethoden von Nielsen als nicht zeitgemäß kritisiert und ein Pilotprojekt zur Erforschung und Entwicklung einer plattformübergreifenden Quotenmessung für TV, Internet und mobile Dienste gestartet.

Ende 2009 verkaufte Nielsen acht Fachmagazine, darunter den *Hollywood Reporter* sowie *Adweek*, eine Fachzeitschrift der Werbebranche. Den Besitzer wechselten außerdem das renommierte Musikmagazin *Billboard*, das die US-amerikanischen Musik-Charts ermittelt, und die Zeitschriften *Brandweek*, *Mediaweek*, *The Clio Awards*, *Backstage* und *Film Journal International*. Weiter verkaufte Nielsen 2010 seine Reisemagazine an NorthStarTravel Media und die Lebensmittelzeitschriften an Stagnito Media. Danach verlegte Nielsen nur noch sieben Zeitschriften.

Ende September 2015 bescheinigte Linda Yaccarino, NBC-Anzeigenchefin, Ratingfirmen wie Nielsen öffentlich eine »akute Krise«. Traditionelle Mediennutzungsforschung sei im Internetzeitalter obsolet geworden. Daten- und Wissenskonzerne wie Google verfügten durch Cookies und andere Tracking-Tools schon jetzt über mehr Daten von Internetnutzern als Nielsen sie jemals haben wird. In Zeiten, in denen Webseiten-Betreiber ihre Userzahlen in Echtzeit selbstständig überprüfen können, wirke Nielsens sog. »Panel«-Modell, also die Installierung von Messgeräten in einer kleinen, repräsentativen Gruppe von Rezipienten, auf das sich das Unternehmen noch zu großen Teilen beruft, antiquiert.

Nielsens Vorteil ist bis auf Weiteres, dass ein erheblicher Teil des TV-Konsums noch offline stattfindet und es auf diesem Verbreitungsweg schlichtweg keine bessere Möglichkeit gibt, Einschaltquoten zu messen. Zudem profitiert das Unternehmen davon, dass werbetreibende Firmen darauf wertlegen, die Mediennutzungsdaten von unabhängigen Dienstleistern zu bekommen, anstatt etwa von den Online-Videoportalen selbst.

MANAGEMENT

Seit Anfang 2019 wird Nielsen von David Kenny geleitet, zuvor unter anderem Manager bei IBM, The Weather Company, Yahoo! und Publicis. Zu Beginn seiner Amtszeit war Kenny nicht nur CEO, sondern auch Chief Diversity Officer. Nielsen, dessen Belegschaft zu 36 Prozent aus Angehörigen von Minderheitengruppen besteht, hat sich die Diversität seiner Belegschaft auf die Fahnen geschrieben. Auch weil ein erheblicher Teil der Rating-Arbeit darauf beruht, Marketing- und Werbefirmen zu erklären, wann und wie diverse demografische und ethnische Gruppen Medien nutzen. Als weißer Mann bekam er jedoch schnell internen Gegenwind aus den eigenen Reihen und gab den Titel zügig an die schwarze Frau Sandra Wills-Williams ab. Inzwischen sind 16 Prozent der 43.000 Personen umfassenden Nielsen-Belegschaft in entsprechenden Karriere-Netzwerken für Minderheiten organisiert. Probleme bleiben jedoch: Afroamerikanische Mitarbeiter bemängeln weiterhin Ungleichheiten bei der Bezahlung und der Geschwindigkeit bei Beförderungen.

GESCHÄFTSFELDER

Nach dem 2,7 Milliarden schweren Verkauf seiner Konsumentenforschungsabteilung Nielsen Global Connect (jetzt NielsenIQ) an die Private-Equity-Gruppe Advent International im März 2021 betreibt Nielsen fortan ausschließlich Publikumsforschung und -analyse. Nielsen bietet Daten für Medienunternehmen, auf deren Grundlage die Preise für Werbung festgelegt werden. Gleichzeitig wertet die Medienforschung die Werbung für die Industrie aus und ermittelt den Erfolg der verschiedenen Marketinginstrumente. Nielsen misst in den USA sowohl die Quoten von landesweiten als auch von regionalen Sendern. Plattformübergreifend wurden die sog. »C3« und »C7«-Maße eingeführt, die messen, wie oft Werbespots sowohl live als auch zeitversetzt angeguckt wurden. Außerhalb Nordamerikas misst das Unternehmen TV-Quoten in 35 weiteren Ländern. Die bekanntesten Tools und Dienste in der Medienforschungs-Sparte von Nielsen sind Nielsen Media Research (TV), Syndicated Radio Ratings, Digital Ad Ratings (Online-Werbung) und das »Mobile Software Development Kit«, das Mobilnutzung misst.

Um Streaming-Gewohnheiten zu messen, hat Nielsen mit »The Gauge« ein Instrument eingeführt, das in 14.000 US-Haushalten den Internet-Traffic aufzeichnet und so ein präziseres Bild zeichnen kann, wie viel Zeit mit Streaming verbracht wird. Zuvor hatte Nielsen lange Zeit auf einen (bezüglich seiner Genauigkeit umstrittenen) Audiosensor gesetzt, der bei ausgewählten Leuten installiert wurde, um die Art des Medienkonsums zu identifizieren.

AKTUELLE ENTWICKLUNGEN

Nielsens künftiger Erfolg wird maßgeblich davon abhängen, ob es dem Unternehmen gelingt, sich in der YouTube- und Netflix-Ära als verlässliche Quelle für Streaming-Nutzungsdaten zu positionieren. Während manche einflussreiche Medienmanager, zum Beispiel Discovery/Warner-CEO David Zaslav, Nielsens Trackingmethoden für »antiquiert« halten, hat Netflix-Boss Reed Hastings seine ablehnende Haltung inzwischen revidiert, wohl vor allem, weil Nielsen-Daten dem Streamen von Netflix eine deutlich höhere Relevanz bescheinigen als den Diensten der Konkurrenz.

Inzwischen nutzen Amerikaner laut Nielsen 26 Prozent ihrer vor dem TV verbrachten Zeit mit Streaming, den Rest weiterhin mit klassischem Kabel-TV. Doch Nielsens Grundproblem bleibt: die Streamingportale haben deutlich mehr Daten über ihre User gesammelt als Nielsen und werden diese auch freiwillig nicht herausgeben – und sie benötigen auch nicht die Nielsen-Quoten, da sie ihre Inhalte nicht durch Werbung monetarisieren.

42.

Sinclair Broadcast Group

Umsatz 2020: 5,203 Mrd. EUR (4,890 Mrd. USD)

ÜBERBLICK

Gegründet 1985 ist Sinclair in den vergangenen Jahren durch aggressive Zukäufe zum umsatzstärksten Betreiber von regionalen TV-Sendern der USA aufgestiegen. Der Gruppe gehören unter anderem 186 lokale Fernsehstationen, diverse Sport- und Entertainment-Networks, ein Streamingdienst und eine Wrestling-Promotion. Kritiker werfen dem Konzern vor, »Trump-TV« zu betreiben und die regionale Medienvielfalt der USA durch seine zentralistische, rechtskonservative Ausrichtung zu beschädigen.

BASISDATEN

Hauptsitz:
Sinclair Broadcast Group, Inc.
10706 Beaver Dam Road
Hunt Valley, Maryland 21030, USA
Telefon: 001 410 568 1500
Website: sbgi.net

Branche: TV, Streaming, Wrestling
Rechtsform: Aktiengesellschaft
Geschäftsjahr: 01.01.-31.12.
Gründungsjahr: 1985

ÖKONOMISCHE BASISDATEN

	2020	2019	2018	2017	2016
Umsatz (in Mrd. USD)	5,2	4,24	3,01	2,64	2,62
Gewinn (in Mrd. USD)	-2,41	0,047	0,341	0,576	0,245
Aktienkurs (USD, Jahresende)	31,5	31,81	24,65	34,56	29,81
Mitarbeiter	11.600	11.800	9.000	8.900	8.400

MANAGEMENT

David D. Smith	Executive Chairman
Frederick G. Smith	Vice President
J. Duncan Smith	Vice President
Christopher S. Ripley	President & CEO
Brian Bark	Senior Vice President & Chief Information Officer
David R. Bochenek	Senior Vice President & Chief Accounting Officer
Barry M. Faber	President, Distribution & Network Relations
David Gibber	Senior Vice President & General Counsel
Delbert R. Parks	Executive Vice President & Chief Technology Officer
Lucy A. Rutishauser	Executive Vice President & Chief Financial Officer
Donald H. Thompson	Executive Vice President & Chief Human Resources Officer
Robert D. Weisbord	President of Broadcast & Chief Advertising Revenue Officer

BOARD OF DIRECTORS

David D. Smith	Sinclair Broadcast Group
Frederick G. Smith	Sinclair Broadcast Group
J. Duncan Smith	Sinclair Broadcast Group
Robert E. Smith	Sinclair Broadcast Group
Laurie R. Beyer	Greater Baltimore Medical Center
Howard E. Friedmann	Lanx Management LLC
Daniel C. Keith	Cavanaugh Group
Martin R. Leader	Pillsbury Winthrop Shaw Pittman
Benson E. Legg	JAMS
Lawrence E. McCanna	

GESCHICHTE

Bis 2017 war Sinclair trotz bereits stattlicher Größe nur Insidern bekannt. Doch mit dem Beginn der Präsidentschaft von Donald Trump änderte sich das schlagartig und die Senderkette wurde zu einem der wichtigsten Verbündeten der Republikaner. Die Wurzeln des Unternehmens gehen auf Julian Sinclair Smith zurück, einen Ingenieur aus Baltimore, der sich in den 1950er-Jahren auf den Bau von Fernsehstationen spezialisierte und mit seiner von den großen Networks unabhängigen Chesapeake Television Corporation schon bald erste lokale Nachrichtenformate produzierte.

Sinclair Smiths Sohn David begann dann in den 1980er-Jahren im Rahmen einer beispiellosen Einkaufstour TV-Senderketten in ganz Amerika zu übernehmen, darunter Act III Broadcasting (1995), River City Broadcasting (1996), Four Points Media Group (2011) und Barrington Broadcasting (2013) sowie einzelne Lokalsender. David D. Smiths Meisterstück wurde jedoch 2018 von der FCC ein Riegel vorgeschoben: Die Regulierungsbehörde untersagte eine knapp vier Milliarden Dollar schwere Übernahme von Tribune Media – um zu verhindern, dass in den USA ein de facto Regionalfernseh-Duopol entstand, bestehend aus Sinclair und der Nexstar Media Group. Auch Sinclairs Angebot, sich von diversen Sendern in einzelnen regionalen Märkten zu trennen, überzeugte die Medienwächter nicht – mit der Folge, dass Tribune Sinclair wegen des gescheiterten Deals auf eine Milliarde Dollar Schadenersatz verklagte. Doch die Smiths zeigten sich davon unbeeindruckt und setzten ihre Shoppingtour fort.

Für stattliche 10,6 Milliarden Dollar kaufte die Sinclair-Tochter Diamond Sports Group die Sportsenderkette Fox Sports News Networks (heute Bally Sports), die sich damals im Besitz von Walt Disney befand.

Unterdessen geriet die rechtskonservative Linie von Sinclair immer mehr in den Fokus. Schon während der Obama-Ära waren die Sinclair-Stationen durch die Verbreitung von Verschwörungstheorien über die demokratische Partei aufgefallen, doch im Präsidentschaftswahlkampf 2016 und den folgenden vier Jahren der Trump-Administration wurden die Sinclair-Sender zum Trump-Megafon. Über das Format der sogenannten »must run segments«, kurze Meinungsbeiträge von den der Trump-Kampagne nahestehenden Kommentatoren, die alle Sinclair-Stationen quer durch die USA ausstrahlen mussten, wurden die letzten unabhängigen Bastionen der amerikanischen Medienlandschaft beeinflusst: Lokale TV-Nachrichten, denen die Bevölkerung der USA seit Jahren mehr vertraut als den landesweiten Kabel-Nachrichtensendern.

Zudem diktierten die Smiths aus der Unternehmenszentrale in Maryland den über 87 regionale Märkte verstreuten lokalen News-Anchors, was sie vom Teleprompter ablesen sollten. Eines der Skripte, das den Moderatorinnen und Sprechern in den Mund gelegt wurde, lautete: »Wir sind besorgt über den beunruhigenden Trend unverantwortlicher, einseitiger Nachrichten, die unser Land plagen: Das Teilen von voreingenommenen und falschen Nachrichten ist in den sozialen Medien alltäglich geworden. Noch beunruhigender ist, dass einige Medien diese gleichen gefälschten Geschichten veröffentlichen, ohne vorher die Fakten zu überprüfen.« Trump selbst zeigte sich begeistert und lobte Sinclair als echte Alternative zu den »Fake News Networks« CNN, MSNBC und ABC.

MANAGEMENT

Die Familie von Gründer und Aufsichtsratsvorsitzenden David D. Smith, hat in den vergangenen Jahren in Form von Super PACs massiv an die Republikanische Partei und Trump gespendet. Ein ehemaliger Sprecher von Präsident Trump, Boris Epshteyn, wurde sogar als politischer Analyst für Sinclair verpflichtet. Und Trumps Schwiegersohn Jared Kushner handelte im Wahlkampf 2016 eine Reihe von Exklusiv-Interviews aus, die im Gegenzug für einen bevorzugten Zugang zu Trump gezielt in zuschauerstarken Sinclair-Nachrichtenformaten in den Swing States ausgestrahlt wurden. Der Deal beinhaltete die Zusage, die Statements von Trump ohne journalistische Kommentare oder Einordnungen zu senden. Zudem stellten die Sender Trump insgesamt signifikant mehr Sendezeit zur Verfügung als seiner Konkurrentin Hillary Clinton.

GESCHÄFTSFELDER

Neben 186 TV-Stationen und 620 TV-Sendern betreibt Sinclair die landesweiten NETWORKS COMET (Science Fiction), STADIUM und BALLY SPORTS (Sport), TENNIS CHANNEL, CHARGE! (Action) und TBD (kuratierter Online-Content für TV). Die beiden Streamingplattformen STIRR und NewsON haben sich neben Sport und Entertainment auf lokale News spezialisiert. Mit Ring of Honor besitzt Sinclair zudem seit 2011 einen eigenen Wrestling-Verband.

AKTUELLE ENTWICKLUNGEN

Sinclair, inzwischen in die prestigeträchtige Fortune-500-Liste der wertvollsten Unternehmen aufgestiegen, setzt neben Lokalnachrichten, die spätestens im Vorlauf zu den Mid-Term-Wahlen 2022 die Kassen durch Tausende von Wahlwerbespots klingeln lassen, voll auf die Karte Sport, insbesondere nach dem Höhepunkt der Corona-Pandemie, die viele Stadien und auch Sinclairs Wrestlingsschmiede hat stillstehen lassen.

CEO Chris Ripley entwickelt seit geraumer Zeit federführend eine 250 Millionen Dollar teure Streaming-App für Smartphones, die die Art und Weise revolutionieren soll, wie Fans Sport erleben. Sinclair will mit der App ein neues Ökosystem erschaffen, in dem sportbegeisterte Zuschauer nicht nur College Football, NBA-Basketball und NHL-Hockey gucken, sondern auch Fan-Communitys beitreten, Merchandise-Artikel und Tickets kaufen sowie Games spielen können.

43.

Access Industries

Umsatz 2020: 5,741 Mrd. USD (5,062 Mrd. EUR)

ÜBERBLICK

Access Industries ist die 1986 gegründete private Beteiligungsfirma des russischstämmigen anglo-amerikanischen Milliardärs Len Blavatnik. Mit Investments und *long-term holdings* in Bereichen Chemie- und Biotechnologie, Immobilien und Medien. Zur Holding gehören die Warner Music Group (eine der drei großen Musikfirmen, neben Universal [Vivendi] und Sony), der Sportstreaminganbieter DAZN und der Spotifiy-Konkurrent Deezer.

BASISDATEN

Hauptsitz:
40 West 57th Street, 28th Floor
New York, NY 10019
USA
Telefon: 001 202 247 6400
Website: accessindustries.com

Branche: Musik, Video- und Musikstreaming, Film- und TV-Produktion, Free- und Pay-TV
Rechtsform: Private Company
Geschäftsjahr: 01.10.-30.09. (Warner Music Group)
Gründungsjahr: 1986

ÖKONOMISCHE BASISDATEN ACCESS INDUSTRIES UMSATZ NACH SPARTEN (IN MIO. USD)*

	2020	2019	2018
Warner Music	4.463	4.475	4.005
DAZN	N.N.	878	498
Deezer	N.N.	400	339

*Zur Einordnung in das Ranking beziehen wir uns auf die verfügbaren 2020er- bzw. 2019er-Umsatzzahlen von Warner Music, DAZN und Deezer.

AUFSICHTSRAT

Len Blavatnik, Founder and Chairman Access Industries

MANAGEMENT

Stephen F. Cooper	Chief Executive Officer, Warner Music Group (New York)
Kevin Mayer	Chairman of the Board of Directors, DAZN
James Rushton	Co-CEO, DAZN
Hans-Holger Albrecht	CEO, Deezer (Paris)

GESCHICHTE

Leonard Valentinovich Blavatnik verließ Ende der 1970er-Jahre gemeinsam mit seinen Eltern die Sowjetunion in Richtung USA und machte Abschlüsse an der Columbia University und der Harvard Business School – nur um nach dem Fall des eisernen Vorhangs zurückzukehren und als steinreicher Sieger aus den »Aluminium-Kriegen« hervorzugehen: Gemeinsam mit seinem Partner, dem heutigen Kreml-Berater Viktor Vekselberg, gelang es ihm, in der von Mord und kriminellen Banden geprägten Ära diverse Aluminium-Fabriken unter dem Dach seiner Firma Sual zusammenzuführen, die heute als »Rusal« der zweitgrößte Alu-Produzent der Welt ist.

1997 stiegen Blavatnik und Vekselberg dann mithilfe des Oligarchen Mikhail Fridman ins Erdöl-Business ein und erwarben Anteile an dem sibirischen Energie-Riesen TNK, an dem sich später auch BP beteiligte und mit dem, nach dem Verkauf an den staatlichen Öl-Riesen Rosneft im Jahr 2013, Blavatnik und Co. rund 28 Milliarden Dollar verdienten.

Das Vermögen, das er beim Ausverkauf der sowjetischen Industrie machte, reinvestierte er in der Folge überwiegend in den USA und Europa, und bewies bei seinen oftmals riskanten Wetten fast immer den richtigen Riecher: So setzte er unter anderem auf das Modelabel Tory Burch, den niederländischen Chemiekonzern Basell oder auch die Broadway-HitShow *Hamilton*. Seine Ausflüge in den Mediensektor waren jedoch durchwachsen, etwa als er dem inzwischen als Sexualstraftäter verurteilten Produzenten Harvey Weinstein 45 Millionen für sein gleichnamiges Studio lieh oder gemeinsam mit Trumps späteren Wirtschaftsminister Steve Mnuchin und dem Filmregisseur Bret Ratner Besitzer des Hollywood-Studios Ratpac Dune wurde.

Ein Volltreffer war jedoch sein 3,3 Milliarden schwerer Kauf des »Big 3«-Musiklabels Warner Music im Jahr 2011 – zu einem Zeitpunkt, als sich die Musikindustrie in einer schweren Krise befand. Dank des Siegeszuges, den Musikstreaming angetreten hat (auch wenn dabei Deezer, ein weiteres Blavatnik-Investment, bisher nur eine Nebenrolle spielt), ist Warner Music nach einem erfolgreichen Börsengang 2020 mittlerweile rund das Doppelte wert.

MANAGEMENT

Blavatnik, 2017 von der Queen zum Ritter geschlagen, lebt mittlerweile als reichster englischer Bürger in London und hält von dort, dank großzügiger Spenden an Universitäten, Kultureinrichtungen und Politiker, beste Beziehungen nach Washington und Moskau. Seine Parteispenden schüttet er nach dem Gießkannenprinzip aus, sodass er sich stets der Unterstützung aller relevanten Akteure sicher sein kann. Ob Mitt Romney, Lindsey Graham oder Marco Rubio auf der einen Seite oder Barack Obama, Kamala Harris und Hillary Clinton am anderen Ende des Parteienspektrums – sie und ihre Kampagnen haben alle schon von Blavatnik-Millionen profitiert. Seine politischen Affiliationen kommen dabei jedoch immer stärker in Konflikt mit seinem philanthropischen Aktivitäten. So legte der Politikwissenschaftler Bo Rothstein seine Professur an der Blavatnik School for Governance an der Universität Oxford aus Protest nieder, als er aus der Presse erfuhr, dass der Namensgeber seines Instituts die Inaugurationsfeier von Ex-Präsident Trump mitfinanziert hatte.

GESCHÄFTSFELDER

Warner Music Group: Als eines der drei größten Musiklabels der Welt vereint die Warner Music Group 19 Plattenfirmen (Asylyum, Atlantic, Big Beat, Canvasback, east west, Elektra, Erato, 2Orbital, Fueled by Ramen, Nonesuch, Parlophone, Reprise, Rhino, Roadrunner, Sire, Spinnin', Warner Classics, Warner Music Nashville und Warner Records) und den Musikverlag Warner Chappell Music. Zu den bekanntesten und erfolgreichsten Warner-Künstlerinnen und Künstlern zählen momentan Cardi B, David Guetta und Ed Sheeran.

DAZN: Das 2016 gegründete Sportstreamingportal ist momentan erst in acht Ländern nutzbar (USA, Italien, Spanien, Kanada, Österreich, Schweiz, Brasilien und Japan), will jedoch durch den Einkauf von exklusiven Übertragungsrechten zum weltweiten Marktführer für die Over-the-Top-Übertragung von Sportereignissen werden. Je nach Land hält DAZN mittlerweile Rechte an u. a. UEFA-, FIFA-, Premier League-, Bundesliga-, Serie A und Ligue 1-Fußball, FIBA-Basketball, UFC-Kampfsport und WTA Tour Tennis.

Deezer: Mit einem Marktanteil von rund zwei Prozent (2020) ist Deezer im Vergleich zu Spotify, Apple Music und Co. noch ein relativ kleiner Player auf dem Musikstreaming-Markt – ist jedoch in 180 Ländern nutzbar und hat damit eine potenziell größere internationale Reichweite als die Konkurrenz. Die ca. acht Millionen Deezer-Nutzer können auf einen Katalog von 73 Millionen Songs zugreifen, inklusive vieler Titel von Alternativkünstlern, die bei Deezer stärker für einzelne, direkte Streams entlohnt werden als bei anderen Diensten.

AKTUELLE ENTWICKLUNGEN

Spätestens seit sich DAZN für 2,5 Milliarden Euro die kompletten Übertragungsrechte der italienischen Fußballliga Serie A für die kommenden drei Saisons sicherte und dabei Konkurrent SKY ausstach ist dem letzten Beobachter klar, dass Len Blavatnik es ernst meint mit seinem Vorhaben, möglichst schnell ein »Netflix für Sport« aus dem Boden zu stampfen. Da DAZN aufgrund des kostspieligen Expansionskurs noch keine Gewinne erwirtschaftet, erwägt Blavatnik einen Börsengang, der frisches Kapital in die Kasse spült und die Wettbewerber SKY und ESPN in weitere Alarmbereitschaft versetzen könnte.

Warner Music hat indes den Börsengang hinter sich, und konnte vom Pandemiejahr 2020 profitieren. Das Streaminggeschäft wuchs weiter um sieben Prozent auf ein Volumen von knapp 22 Milliarden Dollar. Der Streamingboom hat den für Musiklabels und -verlage angenehmen Nebeneffekt, dass ältere Songs und Alben an Wert gewinnen. Künstler wie Bob Dylan, Stevie Nicks oder David Guetta haben ihre Songwriting-Kataloge inzwischen verkauft, um durch pandemiebedingte Tourabsagen entstandene Verluste auszugleichen. Allein für Guettas 20 Jahre umfassendes Gesamtwerk bezahlte Warner Music im Sommer 2021 stattliche 100 Millionen Dollar.

44.

Electronic Arts Inc.

Umsatz 2020: 5,629 Mrd. USD (4,928 Mrd. EUR)

ÜBERBLICK

Electronic Arts ist ein weltweit führender Game Publisher und veröffentlicht Sportspiele (FIFA, *Madden*, NHL), Rennspiele (*Need for Speed*) und Ego-Shooter-Titel (*Battlefield*, *Apex Legends*). Wie andere Games-Konzerne hat auch Electronic Arts das Geschäftsmodell umgestellt, das jetzt nicht mehr allein auf den Spiele-Verkäufen basiert, sondern auf weitere Erlöse durch In-Game-Käufe und Spiele-Abonnements (›EA Access‹) abzielt.

BASISDATEN

Hauptsitz: 209 Redwood Shores Parkway, Redwood City, CA 94065 Telefon: 001 650 6281500 USA Website: ir.ea.com	**Branche:** Games-Entwicklung und Vermarktung **Rechtsform:** Aktiengesellschaft **Geschäftsjahr:** 01.04.-31.03. **Gründungsjahr:** 1982

ÖKONOMISCHE BASISDATEN

	2020	2019	2018	2017	2016	2015	2014
Umsatz (in Mio. USD)	5.629	5537	4.950	5.150	4.845	4.396	4.515
Gewinn (in Mio. USD)	837	3039	1.019	1.043	967	1.156	875
Aktienkurs (in USD, Jahresende)	143,25	107,11	78,61	104,67	78,46	68,46	46,84
Beschäftigte	N.N.	9.800	9.700	9.300	8.800	8.500	8.400

MANAGEMENT

Andrew Wilson	Chief Executive Officer
Blake Jorgensen	Chief Operating Officer, Chief Financial Officer
Laura Miele	Chief Studios Officer
Chris Bruzzo	Chief Marketing Officer
Ken Moss	Chief Technology Officer
Mala Singh	Chief People Officer
Jacob Schatz	Senior Vice President, General Counsel and Corporate Secretary
Ken Barker	Senior Vice President, Chief Accounting Officer
Matt Bilbey	Executive Vice President of Strategic Growth

AUFSICHTSRAT

Leonard S. Coleman	Major League Baseball
Jay Hoag	Technology Crossover Ventures
Jeffrey T. Huber	GRAIL Inc.
Lawrence F. Probst	EA
Talbott Roche	Blackhawk Networks Holding
Richard. A. Simonson	Sabre Corporation
Luis Ubiñas	
Heidi Ueberroth	Globicon
Andrew Wilson	Director, EA

GESCHICHTE

1982 gründete William »Trip« Hawkins III die Unterhaltungselektronik-Firma Amazin' Software, die ein Jahr später in Electronic Arts umbenannt wurde. EA entwickelte dann vor allem Spiele für die Heimcomputer von Apple, Atari, Amiga und Commodore. Der erste große Erfolg war dabei der Shooter *Skyfox*, der 1984 erschien und erfolgreich mittels eines eigenen Vertriebsnetzes verkauft wurde.

1987 landete EA mit *Chuck Yeager's Advanced Flight Trainer* für den PC einen weiteren Verkaufshit. Das Spiel warb mit dem lizenzierten Namen von Chuck Yeager, dem ersten US-Piloten, der in einem Jet die Schallmauer durchbrach. Um der wachsenden Nachfrage nach Computerspielen außerhalb der Vereinigten Staaten nachzukommen, eröffnete EA 1987 eine erste europäische Niederlassung in London.

1989 ging Electronic Arts an die Börse. Zwei Jahre später – Gründer Trip Hawkins hatte EA bereits verlassen, um die später gefloppte Konsole 3DO zu entwickeln – führte das Unternehmen die Marke »EA Sports« für seine Sporttitel ein, die bis heute das wichtigste Aushängeschild ist. Im selben Jahr lag der Konzernumsatz erstmals bei über 100 Millionen US-Dollar. Zu der Zeit produzierte EA auch Titel für 16-Bit-Konsolen wie den Sega Mega Drive. 1993, nachdem EA die internationale Expansion mit Niederlassungen in Deutschland und Japan vorangetrieben hatte, folgte ein weiterer strategischer Schachzug: Das Unternehmen erwarb die Lizenz des Weltfußballverbandes FIFA, die es EA ermöglichte, die jährlich erscheinende FIFA *Football*-Reihe zu etablieren. Als entscheidenden Vorteil gegenüber Konkurrenztiteln konnte EA die Original-Spieler- und Vereinsnamen verwenden.

1994, bei der Einführung der Spielekonsolen der fünften Generation (Sony Playstation, Sega Saturn, Nintendo 64), war Electronic Arts bereits der führende Publisher auf dem Videospielmarkt. Auch die Playstation 2 und die Xbox änderten daran nichts. Zum Jahrtausendwechsel erwirtschaftete das Unternehmen mehr als eine Milliarde US-Dollar. Die dominierende Marktstellung konnte der Publisher im Jahr 2000 mit der Übernahme von DreamWorks Interactive, der Spiele-Tochter des gleichnamigen Hollywood-Studios von Steven Spielberg, weiter ausbauen. DreamWorks war unter anderem für den ersten Teil der *Medal of Honor*-Reihe verantwortlich. Mit der Lebenssimulation *Die Sims* wurde 2002 eines der meistverkauften Computerspiele aller Zeiten veröffentlicht (mit bis heute rund 200 Millionen verkauften Exemplaren).

Bereits frühzeitig investierte man auch in den Online-Bereich. So übernahm EA bereits 2005 den damals führenden Entwickler von Mobilfunkspielen Jamdat Mobile. Auch die Expansion nach Asien ließ nicht lange auf sich warten, 2007 erfolgte die Beteiligung an dem chinesischen »The9«-Studio und am südkoreanischen Entwickler »Neowiz«. Neben zahlreichen weiteren Käufen von Entwicklerstudios wie »BioWare«, »Pandemic« und »Hands on Mobile« übernahm Electronic Arts Ende 2009 die vor allem über Facebook aktive Social-Gaming-Plattform »Playfish«. Zudem kündigte EA 2010 an, keine Spiele mehr ohne Online-Komponente zu veröffentlichen. Auch in der Independent-Szene akquirierte EA verstärkt. Ende 2010 übernahm man für einen unbekannten Preis den Publisher Chillingo und 2011 für 1,3 Milliarden Dollar das Entwicklerstudio PopCap (u. a. Hersteller der Spiele *Plants vs. Zombies* und *Bejeweled*) sowie den Social-Games-Entwickler KlickNation.

Mittlerweile ist EA ein integraler Bestandteil des internationalen Sportbusiness geworden. Was nicht nur Vorteile hat: So musste man im Sommer 2015 z. B. den mit dem Profi-Eishockeyspielers Patrick Kane geschlossenen Vertrag aussetzen, weil gegen die Werbefigur des Titels *NHL Hockey* zeitweise wegen vermeintlicher Vergewaltigung ermittelt wurde (Kane wurde später freigesprochen). Zudem musste sich EA im Rahmen einer Sammelklage von College-Sportlern außergerichtlich einigen und eine Zahlung von 60 Millionen Dollar leisten. EA und die Universitätsliga NCAA waren 2013 verklagt worden, weil sie die vornehmlich afroamerikanischen College Football und Basketball-Athleten – im Gegensatz zu den Profisportlern – nicht für die Verwendung ihrer Namen und ihres Aussehens in den Spielen entlohnt hatten. EA hatte daraufhin die Produktion von Collegesport-Titeln eingestellt.

MANAGEMENT

Der Australier Andrew Wilson hat den Publisher in die digitale, und vor allem mobile Zukunft geführt. Wilson war zuvor ausführender Produzent der FIFA-Serie, dem wohl wichtigsten EA-Titel, der rund ein Drittel des jährlichen Konzernumsatzes generiert. Das Wirtschaftsmagazin

Fortune wählte ihn 2015 hinter Mark Zuckerberg und vor Tim Cook auf Platz drei seiner »Global Businessperson of the Year«-Liste.

Wilson hat Electronic Arts von einem klassischen Games Publisher in einen »online content delivery service« verwandelt. Nicht nur die Vertriebswege für Games sind mittlerweile digitalisiert, sondern auch die Art und Weise, wie gespielt wird, hat sich verändert. Die Spieldauer und die Anzahl der Spieler hat sich durch Online-Gaming signifikant erhöht. Gab es vor zehn Jahren weltweit 200 Millionen Gamer, sind es heute knapp zwei Milliarden. EA-Titel werden deshalb nicht mehr nur einmal produziert und verkauft, sondern als »Services« ständig aktualisiert und erweitert – nicht immer zum Wohlwollen der Spieler, die nach Bezahlung des vollen Kaufpreises auch noch während des Spielens zur Kasse gebeten werden, wenn sie Zusatzinhalte freischalten möchten.

GESCHÄFTSBEREICHE

Electronic Arts ist der weltweit sechstgrößte Games Publisher hinter Tencent, Sony, Nintendo, Activision Blizzard und Bandai Namco. EA vereint insgesamt 20 Games-Studios unter seinem Dach, darunter Frostbyte, die als Cashcow für die erfolgreichen Sporttitel verantwortlich ist (u.a. das mit der offiziellen FIFA-Lizenz bis mindestens 2022 ausgestattete *FIFA*, aber auch *Madden NFL* und *NHL*), Rollenspielentwickler Bioware (*Mass Effect*) sowie Criterion (*Burnout*) und die auf First-Person-Shooter spezialisierten Dice (*Battlefield*) und Respawn (*Apex Legends*).

AKTUELLE ENTWICKLUNGEN

Fast alle EA-Titel sind mittlerweile voll von sogenannten ›Loot Boxen‹ – auf Glücksspiel-Mechanismen beruhende Schatztruhen mit unbekanntem Inhalt, die Spieler in der Hoffnung auf wertvolle Boni gegen Bezahlung oder erspielte Erfahrungspunkte öffnen können. So erzielt das Unternehmen mittlerweile einen erheblichen Teil seines Gewinns mit dem Verkauf von virtuellen »FIFA Ultimate Team Packs«, nach dem Zufallsprinzip zusammengestellte Fußballer-Avatare, mit denen Spieler das eigene Team verstärken können, um in Online-Duellen gegen andere Spieler mithalten zu können.

Nach Protest von Jugendschützern war Belgien 2018 weltweit das erste Land, das Loot Boxen für Minderjährige verboten hat. Auch in Deutschland wurde das Jugendschutzgesetz im Mai 2021 zumindest so überarbeitet, dass künftig Games mit Deskriptoren versehen werden müssen, wenn sie »Interaktionsrisiken« und »glücksspielähnliche Mechanismen« beinhalten.

EA, das über Lobbyverbände versucht, den medienpolitischen Druck abzufedern und die »Packs« lieber als »Überraschungseier-ähnliche Elemente« bezeichnet, will die umstrittene Praxis nicht aufgeben. Denn inzwischen erwirtschaftet das Unternehmen einen erheblichen Teil seines Gewinns mit den virtuellen Glückslosen. Wie ein internes Dokument jüngst offenbarte, ist das gesamte Spieldesign von FIFA darauf abgestimmt, die Gamer dazu zu bringen, Geld für FUT-Packs auszugeben. Eigene Investitionen in die eigentlichen Spiele in Form von Gameplay-Updates bleiben dabei auf der Strecke. So hat Electronic Arts zugegeben, dass *FIFA 21* für die Nintendo Switch bis auf die aktualisierten Kader-Daten und optisch angepasste Menüs exakt dasselbe Spiel wie die Vorgänger *FIFA 20* und *FIFA 19* ist.

45.

Wolters Kluwer NV

Umsatz 2020: 4,603 Mrd. EUR

ÜBERBLICK

Aus vier niederländischen Verlagen des 19. Jahrhunderts entwickelte sich einer der weltweit größten Wissens- und Informationsdienstleister. Die Produktpalette von Wolters Kluwer umfasst heute Informations- und Dienstleistungen in den Bereichen Medizin/Gesundheit, Steuern/Finanzwesen, Governance und Recht. Das Unternehmen ist in mehr als 40 Ländern in Europa, Nord- und Lateinamerika und Asien vertreten.

BASISDATEN

Hauptsitz:
Zuidpoolsingel 2
Alphen aan den Rijn
Niederlande
Telefon: +31 172 641400
Website: wolterskluwer.com/investors
Branche: Fachinformationen, Software-Entwicklung
Rechtsform: Aktiengesellschaft
Geschäftsjahr: 01.01.-31.12.

Gründungsjahr: 1836 (Wolters Schoolbook-Verlag), 1858 (Noordhoff-Verlag), 1968 (Schoolbook und Noordhoff fusionieren), 1972 (Wolters-Noordhoff fusioniert mit der Information and Communications Union der Samson-Familie), 1987 (Kluwer und Wolters-Samson fusionieren zu Wolters Kluwer NV)

ÖKONOMISCHE BASISDATEN

	2020	2019	2018	2017	2016	2015	2014
Umsatz (in Mio. EUR)	4.603	4.612	4.259	4.386	4.297	4.208	3.660
Gewinn (in Mio. EUR)	721	669	656	636	490	423	474
Aktienkurs (in EUR, Jahresende)	68,26	65,40	51,20	44,55	34,42	31,36	25,27
Beschäftigte	19,17	18.361	18.600	19.000	18.807	18.055	18.549

UMSÄTZE NACH GESCHÄFTSFELDERN (IN MIO. EUR)

	2020	2019	2018	2017	2016	2015	2014
Health	1.193	1.186	1.109	1.166	1.106	1.022	816
Governance, Risk & Compliance	1.074	1.068	975	1.054	1.109	1.065	401
Tax & Accounting	1.431	1.413	1.295	1.234	1.173	1.132	946
Legal & Regulatory	905	945	880	914	927	989	1.497
Gesamt	4.603	4.612	4.259	4.368	4.297	4.208	3.660

GESCHÄFTSFÜHRUNG

Nancy McKinstry	CEO
Kevin Entricken	CFO
Stacey Caywood	CEO Wolters Kluwer Health
Karen Abramson	CEO Wolters Kluwer Tax & Accounting
Richard Flynn	CEO Wolters Kluwer Governance, Risk & Compliance
Martin O'Malley	EVP Wolters Kluwer Legal & Regulatory
Cathy Wolfe	EVP Global Growth Markets
Andres Sadler	CEO Global Business Services
Dennis Cahill	Chief Technology Officer, Digital eXperience Group
Bill Baker	Chief HR Officer

AUFSICHTSRAT

Frans Cremers	Vorsitzender
Bertrand Bodson	Novartis
Jeanette Horan	IBM
Jack de Kreji	
Sophie Vandebroek	
Chris Vogelzang	Danske Bank
Ann Ziegler	CDW Corporation

GESCHICHTE

1836 gründete Jan Berend Wolters den Schoolbook-Verlag in Groningen, den er später in J.B. Wolters Publishing Company umbenannte. Da Wolters kinderlos war, übernahm nach seinem Tod sein Schwager Eduard Benjamin ter Horst die Führung des Unternehmens. Es folgte eine Periode der Expansion, in der ter Horst den Unternehmensbereich durch eine Druckerei und eine Buchbinderei erweiterte. 1885 machte ter Horst seinen Sohn zu seinem Geschäftspartner. Nach dem Tod von Benjamin ter Horst, Jr. ging es mit dem Verlag stetig bergab, sodass für seine Halbbrüder Felix Robert und Adolf ter Horst die Schließung des Unternehmens kurzzeitig in Betracht kam. Doch sie wandelten das Unternehmen in eine Kapitalgesellschaft um und setzten zum ersten Mal Geschäftsführer ein, die nicht aus dem familiären Umkreis kamen. Dr. Anthony M.H. Schepman, ein Mitarbeiter der J.B. Wolters Company und weitläufiger Verwandter, wurde 1917 zum Geschäftsführer ernannt und behielt diese Position über 40 Jahre.

Unter der Führung von Schepman begann der Verlag weiter zu expandieren. Man eröffnete im Jahre 1920 eine Außenstelle in Jakarta, Indonesien (Kolonie Niederländisch-Ostindien), um Literatur an die dort ansässige niederländisch sprechende Bevölkerung liefern zu können. 1959 fanden diese Expansionspläne ein jähes Ende, als Indonesien alle ausländischen Unternehmen und somit auch J.B. Wolters Jakarta verstaatlichte. Allerdings hatte der Verlag bereits 1949 eine stabile Marktposition auf dem flämischen Buchmarkt aufgebaut.

Auch die Ära der Familienverlage neigte sich dem Ende zu, eine Welle von Fusionen verschonte auch die Verlagshäuser nicht. So kam es 1968 zu der Fusion zwischen der J.B. Wolters Company und dem von Popko Noordhoff 1858 gegründeten Familienverlag Noordhoff, dessen Verlagshaus in direkter Nachbarschaft zu Wolters lag. 1972 fusionierte der frisch gegründete Konzern mit der Information and Communication Union (ICU), einem Unternehmen, das zwei Jahre zuvor aus der Verschmelzung der Verlage Samson und A.W. Sijthoff entstanden war. 1983 änderte man den Namen des gesamten Konzerns in Wolters-Samson.

1891 erschien die erste Publikation Ebele E. Kluwers in Deventer im Osten der Niederlande. Kluwer konzentrierte sich in seiner Verlagsarbeit lange vor allem auf Veröffentlichungen im Bildungs- und Hochschulsektor sowie auf Kinderbücher. Der Kluwer-Verlag blieb immer ein Familienunternehmen und entwickelte sich zum drittgrößten Verlagskonzern der Niederlande. 1987 kam es zum ersten von zwei Übernahmeversuchen des größten Verlegers des Landes, Reed Elsevier, durch massive Aktienkäufe. Bereits ein Jahr zuvor hatte Elsevier Fusionsgespräche mit dem Verlag begonnen, doch die Geschäftsführung Kluwers lehnte diesen Plan mit dem Verweis auf Differenzen in der Geschäftsphilosophie ab. Sie antwortete stattdessen auf die Aktienkäufe Elseviers mit Gesprächen über eine freundliche Übernahme mit Wolters-Samson. Am 14. August 1987 konnte Wolters-Samson den Besitz von 50,9 Prozent des Aktienkapitals des Kluwer-Verlages bekannt geben. Das neue Unternehmen änderte seinen Namen in Wolters Kluwer NV und bezog ein neues Hauptquartier in Amsterdam.

Durch diese Fusion wurde Wolters Kluwer NV zum zweitgrößten Verlags-Konzern der Niederlande. Durch Aktienaneignung verschiedener ausländischer Unternehmen, wie zum Beispiel der US-amerikanischen Tochterfirma Kluwer Law Book Publishing Company oder diverser unabhängiger Betriebe wie Raven Press, Aspen System und anderer, begann für den Verlag eine Periode der internationalen Expansion. In den folgenden Jahren weitete das Unternehmen seinen Wirkungsbereich nach Frankreich, West-Deutschland und Spanien aus. 1989 erwirtschaftete Wolters Kluwer NV bereits 44 Prozent des Umsatzes auf ausländischen Märkten.

Durch die Öffnung der innereuropäischen Grenzen stieg der Bedarf an europarechtlichen Fachbüchern und Übersetzungen. Wolters Kluwer besetzte diese Sparte und begann mit der Expansion nach Osteuropa. 1995 erweiterte der Konzern seinen Einflussbereich im europäischen Ausland erneut durch den Kauf verschiedener Verlagshäuser in Schweden, Österreich, Frankreich, Spanien und Deutschland, sodass die Firma zu diesem Zeitpunkt Außenstellen in 16 Ländern mit rund 8.000 Mitarbeitern aufweisen konnte. 1996 kaufte Wolters Kluwer für knapp zwei Milliarden Dollar den bekannten US-amerikanischen Fachverlag für Steuerwesen und Wirtschaft CCH. Damit stärkte der Konzern seine Position auf dem amerikanischen und asiatischen Markt.

Im Frühjahr 2014 kaufte Wolters Kluwer den Rechtsmanagement-Software- und Serviceprovider Datacert und veröffentlichte das medizinische Entscheidungssystem »UpToDate« in Großbritannien und Westeuropa. 2016 erwarb Wolters Kluwer den globalen Anbieter für verschiedene Software- und Cloud Computing-Angebote, Enablon. Ein Jahr später wurde der Geschäftsbereich Wolters Kluwer Education an Bridgepoint Capital verkauft.

MANAGEMENT

Die US-Amerikanerin Nancy McKinstry übernahm 2003 die Rolle des Chief Executive Officers und wurde damit zur einzigen weiblichen Geschäftsführerin in der niederländischen Verlagsindustrie und ist inzwischen auch die am längsten amtierende Chefin in der gesamten niederländischen Industrie. Sie verordnete dem damals kränkelnden Informationskonzern eine radikale Umstrukturierung und setzte dabei auf

Konsolidierung, Kosteneinsparungen und eine bessere Integration des großen Verlagsnetzes, und machte auch nicht vor Massenentlassungen halt.

Ein zweites Projekt bestand für McKinstry darin, den Rückstand des Unternehmens gegenüber Branchenkonkurrenten wie Reed Elsevier in den Bereichen Electronic Publishing und Internet aufzuholen und die Verlagsarbeit hier auszuweiten. Die Anzahl der Publikationen über elektronische Medien und Programme zur Softwareentwicklung wurden seitdem konsequent ausgebaut.

2007 trennte sich der Konzern von seiner Bildungssparte, da diese den hohen Renditevorgaben des Executive Boards nicht gerecht werden konnte. Dieser Verkauf setzte den Schlusspunkt unter McKinstrys Sanierungsprogramm, das den Informationskonzern zurück in die schwarzen Zahlen brachte. 2013 wurde McKinstry vom *Fortune Magazine* auf Platz 15 der 50 wichtigsten Frauen in der internationalen Wirtschaft gewählt.

GESCHÄFTSFELDER

Seit 2010 ist der Konzern in vier international operierende Geschäftsfelder geteilt, welche sich an den jeweiligen Kundenkreisen orientieren: »Health«, »Governance, Risk & Compliance«, »Tax & Accounting«, und »Legal & Regulatory«. Die vier Abteilungen besitzen jeweils ein eigenständiges Management.

Wolters Kluwer Health ist ein global agierender Informationsdienstleister für Fachkräfte und Studenten in der Gesundheitspflege, Medizin und Pharmazie. Zu den Produkten der Abteilung »Medical Research« gehört Ovid Technologies, ein weltweit führender Host für bibliografische Datenbanken und Volltextdatenbanken aus dem medizinischen und akademischen Bereich. Insgesamt eine Millionen Menschen aus 180 Ländern nutzen die 14 verschiedenen Health-Informationsdienste von Wolters Kluwer.

Wolters Kluwer Governance, Risk & Compliance Services ist ein US-amerikanischer Dienstleister in Sachen Rechts-, Bank-, Wertpapier-, und Versicherungswesen. Die Abteilung ist in drei kundenorientierte Unterabteilungen unterteilt: Wolters Kluwer Financial Services, ARC Logics und Wolters Kluwer Transport Services. Zu den Produkten und Dienstleistungen der Abteilung zählen umfassende Betriebs-, Kredit- und Risikomanagementlösungen.

Wolters Kluwer Tax & Accounting ist der weltgrößte Anbieter für Software und Online-Services in den Bereichen Steuern und Buchführung. Online-Produkte und -Services sind die am schnellsten wachsenden Produktsparten der Abteilung und die amerikanische Firma CCH (Commerce Clearing House, 1995 von Wolters Kluwer übernommen) bildet das wichtigste Standbein. CCH produziert mehr als 700 verschiedene Print- und Online-Produkte zu den Themen Steuern und Wirtschaftsrecht.

Wolters Kluwer Legal & Regulatory ist ein Anbieter von juristischer Fachliteratur- und Software für Anwalts- und Beratungsfirmen, Rechtsabteilungen, Universitäten, Bibliotheken und Regierungen. Zum Geschäftsfeld der Abteilung zählen kundenspezifische Informations- und Dienstleistungen, Software-Entwicklung, diverse Online-Portale und verschiedene Publikationen. Insgesamt 210.000 Steuerbüros, 85 Prozent aller US-Versicherungsunternehmen und 600.000 Juristen sind Wolters-Kluwer-Kunden.

AKTUELLE ENTWICKLUNGEN

Wolters Kluwer hat die digitale Transformation weitgehend abgeschlossen. 83 Prozent des Gesamtumsatzes wurden bereits 2015 mit Produkten aus der Software- oder Online-Sparte erzielt. Das Unternehmen beschäftigt nach wie vor zahlreiche Spezialisten, die Fachinformationen recherchieren und auswerten, doch diese müssen nicht mehr aufwendig gedruckt und vertrieben werden, zumindest in Europa und den USA. In den Märkten China und Indien, in die Wolters Kluwer in den letzten Jahren vorgestoßen ist, besteht nach wie vor Bedarf nach gedruckten Informationen. Durch Gesundheitsreformen etwa in China und den USA gewann der Konzern neue Wirkungsfelder und Absatzchancen, besonders im Bereich der Klinik-Software zur Unterstützung von Behandlungsentscheidungen.

China und Indien bleiben die wichtigsten Wachstumsmärkte für das Unternehmen. Bereits seit Dezember 2010 werden die juristischen

Fachbücher des Konzerns durch den Fachverlag Commercial Press in China übersetzt. Zuvor hatte bereits die medizinische Suchplattform Ovid eine chinesischsprachige Version veröffentlicht. Seit 2011 baut Wolters Kluwer zusammen mit dem chinesischen Informationsdienstleister Medicom ein elektronisches Informationssystem für chinesische Kliniken auf. Seit 2012 werden im Rahmen einer strategischen Allianz mit der China Publishing Group Corporation (CPGC) deren Produkte weltweit durch Wolters Kluwer und in China durch CPGC vertrieben werden.

Im Oktober 2019 hat das Landgericht Köln entschieden, dass Wolters Kluwer den Legal-Tech-Vertragsgenerator »Smartlaw« in Deutschland nicht mehr betreiben und bewerben darf. Der Grund war, dass »Smartlaw«-Dokumente nur von Anwälten bereitgestellt werden dürfen. Wolters Kluwer will dagegen gerichtlich vorgehen, da es sich laut dem Unternehmen nicht um eine Rechtsdienstleistung handeln würde.

46.

Lagardère Media

Umsatz 2020: 4,4 Mrd. EUR

ÜBERBLICK

Seit dem Verkauf der restlichen Anteile an EADS (Airbus Group) im April 2013 und somit dem Ausstieg aus dem Geschäft mit Rüstung, Luft- und Raumfahrt war die Lagardère-Gruppe ein reiner Medienkonzern, vertreten in rund 30 Ländern, aktiv in den Bereichen Presse, Verlage, Pressevertrieb, Sportrechte sowie Fernsehen, Radio und Multimedia. Seit 2018 befindet sich der Konzern von Gründersohn Arnaud Lagardère ein weiteres Mal im Umbruch. Im Zuge einer strategischen Neuorientierung der Gruppe um die Pole »Lagardère Publishing« und »Lagardère Travel Retail« werden zahlreiche Aktiva aus dem Medienbereich verkauft. Mitte September 2021 wird bekannt, dass es jetzt wohl mit dem Medienkonzern am Triumphbogen zu Ende gehen wird. Der andere französische Medienriese Vivendi (Platz 20 im aktuellen IfM-Ranking) erhöht seine Beteiligung auf 45,1% und plant eine Komplettübernahme.

BASISDATEN

Hauptsitz:
4, rue de Presbourg
75016 Paris
Frankreich
Telefon: 0033 1 40 69 16 00
Website: lagardere.com

Branche: Buchverlage, Zeitungen, Magazine, Pressevertrieb
Rechtsform: Kommanditgesellschaft auf Aktien
Geschäftsjahr: 01.01.-31.12.
Gründungsjahr: 1826 (Hachette), 1992 (Lagardère Groupe)

ÖKONOMISCHE BASISDATEN

	2020	2019	2018	2017	2016	2015
Umsatz Gesamt (in Mio. EUR)	4.439	7.211	6.868*	7.084	7.391	7.190
Gewinn (Verlust) (in Mio. EUR)	(660)	(15)	177	204	74	185
Aktienkurs (in EUR, Jahresende)	20,48	19,43	22,02	26,73	26,40	27,51
Beschäftigte	28.000	30.000	28.738	28.886	28.575	29.531

MEDIEN-UMSATZ NACH GESCHÄFTSFELDERN (IN MIO. EUR)

	2020	2019	2018	2017	2016	2015
Lagardère Publishing	2.375	2.384	2.252	2.289	2.264	2.206
Lagardère Active	---	275	895	929	915	962
Other activities (Presse, Radio)	229	288				
Lagardère Sports/Entertainment	---	---	438	454	517	515
Lagardère Travel Retail	1.720	4.264	3.673	3.412	3.695	3.510
Gesamt	4.439	7.211	7.258	7.084	7.391	7.190

MANAGEMENT

Arnaud Lagardère	General and Managing Partner, Lagardère SCA
Pierre Leroy	Co-Managing Partner, Lagardère SCA
Thierry Funck-Brentano	Co-Managing Partner, Lagardère SCA
Ramzi Khiroun	Spokesperson, Lagardère SCA; Chief External Relations Officer

Gérard Adsuar	Chief Financial Officer, Lagardère SCA
Arnaud Nourry	Chairman and CEO, Hachette Livre
Dag Rasmussen	Chairman and CEO, Lagardère Travel Retail
Constance Benqué	CEO, Lagardère News
Éric Thomas	General Counsel, Lagardère SCA
Isabelle Juppé	CSR Director, Lagardère SCA

AUFSICHTSRAT

Patrick Valroff	(Chairman)
Nathalie Andrieux	
Jamal Benomar	
Martine Chêne	
Yves Guillemot	
Soumia Malinbaum	
Hélène Molinari	
Guillaume Pepy	
Gilles Petit	
Nicolas Sarkozy	
Aline Sylla-Walbaum	
Susan M. Tolson	

GESCHICHTE

Louis Hachette (1800-1864) kaufte 1826 die Pariser Librairie Brédif und wurde so europäischer Marktführer im Geschäft mit Schulbüchern, Enzyklopädien, Reiseführern und Publikumszeitschriften. 1945 erschien erstmals die bis heute bekannteste Publikation des Hauses, die Frauenzeitschrift *Elle*. In Zusammenarbeit mit Henri Filipacchi entstand 1953 Le Livre de Poche, Frankreichs bestverkaufte Taschenbuch-Reihe; zudem kontrollierte Hachette seit den 1950er-Jahren die Verlagshäuser Grasset, Fayard und Stock. 1986 übernahm Hachette den quotenstarken Radiosender EUROPE 1.

Jean-Luc Lagardère (1928-2003) wechselte 1963 von Dassault Aviation als Generaldirektor zum Rüstungskonzern Matra (Mécanique Aviation Traction) und wurde dort 1977 zum Firmenchef ernannt. 1980 übernahm

Matra dann über 40 Prozent des Medienhauses Hachette. Zwei spektakuläre Firmenzusammenschlüsse folgten 1999. Matras Technologie- und Rüstungspol fusionierte mit der staatlichen Aerospatiale und im Oktober verschmolzen Aerospatiale-Matra und Daimler-Chrysler Aerospace (Dasa) zur European Aeronautic Defense and Space Company (EADS). Lagardère, der Beamtensohn aus der Gascogne, wurde eine französische Unternehmer-Legende, der Inbegriff des Familienkapitalisten. Erst Diplomingenieur, dann Waffenhändler, Medientycoon, Luftfahrt-Enthusiast, Frankreichs bedeutendster Pferdezüchter und stets auf Du mit all den Präsidenten und Premiers formte er aus einem mittelständischen Unternehmen ein globales Konglomerat. Und eigentlich blieb ihm nur eines verwehrt: ein eigener terrestrischer Fernsehkanal. Beim Privatisierungsrennen um den französischen Marktführer TF1 unterlag Lagardère 1987 dem (qua Profession sehr politiknahen) Bauunternehmer Francis Bouygues.

Jean-Luc Lagardères einziges Kind Arnaud (Jg. 1961) trat 1986 in das Unternehmen ein und wurde als Chef der Mediensparte an die Firmenleitung herangeführt. »Ich liebe meinen Sohn«, sagte Jean-Luc Lagardère, »und ich liebe mein Unternehmen. Beides zu verbinden ist für mich das Größte.« Weiter: »Er ist ich, und ich bin er.« Als Lagardère Senior 2003 nach einer eigentlich unkomplizierten Hüft-OP an einer Blutvergiftung starb, war die Nachfolge geregelt. 2006 dann unternahm Arnaud Lagardère eine weitreichende Neuordnung des Konzerns. Das Presse-Segment Hachette Filipacchi Médias (HFM) wurde mit Lagardère Active (TV, Radio, Internet) zur neuen medienübergreifenden Sparte Lagardère Active Media zusammengeführt. Das Geschäft mit der Regionalpresse rentierte sich nicht mehr, Mitte August 2007 stieß Lagardère seine südfranzösischen Titel ab (darunter *Nice-Matin*, *La Provence* und *Var Matin*). Im Frühjahr 2011 schließlich wurde der Großteil von Lagardères »International Magazine Business« für 606 Mio. Euro an die Hearst Corporation abgegeben. Im April 2013 schließlich wurde Lagardère vom Misch- zum reinen Medienkonzern: Für 2,3 Milliarden Euro wurden die letzten EADS-Anteile verkauft.

Die Aktionäre aber begannen, das Vertrauen in Arnaud Lagardère und seine Strategie zu verlieren. Im März 2016 fiel der Aktienkurs auf ein Sieben-Jahres-Tief, auch weil der langjährige Finanzchef Dominique D'Hinnin überraschend das Handtuch geworfen hatte. D'Hinnin galt für viele als der wahre Kopf hinter Lagardère, hinter dem von vielen als inkompetent und flatterhaft wahrgenommenen Arnaud. Beizeiten wurde das Unternehmen als Übernahme-Kandidat gehandelt, 2018 setzte *Libération* Arnaud Lagardère auf den Titel mit der Unterschrift: »Papa, ich habe das Königreich geschrumpft«.

Im Frühjahr 2018 kündigte CEO Lagardère eine weitere umfassende Neuausrichtung an, mit der Verlagssparte Lagardère Publishing und Travel Retail als künftige *priority divisions*. Der Verkauf von Medienwerten folgte, z. B. von: *Boursier.com* (Wirtschaftsportal); der Boulevardmarke Point de Vue; den Portalen Doctissimo, My Doctor, *Billetreduc.com*, Plurimedia, Doctipharma; Fernsehbeteiligungen; von Radiosendern in Osteuropa und Afrika; von Zeitschriften, für die der tschechische Milliardär Daniel Kretinsky insgesamt 52 Millionen Euro zahlte und sich, wie die *taz* schrieb, in kürzester Zeit unter dem Dach von Czech Media Invest ein »kleines Medienimperium« in Frankreich zusammenkaufte. Medientitel, die Lagardère behielt, wurden 2018 unter dem Signet Lagardère News zusammengefasst. Am 2.9.2019 konnte Lagardère das TV-Geschäft (ausgeschlossen MEZZO) für 215 Millionen Euro an die M6-Gruppe verkaufen. Und auch aus dem Sport-Business, in das man 2006 mit der Übernahme der Sportrechteagentur Sportfive eingestiegen war, hat man sich verabschiedet. Mitte April 2020 übernahm die Investmentfirma H.I.G. Capital 75,1 Prozent der Anteile an Lagardère Sports and Entertainment, für etwa 110 Millionen Dollar. Es folgte eine weitere Umbenennung der Firma in den neu-alten Namen ›Sportfive‹.

Ein Grund, vielleicht der wichtigste, für die zahlreichen Verkäufe war sicherlich Arnaud Lagardères abenteuerlicher persönlicher Schuldenstand. Fast eine halbe Milliarde Euro hatte er aufgenommen, um damit 2003, nach dem Einstieg als CEO, seine Lagardère-Aktienposition zu stärken. Die ganzen Verkaufserlöse gab er dann weiter an sich selbst und die anderen Aktionäre mit enormen Dividenden. Dazu Joseph Oughourlian, Chef des britischen aktivistischen Fonds von Amber Capital, der dem Lagardère-Chef seit 2016 sein »disastrous management« vorwirft: »Es gibt hier eine ungesunde Kultur von Plünderung. Egal was passiert, die Führungskräfte stecken ihre Gehaltsschecks ein [...] In jedem anderen Unternehmen würde man sagen: Es reicht!«

Dann kam Covid-19. Lagardère, zuvor eine diversifizierte Unternehmensgruppe, hat die Geschäfte jetzt in drei Sparten gebündelt, die z.T. schwer betroffen sind von der Pandemie. Zu sehen in erster Linie an den radikalen Umsatzeinbußen von Travel Retail, also den 5.000 Restaurants und Shops in Flughäfen und Bahnhöfen auf fünf Kontinenten. Oder am Rückgang im Werbegeschäft bei den verbliebenen Medien-Aktivitäten. Die Aktie, die sich seit über zehn Jahren zwischen 20 und 30 Euro bewegt hatte, fiel zeitweise auf 8,50 Euro. Im aktuellen IfM-Ranking liegt Lagardère nur noch auf Platz 47. 2007 lag man auf dem 11. Rang.

MANAGEMENT

Es war kein Geheimnis, dass Arnaud Lagardère mit Industrie und Rüstung nie viel anfangen konnte. Innerhalb von zehn Jahren nach dem Tod seines Vaters hat er die Lagardère-Gruppe halbiert. Vom Pariser Finanz-Establishment wurde er deshalb misstrauisch beobachtet; Kritiker warfen ihm vor, nur ein blasses Abbild des Seniors und großen Konzernlenkers Jean-Luc Lagardère zu sein. In seinen Reden auf den Hauptversammlungen bleibe er unverbindlich und blass und interessiere sich nicht wirklich für das Tagesgeschäft. Für die französische Öffentlichkeit wurde er zur Witzfigur, als ein Making-of eines Fotoshootings mit ihm und dem 30 Jahre jüngeren Dessous-Model Jade Foret im Juli 2011 online gestellt wurde. Das Video wurde zum PR-Desaster, ging viral und ließ große Teile der französischen Wirtschaft/Öffentlichkeit weiter an den Führungsqualitäten von Arnaud zweifeln.

Zwar sind sie 2020 noch immer verheiratet und haben drei Kinder. Zwar hat Jade Lagardère mittlerweile zwei Comics veröffentlicht. Doch Arnaud Lagardères Qualitäten als Manager werden in der Finanzwelt immer wieder angezweifelt. Auf seinen sprunghaften Charakter weist man hin, als er 2018 eine neue, eine weitere strategische Ausrichtung der Lagardère-Gruppe bekannt gab. Der Fokus wird jetzt auf das gewinnbringende Verlagsgeschäft und Travel Retail gelegt, alles Übrige wird sukzessive verkauft.

GESCHÄFTSFELDER

Lagardère Publishing: Marktführer in Frankreich und Großbritannien, drittgrößter Buchverlag weltweit, viertgrößter in den USA. Bekannteste französische Marken sind Hachette, fayard, Calmann-Lévy, JC Lattès, Marabout, Anaya, Le Livre de Poche, Schulbuchverlage wie Hatier und

Larousse. Drei imprints kamen 2020 in den USA heraus: GCP Balance, Christy Ottaviano Books und Legacy Lit.

Lagardère Travel Retail: Aktiv in 39 Ländern auf fünf Kontinenten. Die Reise-Sparte von Lagardère umfasst im Wesentlichen den Verkauf und Vertrieb an Flughäfen von »Travel Essentials, Duty Free, Fashion- und Foodservice«. Den Verkauf von Printprodukten hat man eingestellt.

Lagardère News: Unter dem Signet von Lagardère News sind die folgenden Medien zusammengefasst: *Paris Match* (Frankreichs führendes wöchentliches News-Magazin mit monatlich 13,6 Millionen Lesern 2020), das *Le Journal du Dimanche* mit monatlich 4,2 Millionen Lesern, der TV-Sender MEZZO (für klassische Musik, Oper, Ballett, Jazz und Weltmusik), die Radios EUROPE 1, VIRGIN RADIO, RFM und die Marke *Elle*.

AKTUELLE ENTWICKLUNGEN

Eigentlich wollten Joseph Oughourlian/Amber Capital im Mai 2020 eine Verlängerung von Arnaud Lagardères Verwaltungsmandat verhindern. Es hat nicht funktioniert. Denn Lagardère hatte sich mächtige Unterstützer an Bord gehol. Es war ein Paradebeispiel für die unter französischen Eliten nicht seltene Vetternwirtschaft. Unterstützer wie den bretonischen Milliardär Vincent Bolloré, der zugleich mit einem Anteil von rund 26 Prozent Vivendi kontrolliert, den anderen Medienriesen aus Frankreich (auf Platz 20 im aktuellen IfM-Ranking). Er übernahm 11 Prozent von Lagardère (heute ist Vivendi mit 29,2% größter Anteilseigner). Oder Marc Ladreit de Lacharrière, ein weiterer Milliardär, zuvor Mehrheitseigner der Fitch-Ratingagentur (heute ein Teil von Hearst, Platz 24 im aktuellen IfM-Ranking). Er stieg mit drei Prozent ein. Guillaume Pepy, zuvor CEO der staatlichen französischen Eisenbahngesellschaft SNCF, wurde rechtzeitig im Februar 2020 in den Lagardère-Aufsichtsrat gewählt, wie auch Nicolas Sarkozy. Der im April 2005, also zwei Jahre vor seiner Wahl zum Präsidenten, über den sechs Jahre jüngeren Arnaud Lagardère sagte: »Er ist mehr als ein Freund, er ist ein Bruder.«

Die dramatische Wendung folgte am 11. August 2020. Vincent Bolloré, der seine Lagardère-Beteiligung mittlerweile auf 23,5 Prozent ausgeweitet hatte, stellte sich auf die Seite von Amber Capital (20 Prozent) und wechselte die Fronten. Bolloré und Amber Capital schlossen einen Pakt und forderten vier Sitze im Lagardère-Aufsichtsrat, drei für Amber, einen für Vivendi.

Vorher aber, als ihm auffiel, dass Bolloré seinen Anteil sukzessiv erhöhte, hatte Arnaud Lagardère die Lage mit einem besonderen taktischen Move weiter verkompliziert. Bernard Arnault, Chef des Luxuskonzerns LVMH (Louis Vuitton, Moët & Chandon, Hennessy), laut Forbes mit 94 Milliarden US-Dollar im Mai 2020 reichster Europäer, drittreichster Mensch überhaupt, erwarb für 80 Millionen Euro ein Viertel an Arnaud Lagardères privater Holding: Die vielen Arnault-Millionen schienen zunächst wie ein Gefallen, der Arnaud Lagardère Luft verschaffen sollte: angesichts des zu niedrigen Aktienkurses, gegenüber den Verpflichtungen bei seiner Hausbank Crédit agricole.

Im August 2020, eine Woche, nachdem Bolloré/Vivendi und Amber Capital ihre 43,5 Prozent des Kapitals ausmachende Allianz publik gemacht hatten, der nächste Eskalationsschritt. Arnaud Lagardère ließ sich sein Verwaltungsmandat kurzerhand vorzeitig verlängern, vor dem eigentlichen Mandatsende im März 2021. Noch wusste er die Aufsichtsratsmehrheit hinter sich. Empörung auf der Gegenseite: Dieser »Akt des Widerstands« bedeute nichts weniger als eine Infragestellung der Aktionärsdemokratie. Der Lagardère-Titel fiel um fünf Prozent. Doch wohl niemand wird geahnt haben, was am 23. September passierte. Ein äußerst seltenes Ereignis, als sogar der staatliche Fonds der Qatar Holding LLC Position bezog, sich an die Seite von Vivendi und Amber Capital stellte und »als langjähriger Investor« einen Sitz im Aufsichtsrat forderte. Im Frühjahr 2021 begannen die Gegenspieler Arnault, Lagardére und Bolloré schließlich ihren Disput außergerichtlich zu regeln. Arnaud Lagardère, der verschuldete Manager ohne Fortüne, hat sich wohl damit abgefunden, dass er seine Sonderrolle mit Kommanditistenstatus wird abgeben müssen. Und wohl im Gegenzug 250 bis 300 Millionen Euro (in Lagardère-Aktien) kassieren wird.

47.

Fuji Media Holdings, Inc.

Umsatz 2020/21: 519,941 Mrd. JPY (4,267 Mrd. EUR)

ÜBERBLICK

Fuji Television entstand 1957 und wurde 2008 in »Fuji Media Holdings Inc.« umbenannt, die wiederum Teil der in Japan Keiretsu genannten »wirtschaftlichen Verbundgruppe« der Fujisankei Communications Group sind. Die Einzelunternehmen der *keiretsu* sind rechtlich selbstständig. Kern der Fujisankei-Gruppe (wenn auch nur eins von 84 Unternehmen) sind die Fuji Media Holdings mit dem Fuji Television Network und einem 40-prozentigen Anteil an der Tageszeitung *Sankei Shimbun*.

BASISDATEN

Hauptsitz:
Fuji Media Holdings, Inc.
2-4-8 Daiba, Minato-ku
Tokyo 137-8088
Japan
Telefon: 0081 3 3570 8000
Website: www.fujimediahd.co.jp/en/ir

Branche: Fernsehsender, TV-Produktion, Film, Zeitungen, Zeitschriften, Buchverlage, Radio

Rechtsform: Aktiengesellschaft
Geschäftsjahr: 01.04.-31.03.
Gründungsjahr: 1933 (*Sankei Shimbun*, zunächst als *Nippon Kogyo Shimbun*), 1957 (Fuji Television Network), 2008 (Fuji Media Holdings)

ÖKONOMISCHE BASISDATEN

	2020	2019	2018	2017	2016	2015
Umsatzn (in Mio. JPY)	519.941	646.530	653.976	640.572	643.313	642.145
Gewinn (in Mio. JPY)	10.112	41.307	23.627	24.956	27.396	22.835
Aktienkurs (in Yen, Jahresende)	1.085	1.481	1.513	1.772	1.636	1.432

VORSTAND/MANAGEMENT

Masaki Miyauchi	Chairman & CEO
Osamu Kanemitsu	President & COO
Takashi Wagai	Executive Vice President
Tsuyoshi Habara	Executive Vice President
Kenji Shimizu	Executive Managing Diretor
Hisahi Hieda	Executive Managing Advisor
Ryunosuke Endo	Executive Managing Director
Takehiko Kiyohara	Executive Managing Director
Yoshishige Shimatani	Executive Managing Director
Akihiro Miki	Executive Managing Director

GESCHICHTE

»Fuji Television« wurde 1957 als Aktiengesellschaft (japanisch *Kabushiki Kaisha*, abgekürzt KK) in Tokio gegründet. Gründungspräsident war Shigeo Mizuno, geschäftsführender Direktor Nobutaka Shikanai (1912-1990). 1964 übergab Mizuno die Führung des erfolgreich etablierten Fernsehunternehmens an Shikanai. Eine ähnliche Wachablösung gab es 1968 auch bei der Tageszeitung *Sankei Shimbun*, deren Vorsitz Mizuno 1958 vom Zeitungsgründer Hisakichi Maeda übernommen hatte; Maeda war der älteste unter den drei Gründern der 1967 aus einer formlosen Absprache zwischen »Fuji TV«, *Sankei Shimbun*, »Nippon Hoso« und »Bunka Hoso« (zwei weiteren privaten Hörfunksendern) gebildeten »Fuji-Sankei«-Gruppe, Vorläufer der heutigen »wirtschaftlichen Verbundgruppe« (»Keiretsu«) mit Namen »Fujisankei Communications Group« (FCG).

Diese klassisch-japanischen Konglomerate waren im Zuge der Entflechtungspolitik der US-Besatzungsmacht nach 1945 verboten worden, wurden aber 1997 nach einer Änderung des Kartellgesetzes mit Einschränkungen wieder zugelassen. Fuji TV-Chef Nobutaka Shikanai wurde auch Vorsitzener des Fujisankei-Keiretsu mit seinen dutzenden, wirtschaftlich voneinander unabhängigen Tochterunternehmen, unter denen FUJI-TV bis heute das bedeutendste ist.

Der Fernsehsender FUJI-TV nahm im März 1959 den Sendebetrieb auf. Anfänglich ein Verbund von vier regionalen Fernsehsendern, wurde das Netz schrittweise auf 28 Sender erweitert, die zusammen fast ganz Japan abdecken und etwa 98 Prozent der Bevölkerung erreichen. Das Fuji-Verbundsystem nennt sich FNS (»Fuji Network System«) und unterhält als hauseigene Nachrichtenagentur das »Fuji News Network« (FNN).

Seit 1982 sendet Fuji TV auch ins Ausland. Zuerst wurde das abendliche Nachrichtenmagazin *Supertime* nach New York übertragen und dort von der Tochtergesellschaft »Fujisankei Communications International, Inc.« (FCI) mit englischen Untertiteln versehen. Mittlerweile lizenziert Fuji auch Unterhaltungsprogramme nach Amerika und Europa, seit Mitte 2008 verkauft FUJI-TV erfolgreich Sendekonzepte an FOX und BBC. Damit knüpft das Unternehmen an den Vertriebserfolg von Einzelsendungen in asiatische Länder an. Besser als anderen japanischen Sendergruppen gelingt es FUJI-TV so, sinkende Werbeeinnahmen zu kompensieren. 1997 zog der Sender in das neue volldigitalisierte Fernsehzentrum auf einer künstlichen Insel in der Bucht von Tokio um. Im selben Jahr ging die »Fuji TV KK« an die Tokioter Börse, auch um den aufwendigen Neubau zu finanzieren.

2008 dann die Umstrukturierung. Nach grünem Licht durch die japanische Regulierungsbehörde wurde die Fuji Media Holding gegründet, die das Fuji Television Network mit anderen Mediensegmenten (Musik, Werbung, Verlage) unter ein Dach brachte. Das Konzernimage ist zwiespältig. Nachrichten und andere »harte« Informationen werden von Fuji unterhaltsam und leicht verständlich als Infotainment verkauft. Politisch ist FUJI-TV gemäßigt konservativ; nur stellenweise vertritt Fuji rechte Positionen. Anders die Zeitung *Sankei Shimbun,* die einen betont nationalkonservativen Kurs verfolgt. Den japanischen Militarismus der Vergangenheit betrachtet sie als abgeschlossenes Kapitel, das mit den Exzessen westlicher Kolonialmächte zu vergleichen ist, und für das man keine Entschädigung zu zahlen brauche. Zwar erweckt die Zeitung den Eindruck, man spreche für die »schweigende Mehrheit« der Japaner. Tatsächlich ist die *Sankei Shimbun* die kleinste unter den fünf großen Tageszeitungen.

Wie andere japanische Massenmedien zeigt auch FUJI-TV nach wie vor starke Anzeichen von Selbstzensur. Besonders gravierend zeigte sich diese in Japan als *jishuku* bezeichnete Praxis während der Reaktorkatastrophe von Fukushima 2011. Während die meisten Expertenmeinungen in den unmittelbaren Stunden und Tagen nach dem Vorfall von Vertretern der Atom-Lobby geäußert wurden, kam bei FUJI-TV der ehemalige Physikprofessor und Atomkraft-Skeptiker Fujita Yuko zu Wort. Als dieser am 11. März korrekt spekulierte, dass die Daiichi Reaktoren kurz vor der Kernschmelze seien, war dies sein letzter Auftritt. Er wurde nie wieder in eine Sendung eingeladen.

MANAGEMENT

Masaki Miyauchi wurde Mitte 2019 mit 75 Jahren zum Vorsitzenden und CEO der Fuji Media Holdings, Inc. (als Nachfolger von Hisashi Hieda). Als Präsident von FUJI-TV musste er sich in den vergangenen Jahren gleich zweimal öffentlich entschuldigen: 2017 für den Auftritt eines als schwulenfeindlich wahrgenommenen Charakters in der populären Fuji-Serie *Tunnels* und 2018, als es zu einer »#MeToo«-Affäre rund um den beliebten Nachrichtensprecher Junichi Tosaka kam, der kurz davor war, die Nachrichten in der Primetime zu übernehmen.

GESCHÄFTSFELDER

Die Geschäfte der Fuji Media Holdings werden in drei Segmente aufgeteilt:

Mit der **Medien und Inhalte**-Sparte macht Fuji Media über 82 Prozent des Umsatzes, in 15 Tochterunternehmen in den Bereichen TV (terrestrisch, Satellit, Streaming), Radio, TV- und Filmproduktion, Videospiele, Musik, Werbung, Verlagswesen und Direktmarketing.

Der Geschäftsbereich **Stadtentwicklung, Hotels & Resorts** umfasst die Entwicklung, Vermietung und Verwaltung von Bürogebäuden, den Betrieb von gewerblichen Einrichtungen und Restaurants sowie den Verkauf und die Vermietung von Wohnungen. Dazu kommt ein Tourismusgeschäft.

Unter **Sonstiges** werden andere Geschäftsbereiche wie »IT-Systemarchitektur«, »Personalwesen«, Marktforschung und mehr zusammengefasst. Auch der 40-prozentige Anteil an der Zeitung *Sankei Shimbun* gehört zu diesem Segment.

AKTUELLE ENTWICKLUNGEN

In Zeiten, in denen der schleppende Umgang mit der Corona-Pandemie die japanische Gesellschaft polarisiert, pflegt Fuji Media weiterhin eine enge Beziehung zur amtierenden konservativen LDP-Regierung um Premierminister Yoshihide Suga. Während andere Medienhäuser bereits in die Opposition gegangen sind, stellte die *Sankei Shimbun* der Regierung gleich zu Beginn einen Freifahrtschein aus und forderte in einem Kommentar auch andere Medien und Journalisten dazu auf, während der Krise keinerlei Kritik an den politisch Verantwortlichen zu üben.

Hinzu kommt der Skandal um Falschnachrichten und manipulierte Umfragen. Fuji Television und die *Sankei Shimbun* gaben im Sommer 2020 diverse Meinungsumfragen in Auftrag und publizierten entsprechende Ergebnisse – unter anderem zur Zustimmung zur Regierung. Das Problem: Die zwei beauftragten Meinungsinstitute hatten sich die meisten der Antworten ausgedacht, anstatt sie von Bürgern in Telefoninterviews abzufragen. Der Fuji-Konzern musste sich wieder einmal öffentlich entschuldigen.

48.

ProSiebenSat.1 Media SE

Umsatz 2020: 4,047 Mrd. EUR

ÜBERBLICK

Die ProSiebenSat.1 Media SE wurde 2000 aus der ProSieben Media AG und der Sat.1 SatellitenFernsehen GmbH gegründet. Free-TV ist das Kerngeschäft des Unternehmens. Dazu ist man in den Bereichen Produktion, Vermarktung und Vertrieb von TV-Programmen aktiv. Zur ProSiebenSat.1-Familie gehören u. a. die Fernsehsender PROSIEBEN, SAT.1, KABEL EINS, SIXX, PROSIEBEN MAXX, SAT.1 GOLD und KABEL EINS DOKU.

BASISDATEN

Hauptsitz:
Medienallee 7
85774 Unterföhring
Telefon: 0049 89 9507-10
Website: prosiebensat1.de

Branchen: TV-Sender, TV-Produktion, Radio, Internet
Rechtsform: Aktiengesellschaft
Geschäftsjahr: 01.01.-31.12.
Gründungsjahr: 2000 (Fusion von Sat.1 und ProSieben Media AG)

ÖKONOMISCHE BASISDATEN

	2020	2019	2018	2017	2016	2015	2014
Umsatz (in Mio. EUR)	4.047	4.135	4.009	4.078	3.799	3.261	2.876
Gewinn (in Mio. EUR)	252	412	541	550	513	467,5	418,9
Aktienkurs (in EUR, Jahresende)	13,4	12,54	12,94	28,71	36,61	46,77	34,82
Beschäftigte	7.307	7.253	6.583	6.483	6.564	5.584	4.210

VORSTAND

Rainer Beaujean	Vorstandssprecher
Wolfgang Link	Vorstand, Entertainment
Christine Scheffler	Vorstand, Personal

AUFSICHTSRAT

Dr. Werner Brandt	ehem. SAP AG
Dr. Marion Helmes	ehem. Celesio AG
Lawrence A. Aidem	Reverb Advisors
Adam Cahan	
Erik Huggers	
Marjorie Kaplan	
Antonella Mei-Pochtler	
Ketan Mehta	Allen & Co.
Rolf Nonnenmacher	

GESCHICHTE

Zu Beginn war der Konzern ein Teil des Kirch-Imperiums. Der Filmhändler Leo Kirch (1926-2011) hatte im Oktober 2000 die Fusion der Sender SAT. 1 und PROSIEBEN initiiert – zuvor hatten die Konzentrationsregeln dies nicht erlaubt. Daher stand lange sein Sohn Thomas Kirch offiziell an der Spitze von PROSIEBEN. Im Zuge der Fusion erwarb die Axel Springer AG einen 11,5-prozentigen Anteil an der neuen ProSiebenSat.1 Media AG. Springer war zuvor bereits an SAT.1 beteiligt gewesen; Kirch wiederum hielt 40 Prozent an der Springer AG. Nachdem 2001 Zweifel an Kirchs Zahlungsfähigkeit aufgekommen waren, verkaufte Springer-Chef Mathias Döpfner den ProSiebenSat.1-Anteil für 790 Millionen Euro. Er spekulierte darauf, bei einer Zahlungsunfähigkeit die ganze Sendergruppe zu erhalten. Doch es kam anders.

Zwar musste Kirch wegen Überschuldung im April 2002 Insolvenz anmelden und die Unternehmensgruppe wurde zerschlagen. Viele große Medienunternehmen wurden während der Verhandlungen als potenzieller Käufer gehandelt, etwa Sony, TF1, der Bauer-Verlag, die WAZ-Gruppe oder Rupert Murdoch. Schließlich aber erhielt im August 2003 ein hierzulande bis dato unbekannter US-amerikanischer Medienunternehmer den Zuschlag: Haim Saban übernahm gemeinsam mit einem Bankenkonsortium die Aktienmehrheit. Damals hieß es, ein wichtiger Teil der Deutschland AG werde an ausländische Investoren verkauft. Auch wenn deutsche Medienpolitiker das durch das Propagieren einer ›deutschen Lösung‹ noch zu verhindern suchten. Saban aber konnte für nur 525 Millionen Euro ein Herzstück der deutschen TV-Industrie erwerben. »That level of ownership would never be allowed in the U.S. It would be too much concentration«, so Saban 2004 zur *New York Times*. Während John Malones Übernahmeversuch der deutschen Kabelnetze gescheitert war, konnte Saban die Bedenken der Aufsichtsbehörden ausräumen. Der NYT verriet er sein Erfolgsgeheimnis: »I sweettalked them«.

Trotz aller Beteuerungen eines langfristigen Engagements entschied sich Saban bereits Mitte 2005 für einen Wiederverkauf von ProSiebenSat.1. Verhandlungen mit der Axel Springer AG über eine Komplettübernahme waren bereits weit gediehen, als das Bundeskartellamt und die Kommission zur Ermittlung der Konzentration im Medienbereich (KEK) sich dagegen aussprach. Die offizielle Begründung rekurrierte auf die nach dem Kartellrecht nicht genehmigungsfähige Marktmacht, die durch einen Zusammenschluss auf dem Fernsehwerbemarkt, dem Lesermarkt für Straßenverkaufszeitungen und dem bundesweiten Anzeigenmarkt für Zeitungen entstünde. Das sich abzeichnende Veto der Behörden führte Anfang 2006 dazu, dass Springer sein Übernahmeangebot zurücknahm. In einem zweiten Anlauf einigte sich Saban Ende 2006 mit einem Konsortium ausländischer Finanzinvestoren. Für rund drei Milliarden Euro ging der Konzern an Permira und KKR, am 6. März 2007 erlangte die Mehrheitsübernahme durch die von KKR und Permira kontrollierte Lavena Holding 4 GmbH Rechtskraft. Mit dem größten Deal der deutschen Mediengeschichte hatte Saban sein eingesetztes Kapital nahezu versechsfacht.

Im Dezember 2007 verkaufte Axel Springer überraschend den 12-prozentigen Anteil an der Sendergruppe für etwa 19 Euro pro Aktie an Permira/KKR. Im Sommer zuvor war eine Aktie noch 30 Euro wert gewesen; im Rückblick erwies sich das Geschäft trotzdem als lukrativ. Trotz der inzwischen erfolgten Fusion mit der von KKR und Permira kontrollierten Fernsehgruppe SBS Broadcasting unterschritt der Kurs 2008 fünf Euro, im März 2009 fiel er zeitweilig unter die 1-Euro-Marke. Anfang 2014 dann verkauften KKR und Permira ihre Anteile an institutionelle Anleger und stiegen aus. Mit ProSiebenSat.1 verdienten sie rund eine halbe Milliarde Euro.

Mitte 2015 wurde die ProSiebenSat.1 Media AG in die ProSiebenSat.1 Media SE umgewandelt, um eine internationale Expansion in der Digitalsparte zu erleichtern. 2016 stieg das Unternehmen als erstes deutsches Medienunternehmen überhaupt vom MDAX in den DAX auf (2018 wurde die DAX-Listung allerdings wieder aufgehoben). Durch zurückgehende Einschaltquoten und die Konkurrenz von Streaming- und Online-Diensten hat die Aktie des deutschen Medienunternehmens seit 2016 über die Hälfte an Wert verloren.

Zu den wichtigen Akquisitionen zählten in der Folge Mehrheitsbeteiligungen an internationalen TV-Produktionsfirmen, so an den britischen Endor Productions (vor allem fiktionale Programme) und CPL Productions (»Factual«- und Comedyformate) sowie den israelischen July August Productions. Der AG-eigene Programmvertrieb wurde von »SevenOne International« in »Red Arrow International« umbenannt.

Auf dem deutschen Markt verbuchte die ProSiebenSat.1 Media SE Übernahmen im E-Commerce-Bereich: nach dem Münchner Suchmaschinenoptimierer Booming (von der Holtzbrinck Digital GmbH) die Preisvergleichseite preis24.de (60-prozentiger Anteil) und ebenfalls mehrheitlich »Tropo«, eine deutsche Tochter des Online-Reiseveranstalters Opodo. Auch im Bereich Musik wollte das Unternehmen mit dem im Sommer 2013 gelaunchten und inzwischen längst eingestellten Online-Radio AMPYA wachsen. Im Juni 2015 dann kaufte man für 170 Millionen Euro einen 80-prozentigen Anteil am Preisvergleichsportal Verivox, das wie alle nicht zum Kerngeschäft TV gehörenden Aktivitäten längst auf dem Prüfstand steht.

MANAGEMENT

Im Frühjahr 2020 wurde der bisherige Finanzchef Rainer Beaujean Vorstandsprecher und beerbte damit den glücklosen ehemaligen Dyson-Manager Max Conze. Conze hatte 2018 einen relativ florienden, neun Jahre solide von Thomas Ebeling gemanagten Konzern übernommen, der aufgrund einer gescheiterten Drei-Säulen-Strategie (Entertainment, Content-Produktion und E-Commerce) aber zu einem Übernahmekandidaten wurde.

Beaujean will auf mögliche Angebote – etwa vom italienischen TV-Konzern Mediaset – nicht eingehen und die Transformation von ProSiebenSat.1 zu einem »Digitalkonzern« weiter vorantreiben. Die TV-Sender im Portfolio sollen nicht nur Werbeerlöse generieren, sondern vor allem die Produkte und Dienstleistungen aus dem E-Commerce-Segment und dem hauseigenen Investment-Arm bewerben.

GESCHÄFTSFELDER

ProSiebenSat.1 ist in drei Segmente unterteilt:

Entertainment: Die Seven.One Entertainent Group vereint unter ihrem Dach 17 in der DACH-Region empfangbare TV-Sender (darunter PROSIEBEN, SAT.1, KABEL EINS, SIXX, PULS und ATV), die Produktionsfirma Red Arrow Studios sowie die 1.300 YouTube-Kanäle umfassende Web-Content-Schmiede Studio71.

Dating: ProSiebenSat.1 hält 53 Prozent der Anteile an der internationalen Parshipmeet Group, die diverse Online-Dating-Marken in ihrem Portfolio hat (Parship und ElitePartner in Deutschland, eharmony, MeetMe und Tagged in den USA, LOVOO europaweit)

Commerce & Ventures: Der Konzern kontrolliert 71,6 Prozent an der Nucom Group, der Verbraucherberatungs-, Lifestyle- und Event-Online-Marken wie u.a. Verivox, Jochen Schweizer, flaconi und moebel.de gehören. Die konzerneigenen Investment-Arme Seven Ventures und SevenGrowth bieten Start-up-Unternehmen Darlehen und Media-Deals in Form von prominenten Werbeplatzierungen im Programm der

ProSiebenSat.1-Sender. Ein erheblicher Teil des Seven-Ventures-Portfolio wurde jedoch im Sommer 2021 an den US-Investor Lexington Partners verkauft.

AKTUELLE ENTWICKLUNGEN

Nach vier Jahren stagnierender Umsätze und bescheidener Gewinne soll es in der Post-Corona-Welt endlich wieder bergauf gehen. Da die Werbeerlöse im bisherigen Kalenderjahr 2021 sich bereits deutlich von dem pandemiebedingten Rückgang erholt haben, erwartet man immerhin ein fünfprozentiges Umsatzwachstum. Baustellen bleiben jedoch, allen voran bei SAT.1, das nur noch wegen Skandalen bei der Produktion von würdelosen Reality-Formaten wie *Promis unter Palmen* oder *Plötzlich reich, plötzlich arm* Schlagzeilen schreibt. Einst quotenstarker Familiensender, liefert SAT.1 heute, mit einem überwiegend auf anachronistische Scripted-Reality-Formate setzendem Trash-Programm, immer wieder aufs Neue Argumente ein Netflix-Abo abzuschließen.

Deutlich relevanter ist dagegen PROSIEBEN, das zunehmend auch auf Informationssendungen und Sport setzt. So konnte der Sender deutlich an Profil gewinnen, als er im April 2021 das erste Interview mit der frischgekürten grünen Kanzlerkandidatin Annalena Baerbock ausstrahlte. Oder als ProSieben Moderatorinnen und Moderatoren von der ARD verpflichtete, wie Linda Zervakis oder Matthias Opdenhövel. Da ProSieben ein deutlich jüngeres Publikum erreicht als die öffentlich-rechtlichen Sender, lassen es sich die Vertreter der großen Parteien nicht nehmen, in Formaten wie den *Bundestagswahl-Shows* oder *Facing the Classroom* teilzunehmen. Auch bei SAT.1 soll es künftig politischer zugehen, etwa mit Sommerinterviews mit Spitzenkandidatinnen und -kandidaten.

49.

Grupo Televisa

Umsatz 2020: 97,361 Mrd. MXN (3,970 Mrd. EUR)

ÜBERBLICK

Televisa ist ein führender Medienkonzern in der spanischsprachigen Welt und bekannt für die eigenproduzierten Telenovelas, die international in über 75 Ländern vermarktet werden. In Mexiko laufen 18 der 20 an Werktagen erfolgreichsten Programme auf Televisa, das sich im Besitz von drei Großfamilien befindet und als staatsnah gilt.

BASISDATEN

Hauptsitz:
Avenida Vasco de Quiroga, No. 2000
Colonia Santa Fe
01210 México, D.F.
Mexiko
Telefon: 0052 55 5261 2000
Website: www.televisa.com/corporativo

Branchen: Free- und Pay-, Kabel- und Satelliten-TV, Filmvertrieb, Print, Gaming, der Club América (Fußballverein aus der ersten mexikanischen Liga) und das dazugehörige Aztekenstadion in Mexiko-Stadt, eines der weltweit größten Fußballstadien mit derzeit 87.000 überdachten Sitzplätzen

Rechtsform: Aktiengesellschaft

Geschäftsjahr: 01.01.-31.12.

Gründungsjahr: 1973

ÖKONOMISCHE BASISDATEN

	2020	2019	2018	2017	2016	2015
Umsatz (in Mio. MXN)	97.361	101.757	101.282	94.274	96.287	88.05
Gewinn (in Mio. MXN)	302	6,107	7,615	6,578	5,333	12,325
Aktienkurs (in USD, Jahresende)	8,18	11,88	12,37	18,67	20,89	27,21
Beschäftigte	43.200	42.900	39.100	39.900	42.200	43.900

MANAGEMENT

Emilio Fernando Azcárraga Jean	Executive Chairman of the Board of Grupo Televisa
Alfonso de Angoitia Noriega	Co-Chief Executive Officer of Grupo Televisa
Bernardo Gómez Martínez	Co-Chief Executive Officer of Grupo Televisa
José Antonio González Anaya	Chief Executive Officer of Izzi Grupo
Luis Alejandro Bustos Olivares	Legal Vice President and General Counsel of Grupo Televisa
Carlos Ferreiro Rivas	Corporate Vice President of Finance

José Antonio Lara del Olmo	Corporate Vice President of Administration
Ricardo Pérez Teuffer	Corporate Vicepresident of Sales and Marketing
Alexandre Penna	Chief Executive Officer of SKY
Alicia Lebrija	Executive President Fundación Televisa
Patricio Wills	President of Televisa Studios
Giovanni Rier	VP of Sales and Commercial Operations

BOARD OF DIRECTORS

Emilio Fernando Azcárraga Jean	Televisa
Alfonso de Angoitia Noriega	Televisa
Alberto Baillères González	Industrias Penoles
Francisco José Chévez Robelo	Televisa
Jon Feltheimer	Lionsgate
José Luis Fernández Fernández	Chevez, Ruiz, Zamarripa y Cia, S.C.
Salvi Rafael Folch Viadero	Televisa
Michael Thomas Fries	Liberty Global
Bernardo Gómez Martínez	Televisa
Carlos Hank González	Grupo Financiero Banorte
Enrique Krauze Kleinbort	Editorial Clio Libros
Guadalupe Phillips Margain	Empresas Polar
Lorenzo Alejandro Mendoza Giménez	Empresas Polar
Fernando Senderos Mestre	Grupo Kuo
Enrique F. Senior Hernández	Allen & Company
Eduardo Tricio Haro	Grupo Lala
David M. Zaslav	Discovery Communications
Guillermo García Naranjo Álvarez	Consejo Mexicano de Normas de Información Financiera
José Antonio Chedraui Eguía	Grupo Comercial Chedraui
Sebastián Mejía	Rappi

GESCHICHTE

In Mexiko verzichtete man beim Aufbau des Fernsehsystems in den 1940er-Jahren wie schon zuvor beim Radiosystem auf eine starke öffentlich-rechtliche Säule. Vielmehr entschied man sich sowohl bei der Technik als auch bei der Rundfunkorganisation für US-amerikanische Standards. Die Rundfunkgesetze von 1960 und 1973 enthielten die wichtigsten Bestimmungen, nach denen sich die 1973 gegründete Televisa richten musste. Unter anderem wird darin der Rundfunk als öffentliches Gut bezeichnet. Televisa ging aus einer Fusion von Telesistema und Televisión Independende de México (TIM) hervor, der ehemalige Monopolist Telesistema brachte 75 Prozent ein. Das neue Unternehmen befand sich im Besitz von vier Familien, die zum Teil mit Radiounternehmen zu Reichtum gekommen waren und diese Gewinne in den Aufbau von Fernsehnetzen investiert hatten: die Azcárragas, O'Farrills, Alemáns und die Garza Sadas. Mitglieder dieser Familien übernahmen die wichtigsten Posten bei der Televisa. Mit der recht unbedeutenden Konkurrenz durch den staatlichen KANAL 13 wurde eine Aufteilung der Fernsehsender nach Zielgruppe verabredet, die sogenannte »Fórmula Mexicana«. Dabei fiel dem staatlichen Sender die wirtschaftlich unattraktive Aufgabe zu, Bildungsprogramme zu senden. Die medienpolitischen Rahmenbedingungen waren also denkbar gut für Televisa und begünstigten in den folgenden Jahrzehnten ihren Aufstieg zu einem internationalen Medienkonzern.

Wichtig für Televisa war die Nähe zu den mexikanischen Präsidenten, die bis zum Jahr 2000 ausschließlich durch die Partido Revolucionario Institucional (PRI) gestellt wurden. Als Gegenleistung für medienpolitische Protektion stellte man das Programm in den Dienst der Dauer-Regierungspartei. »Lange Zeit galten Televisa und die PRI als die beiden Machtzentren des Landes, die sich gegenseitig stützten«, schrieb das österreichische Magazin *Der Standard* und zitierte Televisa-Boss Azcárraga, den Vater des derzeitigen CEO Azcárraga Jean: »Wir sind von der PRI, wir waren schon immer von der PRI; wir glauben an keine andere Formel. Und als Mitglieder dieser Partei werden wir alles Mögliche tun, dass unser Kandidat gewinnt.« Aber auch die Partido Acción Nacional (PAN), die mit ihrem Kandidaten Vicente Fox im Jahr 2000 die PRI an der Regierung ablöste, konnte sich auf eine regierungsnahe Berichterstattung verlassen, was ein Aufbrechen der Monopolstruktur im Rundfunkbereich effektiv verhinderte. Televisa entwickelte sich noch vor Globo zum größten Medienkonzern Lateinamerikas, der neben dem Rundfunk in allen Medienzweigen vertreten ist, von Print bis Online.

Im Juni 2007 beendete ein Urteilsspruch des mexikanischen Verfassungsgerichts einen mehrere Jahre andauernden Disput um ein neues Mediengesetz für das 100-Millionen-Einwohner-Land, indem es dieses in Teilen für verfassungswidrig erklärte. Das Gericht war von Senatoren angerufen worden, die eine Zementierung der hohen Konzentration auf dem Rundfunkmarkt in Folge der als »Televisa-Gesetz« titulierten Novelle fürchteten. Der Televisa-Konzern hatte offenbar die hohe Abhängigkeit der politischen Klasse Mexikos von seiner Berichterstattung genutzt, um parallel zum Wahlkampf Anfang 2006 das neue Mediengesetz verabschieden zu lassen. Laut Beobachtern passierte dieses die Institutionen ungewöhnlich schnell. Außerdem wurde kolportiert, dass der Text von Televisa-Lobbyisten verfasst worden war. Der Gesetzentwurf hatte eine erbitterte Debatte darüber ausgelöst, ob es bestehende Probleme bei der Frequenzvergabe löst oder verschärft. Die bisherige Praxis, nach der der Präsident das alleinige Recht besaß, das »öffentliche Gut« der Frequenzen zu verteilen, hatte in den vergangenen Jahrzehnten die dominante Stellung der Televisa ermöglicht. Diese Praxis sollte nun einer Regelung weichen, derzufolge neue Frequenzen versteigert werden sollten.

Im Juni 2012 berichtete die britische Tageszeitung *The Guardian* über eine Reihe ihr vorliegender Dokumente, die auf Korruption bei der Politikberichterstattung von Televisa hindeuteten. Laut dem Blatt zahlte PRI-Politiker Enrique Peña Nieto (mexikanischer Präsident von Dezember 2012 bis November 2018) in den Jahren 2005 und 2006 insgesamt etwa 36 Millionen US-Dollar an Televisa für knapp 200 Meldungen, Interviews und Features, die ihn in einem günstigen Licht erscheinen ließen. Außerdem sei vereinbart worden, Peña Nietos politischen Konkurrenten, Lopez Obrador, zu diskreditieren. Televisa lehnte es zunächst ab, zu den Vorwürfen Stellung zu nehmen und begründete dies mit der Weigerung des *Guardian*, ihm die Dokumente vorzulegen. In einer Erklärung nach Veröffentlichung des Berichts äußerte Televisa Zweifel an seiner Richtigkeit. Die Zeitung erklärte daraufhin, sie bleibe bei ihrer Darstellung und veröffentlichte zudem kurz darauf die entsprechenden Dokumente.

Im August 2014 kündigte Televisa an, die restlichen Anteile an der mexikanischen Kabelfirma Cablecom, die man noch nicht besaß, für einen Preis von rund 654 Millionen Dollar zu erwerben. Im September 2014 dann wurde bekannt, dass die Grupo Salinas den 50-prozentigen Anteil der Grupo Televisa an Mexikos drittgrößtem Mobilfunkbetreiber »Iusacell« für 717 Millionen Dollar übernehmen werde. 2017 sorgte die zunehmende Popularität von Video-on-demand-Diensten für einen Führungswechsel. Nachdem die Familie Azcárraga das Unternehmen jahrzehntelang geleitet hatte, sollten ab Oktober 2017 die neuen Co-CEOs Bernardo Gómez Martínez und Alfonso de Angoitia Noriega für einen Umschwung sorgen.

Bereits 2012 gelangten Vorwürfe an die Öffentlichkeit, Televisa würde seine publizistische Marktmacht dazu missbrauchen, für die Ausstrahlung von politisch wohlmeinenden Programmen Millionenbeträge von staatlichen Institutionen und Lokalregierungen zu kassieren. Einem anonymen Brief an die US-Börsenaufsicht SEC zufolge soll Televisa die eingegangenen Summen fälschlicherweise als Umsätze von Großereignissen deklariert haben, die im Azteken-Stadion stattfanden. Um die Vorwürfe zu entkräften, engagierte Televisa zwei Anwaltskanzleien. Auf Grundlage von deren Abschlussberichten verkündete der Konzern im Sommer 2016: Sämtliche Vorwürfe seien falsch.

Der letzte große Korruptionsvorwurf wurde Grupo Televisa 2018 gemacht. Im August wurde Klage vor dem Bundesgericht in New York eingereicht mit der Behauptung, dass Televisa über eine Tochtergesellschaft Bestechungsgelder für die Fernsehrechte an den Fußballweltmeisterschaften 2018, 2022, 2026 und 2030 gezahlt habe. Televisa wies die Vorwürfe zurück. Die geleisteten Zahlungen stünden »in keiner Weise im Zusammenhang mit irgendeiner Art von unkorrektem Verhalten«.

MANAGEMENT

Als erstes Mitglied der Azcárraga-Dynastie hat Emilio Azcárraga Jean im Oktober 2017 auf die Führung von Televisa verzichtet, bleibt aber weiterhin Vorstandsvorsitzender. Der Schritt wurde gemacht, um gegen den massiven Rückgang der Zuschauerzahlen bei Televisa vorzugehen, verursacht durch die steigende Popularität von Netflix und anderen Videostreaming-Diensten.

Seit Oktober 2017 leiten deshalb Bernardo Gómez Martínez und Alfonso de Angoitia Noriega das Unternehmen als Co-CEOs. Gómez Martínez hat die Kontrolle über die Nachrichtensendungen, die politische Satire und die Moderatoren und ist Emilio Azcárraga Jeans wichtigster Berater.

Gómez Martinez ist ein angesehener Intellektueller und politischer Analyst aus der mexikanischen Wirtschaftselite. Seine enge Beziehung zu Azcárraga geht bis in die Kindheit zurück; und obwohl Azcarragas Vatcr dagegen war, holte ihn Emilio Jr. gleich nach Tod des Vaters in die Firma.

Alfonso de Angoitia Noriega, der andere CEO, war zuvor Executive VP (2003-2017) und Chief Financial Officer (1999-2003). Angoitia gilt als Televisas finanzieller Kopf und als ein wichtiger Partner von Eigentümer Jean. Er war maßgeblich daran beteiligt, einen 1,2 Milliarden Dollar schweren Deal zwischen Univision und Televisa zustandezubringen, der Televisas Zugang zum begehrten hispanischen US-Markt erheblich verbesserte.

GESCHÄFTSFELDER

Televisa betreibt vier Free-TV-Sender, die von Mexico City aus landesweit empfangbar sind sowie 26 Pay-TV-Sender, die mehr als 44 Millionen Zuschauer erreichen (ein Großteil davon in den USA, wo die Televisa-Marken von Univision vertrieben werden). Insgesamt kontrolliert Televisa rund 60 Prozent des mexikanischen Pay-TV-Markts. Wichtig ist auch die TV-Produktion: Jährlich produziert Televisa rund 90.000 Programmstunden, die in die gesamte spanischsprachige Welt exportiert werden (in insgesamt über 70 Länder).

Televisa besitzt zudem 59 Prozent am mittelamerikanischen Ableger des Satellitenproviders SKY, mit in Mexiko und der Dominikanischen Republik mehr als sieben Millionen Kunden. Über die Segmente »Multiple System Operators« und »Enterprise« tritt Televisa zudem als Kabelprovider auf.

Rund zehn Prozent des Umsatzes werden schließlich in den Bereichen Radio, Print, Entertainment und Sport erzielt. Televisa publiziert mehr als 150 Magazintitel in 17 Ländern und betreibt 99 Radiostationen. Seit 1959 gehört Televisa auch der Fußball-Klub América, der im berühmten Azteken-Stadion aufläuft.

AKTUELLE ENTWICKLUNGEN

Televisa scheint noch immer nicht ganz in der Streaming-Ära angekommen zu sein und hinkt im digitalen Bereich hinterher. Das soll sich 2022 ändern, wenn Televisa gemeinsam mit Univision eine neue spanischsprachige Streaming-Plattform launchen wird, die neue, eigenproduzierte Inhalte mit dem riesigen Katalog aus 300.000 Sendestunden kombiniert.

Televisas erster Versuch, einen Streaming-Anbieter namens ›Blim‹ zu etablieren, scheiterte und wurde schnell wieder begraben. Doch auch die neue Initiative steht unter keinem guten Stern: Netflix und Amazon haben sich eine hervorragende Ausgangsposition auf dem lateinamerikanischen Markt geschaffen – Televisa kommt zehn Jahre zu spät.

50.

Nexstar Media Group

Umsatz 2020: 4,501 Mrd. USD (3,940 Mrd. EUR)

ÜBERBLICK

Gemessen an der Anzahl der TV-Stationen ist die Nexstar Media Group der größte Betreiber von Fernsehsendern in den USA. Mit 199 Stationen in 116 regionalen Märkten erreicht das Unternehmen täglich 68 Prozent der US-Bevölkerung. Zudem betreibt Nexstar diverse Pay-TV-Sender, darunter einen Nachrichtenkanal, der anders als die Konkurrenz von MSNBC, FOX NEWS und auch CNN laut eigenen Angaben keine spezielle ideologische Ausrichtung hat.

BASISDATEN

Hauptsitz:
545 E John Carpenter Freeway
Suite 700
Irving, TX 75062

Telefon: 001 972 373-8800
Website: www.nexstar.tv
Branche: Fernsehen, Pay-TV, Radio
Rechtsform: Aktiengesellschaft
Geschäftsjahr: 01.01.-31.12.
Gründungsjahr: 1996

ÖKONOMISCHE BASISDATEN

	2020	2019	2018	2017	2016
Umsatz (in Mio. USD)	4.501	3039	2787	2432	1103
Gewinn (Verlust) (in Mio. USD)	811	230	389	475	92
Aktienkurs (in USD, Jahresende)	108.06	113.06	74.42	72.50	57.59
Mitarbeiter	12.412	16193	8959	9113	4527

MANAGEMENT

Perry A. Sook	Chairman and CEO
Tom Carter	President, COO & CFO
Andy Alford	President, Broadcasting
Karen Brophy	President, Digital
Sean Compton	President, Networks
Brett Jenkins	EVP/Chief Technology Officer
Blake Russell	EVP, Station Operations
Elizabeth Ryder	EVP/General Counsel & Secretary
Gary Weitman	EVP/Chief Communications Officer
Dana Zimmer	EVP/Chief Distribution & Strategy Officer

BOARD OF DIRECTORS

Perry A. Sook	Nexstar
Geoff Armstrong	310 Partners
Bernadette Aulestia	HBO
Dennis J. Fitzsimons	Robert R. McCormick Foundation
Jay M. Grossman	ABRY Partners
Thomas McMillen	LEAD1 Association
Lisbeth Mcnabb	Linux Foundation
Dennis Miller	
John R. Muse	
I. Martin Pompadour	

GESCHICHTE

Die Nexstar Media Group hat ihren Ursprung in dem Regionalsender WYOU, der aus der US-Kleinstadt Scranton sendete. 1996 kaufte Perry Sook die Station aus der fünftgrößten Stadt des Bundesstaates Pennsylvania und baute sich durch Zukäufe sukzessive ein TV-Imperium auf. Dabei umschiffte es gekonnt die Medienkonzentrationsregeln, die es Unternehmen nach wie vor untersagen, zu viele Sender im selben regionalen Markt zu betreiben. So kaufte man einen weiteren Regionalsender WRBE in der benachbarten Stadt Wilkes-Barre und verkaufte ihn umgehend wieder, nur um über ein sogenanntes ›*shared-service agreement*‹ die komplette Produktion des Programms von WRBE und damit den Sender de facto weiterhin zu kontrollieren.

Durch die Akquisitionen von u. a. Quorum Broadcasting (2003), Newport Television (2012), Communications Corporation of America und Grant Broadcasting (beide 2013) wuchs Nexstars Portfolio auf mehr als 100 TV-Stationen an. Zudem lagerten andere Station das Management ihres Programms an Nexstar aus, z. B. die Four Points Media Group. In diesem Zusammenhang kam es 2011 auch zu dem ersten Säbelrasseln mit dem künftig größten Konkurrenten, der Sinclair Broadcast Group, die Nexstar alle Four-Points-Stationen wegschnappte.

Spätestens 2017, mit der knapp fünf Milliarden Dollar schweren Übernahme von Media General, wurde den Beobachtern klar, dass Nexstar es ernst nahm mit der aggressiven Expansion. Media General, ein klassischer Medienkonzern mit Tageszeitungen und Regionalsendern im Portfolio, stand kurz vor einer Übernahme durch die Meredith Corporation (der später zeitweise das berühmte *Time Magazine* gehörte). Doch Nexstar machte ein besseres Angebot und bekam den Zuschlag.

2019 schließlich zementierte Nexstar seine führende Position auf dem TV-Markt durch den Kauf von Tribune Media – nachdem Konkurrent Sinclair die sicher geglaubte Übernahme von Tribune durch die Regulierungsbehörde FCC in der letzten Sekunde untersagt worden war. Nexstar sprang für insgesamt 7,1 Milliarden Dollar ein – und profitierte dabei von einem regulatorischen Schlupfloch der Trump-Administration, die die »kritische Reichweite«, die TV-Unternehmen haben durften, von 38 auf 63 Prozent angehoben hatte. Dank des Tribune-Kaufs konnte Nexstar über Nacht seine Größe verdoppeln.

MANAGEMENT

Weil er sich mehrfach mit den großen US-Kabelkonzernen angelegt hat, ist Perry Sook heute eine Legende in der US-Fernsehindustrie. 2003 überzeugte er Satellitenanbieter, dass sie ihn für die Übertragung seiner Sender bezahlen sollen, was damals nicht üblich war. Nachdem er auch die Kabelanbieter und insbesondere Cox Communications drängte, Übertragungsgebühren zu zahlen, kam es zu einem klassischen David gegen Goliath-Disput, aus dem Sook nach zehn Jahren als Sieger hervorging. Und, so betont er heute, die gesamte regionale TV-Landschaft der USA vor dem Kollaps bewahrte. Denn mittlerweile erwirtschaften Nexstar und die übrigen Senderketten Milliardenumsätze mit der Lizenzierung ihrer Programme an die Kabelanbieter.

Sooks wichtigster Angestellter ist Sean Compton, der Nexstars wohl ambitioniertes Projekt leitet: den landesweiten Nachrichtenkanal NEWSNATION. Trotz Objektivitätsanspruchs der Redaktion ist Compton ein enger Vertrauter von Donald Trump und Fox News Anchor Sean Hannity, der im Wahlkampf 2019 ein langes Exklusiv-Interview mit dem damaligen Präsidenten für NEWSNATION organisierte, das jedoch als unkritisch wahrgenommen wurde und dafür sorgte, dass viele Nexstar-Journalisten den Sender aus Protest verließen.

GESCHÄFTSBEREICHE

Nexstar kontrolliert oder betreibt 199 TV-Stationen, 120 regionale News-Webseiten und 284 News- und Wetter-Apps. Mit dem landesweit empfangbaren NewsNation Network erreicht Nexstar darüber hinaus weitere 75 Millionen Haushalte. Der ehemals unter dem Namen WGN America firmierende Sender mit Sitz in Chicago strahlt tagsüber Wiederholungen von Serien und Filmen aus, bis dann am Abend ein fünfstündiges News-Segment beginnt, für das Nexstar auf sein landesweites Netz an Regional-Journalisten zurückgreifen kann. Der einzige Radiosender im Portfolio von Nexstar ist WGN 720, der im Großraum Chicago empfangbar ist.

AKTUELLE ENTWICKLUNGEN

Nach dem dramatischen Zuschauerrückgang der linksliberal und konservativ ausgerichteten News-Networks in der Post-Trump-Ära, liegt es nahe zu vermuten, dass es gerade eine große Nachfrage nach objektiven Nachrichten gibt. Und so erscheint es auf den ersten Blick sinnvoll, dass Nexstar massiv in den Ausbau seines landesweit empfangbaren NEWSNATION-Networks investiert, das auf kuratierte, lokale Nachrichten aus allen US-Bundesstaaten setzt – zumal Amerikaner regionalen Sendern mehr vertrauen als den großen Kabel-Pendants. Das Problem am NEWSNATION-Experiment ist jedoch: Es funktioniert nicht.

Die abendliche Nachrichtenshow verfolgten im April 2021 gerade mal 27.000 Zuschauer; in der für Werbekunden so attraktiven Zielgruppe der 25- bis 54-Jährigen schalteten zeitweise sogar nur 9.000 Zuschauer ein – viel zu wenig, um mit den ebenfalls von Zuschauerverlusten betroffenen FOX NEWS, MSNBC und Co. mitzuhalten. Hinzu kommen Vorwürfe, NEWSNATION wäre politisch nicht so neutral wie behauptet. Neben Trump-Intimus Sean Compton ist mittlerweile auch Bill Shine auf Nexstars Gehaltzettel. Der ehemalige FOX NEWS-Funktionär wurde von den Murdochs entlassen, weil er nach Missbrauchsvorwürfen gegen Bill O'Reilly und Roger Ailes nicht entschieden durchgegriffen hatte. Außerdem wurde er anschließend für kurze Zeit Kommunikationsdirektor im Weißen Haus von Trump.

WEITERFÜHRENDE LITERATUR

ASSANGE, JULIAN: *When Google Met Wikileaks*. London [OR Books] 2014

AULETTA, KEN: *Three Blind Mice. How the TV Networks Lost their Way*. New York [Random House] 1991

AULETTA, KEN: *The Highwaymen. Warriors of the Information Superhighway*. New York [Random House] 1998

AULETTA, KEN: *Googled: The End of the World as We Know It*. London [Penguin Press] 2009

BAGDIKIAN, BEN: *The New Media Monopoly*. Boston [Beacon Press] 2004

BARNOUW, ERIC: *Tube of Plenty. The Evolution of American Television*. Oxford [Oxford University Press] 1999

BECK, KLAUS: *Das Mediensystem Deutschlands: Strukturen, Märkte, Regulierung*. Wiesbaden [Springer] 2012

BIBB, PORTER: *Ted Turner. It Ain't as Easy as it Looks. A Biography*. Colorado [Johnson Books] 1997

BIERMANN, WERNER; ARNO KLÖNNE: *Agenda Bertelsmann*. Köln [Papyrossa] 2007

BLOOMBERG, MICHAEL: *Bloomberg by Bloomberg*. New York [Wiley] 2001

BÖCKELMANN, FRANK; HERSCH FISCHLER: *Bertelsmann. Hinter der Fassade des Medienimperiums*. Frankfurt/M. [Eichborn] 2004

BOUQUILLION, PHILIPPE: *Vivendi: A Key Player in Global Entertainment and Media*. London [Routledge] 2021

BRADLEE, BEN: *A Good Life. Newspapering and Other Adventures*. New York [Touchstone] 1997

BRENNAN, MATTHEW: *Aufmerksamkeit um jeden Preis: Die Geschichte über TikTok und ByteDance, das chinesische Unternehmen dahinter*. Bad Homburg [Reading.Capital] 2021

BREVINI, BENEDETTA; LUKASZ SWIATEK: *Amazon: Understanding a Global Communication Giant*. London [Routledge] 2020

BRUCK, CONNIE: *Master of the Game. Steve Ross and the Creation of Time Warner*. New York [Penguin] 1995
CAIN, JOHN: *The BCC. 70 Years of Broadcasting*. London [BBC] 1996
CAPODAGLI, BILL; LYNN JACKSON: *The Disney Way. Harnessing the Management Secrets of Disney in Your Company* (3rd ed.). New York [McGraw-Hill] 2016
CARLSON, NICHOLAS: *Marissa Mayer and the Fight to Save Yahoo!* New York [Twelve] 2015
CHENOWETH, NEIL: *Rupert Murdoch: The Untold Story of the World's Greatest Media Wizard*. New York [Crown Business] 2002
CHENOWETH, NEIL: *Murdoch's Pirates: Before the Phone Hacking, There Was Rupert's Pay-TV skullduggery*. Sydney [Allen & Unvwin] 2012
CLARK, THOMAS: *Der Filmpate. Der Fall des Leo Kirch*. Hamburg [Hoffmann & Campe] 2002
COHEN, ELLIOT; ARTHUR KENT: *News Incorporated: Corporate Media Ownership And Its Threat To Democracy*. New York [Prometheus] 2005
CRAINER, STUART: *Big Shots. Business the Rupert Murdoch Way*. Oxford [Capstone] 2001
CRAWFORD, SUSAN: *Captive Audience: The Telecom Industry and Monopoly Power in the New Gilded Age*. New Haven [Yale University Press] 2013
DAVIES, DAN: *In Plain Sight: The Life and Lies of Jimmy Savile*. London [Quercus] 2016
DAVIES, NICK: *Hack Attack: The Inside Story of How the Truth Caught Up with Rupert Murdoch*. London [Faber & Faber] 2014
DAVIS, DEBORAH: *Katharine the Great. Katherine Graham and the Washington Post*. New York [Harcourt] 1987
DAVIS, L. J.: *The Billionaire Shell Game. How Cable Baron John Malone and Assorted Corporate Titans Invented a Future Nobody Wanted*. New York [Doubleday] 1998
DISTEFANO, JOSEPH N.: *Comcasted: How Ralph and Brian Roberts Took Over America's TV, One Deal at a Time*. Philadelphia [Camino Books] 2005
DOCTOR, KEN: *Newsonomics. 12 New Trends That Will Shape the News You Get*. New York [St. Martin's Press] 2010
EDWARDS, DOUGLAS: *I'm Feeling Lucky: The Confessions of Google Employee Number 59*. New York [Houghton Mifflin Harcourt] 2012
EISNER, MICHAEL: *Von der Mickey Mouse zum Weltkonzern*. München [Heyne] 1999

ELBERT, BRUCE R.: *The Satellite Communication Applications Handbook*. Norwood [Artech House] 2004

ELFENBEIN, STEFAN W.: *The New York Times. Macht und Mythos eines Mediums*. Berlin [Fischer] 1996

ELLISON, SARAH: *War At The Wall Street Journal. Inside The Struggle To Control an American Business Empire*. New York [First Mariner Books] 2010

ERDMANN, CHARLOTTE: *One more thing: Apples Erfolgsgeschichte vom Apple I bis zum iPad*. München [Addison-Wesley] 2011

FANNIN, REBECCA: *Tech Titans of China: How China's Tech Sector is Challenging the World by Innovating Faster, Working Harder & Going Global*. Boston [Nicholas Brealey Publishing] 2019

FELLOW, ANTHONY: *American Media History*. Boston [Cengage Learning] 2009

FELSENTHAL, CAROL: *Power, Privilege and the Post*. New York [Seven Stories Press] 1993

FELSENTHAL, CAROL: *Citizen Newhouse. Portrait of a Media Merchant*. New York [Seven Stories Press] 1999

FERRIS, PAUL: *The House of Northcliffe. A Biography of an Empire*. Littlehampton [Littlehampton Book Services] 1972

FOLKENFLIK, DAVID: *Murdoch's World. The Last of the Old Media Empires*. London [Perseus Books] 2013

FÖRSTER, KATI (Hrsg.): *Strategien erfolgreicher TV-Marken. Eine internationale Analyse*. Wiesbaden [VS Verlag] 2011

FOURIE, PIETER J.: Media Studies: *Institutions, Theories, and Issues*. Lansdown [Juta Education] 2001

FOUS, JAMES: *Big Voices in the Air. The Battle over Clear Channel Radio*. Iowa City [Iowa State University Press] 2000

FRAZIER, NANCY: *William Randolph Hearst: Modern Media Tycoon*. Morristown [Silver Burdett Press] 2001

FRENKEL, SHEERA; CECILIA KANG: *Inside Facebook: Die hässliche Wahrheit*. Frankfurt/M. [S. Fischer] 2021

GADAULT, THIERRY; BRUNO LANCESSEUR: *Jean-Luc Lagardère, corsaire de la République*. Paris [Le Cherche Midi] 2002

GADAULT, THIERRY; ARNAUD LAGARDÈRE: *L'insolent*. Paris [Libella] 2006

GINSBORG, PAUL: *Berlusconi. Television, Power, and Patrimony*. London [Verso] 2005

GIRARD, BERNARD: *The Google Way: How One Company Is Revolutionizing Management As We Know It*. San Francisco [No Starch Press] 2009

GLOVER, CHARLES E.: *Journey through our Years. The Story of Cox Enterprises, Inc.* Atlanta [Longstreet Press] 1999

GOLDMAN ROHM, WENDY: *The Murdoch Mission: The Digital Transformation of a Media Empire*. New York [Wiley] 2001

GRABER, DORIS: *Mass Media And American Politics* (9th ed.), Los Angeles [Sage] 2005

GROVER, RON: *The Disney Touch: Disney, ABC and The Quest for the World's Greatest Media Empire*. New York [McGraw-Hill] 1996

GUTHRIE, BRUCE: *Man Bites Murdoch*. Carlton [Melbourne University Press] 2011

GUTIÉRREZ-RENTERÍA, MARÍA ELENA: *Estrategias de Grupo Televisa: del monopolio a la competencia: Análisis económico, político y social de la industria audiovisual en México*. Mexico City [Editorial Académica Española] 2011

HACHMEISTER, LUTZ; GÜNTHER RAGER (Hrsg.): *Wer beherrscht die Medien? Die 50 größten Medienkonzerne der Welt* (4. Aufl.). München [C.H. Beck] 2005

HACHMEISTER, LUTZ (Hrsg.): *Grundlagen der Medienpolitik. Ein Handbuch*. München [DVA] 2008

HACK, RICHARD: *Clash of Titans. How the Unbridled Ambition of Ted Turner and Rupert Murdoch Has Created Global Empires That Control What We Read and Watch*. Beverly Hills [New Millenium Press] 2003

HARRIS, BLAKE J.: *Console Wars: Sega, Nintendo, and the Battle that Defined a Generation*. New York [HarperCollins] 2015

HONGWEN, GUO: *Robin Li & Baidu: A Biography of One of China's Greatest Entrepreneurs*. London [LID Publishing] 2021

HOROWITZ, KEN: *Beyond Donkey Kong: A History of Nintendo Arcade Games*. Jefferson, North Carolina [McFarland & Co Inc] 2020

HORSEMAN, MATTHEW: *Sky High. The Amazing Story of BSkyB and the Egos, Deals and Ambitions that Revolutionized Broadcasting*. London [Orion Business] 1998

HYDÉN, GÖRAN et al.: *Media and Democracy in Africa*. New Brunswick [Transaction Publishers] 2003

ISAACSON, WALTER: *Steve Jobs: Die autorisierte Biografie des Apple-Gründers*. Gütersloh [C. Bertelsmann Verlag] 2011

ISAACSON, WALTER: *The Innovators: How a Group of Hackers, Geniuses, and Geeks Created the Digital Revolution*. New York [Simon & Schuster] 2015

JACOBI, CLAUS: *Der Verleger Axel Springer. Eine Biographie aus der Nähe*. München [Herbig] 2005

JAKOBS, HANS-JÜRGEN; UWE MÜLLER: *Augstein, Springer & Co. Deutsche Mediendynastien*. Zürich [Orell Fuessli] 1995

JARVIS, JEFF: *What Would Google Do?* New York [HarperCollins] 2009

JOHNSON, CATHERINA; ROB TURNOCK: *ITV Cultures: Independent Television Over Fifty Years*. Maidenhead [Open University Press] 2005

JÜRGS, MICHAEL: *Der Fall Axel Springer*. Berlin [List] 1995

KAHNEY, LEANDER: *Inside Steve's Brain*. New York [Portfolio] 2008

KAHNEY, LEANDER: Jony Ive: *The Genius Behind Apple's Greatest Products*. New York [Penguin] 2013

KAHNEY, LEANDER: *Tim Cook – The Genius Who Took Apple to the Next Level*. London [Penguin] 2019

KEATING, GINA: *Netflixed: The Epic Battle for America's Eyeballs*. New York [Penguin] 2013

KIRKPATRICK, DAVID: *The Facebook Effect: The Inside Story of the Company That is Connecting the World*. New York [Simon & Schuster] 2011

KLEIN, ALEC: *Stealing Time. Steve Case, Jerry Levin, and the Collapse of AOL Time Warner*. New York [Simon Schuster] 2003

KRAUSS, ELLIS S.: *Broadcasting Politics in Japan: NHK Television News*. New York [Cornell University Press] 2000

KÜNG-SHANKLEMAN, LUCY: *Inside the BBC and CNN: Managing Media Organizations*. New York [Routledge] 2000

LEE, MICKY: *Alphabet: The Becoming of Google (Global Media Giants)*. London [Routledge] 2021

LEVY, STEPHEN: *In the Plex: How Google Thinks, Works, and Shapes our Lives*. New York [Simon & Schuster] 2011

MAIER, THOMAS: Newhouse. *All the Glitter, Power and Glory of Americas Richest Media Empire and the Secret Man Behind It*. Colorado [Johnson] 1997

MANES, STEPHEN: *Gates: How Microsoft's Mogul Reinvented an Industry – And Made Himself the Richest Man in America*. New York [Touchstone] 1992

MCCORD, RICHARD: *The Chain Gang: One Newspaper versus the Gannett Empire*. Columbia [University of Missouri Press] 1996

MCGRATH, TOM: *MTV: The Making of a Revolution*. Philadelphia [Running Press] 1996

MCNEILL, DAVID; LUCY BIRMINGHAM: *Strong in the Rain. Surviving Japan's Earthquake, Tsunami, and Fukushima Nuclear Disaster*. Basingstoke [Palgrave MacMillan] 2012

MEZRICH, BEN: *The Accidental Billionaires. Sex, Money, Betrayal and the Founding of Facebook*. London [William Heinemann] 2009

MJOS, OLE; THUSSU DAYA: *Media Globalization and the Discovery Channel Networks*. New York [Routledge] 2009

MNOOKIN, SETH: Hard News. *Twenty-one Brutal Months at The New York Times and How They Changed the American Media*. New York [Random House] 2005

MOONEY, BRIAN; BARRY SIMPSON: *Breaking News. How the Wheels Came off at Reuters*. Chichester [Capstone] 2003

MUNK, NINA: *Fools Rush In. Steve Case, Jerry Levin, and the Unmaking of AOL Time Warner*. New York [HarperCollins] 2004

NASAV, DAVID; CONRAD BLACK: *The Chief. William Randolph Hearst – the Rise and Fall of the Real Citizen Kane*. New York [First Mariner Books] 2002

NATHAN, JOHN: *Sony. The Private Life*. New York [Houghton Mifflin] 2001

NOAM, ELI M.: *Media Ownership and Concentration in America*. New York [Oxford University Press] 2009

NOAM, ELI M.: *Who Owns the World's Media? Media Concentration and Ownership Around the World*. New York [Oxford University Press] 2016

NOUZILLE, VINCENT; ALEXANDRA SCHWARZBROD: *L'acrobate – Jean-Luc Lagardère ou les armes du pouvoir*. Montrouge [Seuil] 1998

NYLANDER, JOHN: *Shenzhen Superstars – How China's smartest city is challenging Silicon Valley*. [CreateSpace Independent Publishing Platform] 2017

OSORNO, DIEGO: *Slim: El mexicano más rico del mundo*. New York [Vintage Espanol] 2016

PAGE, BRUCE: *The Murdoch Archipelago*. London [Pocket Books] 2004

PHARR, SUSAN J.; ELLIS S. KRAUSS (Hrsg.): *Media and Politics in Japan*. Honolulu [University of Hawaii Press] 1996

PIZZITOLA, LOUIS: *Hearst over Hollywood*. New York [Columbia University Press] 2002

PORTO, MAURO: *Media Power and Democratization in Brazil: TV Globo and the Dilemmas of Political Accountability*. New York [Routledge] 2013

POTSCHKA, CHRISTIAN: *Towards a Market in Broadcasting. Communications Policy in the UK and Germany*. Basingstoke [Palgrave Macmillan] 2012

PURNICK, JOYCE: *Mike Bloomberg: Money, Power, Politics*. Philadelphia [Perseus] 2010

RADTKE, MICHAEL: *Außer Kontrolle. Die Medienmacht des Leo Kirch*. Zürich [Unionsverlag] 2002

READ, DONALD: *The Power of News. The History of Reuters*. Collingdale [Diane Publishing] 1999

REDSTONE, SUMNER; PETER KNOBER: *A Passion to Win*. New York [Simon & Schuster] 2001

ROBICHAUX, MARK: *Cable Cowboy. John Malone and the Rise of the Modern Cable Business*. Hoboken [Wiley] 2002

RYAN, JEFF: *Super Mario: How Nintendo Conquered America*. London [Penguin Books] 2012

SACKS, DAVID O.; PETER THIEL: *The Diversity Myth*. Oakland [The Independent Institute] 1999

SANDBERG, SHERYL: *Lean In: Women, Work, and the Will to Lead*. New York [Knopf] 2013

SCHMALZ, GISELA: *NoEconomy – Wie der Gratiswahn das Internet zerstört*. Frankfurt/M. [Eichborn] 2009

SCHMIDT, ERIC; JARED COHEN: *The New Digital Age: Reshaping the Future of People, Nations and Business*. New York [Vintage] 2013

SCHMIDT, ERIC; JONATHAN ROSENBERG: *How Google Works*. New York [Grand Central] 2014

SCHOLTYSECK, JOACHIM: *Reinhard Mohn: Ein Jahrhundertunternehmer*. München [C. Bertelsmann Verlag] 2021

SCHULER, THOMAS: *Die Mohns*. Frankfurt/M. [Campus] 2004

SCHULER, THOMAS: *Bertelsmann Republik Deutschland: Eine Stiftung macht Politik*. Frankfurt/M. [Campus] 2010

SCHWARZ, HANS PETER: *Axel Springer: Die Biografie*. Berlin [List] 2008

SHAWCROSS, WILLIAM: *Murdoch. The Making of a Media Empire*. New York [Touchstone] 1997

SHEFF, DAVID: *Game Over: How Nintendo Conquered the World*. New York [Vintage] 1994

SHERMAN, GABRIEL: *The Loudest Voice in the Room: How the Brilliant, Bombastic Roger Ailes Built Fox News – and Divided a Country*. New York [Random House] 2014

SJURTS, INSA: *Strategien in der Medienbranche. Grundlagen und Fallbeispiele.* Wiesbaden [Gabler] 2005

SNOW, RICHARD: *Disney's Land: Walt Disney and the Invention of the Amusement Park That Changed the World.* New York (Scribner) 2019

STEEMERS, JEANETTE: *Selling Television. British Television in the Gobal Marketplace.* London [British Film Institute] 2004

STILLE, ALEXANDER: *Citizen Berlusconi.* München [C.H. Beck] 2006

STONE, BRAD: *The Everything Store: Jeff Bezos and the Age of Amazon.* New York [Back Bay Books] 2014

STONE, BRAD: *Amazon Unbound: Jeff Bezos and the Invention of a Global Empire.* New York [Simon & Schuster] 2021

STUART, JAMES B.: *Disneywar.* London [Simon & Schuster] 2005

SU, WENDY: *China's Encounter with Global Hollywood: Cultural Policy and the Film Industry, 1994-2013.* Lexington [University of Kentucky Press] 2016

SWISHER, KARA; LISA DICKEY: *There must be a Pony in Here Elsewere. The AOL Time Warner Debacle and the Quest for the Digital Future.* New York [Crown Business] 2003

THIEL, PETER; BLAKE MASTERS: *Zero to One: Notes on Startups, or How to Build the Future.* New York [Crown Business] 2014

THOMAS, BOB: *Building a Company: Roy O. Disney and the Creation of an Entertainment Empire.* New York [Hyperion] 1998

TREPP, GIAN: *Bertelsmann.* Zürich [Unionsverlage] 2007

TRIFT, SUSAN; ALEX JONES: *The Trust. The Private and Powerful Family Behind the New York Times.* Boston [Little, Brown, and Co.] 1999

TSE, EDWARD: *The Battle of China's Disruptors: How Alibaba, Xiaomi, Tencent, and Other Companies are Changing the Rules of Business.* London [Penguin] 2015

VAIDHYANATHAN, SIVA: *The Googlization of Everything (And Why We Should Worry).* Princeton [University of California Press] 2011

VISE, DAVID A.: *The Google Story: Inside the Hottest Business, Media and Technology Success of Our Time.* Surrey [Delta Publishing] 2008

WAGNER, GERALD: *Rupert Murdoch: Die Globalisierung des deutschen Fernsehmarktes.* Bonn [Lehrach] 1999

WATSON, TOM; MARTIN HICKMAN: *Dial M for Murdoch. News Corporation and the Corruption of Britain.* London [Allen Lane] 2012

WHITELAW, NANCY: *Wiliam Randolph Hearst and the American Century.* Greensboro [Morgan Reynolds] 1999

WILLIAMS, CHRISTOPHER: *The Battle for Sky: The Murdochs, Disney, Comcast and the Future of Entertainment*. London (Bloomsbury Business) 2019

WOLFF, MICHAEL: *The Man Who Owns the News: Inside the Secret World of Rupert Murdoch*. New York [Random House] 2008

WOZNIAK, STEVE; GINA SMITH: *iWoz: How I Invented the Personal Computer, Co-Founded Apple, and Had Fun Doing It*. New York [W.W. Norton] 2007

WU, TIM: *The Master Switch*. New York [Vintage] 2010

XIAOBO, WU: *Tencent: Der außergewöhnliche Aufstieg eines chinesischen Internetkonzerns*. Bad Homburg (Reading.Capital) 2020

YEE, NICK: *The Proteus Paradox: How Online Games and Virtual Worlds Change Us – And How They Don't*. New Haven [Yale University Press] 2014

YOUNG, JEFFREY S.; WILLIAM L. SIMON: *iCon Steve Jobs: The Greatest Second Act in the History of Business*. Hoboken [Wiley] 2006

Z. DODD, ANNABEL Z.: *The Essential Guide to Telecommunications*. London [Pearson] 2019

REGISTER

A

B

C

D

E

F

G

H

I

J

K

L

M

N

O

S

T

U

V

W

X

Y

Z

Kommunikationswissenschaft

PHILOMEN SCHÖNHAGEN / MIKE MEISSNER

Kommunikations- und Mediengeschichte. Von Versammlungen bis zu den digitalen Medien

2021, 196 S., 23 Abb., Broschur,
213 x 142 mm, dt.

ISBN (Print) 978-3-86962-588-1 | 24,00 EUR
ISBN (PDF) 978-3-86962-589-8 | 20,99 EUR
ISBN (ePub) 978-3-86962-590-4 | 20,99 EUR

Dieses Lehrbuch gibt einen Überblick über grundlegende Strukturen der Entwicklung gesellschaftlicher Kommunikation und der dafür genutzten Medien. Geografisch stehen dabei weitgehend das heutige (West-)Europa sowie der deutsche Sprachraum und die Schweiz im Mittelpunkt. Inhaltlich liegt der Fokus auf dem Funktionieren gesellschaftlicher Kommunikation und damit vorwiegend auf dem je aktuellen Austausch von Nachrichten und Sichtweisen – Medienunterhaltung wird eher am Rande thematisiert. Ausgangspunkt der dargestellten Entwicklungen ist die Versammlungskommunikation, die von frühzeitlichen Gesellschaften bis weit ins Mittelalter hinein die dominierende Form öffentlicher Kommunikation war. An ihre Stelle traten zunehmend Formen von Kommunikation über Distanz, die schließlich seit der Frühen Neuzeit – mit dem Aufkommen von periodischen Zeitungen und Journalismus – die zentrale Rolle für den gesellschaftlichen Austausch übernahmen. Dies stellt einen tiefgreifenden Umbruch in der Kommunikationsgeschichte dar. Anschließend werden die Ausdifferenzierung der Pressemedien sowie das Aufkommen elektronischer Medien – vom Telegrafen bis zu Internet und Social Media – dargelegt. Dabei wird auch die Frage diskutiert, ob letztere erneut einen revolutionären Umbruch gesellschaftlicher Kommunikation mit sich bringen.

HERBERT VON HALEM VERLAG

Schanzenstr. 22 · 51063 Köln
http://www.halem-verlag.de
info@halem-verlag.de

Sachbuch Medien

MICHAEL MEYEN

Das Erbe sind Wir.
Warum die DDR-Journalistik zu früh beerdigt wurde. Meine Geschichte

2020, 372 S., 16 Abb., Broschur,
213 x 142 mm, dt.

ISBN (Print) 978-3-86962-570-8
ISBN (PDF) 978-3-86962-571-3

Michael Meyen erzählt in diesem Buch drei Geschichten: die Geschichte der Journalistenausbildung in der DDR, die Geschichte der Kommunikationswissenschaft in der westlichen Welt und seine eigene Geschichte, die eng mit den ersten beiden Geschichten zusammenhängt. Der Autor ist 1988 nach Leipzig gekommen, um Parteijournalist zu werden, und hat erlebt, wie erst der Staat verschwand, in dem er aufgewachsen ist, dann die Sektion Journalistik und schließlich auch jede Erinnerung an die Menschen, die dort gelehrt haben. Damit ist zugleich ein Paradigma entsorgt worden, das Forschung und Berufspraxis verbunden hat und deshalb eine Antwort auf die Medienkrise der Gegenwart liefern könnte.